Carl F. Flesch
«...und spielst Du auch Geige?»

Carl F. Flesch

Carl F. Flesch

«... und spielst Du auch Geige?»

Der Sohn eines berühmten Musikers erzählt
und blickt hinter die Kulissen

Atlantis Musikbuch

Für meine Kinder und Enkel

© 1990
Atlantis Musikbuch-Verlag AG, Zürich
Gestaltung: Heinz Unternährer, Zürich
Herstellung: Wilhelm Röck, Weinsberg
Printed in Germany
ISBN 3-254-00158-3

Inhalt

Vorwort 7

Konzerte 11
«The Show must go on!» 38
Der Künstler und sein Publikum 50
Lehrer und Schüler 60
Wunderkinder 84
Wettbewerbe 101
Carl Flesch Memoiren – Huberman – Hans Keller 115
Zeitgenössische Musik und Komponisten 132
Alma Moodie 149
Kunst, Politik und Wirtschaft 163
Carl Flesch als Mensch 180
Kinder berühmter Eltern 191
Künstlerfrauen 211
Wilhelm Furtwängler 219
Artur Schnabel 228
Schnabel als Mensch und Künstler 228
Schnabel als Komponist 241
Schnabel/Flesch – der Bruch 248
Anfeindungen, Mißverständnisse und Harmloseres 266
Streiflichter 283
Max Dessoir 283
Fritz Kreisler 286
Maler 292
Willem Mengelberg 296
Hermann Scherchen 300
Unerklärliches 303
Anhang 306
I. »Aus der Werkstatt« – Gedankenaustausch über technische und musikalische Fragen 306
II. Zwei Briefe über eine Herausgabe des Violinkonzerts von Schumann 312

III. Korrespondenz mit zeitgenössischen Komponisten *313*
IV. Korrespondenz über bestehendes Repertoire *318*
V. Einiges über Edouard Lalos Symphonie espagnole *320*
VI. Les six sonates pour violon seul de J. S. Bach, par Carl Flesch *322*
VII. Hugo Heermann über das Violinkonzert von Brahms *326*
VIII. Flucht aus Iowa, Feuilleton von Carl Flesch *327*
IX. Brief aus dem Felde (1915) *329*
Namenregister *333*
Verzeichnis der Abbildungen *336*

Vorwort

In meiner Kindheit war die Frage: «... und spielst Du auch Geige?» innerhalb der ersten fünf Minuten einer neuen Bekanntschaft fast unausbleiblich. Dies erklärt den Titel dieses Buches, aber noch nicht meine Eignung als sein Verfasser. Denn obwohl ich der Sohn eines bekannten Geigers bin, mußte ich die gestellte Frage immer verneinen: Ich habe fast nie eine Geige angerührt, jedenfalls nicht in der Absicht, sie zu spielen.

Andererseits habe ich im Laufe der Jahre eine erhebliche Anzahl bemerkenswerter Persönlichkeiten – und nicht nur Geiger – kennengelernt, viel Interessantes miterlebt, und ich besitze eine stattliche Sammlung unveröffentlichter und teilweise recht fesselnder Briefe an meinen Vater von vielen seiner prominenten Zeitgenossen.

Genügte dies für ein Buch?

Ich begann mir die vorhandene Literatur anzusehen – Biographien und Auto-Biographien; Bücher über Musikgeschichte, die Entwicklung von Instrumenten, Orchestern, Opernhäusern; Briefsammlungen mit und ohne Kommentar; Anekdoten; Anthologien; und vieles andere. Manche waren hochinteressant und unterhaltend; andere weniger. Aber kein Buch schien mir genau das zu sein, was mir vorschwebte.

Dadurch, daß ich nie die Absicht hatte, Berufsmusiker zu werden, kann ich mich sozusagen als einen «eingeweihten Außenseiter» betrachten oder etwa als jemanden mit einem Zuschauerplatz in der 1. Reihe, der es ihm erlaubt, manches zu sehen und zu hören, das Leuten, die weiter hinten sitzen, entgeht. Dies ermöglichte es mir, meine eigenen unabhängigen Meinungen über das Verhalten, die Gewohnheiten und gelegentlichen Idiosynkrasien – der schöne und besser passende englische Ausdruck «sacred cows» scheint leider unübersetzbar zu sein – im Musikberuf zu bilden. Sie stehen nicht immer unbedingt mit althergebrachten Ansichten im Einklang – was bestimmt nichts schadet! Und nicht zuletzt sammelte ich aus erster Hand Erfahrungen über die Vor- und Nachteile, der Sohn eines berühmten Vaters zu sein – etwas über das anscheinend wenig geschrieben worden ist. Ich habe mich bemüht, meinen bescheidenen Beitrag zur teilweisen Füllung dieser Lücke zu leisten.

Alles in allem genügend Themen, um einiges Interessante über gewisse Aspekte des Musiklebens, wie ich es kannte, zu sagen. Aber ich war immer noch nicht ganz zufrieden und tat etwas, wovor man mich verschiedentlich gewarnt hatte: Ich fragte eine Anzahl von Bekannten mit schriftstellerischer Erfahrung um Rat, wie ich mein Material am besten anordnen solle. Der Erfolg war durchschlagend: Die Anzahl der sich widersprechenden Ratschläge kam der der befragten Personen gleich, überstieg sie sogar, da mir in einigen Fällen alternative Vorschläge gemacht wurden.

Ernst; heiter; nicht zu leicht; nicht zu gewichtig; anekdotisch; nicht zu viele «Geschichtchen»; autobiographisch; Ich-Form vermeiden; nur Briefe mit Anmerkungen; zuviele Briefe werden langweilig; keine eigenen Meinungen – uninteressant; manche meiner Ansichten originell – mehr bringen; chronologisch; alles nur nicht chronologisch; nicht mehr als 120 Seiten; mindestens 350; auf ein oder zwei Themen beschränken; möglichst viel Verschiedenes; viel Bildmaterial; nicht zuviel; alle Kapitel gleich lang; unbedingt verschieden lang; und so weiter, die Liste könnte verdoppelt werden.

Wenn Ratschläge so weit auseinandergehen, dann gibt es – wie dankbar man für sie auch sein mag – letztlich nur eines: Das zu tun, was man selbst für richtig hält. Mein Buch bleibt daher die Mischung, die ich mir ursprünglich vorgestellt hatte: «Ernst; heiter; nicht zu leicht; nicht zu gewichtig...» – vergleichbar etwa mit einer zwanglosen Plauderei von jemandem, der glaubt, etwas Unterhaltendes beitragen zu können.

Einige Leser könnten sich fragen, warum ich in einer Anzahl von Fällen keine Namen nenne, und zwar meist dann, wenn es sich um eine heute nur noch wenig bekannte Persönlichkeit handelt. Der Grund ist, daß mir hauptsächlich daran lag, über konkrete Tatsachen zu berichten, bei denen es schließlich gleichgültig ist, ob sie sich auf Herrn X oder Fräulein Y beziehen; ich hielt mich insbesondere dann an diesen Grundsatz, wenn ich lediglich etwas Nachteiliges zu sagen hatte. Anders natürlich, wenn etwas auch deswegen interessant war, weil es eine bekannte Persönlichkeit betraf.

Alles was ich beschrieben habe, ist voll belegbar, aber in einigen wenigen Fällen habe ich absichtlich gewisse Einzelheiten – nie die Tatsachen selbst! – so verändert, daß die Beteiligten nicht erkennbar sind.

Es blieb noch ein Problem, das mir Kopfzerbrechen machte: Die Rolle, die mein Vater in diesem Buche spielen sollte. Schließlich war er es, der mir meine Einsichten ermöglichte; er war der Empfänger der Briefe, die ich in diesem Buch verwende; er war der Brennpunkt, auf den sich der Ausschnitt des musikalischen Geschehens, das ich miterlebte, konzentrierte. Kurzum, ohne ihn wäre dieses Buch nicht möglich gewesen.

Andererseits, ist er als Persönlichkeit dem großen Publikum heute noch genügend interessant? Oder, um es anders auszudrücken, interessanter als 98 Prozent derer, die den Inhalt eines modernen Musiklexikons bilden – bilden *müssen,* wenn es seinen Zweck erfüllen soll?

Nun, er war unbestritten ein Pionier der Geigenpädagogik, und sein Lehrwerk hat – fast ein halbes Jahrhundert nach seinem Tode – an Bedeutung nichts verloren. Und eine im Jahre 1988 in London erschienene «Historische» Plattenserie stellt erneut die Tatsache unter Beweis, daß er ein Interpret ersten Ranges war.[1] Er selbst und seine Ansichten dürften daher auch heute noch von Interesse sein.

Aber darauf kommt es nicht in erster Linie an: Denn der Zweck dieses Buches ist keineswegs, sein Leben zu beschreiben – wie oft sein Name auch erwähnt wird –, sondern einen bunten, wenn auch im Vergleich zum allgemeinen Geschehen kleinen Querschnitt des Musiklebens und gewisser damit zusammenhängender Dinge zu geben, wie sie mir aus den mir hinterlassenen Unterlagen erschienen oder wie ich sie selbst sah. Nichts Systematisches, sondern – da fast alles Material bisher unveröffentlicht geblieben ist – eher die Auffüllung gelegentlicher Lücken oder eine unabhängige Bestätigung schon bekannter Tatsachen; aber nicht selten auch etwas Neues oder Unerwartetes.

Ich hoffe, daß dieses Vorhaben Musikliebhaber interessiert und unterhält: Berufsmusiker, weil es vom Sohn eines Kollegen, andere weil es von einem der ihren geschrieben ist. Und beide, weil es Dinge berührt, die niemals aufhören, uns zu bewegen.

Ich möchte bei dieser Gelegenheit allen denen meinen Dank aus-

---

1 Carl Flesch, Historical Recordings 1905-1936, Symposium 1032/3/4

sprechen, die mich bei der Abfassung dieses Buches beraten und ermutigt haben, insbesondere Herrn Prof. Yfrah Neaman sowie all den andern ehemaligen Flesch-Schülern, Bekannten und Archivaren, die mir bereitwillig zusätzliche Korrespondenz zur Verfügung stellten, Herrn Dr. Daniel Bodmer, dem Chef des Atlantis Musikbuch-Verlags, für all seine Hilfe und Herrn Karsten Wildt, der mir bei der Durchsicht des Manuskripts und der Bestätigung von Daten behilflich war. Mein Dank gebührt auch denjenigen, die mir die Benutzung von Material gestattet haben, das dem Copyright unterliegt. In den Fällen, in denen es mir trotz aller Anstrengungen nicht gelang, die Namen und Adressen etwaiger Berechtigter zu ermitteln, hoffe ich, daß diese mir meine unbeabsichtigte Unterlassung nicht verübeln werden.

Konzerte

«Wenn der Liebe Gott gewollt
hätte, daß wir in Konzerte gehen,
hätte er uns Freikarten gegeben.»

*Poster im Büro der Agentur S. A.
Gorlinsky, London*

Frage: Wer wird wohl freiwillig einen Beruf ergreifen, der jederzeit vollste Einsatzbereitschaft und «fitness» erfordert, buchstäblich ununterbrochenes Training voraussetzt, ein hohes Risiko des Fehlschlagens mit sich bringt, finanziell oft sehr unsicher ist, viel Unbequemlichkeit und «Freizeitarbeit» bedeutet und außerdem zu Nerven- und Angstzuständen führen kann?

Antwort: Ein ausübender Künstler, insbesondere ein Musiker, der, abgesehen natürlich von Talent, Ausdauer und Mut, ausgesprochen extrovertierte Charakterzüge besitzt – besitzen muß –, vorzugsweise mit einer oft unbewußten Beimischung exhibitionistischer Tendenzen. Ohne diese wird er sich in seinem Beruf kaum wohlfühlen und wahrscheinlich erfolglos bleiben.

Zugegeben – diese Charakterzüge sind nicht immer klar abgegrenzt; viele Künstler haben eine ambivalente Einstellung zum Konzertieren. Der Cellist Hugo Becker zitiert in einem Brief einen Ausspruch Joachims: «Es ist ein garstig Handwerk, das Konzertgeben. Man sollte eigentlich nur für sich und ein paar Freunde musizieren.» Becker selbst hatte sich übrigens verhältnismäßig früh vom Konzertleben zurückgezogen und genoß seinen «durch öffentliche Verpflichtungen nicht beschwerten Lebensherbst». Aber das ist natürlich nicht mit dem Fall eines Künstlers zu vergleichen, der unter einer Abneigung gegen öffentliches Auftreten oder unter starken Hemmungen leidet.

Die Hemmungen hängen in erster Linie mit dem Nervenzustand zusammen, der unter dem Namen «Lampenfieber» bekannt ist und mit dem sich früher oder später jeder ausübende Künstler auseinanderzusetzen hat. Mein Vater – das mir am nächsten stehende «Studien-Objekt» – pflegte zu sagen, daß eine Dosis Nervosität vor einem Auftreten notwendig sei, um die beste Leistung zu erzielen. Aber er meinte es im Sinne von «angespannter Höchstbereitschaft», nicht von Angstgefühlen.

Ida Haendel, eine seiner namhaftesten Schülerinnen, schreibt in ihrer Autobiographie[1]: «Flesch spielte ungern öffentlich, da er an ‹Lumpenfieber› litt.» Abgesehen vom Druckfehler, ein interessantes Beispiel dafür, wie leicht auch die begabtesten Schüler Ihren Lehrer mißverstehen können. Zwar war selbstverständlich auch mein Vater vor einem öffentlichen Auftreten nervös, aber, soweit ich dies feststellen konnte, nicht mehr als andere, und ohne daß es sein Spiel in irgendeiner Weise beeinträchtigt hätte.

In seinen jungen und mittleren Jahren, also lange bevor Ida ihn kannte, war Konzertieren seine Haupttätigkeit. Und sie machte ihm Freude. Eine Tagebucheintragung: «Selbst musizieren ist unvergleichlich unterhaltsamer als Zuhören – wie jeder Berufsmusiker als Hörer im Konzert feststellen kann.» Und noch in seinem letzten Brief an mich – den ich erst nach seinem Tode erhielt – sprach er seine Befriedigung darüber aus, daß er trotz seines vorgerückten Alters noch immer mit unvermindertem Erfolg weiter konzertieren könne, da seine technischen Mittel in keiner Weise nachgelassen hatten. Er war sehr selbstkritisch und hätte bestimmt «den richtigen Augenblick erkannt, der jüngeren Generation das Feld zu räumen», wie Becker es ausdrückte.

Die Bewältigung der Nervosität gehört natürlich zur Ausbildung jedes für die solistische Laufbahn bestimmten Musikers. In seinen pädagogischen Werken analysierte mein Vater alle erdenklichen Arten von Hemmungen und beschrieb die besten Methoden für ihre Überwindung. In seinen Stunden bediente er sich gelegentlich des Wortspiels der «200%igen Vorbereitung», um ein mögliches 100%iges technisches Versagen auszugleichen.

Alle seine Schüler hatten das Recht – sogar die ungeschriebene

---

[1] «Woman with violin», Verlag Victor Gollancz Ltd., 1970

Pflicht –, den Stunden ihrer Mit-Studenten beizuwohnen. Nach allgemeinem Urteil war das Spielen vor einem so sachverständigen Publikum verbunden mit der sofort darauffolgenden tiefschürfenden Kritik eine Feuerprobe, die der eines «richtigen» Konzerts in nichts nachstand – und somit eine ausgezeichnete Vorbereitung auf die Solistenlaufbahn.

Er hatte es auch gern, wenn seine Schüler seine eigenen Konzerte besuchten. Mich hat dies immer etwas erstaunt. Angenommen er spielte einmal schlecht – würde das nicht einen katastrophalen Autoritätsverlust zur Folge haben? Er schien sich nie Sorgen darüber zu machen, ein weiterer Beweis dafür, daß er Nervosität als eine unvermeidliche und nicht übermäßig belastende Nebenerscheinung des Konzertberufes betrachtete.

Eine Idiosynkrasie allerdings legte er zeitlebens nicht ab: im Gegensatz zu vielen anderen Lehrern war es ihm unmöglich, dem wichtigen öffentlichen Debut eines seiner Schüler beizuwohnen. Andererseits hörte er sie gern im Rundfunk und schrieb ihnen dann gewöhnlich eine lobende oder konstruktiv-kritische Postkarte.

Ich möchte meinen Lesern davon abraten, bei Gesprächen mit Berufsmusikern das Thema «Lampenfieber» anzuschneiden. Offensichtlich sprechen sie nur ungern darüber. Dies wurde mir schon in meiner frühen Jugend durch einen an sich unbedeutenden Vorfall klar: Beim Mittagessen am Tage eines Berliner Konzertes stellte meine etwa zehnjährige Schwester in aller Unschuld die Frage – «Papa, bist Du aufgeregt?» Dies schien ihn, völlig unerwartet, erheblich zu verstimmen, und meiner Schwester wurden energisch die Leviten gelesen. Mir brachte es schon damals zum Bewußtsein, daß es sich hier um ein Thema handle, das praktisch tabu war. Ich habe es auch im Gespräch mit anderen Künstlern immer nach Möglichkeit vermieden. Die Erfahrung zeigt, daß sie es nur ungern ans Tageslicht bringen – vielleicht schon ein an sich bezeichnender Umstand.

Es gibt natürlich Ausnahmen. Jascha Heifetz, zum Beispiel, war berühmt für seine Kaltblütigkeit auf dem Podium. Bei Orchesterproben machte er sich manchmal den Spaß, erhebliches Bogenzittern vorzutäuschen. Die verblüffte Verlegenheit bei Dirigent und Orchester, und ihre Erleichterung, wenn sie merkten, es sei nur ein Scherz, machten ihm offenbar Vergnügen. Bei Privatgesellschaften hatte er ein ähnliches Salonstück: einen über-nervösen Anfänger bei seinem ersten öffentlichen Auftreten. Er spielte das so echt, daß mir der Verdacht kam, es könnte sich um die Verarbeitung einer unterbewußten Angst handeln. Ich weiß nicht, ob diese Vermutung richtig war oder nicht, aber einige Jahre später sagte er zwei Londoner Konzerte äußerst kurzfristig ab, aus Gründen, die nicht besonders überzeugend klangen und überdies einen der Veranstalter in ernsthafte Schwierigkeiten brachten.

Einer der Glücklichen, die von Nervosität wenig geplagt wurden, scheint der Cellist Heinrich Grünfeld gewesen zu sein, der mehr für seinen Witz und Charme[1], als für seine Kunst geschätzt wurde. Da er einen außerordentlich großen Freundeskreis hatte, war dafür gesorgt, daß seine Konzerte meist gut besucht waren, selbst wenn sich das Publikum vorwiegend aus Bekannten zusammensetzte.

Über ihn waren eine ganze Anzahl etwas boshafter Anekdoten im Umlauf, aber es wurde manchmal behauptet, daß einige von Grünfeld selbst erfunden seien; er war sich darüber klar, daß er nicht zu den besten Cellisten der Welt gehöre und bezeichnete sich selbst als «Professor humoris causa». Da gab es zum Beispiel die Geschichte eines seiner Kollegen, der nach einem Grünfeld-Konzert ins Künstlerzimmer kam, um ihm zu gratulieren. «Ach, lassen Sie mich in Ruh'» erwiderte Grünfeld. «Ich weiß, ich habe miserabel gespielt, aber ich war schrecklich nervös.» «Sie nervös – warum denn, um Himmels willen?» «In der 1. Reihe saß ein Mann, den ich *nicht* kannte.»

Oder: Er hatte einen Schüler, der trotz aller Bemühungen kaum Fortschritte machte. Die Stunden wurden vom Großvater des Jungen bezahlt, der sich zu seinem 70. Geburtstag nichts sehnlicher wünschte, als daß sein Enkel ihm etwas Schönes vorspielen könne. Um den alten Herrn nicht zu enttäuschen, wurde beschlossen, ihm zu sagen, der Junge sei so nervös, daß er nur im Nebenzimmer spielen wolle. Dort sollte dann Grünfeld selbst die Rolle übernehmen, damit der Großvater sich an den vermeintlichen Fortschritten des jungen Künstlers erfreuen könne. Am Geburtstag hörte er also Grünfeld nebenan spielen, immer im Glauben, es sei sein Enkel. Aber beim Zuhören verdüsterte sich seine Miene mehr und mehr. Offenbar war er mit den

---

1 Als er meinen Vater bat, bei einer Veranstaltung zum 50jährigen Jubiläum seiner Abonnementskonzerte mitzuwirken, tat er dies mit den Worten: «Es ist die vorletzte Ehre, die Sie mir erweisen können».

Unterrichtsergebnissen alles andere als zufrieden. Am Schluß äußerte er nur einen Satz: «Morgen fliegt Grünfeld!»

Bei manchen Künstlern zählt das Lampenfieber zu ihren größten Schwierigkeiten. Ihre Tortur vor und beim Auftreten läßt sich nur mit der ihrer Freunde vergleichen, die sich verpflichtet fühlen, ins Konzert zu kommen. Zu wissen, wessen er fähig ist, ohne daß er es im entscheidenden Augenblick von sich geben kann, muß für einen erstklassigen Musiker auf die Dauer untragbar sein. Hier nützt keine auch noch so gründliche technische Vorbereitung, sondern höchstens eine psychiatrische Behandlung. Aber es gibt «unheilbare» Fälle, in denen die Betreffenden sich – oft zum Vorteil ihrer Schüler – nach einiger Zeit ausschließlich aufs Unterrichten konzentrieren.

Es gibt natürlich unzählige Gründe, aus denen bei einem Konzert etwas danebengehen kann. Aber zuerst wollen wir mangelhafte Technik ausschließen: Wenn jemand ein Werk nicht ganz beherrscht, dann soll er es nicht öffentlich spielen. Aber auch bei voll genügenden Mitteln ist der Weg einer öffentlichen Aufführung «mit Bananenschalen gepflastert»: Begleiter unzureichend, ein Mißverständnis mit dem Dirigenten, mit dem Instrument etwas nicht in Ordnung, ein verdorbener Magen, Erkältung (bei Solist – oder Publikum!), schlechte Akustik, Untertemperatur im Saal – die Liste ist endlos. Aber lassen wir all dies einmal beiseite. Wäre es möglich, daß irgendwo vielleicht eine nur halb-bewußte Gefahr lauert – oder befürchtet wird –, die alles andere in den Schatten stellt?

Ich möchte in aller Bescheidenheit eine Theorie äußern, die – ich weiß es – von vielen Berufsmusikern als falsch, manchmal sogar als lächerlich bezeichnet wird. Nun, wir werden sehen: Könnte es sein, daß eine der wichtigsten Ursachen des Lampenfiebers die Angst vor einem Gedächtnisfehler ist? Oder, um es anders auszudrücken: Legen wir zuviel Wert aufs Auswendigspielen?

Hier gibt es bekanntlich diametral entgegengesetzte Ansichten:

«Auswendigspielen ist unerläßlich, weil das gedruckte Notenblatt die Verbindung zwischen Hirn und Arm, und damit die Konzentration, zerstört.»

«Zeitgenössische Werke sollten immer aus Noten gespielt werden, denn das Auswendiglernen lohnt sich meist nicht, wenn man bedenkt, wie verhältnismäßig selten moderne Kompositionen aufgeführt werden. Wenn mehr Musiker diese Regel befolgen würden, so käme dies den Komponisten zugute: Ihre Werke würden bestimmt häufiger öffentlich gespielt werden.»

«Wenn das Gedächtnis versagt, spielen die Finger automatisch weiter.»

«Dem Publikum ist es gleichgültig, ob ein Künstler aus Noten spielt oder nicht.»

«Keine Spur! Es erwartet, daß wir jedes Werk auswendig kennen, sonst denkt es, wir hätten uns nicht genügend vorbereitet.»

«Wenn ich mir um mein Gedächtnis keine Sorge zu machen brauche, kann ich mich mehr aufs rein künstlerische konzentrieren.»

«Im Gegenteil, Spielen aus Noten hemmt die musikalische Interpretation.»

Usw., usw., ad infinitum.

Jede dieser Meinungen wird – und läßt sich – vertreten. In diesem Punkt besteht keine Einigkeit.

Sehen wir uns die Sache einmal praktisch an. Heutzutage scheint Auswendigspielen von Solo-Werken die Regel zu sein, auch – mit einigen Ausnahmen – bei denjenigen, die das Gegenteil vorziehen würden. Anscheinend fügt man sich dem vermeintlichen Publikumsgeschmack. Aber ist dieser wirklich so ausgeprägt? Zugegeben, ich hörte einmal eine alte Dame, nach einer nicht besonders gut gespielten Beethoven-Romanze zu ihrer Freundin über den Solisten sagen: «Er ist ein großer Künstler, er spielt alles auswendig!» Man darf jedoch hoffen, daß diese Auffassung eine Ausnahme ist. Was das Publikum hören will, ist die bestmögliche Wiedergabe eines Werkes. «Auswendig» ist dabei kein wesentlicher Faktor, im Gegensatz etwa zur Oper oder dem Theater, wo es unerläßlich ist. Aber da gibt es ja das Äquivalent des Notenblattes – den Souffleur.

Ich weiß, daß bei Kammermusik noch andere Faktoren hinzukommen, aber es ist dennoch bemerkenswert, daß Quartette, Trios und meist auch Duos praktisch immer aus Noten spielen[1]. Die wenigen Ensembles – wie z. B. gewisse Quartette –, die sich darauf spezialisieren, auswendig zu spielen, werden meines Wissens nicht als künstlerisch höher-stehend angesehen. Es wird sogar die Ansicht vertreten,

---

[1] Der Flesch-Schüler Roman Totenberg hielt diese Frage für genügend wichtig, um seinem Lehrer im Jahre 1935 ausdrücklich zu schreiben: «Die Brahms-Sonate spiele ich auswendig».

daß sie zuweilen unter einer Beschränkung ihres Repertoires leiden. Außerdem würde es mich nicht wundern, wenn sie Energie- und Konzentrationsvorräte verbrauchten, die besser in anderer Richtung verwendet werden könnten.

Ich erinnere mich, daß in einem von mir organisierten Wohltätigkeitskonzert das Amadeus-Quartett ohne die Cello-Stimme für Mozarts Jagd-Quartett erschien (und damit übrigens einem Boulevard-Blatt, das sonst nicht im entferntesten daran gedacht hätte, das Konzert zu rezensieren, die Möglichkeit zu der unvermeidlichen Schlagzeile «Jagd nach dem Jagd-Quartett» gab). Ich glaube annehmen zu dürfen, daß die Amadeus-Mitglieder dieses Werk schlimmstenfalls auch im Schlaf hätten spielen können. Aber anfangen, bevor die fehlende Stimme beschafft worden war? Das kam nicht in Frage! Da die Quartettspieler durch diesen unvorhergesehenen Zwischenfall etwas aus der Fassung geraten waren, versuchte ich sie mit einer Geschichte zu trösten, die meinem Vater bei einem Konzert mit Furtwängler passiert war: Bei seiner Ankunft im Künstlerzimmer stellte er fest, daß er eine lose Brücke, die er erst kürzlich vom Zahnarzt bekommen hatte und an die er noch nicht gewöhnt war, zu Hause vergessen hatte. Meine Mutter machte eine nervenaufreibende Taxifahrt durch Berlin, um sie ihm gerade noch rechtzeitig zu bringen. Aber die Amadeus-Mitglieder waren nicht beeindruckt – sie betrachteten dies als ein rein kosmetisches Problem, das höchstens bei lächelnder Entgegennahme des Beifalls akut werden könnte; beim Spielen selbst habe ein Geiger ja notgedrungen seinen Mund zu halten.

Aber allen Ernstes: Warum versagen wir Solisten den Katastrophenschutz, den wir Ensembles ohne weiteres zugestehen? Wenn nur deswegen, «weil man es von jeher so gemacht hat», dann darf man vielleicht darauf hinweisen, daß Solisten immer im Stehen spielen. Oder richtiger – spielten, bis Itzhak Perlman auf der Bildfläche erschien. Seine Äußerung, daß viele Geiger ihn darum beneideten, daß er sitzenbleiben «dürfe», ist zwar nur ein Spaß, enthält aber sicherlich auch ein Körnchen Wahrheit; ganz abgesehen davon, daß manche seiner Kollegen Grund zur Besorgnis hätten, wenn er im Stehen noch besser spielen würde als im Sitzen. Aber worauf es ankommt: Spielen im Sitzen ist zwar unüblich, beeinträchtigt aber weder die Qualität der Wiedergabe, noch den Publikumserfolg. Es ließe sich trotz offensichtlicher Unterschiede eine Parallele zum Auswendigspielen ziehen.

Es gibt Künstler mit einem so glücklichen Temperament, daß es ihnen tatsächlich nichts ausmacht, wenn sie gelegentlich das Gedächtnis verlieren. Der Cellist Emanuel Feuermann war ein solcher Fall: wenn ihm etwas passierte, lachte er nur und fing von vorne an. Er fand es einfach amüsant, daß *ihm* so etwas zustoßen konnte. Aber dieses Selbstvertrauen ist nur den wenigsten vergönnt.

Mein Vater spielte, mit Ausnahme moderner Werke, sein Solo-Repertoire auswendig. Aber er nahm immer die Noten für die auf dem Programm stehenden Stücke mit ins Konzert – vermutlich für den Fall irgendwelcher Zweifel beim Einspielen. Das einzige Mal, bei dem ich ihn wirklich nervös werden sah, war, als er (fälschlich) glaubte, diese zu Hause vergessen zu haben.

Soweit ich weiß, hatte er die Noten auch vor sich, wenn er im Rundfunk spielte. Jedenfalls empfahl er dies seinen Schülern.[1] Ich glaube, es wird viel getan. Man kann daraus die Bedeutung ersehen, die dieser Frage von vielen Solisten beigemessen wird. Und ebenso in der Literatur, die ich hier selbstverständlich nicht anzuführen brauche. Interessant ist jedoch ein Brief von Bram Eldering, damals (1929) Professor an der Hochschule in Köln:

«Bei Schülern mit gutem Gedächtnis spreche ich garnicht (über Auswendigspielen), zeige nur wie sie manche Klippen vermeiden können. Bei denen aber, die, wenn sie sich irren, den Faden verlieren, gebe ich doch den Rat, ... viel von Noten zu üben, besonders in den letzten Tagen vor dem Konzert, um dann in der Aufführung nur an den Vortrag zu denken. Eine sehr talentierte Schülerin, die nicht auswendig lernen kann, lasse ich mit niedrigem Pult spielen.»

Die Erfolgsaussicht dieser Methoden erscheint mir etwas zeifelhaft; aber hauptsächlich muß ich beim Lesen dieses Briefes immer an den alten Spruch denken – «Warum einfach, wenn es auch kompliziert geht!»

Es ist unbestreitbar, daß das Auswendiglernen sozusagen den «Idealzustand» darstellt;[2] Oder wie Furtwängler es ausdrückt:[2] «Auswendig

---

[1] Karte vom 24. 10. 1933 an einen seiner prominentesten ehemaligen Schüler: «Ich habe Dich im Radio gehört. Du hast im Ganzen ausgezeichnet gespielt – natürlich war es schade, daß Du Dich im 1. Satz vom Goldmark so gründlich geirrt hast. Habe ich Recht oder nicht, wenn ich meinen Schülern immer predige, daß sie sich im Radio die Noten hinlegen sollen?»

[2] «Vermächtnis», S. 18, F. A. Brockhaus Verlag, Wiesbaden

dirigieren hat auch einen großen Vorteil. Es verlangt, daß der Interpret sich mit dem Werk lange und intensiv befaßt – was immer notwendige Voraussetzung ist. Und wohl auch immer von neuem befaßt.» Alles selbstverständlich richtig, aber nicht die Fragestellung, die wir hier im Auge haben: Auswendigspielen bedeutet ohne jeden Zweifel für die Mehrzahl der Interpreten ein sehr erhebliches technisches und psychologisches Problem; sonst würde es in der einschlägigen Literatur nicht so ausführlich – und widerspruchsvoll – behandelt werden. Ist es diesen Aufwand wirklich wert?

Wenn ein Musiker der Ansicht ist, daß er die Noten wirklich nicht braucht oder daß sie ihn sogar stören – nun gut! Niemand will ihn ja unter Druck setzen, *nicht* auswendig zu spielen. Was wir hier diskutieren, ist lediglich die Frage, ob Musiker gezwungen werden sollen, *ohne* Noten zu spielen. Die meisten Trapezkünstler arbeiten mit einem Sicherheitsnetz, aber sie benötigen es glücklicherweise selten. Es soll lediglich dazu dienen, ein vermeidliches Risiko zu beseitigen. Es gibt zwar Menschen, für die der Reiz einer akrobatischen Darbietung darin liegt, daß sich ein katastrophischer Unfall ereignen könne. Aber das ist normalerweise nicht die Einstellung, mit der wir in ein Konzert gehen. Wenn manche Künstler vor einem Auftreten gegenteiliger Meinung sind, dann gewöhnlich deswegen, weil sie die Anwesenheit von Kollegen im Publikum vermuten.

Mein Vater pflegte zu erzählen, daß nicht selten, wenn er das Brahms- oder Beethovenkonzert in einer deutschen Stadt gespielt hatte, ein älterer Zuhörer mit der Geschichte zu ihm kam, er habe das Konzert seinerzeit noch vom alten Joachim gehört, der mittendrin steckengeblieben sei. Dies gibt Anlaß zu einer interessanten Überlegung: Je älter man wird, um so unzuverlässiger wird das Gedächtnis. Sollen wir von einem alternden Künstler, der noch viel zu geben hat, erwarten, daß er, sagen wir ab 70 dazu übergeht, aus Noten zu spielen und damit sozusagen offiziell bekanntzugeben, daß er allmählich anfange, an Alterserscheinungen zu leiden? Haarwuchs- und Färbemittel, Hörgeräte und so fort sind alle darauf abgestellt, Alterserscheinungen unauffällig abzuhelfen. Warum auf dem Konzertpodium zum anderen Extrem gehen?[1]

[1] Allerdings spielte Swatoslaw Richter, als ich den etwa 70jährigen in einem Londoner Recital hörte, das ganze Programm aus Noten, mit einem Umblätterer neben sich; niemand nahm daran den geringsten Anstoß.

Gregor Piatigorsky gestand mir in einem schwachen Augenblick, daß er sich vor Gedächtnisfehlern fürchte und seine Konzertsaison immer gern mit einigen unwichtigen Engagements anfange. Interessant ist hierbei übrigens, daß er diese Bemerkung kurz vor einem «Promenade Concert» machte, seinem ersten Auftreten in der betreffenden Saison.[1]

Josef Szigeti scheint ebenfalls unter diesem Syndrom gelitten zu haben. Er erzählte gern, wie er einmal kurz vor einem Konzert meinem Vater sein Leid klagte – bei einer gewissen Stelle befürchte er immer einen Gedächtnisfehler. Mein Vater war mit gutem Rat zur Hand, verdarb dann aber alles durch die Bemerkung, er habe seinerseits bei einer anderen Stelle die gleiche Angst. Der arme Szigeti kam vom Regen in die Traufe – er mußte sich nunmehr bei der anderen Stelle Sorgen machen.

Alma Moodie über den Komponisten und Pianisten Eduard Erdmann: «Er soll sich im Hauptkonzert geirrt haben. Bechstein hatte ihm, ohne daß er es wußte, am Abend einen anderen Flügel hingesetzt, und auf einmal hat er gemerkt und darüber nachgedacht, warum die schwarzen Tasten scharfe Ecken hatten, nachdem sie am Tage zuvor rund gewesen waren – und schon war er einen Moment heraus.»

Mein Vater schreibt über «einen unserer berühmtesten Geiger», daß er in einem Konzert die Bachsche Chaconne zu spielen hatte. Als er aufs Podium trat, bemerkte er in der ersten Reihe zwei musikbeflissene Studenten, die in den Noten mitlasen. Dies machte ihn so nervös, daß ihn «schon nach kurzer Zeit das Gedächtnis verließ». Dieser

---

[1] Promenade concerts – «Proms» – sind eine seit Jahrzehnten bestehende alljährliche Serie von etwa 45 Konzerten, die in der Londoner Royal Albert Hall stattfinden und so populär sind, daß die Eintrittskarten für das erste und letzte Konzert der Serie verlost werden müssen. Dies, obwohl es im Parkett nur Stehplätze gibt, was bei langen Konzerten für die Zuhörer recht ermüdend sein kann. Der Geiger Henri Temianka, der lange in London lebte, pflegte zu sagen, daß er seinen Erfolg in diesen Konzerten nach der Zahl der Zuhörer berechne, die während seines Auftretens ohnmächtig herausgetragen würden – bis ein Kollege die Vermutung aussprach, dies sei nur ein Trick, den Saal vor Beendigung seiner Nummer mit Anstand zu verlassen.
Berufsmusiker hatten von dem künstlerischen Niveau der «Proms» keine hohe Meinung; diese Ansicht wurde von den total übermüdeten Mitgliedern des BBC Symphony Orchestras geteilt, damals des einzigen, welches diese Serie – Abend für Abend – bestritt. An wirkliches Proben war nicht zu denken. Inzwischen hat sich dies grundlegend geändert, und die Konzerte gehören zum Besten, das London zu bieten hat.

Vorfall ist für mich besonders bezeichnend: Wenn ein routinierter Künstler bei einem Standardwerk wie der Chaconne die Fassung verlieren kann, nur weil andere Leute die Noten vor sich haben und ihn daher «kontrollieren» können ... ist das wirklich nötig?

Viele Künstler werden diese Frage bejahen. Inspiration; sich-selbst-vergessen; zum-Publikum-sprechen – das geht nur ohne Noten. Bedeutet dies, daß all' das in der Kammermusik nicht vorhanden ist?

Dann wird gesagt, daß, wenn es darauf ankommt, die Noten im entscheidenden Augenblick nichts nützen; der Interpret könne sich nicht so rasch umstellen. Hier fehlt mir die persönliche Erfahrung, aber ich darf auf Carl Flesch[1] hinweisen, der zwischen akustischem, motorischem und visuellem Gedächtnis unterscheidet – letzteres «ein leider oft unterschätztes Hilfsmittel».

Und es sind natürlich auch Fälle von Künstlern bekannt, die immer aus Noten spielen, wie z. B. der Pianist Raoul Pugno, unter anderem langjähriger Sonatenpartner Ysaye's[2].

Allerdings kann es auch vorkommen, daß das Vorhandensein der Noten das «Unglück» herbeiführt, statt es zu verhindern. Buchstäblich das einzige Konzert, bei dem ich anwesend war, als mein Vater mittendrin aufhören mußte, war eines, in dem er aus Noten spielte. Es handelte sich um die Uraufführung eines (damals) zeitgenössischen Violinkonzerts mit dem Komponisten selbst als Dirigenten. Das Konzert startete mit einem Presto, und mein Vater hatte das Pech, zwei Seiten auf einmal umzublättern, wodurch er von Seite 1 unmittelbar auf Seite 4 gelangte. Er blätterte hastig zurück und das Publikum hätte wahrscheinlich gar nichts gemerkt, wenn der Dirigent nicht schon abgeschlagen hätte; sie mußten von vorne anfangen. Um den Komponisten für dieses ärgerliche Malheur zu entschädigen, spielte mein Vater das Werk noch einmal bei einem modernen Musik-

---

1 «Kunst des Violinspiels», I. Band, S. 139

2 Bei dem alle zwei Jahre in London stattfindenden Internationalen Carl Flesch Geiger-Wettbewerb muß in der ersten Runde ein etwa zehn Minuten dauerndes Stück für Violine allein auswendig gespielt werden; es wird eigens für diese Gelegenheit komponiert, ist also modern. Bei jeder Veranstaltung dieser Art sagen einige Teilnehmer ganz kurz vorher ab. Ich habe mich oft gefragt, ob das Auswendigspielen dieses kurzen Stückes etwas damit zu tun hat; und falls ja, ob eine solche Gedächtnisprobe wirklich wichtig genug ist, um unter Umständen einen hervorragenden Geiger an der Teilnahme zu verhindern.

fest, diesmal ohne Zwischenfall und, es sollte mich nicht wundern, auch ohne Honorar.

Nun, Ausnahmen bestätigen die Regel. Es ließen sich für das Gegenteil sicherlich noch viele andere Beispiele geben. Nicht alle gehen schlecht aus. Max Rostal erzählt z. B. aus seiner Konzertmeisterzeit von einem bekannten Geiger, der im Konzert sein Gedächtnis rettungslos verlor. Rostal spielte das Solo für ihn von seinem Pult aus so lange, bis sich der Solist genügend erholt hatte, um selbst weiterzumachen. Rostal weigert sich bis heute standhaft, den Namen des Solisten zu nennen.

Zweifellos sind die meisten Gedächtnisfehler auf einen vorübergehenden Konzentrationsverlust zurückzuführen. Aber es kann auch umgekehrt sein. Es gibt eine Geschichte über den russischen Geiger Alexander Schmuller, der einmal beim Beethovenkonzert so intensiv an sein erstes Solo dachte, daß er das lange Anfangs-Tutti völlig vergaß und nach den einleitenden vier Paukenschlägen sofort zu spielen anfing. Man berichtet, Dirigent und Orchester hätten sich glänzend aus der Affäre gezogen.

Soviel über das Auswendigspielen als eine der möglichen Hauptursachen des Lampenfiebers. Die Meinungsverschiedenheiten werden nicht aufhören, aber ich glaube, es läßt sich vieles für meine Ansicht sagen.

Konzerthonorare spielen naturgemäß eine wichtige Rolle. In früheren Zeiten, als es noch keine Schallplattenindustrie gab, waren sie die Haupteinnahme der Interpreten, und auch die romantischsten Figuren konnten sehr kommerziell denken. Eine von seinem Sohn als echt attestierte Seite aus dem Tagebuch Paganinis beschäftigt sich ausschließlich mit seinen Einnahmen und Ausgaben (Abbildung 1).

Wenn man diese Zahlen sieht, so kommt einem erst zum Bewußtsein, was die Inflation über die Jahrhunderte angerichtet hat. Aber wir brauchen gar nicht so weit zurückgehen: Die Honorare, die anfangs dieses Jahrhunderts üblich waren, würden heute kaum die Reisespesen decken.[1] Und wie wurde um jede 100 Mark gekämpft! Es ist

---

[1] Immerhin: Ich besitze einen Brief aus den dreißiger Jahren von Sir Robert Mayer, dem bekannten Begründer der Londoner Kinderkonzerte, in welchem er dem Agenten Ida Haendels ein Honorar von £ 12 anbietet, mit der Begründung, dies sei die «reduced educational scale»!

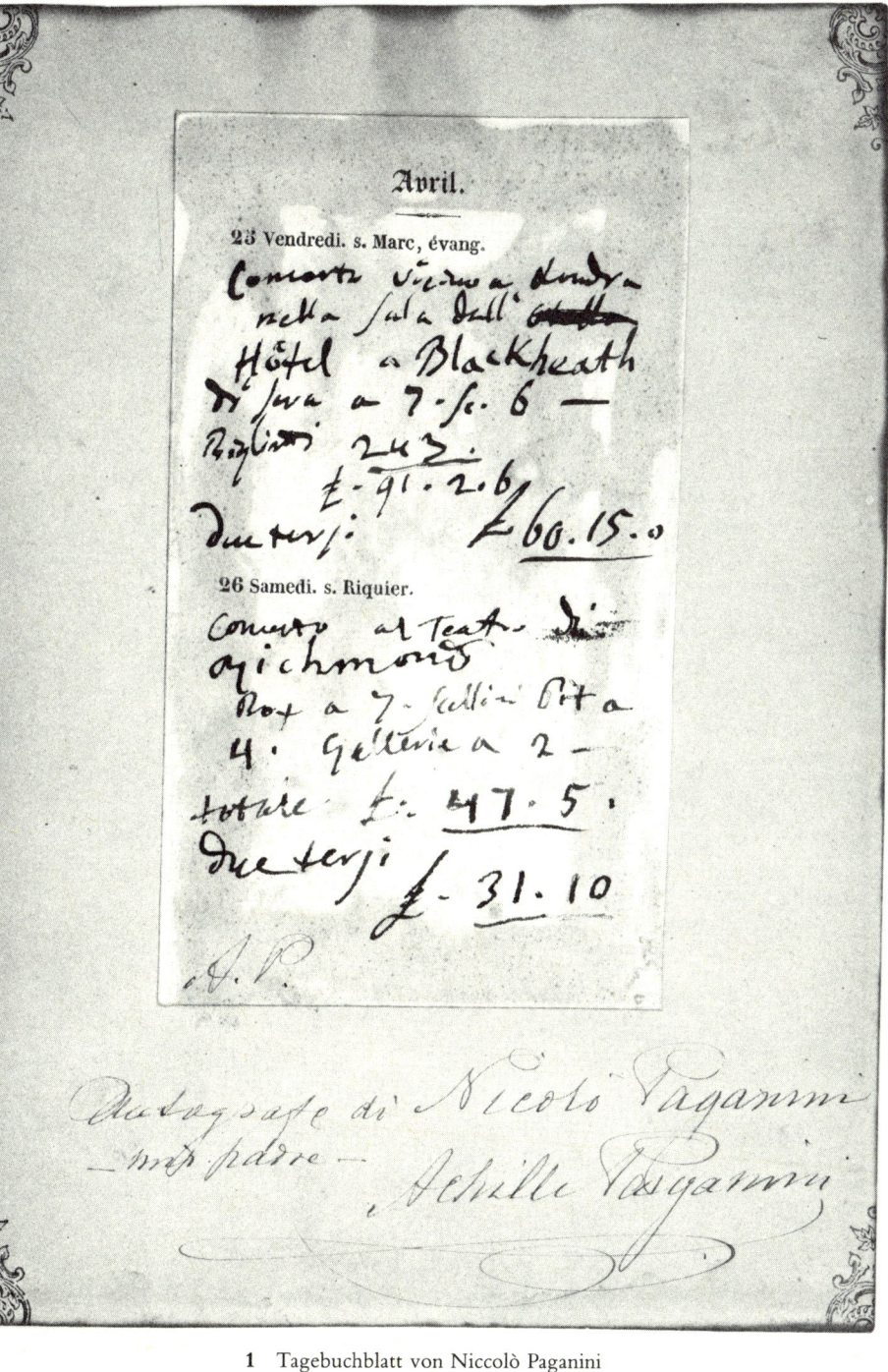

1 Tagebuchblatt von Niccolò Paganini

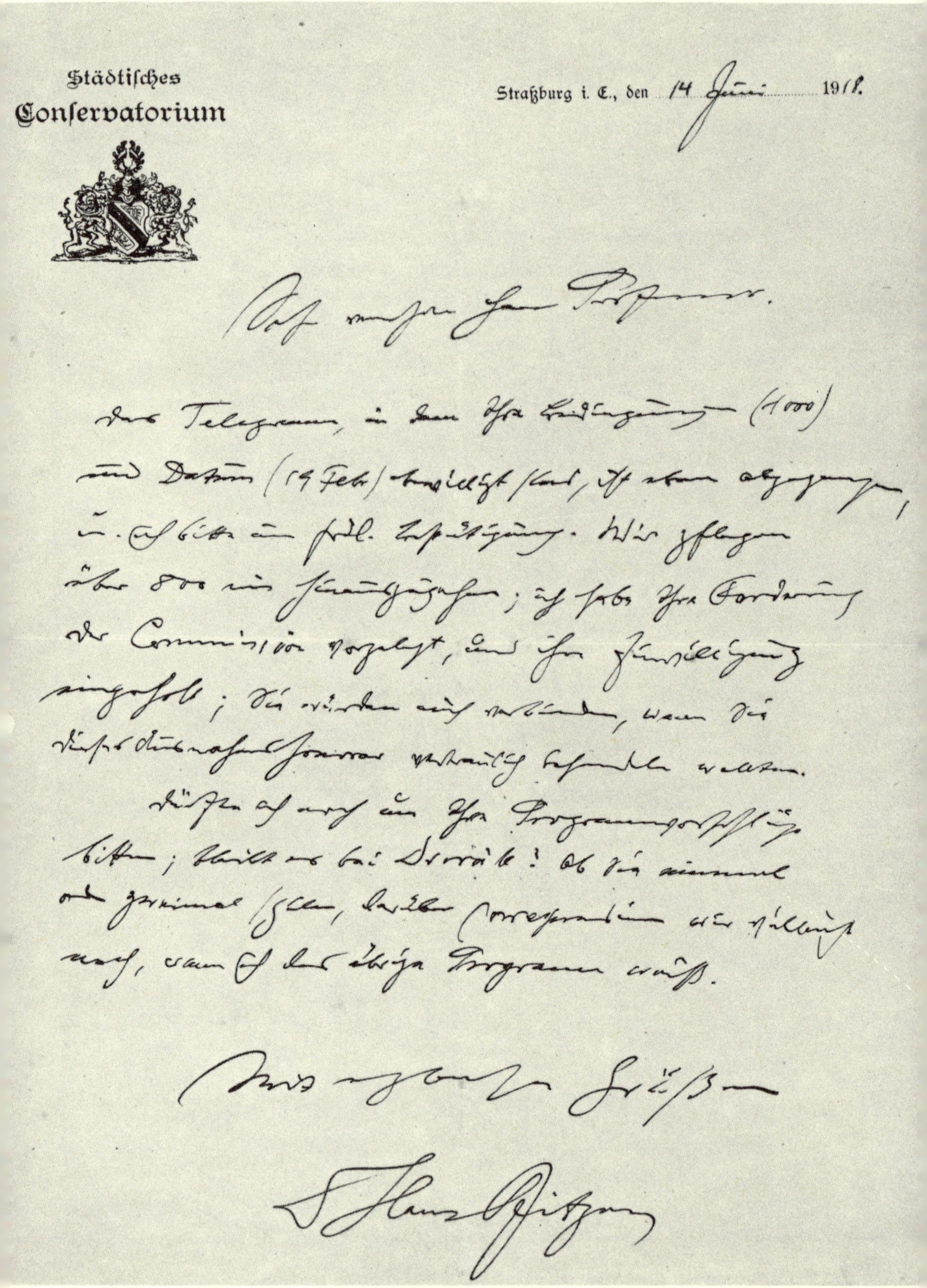

Städtisches Conservatorium

Straßburg i. E., den 14 Juni 1918.

Sehr verehrter Herr Professor.

das Telegramm, in dem Ihre Bedingungen (1000) und Datum (14 Febr.) ersichtlich sind, ist eben abgegangen, u. ich bitte um freundl. Bestätigung. Wir pflegen über 800 nie hinauszugehen; ich habe Ihre Forderung der Commission vorgelegt, und ihre Einwilligung eingeholt; Sie würden mich verbinden, wenn Sie dieses Ausnahmehonorar vertraulich behandeln wollten.

Dürfte ich auch um Ihre Programmvorschläge bitten; bleibt es bei Dvořák? Ob Sie einmal oder zweimal spielen, darüber correspondiren wir vielleicht noch, wenn ich das übrige Programm weiß.

Mit ergebensten Grüßen

Ihr Hans Pfitzner

2 Brief von Hans Pfitzner

amüsant, die Briefe von Konzertvereinen zu lesen; zuweilen versuchten sie, das Honorar zu drücken, aber gleichzeitig den Eindruck zu erwecken, daß es besonders hoch sei.

So schrieb Pfitzner aus Straßburg (1918), nachdem er sich mit einer Honorarforderung meines Vaters von 1000 M einverstanden erklärt hat: «Wir pflegen über 800 M nie hinauszugehen. Sie würden mich verbinden, wenn Sie dieses Ausnahmshonorar vertraulich behandeln würden» (Abbildung 2).

Brief aus dem Jahre 1910 betreffend ein Bachfest in Heidelberg: «Heidelberg ist, wie Sie wissen, ein kleines Nest und ich dürfte nicht über 450 M hinausgehen. Aber ich hoffe, der ‹Mammon› bildet auch bei Ihnen keinen Hinderungsgrund.» Das war für zwei Konzerte! Das «auch» ist gut.

Reger schrieb am 24. 4. 1912 aus Meiningen: «Darf ich meine Hoffnung ausdrücken, daß Sie (das Beethoven-Konzert) für ein Honorar von 500 M bei uns spielen werden? *Mehr kann ich Ihnen beim besten Willen nicht bieten, da wir nicht mehr Geld haben!* Auch bitte ich Sie, die Sache noch als *unverbindlich* zu betrachten, da ich zu der Sache noch die Genehmigung von S. Hoheit dem Herzog von Meiningen einholen muß.»

Regers nächster Brief (Abbildung 3) zeigt, daß er an jede Eventualität dachte!

Max von Schillings aus Stuttgart (1912): «Ich bitte, den 20. Februar 1913 mit einem Honorar von 800 M als abgemacht zu betrachten. Letzteres betreffend, möchte ich Sie bitten, in Erwägung zu ziehen, ob Sie mit Rücksicht auf den wohltätigen Zweck für die Witwen und Waisen der Hofkapelle unserem Orchester und mir zuliebe nicht eine Reduktion eintreten lassen könnten.» Ich kenne die Antwort nicht, weiß aber, daß mein Vater im allgemeinen den Ausdruck «Wohltätigkeitskonzert» wörtlich nahm – als eines, in dem der Künstler umsonst oder zumindest zu einem stark reduzierten Honorar mitwirkte.

Schließlich noch ein Brief Bram Elderings aus dem Jahre 1904. Er war Konzertmeister und Professor in Köln, und mein Vater hatte ein Honorar von 900 Mark verlangt, welches die Stadt Köln behauptete, sich nicht leisten zu können. Sein Freund Eldering schrieb ihm, zweifellos ohne Wissen seiner Vorgesetzten: «Nun finde ich, offen gesagt, es nicht würdig, daß Sie für solchen Preis (er meinte zweifellos den geringeren angebotenen Betrag) spielen.»

Meiningen
Marienstraße 6 ᴵ   7.5.1912

Sehr geehrter Herr Kapellmstr!
Schönsten Dank für Ihren
fr. Brief. Es bleibt dabei
3. April; Sie können Koaba zu
Beethoven violinc concert am
3. April vormittags 9 Uhr
oder nachmittags 4 Uhr haben.
Ich bin Ihnen sehr dankbar,
daß Sie für 500 M garant.;
aber noch eins muß ich
Ihnen schreiben: unser Herzog ist

3 Brief von Max Reger

86 Jahre alt; er könnte also
des großen Unglücks entrathen,
daß der hohe Herr März vorm
1. April 1913 sterbe; in diesem
Falle müßte natürlich der
Fuß nachhaben werden; ich
bitten Sie derhalb — von
also dieser Unglücksfall
eintraten sollte, daß Sie
demit einverstanden sind
daß der Musik-fuß
nachhaben wird.

Ich hoffe u. resp. fürchte zu
nicht, daß dieser Unglücksfall

[...] werden wir diese Zeit entnehmen
können, denn der hohe Herr
erfreut sich des besten
Befindens.

Bitte berücksichtigen
Sie mich recht bald.

Mit besten Grüßen

Ihr ergebener

Reger

Meiningen
Marienstraße 61
7. 5. 1912

Sehr geehrter Herr Professor
Schönsten Dank für Ihren frdl. Brief. Es bleibt doch beim *3. April*; Sie können Probe zu Beethoven Violinconcert am 3. April vormittags 9 Uhr oder nachmittags 4 Uhr haben. Ich bin Ihnen *sehr* dankbar, daß Sie für *500* M kommen, nur noch eine Sache muß ich Ihnen schreiben: unser Herzog ist 86 Jahre alt; es könnte also das große Unglück eintreten, daß der hohe Herr kurz vorm 1. April 1913 stürbe, in diesem Falle müßte natürlich das Fest *verschoben* werden; ich bitte Sie deshalb, wenn also dieser Unglücksfall eintreten sollte, daß Sie damit *einverstanden* sind, daß das Musikfest *verschoben* wird.
Ich hoffe u. resp. fürchte ja *nicht*, daß dieser Unglücksfall gerade um diese Zeit eintreten wird, denn der hohe Herr erfreut sich des besten Befindens.
Bitte, benachrichtigen Sie mich recht bald.
Mit den besten Grüßen

Ihr ergebenster
Reger

Freikarten sind ein anderes umstrittenes Kapitel. Soviel ich weiß, war mein Vater guten Freunden und Schülern gegenüber in dieser Beziehung sehr großzügig. Schnabel dagegen gab auch seinen Schülern fast niemals freien Eintritt. Ich erinnere mich eines Sonatenabends, an dem mich ein Schnabel-Schüler, der sich das Eintrittsgeld nicht leisten konnte, um ein Freibillett bat. Als ich es ihm verschaffte, sagte er: «Zum Dank kannst Du zeitlebens in jedes meiner Konzerte umsonst kommen.» Er hatte die Stirn, ein Jahr später nach USA auszuwandern, sodaß ich von seinem Angebot niemals Gebrauch machen konnte.

Hans Kellers Witwe, Milein Cosman, verdanke ich die Geschichte über dessen Mutter, die als junges Mädchen in alle Mahler-Konzerte ging, sich aber nur die billigsten Galerieplätze leisten konnte. Eines Tages gelang es ihr, zu Mahler selbst vorzudringen; sie wandte ihren ganzen Jung-Mädchen-Charme an, um ihm zumindest für ein Konzert einen besseren Platz zu entlocken, damit sie seine Kunst besser genießen könne. Mahler zog sich jedoch geschickt aus der Affäre: «Aber mein liebes Fräulein, in der Galerie ist die Akustik doch viel besser!»

In der Privatsammlung von Briefen an Huberman[1] befindet sich ein Briefwechsel aus dem Jahre 1931, der alles sagt. Von einer jungen Bewunderin: «... Wenn Beethoven in der Reihe der Zuhörer gesessen hätte, er selbst hätte gewußt, daß niemals sein Konzert in solcher Vollendung gespielt wurde, als von Ihnen an jenem Abend. Nach dem Konzert ... wurde behauptet, daß auch Sie nicht Musik machen um der Musik willen, sondern nur wegen des Geldverdienens. Ich war empört ... (und) ... behauptete, ... daß wenn ich Sie um eine Freikarte für Ihr Konzert am 20. Februar bitten würde, Sie mir diese Bitte erfüllen würden. Bitte ... geben Sie mir Gelegenheit, die häßliche Ansicht dieser Menschen zu zerstreuen.»

Darauf Huberman: «... Wenn Ihren Freunden erst die Überlassung einer Freikarte den Beweis von der künstlerischen Gesinnung eines Künstlers bringen kann, wenn dieselben aus der künstlerischen Leistung nicht genügend für sich herauslesen können, um übehaupt vor so kindischen Gedankengängen geschützt zu sein, dann liegt mir auch

---

1 «The Listener speaks», privat herausgegeben nach seinem Tode von seiner ehemaligen Sekretärin Ida Ibbekken.

gar nichts daran, sie vom Gegenteil zu überzeugen... Im übrigen würde nur ein Phantast die Tatsache in Abrede stellen wollen, daß auch die heiligsten Güter, ein wirtschaftliches Moment haben, nämlich den Zeitpunkt wo sie verkauft werden... Es kommt nur darauf an, daß ... ein künstlerisches Produkt im Moment des Erschaffenwerdens frei von solchen Erwägungen ist...»

Was kann man da noch hinzufügen – außer, daß die Briefsammlung einen Fall enthält, in dem Huberman bei einer anderen Gelegenheit einer mittellosen Bewunderin eine Freikarte unaufgefordert zur Verfügung stellte!

Von den Vorbereitungen, die ein Künstler am Konzerttag trifft, weiß ich aus erster Hand wenig, außer bei meinem Vater, wenn er in einer Stadt auftrat, in der wir zur Zeit wohnten. Am Konzerttag gab er keinen Unterricht, hielt ein Nachmittagsschläfchen und spielte sich dann ohne Hast ein. Er war ein Anhänger dessen, was man heutzutage vermutlich «Meditation» nennen würde, was aber damals die Coué-Methode der Autosuggestion war, von der er mit Erfolg Gebrauch machte. Er nahm etwas Leichtes zu sich, einschließlich immer etwas Schokolade. Alkohol war verboten; das hat er in seiner «Kunst des Violinspiels» ausdrücklich festgelegt. Aber wie mir einmal ein Dirigent schmunzelnd erzählte, hinderte ihn dies nicht, diese Vorschrift gelegentlich beim Lunch nach einer Probe zu brechen.

Ihn mit Nebendingen zu behelligen, kam nicht in Frage, es sei denn, daß sie so wichtig waren, daß sie keinen Aufschub erlaubten. Ich erinnere mich lebhaft an einen Konzerttag, an dem er ans Telefon gerufen wurde, angeblich in einer Sache von großer Dringlichkeit. Es stellte sich heraus, daß der Anruf von seinem Schneider kam, der ihn daran erinnern wollte, daß es Zeit sei, sich einen neuen Frack zu bestellen – bestimmt wichtig für einen Solisten, aber ein Zeitpunkt wie er ungeeigneter kaum hätte gewählt werden können. Ich habe ihn selten so wütend gesehen und glaube, daß die Firma ihn als Kunden verlor. Meine erste Erfahrung auf dem Gebiet der übertriebenen Verkaufstüchtigkeit, die mich für meinen späteren Beruf als Versicherungsmakler gründlich verdarb.

Im Konzert selbst bestand ebenfalls keine Möglichkeit, ihn vor dem Auftreten oder während der Pause zu besuchen. Ich weiß nicht mehr, ob meine Mutter eine Ausnahme machte, aber ich glaube, daß sie oft vor dem Künstlerzimmer Wache stand, um unerwünschten Besuchern – und das waren alle – den Eintritt zu verwehren. Eine Geschichte, die sie mit etwas resigniertem Humor erzählte, betraf eine Freundin meines Vaters aus vergangenen Zeiten, die, ausgerechnet in Budapest, vor dem Künstlerzimmer erschien und der Ansicht war, daß das Besuchsverbot für sie nicht gelte. Meine Mutter fing sie erfolgreich ab. Schade – es wäre interessant gewesen, den Einfluß dieser romantischen Begegnung auf das Spiel meines Vaters festzustellen!

Mir ist nicht bekannt, wieviel, außerhalb von Filmen und Romanen – in denen der Künstler sich dem Trunk ergibt oder sonstwie auf dem Abstieg ist – über den Druck auf die Familie vor und während eines Konzerts geschrieben worden ist. Der Streß kann erheblich sein. Mir ist zum Beispiel eine Begegnung mit der Frau des Geigers Adolf Busch in Erinnerung geblieben, die den Saal in dem Augenblick verließ, in dem ihr Mann das Podium als Solist in einem Symphoniekonzert betrat. (Ich glaube, daß sie dies bei Kammermusikabenden des Busch-Quartetts unnötig fand.) Als sie mich sah, murmelte sie etwas verlegen: «Hier verschwindet Frau Busch», eine überflüssige Bemerkung, denn ich wußte, wie nervös Künstlerfrauen bei solchen Gelegenheiten sein können, insbesondere vor Stellen, die sie ihre Männer bis zum Überdruß üben gehört haben.

Im frühen Kindesalter, in dem man seine Eltern noch als unfehlbar betrachtet, zog ich die Möglichkeit, daß meinem Vater im Konzert etwas mißlingen könnte, nicht in Betracht, es sei denn, daß irgendein unbeholfener Dirigent – sagen wir Nikisch, Mengelberg oder Furtwängler; in diesem Alter hielten auch die Größten dem Vergleich mit meinem Vater nicht stand – einen Fehler machte. Ich neigte daher dazu, Kadenzen als den sichersten und leichtesten Teil eines Konzerts zu betrachten – eine Ansicht, die, wie mir allmählich klar wurde, von Berufsmusikern nicht unbedingt geteilt wird. Wenn man etwas älter und verständiger wird, fängt man natürlich allmählich an, sich bei Konzerten des Vaters Gedanken zu machen. Da ich aber wahrheitsgetreu sagen kann, daß ich kein Konzert miterlebt habe, in dem er keinen Erfolg hatte, wurde das Problem für mich niemals akut.

Wie in jeder Musikerfamilie, gab es auch in der unserigen einige Eigenheiten. So war es zum Beispiel eine eiserne Regel, daß kein Familienmitglied in einem Flesch-Konzert in einer der vorderen Reihen sitzen dürfe. Mein Vater war überzeugt, daß der plötzliche Anblick von Frau oder Kind seine Konzentration erheblich stören würde – eine etwas unrealistische Besorgnis, denn er war äußerst kurzsichtig und trug auf dem Podium – außer natürlich, wenn er aus Noten spielte – keine Brille.

In unserer Familie war es ausgeschlossen, in einem Konzert meines Vaters zu klatschen. Zuerst nahm ich dies als selbstverständlich hin – es fiel mir nicht einmal ein, zu fragen, von welchem der Eltern diese Vorschrift stamme. Erst als ich zu meiner Überraschung feststellte, daß diese Regel in anderen Künstlerfamilien nicht galt, fing ich an, darüber nachzudenken. Die einfachste Erklärung wäre wohl, daß es schlecht ausgesehen hätte, wenn die Familie versucht hätte, den Publikumsbeifall von sich aus zu verstärken. Möglicherweise war es auch eine Art Snobismus, etwa eine stillschweigende Meinungsäußerung, daß erstklassiges Spielen bei meinem Vater so selbstverständlich sei, daß kein Grund für eine besondere Anerkennung bestehe.

In meiner frühesten Kindheit, in der mir dieser Brauch noch nicht bekannt war, klatschte ich übrigens ohne Hemmungen. So enthusiastisch war ich, daß ich, als mir mit etwa vier Jahren gelegentliche Konzertbesuche erlaubt wurden, gegen Ende einer Nummer meine Hände zusammengepreßt vor mich hielt, um nur ja keinen Augenblick zu verlieren. Eine Freundin meiner Mutter, die mich in dieser Haltung sah, bemerkte gerührt: «Sieh Dir Deinen Jungen an, wie er seinen Vater bewundert – er betet ihn geradezu an!» So entstehen Legenden.

Als wir Kinder etwas älter wurden und uns in Konzerten freier bewegen konnten, hielt mein kleiner Bruder einen Familienfreund, der sich am Schluß eines Rezitals nach der zweiten Zugabe zum Gehen anschickte, mit den Worten zurück: «Bleiben Sie noch, Papa hat drei Zugaben einstudiert.»

Für uns Kinder waren die Treffen im Künstlerzimmer nach einem Konzert die Gelegenheiten, bei denen die Frage, die den Titel dieses Buches bildet, regelmäßig gestellt wurde. Dies war uns auf die Dauer so lästig, daß Stefan Schnabel und ich die Idee besprachen, uns nach einem gemeinsamen Sonatenabend unserer Väter ein Plakat mit der Inschrift umzuhängen, «Nein, ich spiele nicht Geige» (bzw., bei Stefan, Klavier). Unnötig zu sagen, daß dieser Plan von unseren Eltern im Keim erstickt wurde.

Als kleine Kinder durften wir unseren Vater nach seinen Konzerten mit einem Kuß beglückwünschen. Dies brachte mir schon frühzeitig die ungeheure physische und geistige Anstrengung des öffentlichen Auftretens zum Bewußtsein. Im übrigen behauptete er immer, daß der Zustand seines Hemdes nach einem Konzert alles sei, was er brauche, um zu beurteilen, ob er gut oder schlecht gespielt habe. «Je feuchter das Hemd, um so besser das Spiel.»

Dieses Problem scheint übrigens Musiker besonders zu faszinieren. Und es ist natürlich speziell für Geiger wichtig. Man sieht nicht selten weibliche Zuhörer im Publikum mißbilligend den Kopf schütteln, wenn eine Geigerin – die verständlicherweise in dem Augenblick wichtigere Dinge im Kopf hat – sich ihre Hände achtlos an ihrem teuren Kleid abwischt. Das Thema ist übrigens leider die einzige persönliche Erinnerung, die ich an Artur Nikisch habe – ich hörte ihn im Künstlerzimmer nach einem Konzert sagen, daß er mehr als gewöhnlich in Schweiß gebadet sei.

Für Freunde und Bekannte können Künstlerzimmerbesuche nach dem Konzert ein zweifelhaftes Vergnügen sein. Es ist verständlich, daß manche Konzertgeber sich nach ihrem Auftreten in einem Trance-ähnlichen Zustand befinden und nicht nach normalen Maßstäben beurteilt werden sollten. Es kommt mir manchmal vor, als ob das wichtigste für sie nicht die Qualität, sondern die Quantität der Besucher sei. Andererseits wenn man nach langem Anstehen in der Reihe der Gratulanten langsam nach vorne kommt, so sieht man manchmal, daß der Blick des Künstlers schon auf einem ruht, während er noch mit dem «Vordermann» spricht. Darauf braucht man sich aber nichts einzubilden; steht man ihm endlich gegenüber, so merkt man, daß er wiederum auf den nächsten sieht – vermutlich in der Hoffnung, daß er interessanter sein würde als man selbst. Man fragt sich manchmal, warum man überhaupt ins Künstlerzimmer kommt.

Ich persönlich bin gerne bereit, auf diese Besuche zu verzichten, wenn es sich nicht um einen guten Bekannten oder eine Verpflichtung handelt, und wenn ich sicher bin, daß meine Abwesenheit nicht bemerkt wird. Erstaunlicherweise scheinen sich jedoch viele Künstler besser an die Ab- als an die Anwesenden zu erinnern. «Warum waren Sie neulich nicht in meinem Konzert?» «Natürlich war ich da, Sie haben wunderbar gespielt.» «Warum sind Sie dann nicht ins Künstlerzimmer gekommen?»

Es ist übrigens eine ziemlich sichere Annahme, daß bei einer größeren Anzahl von Besuchern, ein Konzertgeber weniger als die Hälfte der Gratulanten erkennt oder zumindest sich ihrer Namen erinnert. In diesen Fällen wird er meist nicht fragen, wer man ist, sondern verbindlich lächeln und etwas murmeln wie: «Vielen, vielen Dank, daß Sie gekommen sind.»

Szymon Goldberg erzählt von Bruno Walter, unter dem er als Konzertmeister oft gespielt hatte, daß er, kaum aufblickend, einen solchen Satz mechanisch wiederholte, als eine lange Reihe von Gratulanten an ihm vorbeizog. Als Goldberg an die Reihe kam, fing er an, das gleiche zu murmeln, erkannte ihn aber mitten im Satz, und unterbrach sich mit einem freudig-überraschten, von einer wegwerfenden Handbewegung begleiteten: «Ach es ist ja *nur* der Goldberg!»

Besucher haben ihrerseits ihre Sitten und Unsitten. Manche sind verlegen, und froh, wenn sie wieder draußen sind. Andere versuchen ein Gespräch, auch wenn es sich nur um ein Autogramm handelt, möglichst in die Länge zu ziehen, sehr zum Ärger der Leute hinter ihnen, deren höfliches Lächeln – sozusagen «Bestellt und nicht abgeholt» – langsam auf ihren Lippen erfriert. Es ist für Künstler oft nicht leicht, diese Leute taktvoll loszuwerden. Manchmal können die Dahinterstehenden mithelfen; ein versehentliches Anstoßen mit langen Entschuldigungen ist eine gute Technik, da dadurch das Gespräch unterbrochen und dem Konzertgeber Gelegenheit gegeben wird, sich anderen zuzuwenden.

Es ist für den Besucher nicht immer leicht, die richtigen Worte zu finden. Schließlich kommt man ins Künstlerzimmer, um etwas nettes zu sagen, und der Künstler erwartet es auch, vielleicht besonders, wenn er nicht übermäßig gut gespielt hat. «Sachverständige» Bemerkungen soll man, wenn man nicht ein wirklich versierter Berufsmusiker ist, unbedingt vermeiden. Artur Schnabel, der sich das erlauben konnte, pflegte auf Bemerkungen wie etwa: «Ich fand das Klavier etwas hart klingen», zu antworten: «Nein, das war ich.»

Wenn man nicht allzu begeistert war, aber nicht lügen will, ist es am besten, sich nicht festzulegen. Hierfür haben sich eine Anzahl bon mots entwickelt, wie etwa: «Wenn Beethoven Sie gehört hätte...»; oder «*gut* ist nicht das richtige Wort!» Oder man vermeidet, auf das Spiel selbst einzugehen und macht lediglich ein indirektes Kompliment, wie etwa: «Hoffentlich spielen Sie bald wieder hier!»

Man muß immer im Auge behalten, daß der Sinn für Humor jedes Künstlers nach seinem Auftreten vorübergehend auf Null sinken kann. Also keinesfalls eine «witzige» Bemerkung wie das abgedroschene: «Über Ihr Spiel gibt es nur *eine* Stimme des Lobes. Ich haben den Herrn selbst gesprochen.»

Vergnüglich kann der Besuch eines Rivalen – oder noch besser einer Rivalin – sein. Das Lob ist immer überschwenglich, und beide Parteien wissen, daß nichts ehrlich gemeint ist. Hier ist nicht so sehr was, sondern wie es gesagt wird, aufschlußreich.

Aber der beste Künstlerzimmer-Ausspruch wird Louise Wolf zugeschrieben, die die namhafteste Berliner Konzertdirektion der Vorkriegszeit, Wolf & Sachs, leitete. Sie war eine eindrucksvolle Persönlichkeit – ursprünglich Schauspielerin – und übte einen großen Einfluß auf das Berliner Konzertleben aus. Ihre Tochter hat übrigens ein interessantes Buch über die Geschichte des Musiklebens dieser Epoche geschrieben[1].

Eine ganze Anzahl maliziöser Geschichten waren über sie im Umlauf, wie z. B. die Antwort auf die Frage nach ihrer Adresse während eines Ferienaufenthalts in Venedig: «Canaille Grande, natürlich!» Oder die Worte, die man zum bekannten Anfangs-Thema in Tschaikowsky's «Pathétique» sang: «Was hat Louise für die Kunst getan?»

Bei Konzerten «ihrer» Künstler fühlte sie sich oft zur Anwesenheit verpflichtet, schwänzte aber – so behaupteten böse Zungen – nicht ungern. Sie hatte aber ein unheimliches Talent, sich den Zeitpunkt auszurechnen, an dem ein Konzert endete, und genau richtig für den Besuch im Künstlerzimmer aufzukreuzen. Dort ging sie mit ausgestreckten Armen auf den Konzertgeber zu und sagte tiefgefühlt – und durchaus wahrheitsgetreu: «Noch nicht da gewesen, wie Sie gespielt haben!»[2]

Begreiflicherweise betrachten die meisten Künstler ihr Auftreten als so wichtig, daß es alles andere in den Schatten stellt. Aus diesem Grunde ist es nicht immer leicht, eine passende Entschuldigung zu finden, wenn man trotz Einladung ein Konzert nicht besuchen will. Ich besitze eine Anzahl Briefe an meinen Vater, unter anderem von

---

1 Edith Stargardt-Wolff: «Wegbereiter Großer Musiker». Ed. Bote & Bock, 1954.
2 Ich hielt diese Geschichte für gut erfunden, bis ich sie kürzlich – in einer leicht anderen Version – in Wolfgang Stresemanns Buch «... und Abends in die Philharmonie» (Langen Müller, 1982) las.

Joachim und Stefan Zweig, in denen sie, insbesondere letzterer, das Problem auf charmante Weise lösen; vielleicht nützt sein Brief dem einen oder anderen Leser bei passender Gelegenheit. (Abbildung 4)

Eines steht fest: Hinter den Szenen ist es mindestens so interessant wie auf dem Podium selbst.

```
                49, HALLAM STREET,
                   LONDON, W. 1.
                  LANGHAM 3693.

                       17.November 1937.

Hochverehrter Herr Professor!

       Lassen Sie mich ein aufrich-
tiges Wort sagen. Wie furchtbar gerne
wäre ich gekommen! Aber gerade einem
so verehrten Manne wie Ihnen gegenüber
soll man keine Unwahrheit sagen. Ich
muss nachmittags einem alten Verspre-
chen gemäss zu Babin und Vronsky ins
Konzert gehen - nun mein Geständnis -
ich kann nicht zweimal im Tag Musik
hören oder ich wäre beim zweitenmal
ein schlechter Zuhörer eines solchen
Meisters, wie Sie es sind. Solch ein
Sakrileg muss ich mir verbieten, aber
ich hoffe Sie in allernächster Zeit
sehen zu dürfen, bis ich meine Arbeit
fertig habe. Erlauben Sie mir nur,
dass ich Ihnen als Zeichen meiner
herzlichen Gesinnung ein neues Buch
für Ihre schöne Bibliothek überreiche.

              Ihr getreu ergebener

                         Stefan Zweig
```

4 Brief von Stefan Zweig

«The Show must go on!»

«Why must the show go on?»

Noel Coward

«The Show must go on» – das 11. Gebot für Schauspieler, Musiker und überhaupt alle, die etwas mit öffentlichem Auftreten zu tun haben. Jeder Beteiligte tut, was er kann, um die Absage einer Vorstellung zu vermeiden, wie unüberwindlich die Schwierigkeiten auch aussehen mögen. Eine vorbildliche Grundeinstellung. Wenn ich einiges dazu sagen möchte, so bestimmt nicht in geringschätziger Absicht. Ich halte es jedoch für interessant, darüber nachzudenken, ob vielleicht etwas mehr hinter diesem Axiom steckt, als man auf den ersten Blick vermutet, und auch, ob sich in den letzten Jahrzehnten Tendenzen gezeigt haben, die es in gewisser Hinsicht verwässern.

Ich möchte vorweg erwähnen, daß das Problem in meiner eigenen Familie eigentlich niemals akut wurde. Mein Vater blieb bis kurz vor seinem Tode von ernsten Krankheiten verschont. Er litt manchmal an Ischias-Anfällen und spielte aus diesem Grunde bei einem amerikanischen Engagement das Brahms-Konzert einmal im Sitzen – zu jener Zeit offenbar eine ungewöhnliche Leistung, für die er, wie er in seinen Memoiren schreibt, als Held gefeiert wurde. Was er in seinem Buch nicht erwähnt, ist ein anderes Ereignis, bei dem es beinahe zu einer Absage gekommen wäre. Das Datum – der 8. Oktober 1923 – ist mir deswegen in bleibender Erinnerung geblieben, weil am nächsten Tage sein 50. Geburtstag gefeiert werden sollte – nicht gerade der richtige Zeitpunkt für ein katastrophales Konzert.

Das Konzert war eine gemeinsame Veranstaltung mit einem jungen Dirigenten – der Name ist uninteressant –, der in Berlin debütieren wollte und bereit war, einen Teil der Kosten zu tragen, etwas, das meinem Vater unter den schwierigen wirtschaftlichen Verhältnissen nach dem Ersten Weltkrieg sehr gelegen kam. Aus diesem Grunde –

und untypisch für ihn – hatte er sich anscheinend über die Qualifikationen dieses Künstlers nicht sehr eingehend informiert; er meinte wohl, daß jemand, der bereit sei, eine beträchtliche Summe für ein Konzert mit Orchester auszugeben, über das entsprechende Können verfügen müsse.

Das Programm enthielt zwei Solonummern: das Brahms-Violinkonzert und die Fantasie von Suk, ein Werk das mein Vater gern und besonders gut spielte, bei einer der ersten Aufführungen übrigens in Anwesenheit des Komponisten. Aber der besagte junge Mann war alles andere als ein guter Begleiter. Bei Brahms wäre das nicht so schlimm gewesen, denn die Berliner Philharmoniker hätten meinem Vater notfalls auch ohne Dirigenten folgen können, zumal sie das Konzert schon oft mit ihm gespielt hatten. Aber mit dem Suk war es anders: Das Stück wurde – und wird, leider – selten aufgeführt, und die Begleitung ist an sich kompliziert; der Dirigent wurde mit ihr einfach nicht fertig.

Mein Vater war so beunruhigt, daß er eine Absage ernsthaft in Erwägung zog. Denn hier handelte es sich nicht um die üblichen Ausfallsgründe, sondern um das Risiko, sich durch eine unverschuldete Katastrophe den künstlerischen Ruf zu verderben. Aber schließlich behielt der Grundsatz «The show must go on» die Oberhand. Im Konzert erfuhr die Suk-Fantasie eine ganze Anzahl bisher unbekannter «Flesch-Improvisationen» sowie Kürzungen, um mit der Begleitung nicht allzusehr auseinanderzukommen. Es war, wie mein Vater später zugab, eine der schwersten Nervenproben seiner Konzertlaufbahn. Sie brachte ihm die unvergängliche Bewunderung des damaligen Konzertmeisters der Philharmoniker, Maurits van den Berg, ein. Abgesehen von meinem Vater, war er wahrscheinlich der einzige im Saal, der wirklich merkte, was vorging; auch der Dirigent dürfte es kaum gemerkt haben!

Die Kritiken waren gut. Eine Besprechung äußerte sich dahingehend, daß der Solist zu Anfang «etwas vorsichtig tastend» gespielt habe. «Der Mann weiß gar nicht wie recht er hat», war meines Vaters lakonischer Kommentar.

Das Phänomen «The show must go on» hat zwei Aspekte: einen konkreten und einen abstrakten, oder, wenn man so will, einen faktischen und einen psychologischen. Meine Kenntnis des ersteren entspringt hauptsächlich einer recht unkünstlerischen Quelle: meiner beruflichen Tätigkeit als Versicherungsmakler. Verständlicherweise machte ich die Versicherung gegen das Ausfalls-Risiko von Konzerten und ähnlichen Veranstaltungen zu meinem Spezialgebiet. Um gleich jedem Mißverständnis vorzubeugen: Ich übe meinen Beruf heute nur noch als Berater aus, und der Abschluß von Versicherungen gehört nicht mehr zu meinen Aufgaben! Aber das Thema ist an sich interessant und paßt durchaus in diesen Zusammenhang. Ich beschränke mich hier übrigens auf die sogenannte E-Musik, im Gegensatz zu Pop, Jazz oder ähnlichem, bei denen die Dinge manchmal etwas anders liegen.

Musiker einerseits und die Versicherungsindustrie andererseits betrachten das Problem von zwei völlig entgegengesetzten Gesichtspunkten: Jene behaupten, daß Absagen praktisch niemals vorkommen, Versicherungsgesellschaften hingegen nehmen einen etwas hartgesotteneren Standpunkt ein und können sich dabei auf eine nicht unerhebliche Anzahl von Versicherungsschäden berufen. Bis zu einem gewissen Grade haben beide recht; es kommt weitgehend auf die Einstellung und das Verhalten der individuellen Artisten, Veranstalter und Agenten an, bei denen es große Unterschiede gibt.

Viele Künstler sind außerordentlich zuverlässig; ebenso geben sich manche Veranstalter die größte Mühe, Ausfälle zu vermeiden. Es wäre selbstverständlich unangebracht, Namen zu nennen, aber ich kann es mir nicht versagen, zwei Persönlichkeiten zu erwähnen: erstens den Pianisten Daniel Barenboim, der einmal bei den Edinburger Festspielen ganz kurzfristig für einen Kollegen einsprang, sich beim Rasieren vor dem Konzert in den Finger schnitt und dennoch auftrat, als wäre nichts geschehen. Seitdem – und er weiß davon nichts; die meisten Ausfallversicherungen werden von den Veranstaltern und nicht von den Künstlern selbst abgeschlossen – habe ich mich immer um besonders ermäßigte Prämien bemüht, wenn ich den Auftrag erhielt, eines seiner Konzerte zu versichern.

Der zweite ist der Londoner Impresario Victor Hochhauser, der ein frappantes Talent hat, mit Krisen dieser Art fertig zu werden. Er stellte seine diesbezüglichen Fähigkeiten schon vor vielen Jahren bei einem Londoner Auftritt des Bolschoi-Balletts unter Beweis. Antisowjetische politische Kreise versuchten alles, um sie zu verunmöglichen: Mäuse wurden auf der Bühne losgelassen, Reißnägel wurden gestreut – wohl das schlimmste, das man einem Ballett antun kann.

Das Gastspiel wäre um ein Haar abgebrochen worden, aber Hochhausers Diplomatie gelang es, dies gerade noch zu verhindern.

Etwas ähnliches brachte er anläßlich der Nationaltrauer beim Tode des englischen Königs Georg VI. zustande: Selbstverständlich wurden alle Veranstaltungen abgesagt – außer der von Hochhauser. Er hatte die Wiener Sängerknaben engagiert und rettete die Vorstellung mit der ebenso einfachen wie originellen Idee, das Programm ausschließlich auf religiöse Gesänge umzustellen. Das Gerücht, daß das Publikum nach dem Konzert als Zugabe die «Blaue Donau» verlangte, wird in monarchistischen Kreisen hartnäckig – und man darf hoffen, mit Recht – bestritten.

Am anderen Ende der Skala stehen Künstler, die als so unzuverlässig gelten, daß eine Ausfallversicherung für sie – wenn überhaupt – nur zu nahezu unerschwinglichen Prämien erhältlich ist. Ein erheblicher Prozentsatz dieser Fälle besteht aus Sängern beiderlei Geschlechts, deren stimmliche Mittel im Abnehmen begriffen sind. Aus offensichtlichen Gründen muß ich es mir versagen, hier irgendwelche Namen zu nennen.

Mit einer Ausnahme, Richard Tauber, denn sein Fall liegt in gewisser Hinsicht anders. Eine Ausfallversicherung war für ihn nicht zu bekommen: Er hatte einmal eine Matinee in der völlig ausverkauften Albert Hall, dem größten Konzertsaal Londons, unmittelbar vor seinem Auftreten abgesagt, weil er, wie er es ausdrückte, «nicht sein Bestes geben könne». Eine Absageversicherung deckt normalerweise gegen höhere Gewalt, d.h. Umstände, die außerhalb der Kontrolle der versicherten Personen liegen. Krankheit ist ein solcher Fall, aber da Richard Tauber sich aus eigenen Stücken, sozusagen aus künstlerischen Gründen, entschlossen hatte, nicht aufzutreten, wurde die Absage von der Versicherung nicht erfaßt. Glücklicherweise ereignete sich dies vor meiner Londoner Zeit, so daß ich beruflich in die Angelegenheit nicht verwickelt war.

Veranstalter des Konzerts war die Agentur Harold Holt Ltd., damals wie heute eine der prominentesten Firmen auf ihrem Gebiet. Die Emotion, mit der der Gründer der Gesellschaft, Harold Holt selbst, dieses Konzert – oder besser gesagt: Nicht-Konzert – beschrieb, war für den Zuhörer ein Erlebnis an sich. Und kein Wunder: das Publikum aus einem ausverkauften Saal nach Hause zu schicken, muß für einen Veranstalter wohl zu den traumatischsten Erlebnissen gehören, die man sich vorstellen kann. Was man Tauber aber anscheinend am meisten übel nahm, war die Tatsache, daß er am gleichen Abend in einem Kino gesehen wurde. Natürlich besteht kein Grund, aus dem jemand, der heiser ist, sich nicht einen Film ansehen sollte. Aber man muß zugeben, daß der Augenblick nicht besonders glücklich gewählt war.

Ich selbst bin jedoch der Meinung, daß Taubers Motivierung echt und ehrlich war. Es war durchaus nicht seine Art, jemanden im Stich zu lassen oder zu enttäuschen, sei es Veranstalter, sei es Publikum; und darin liegt vermutlich der Schlüssel zu seinem damaligen Verhalten. Denn Tauber war «a real trooper», ein echter Profi. Dies wurde mir durch eine an sich unbedeutende, aber bezeichnende Beobachtung klar. Ich hörte eines seiner Konzerte in der Londoner Queens Hall – Londons bestem Vorkriegskonzertsaal, der leider 1940 im Blitzkrieg zerstört wurde – von einem kleinen Raum aus zu, der direkt hinter, und drei Stufen unter der Bühne lag. Jeder Künstler hatte ihn auf dem Weg zum und vom Podium zu durchqueren.

So auch Tauber. Wer ihn noch selbst in einem seiner Konzerte gehört hat, wird sich der übertriebenen Gesten, insbesondere Armbewegungen erinnern, die ihm eigen waren, und die mich persönlich immer etwas irritierten – bis zum Tage dieses Konzerts. Am Ende seiner ersten Nummer trat Tauber wie gewöhnlich «mit vollen Segeln» ab. Aber als er das Treppchen erreichte, das zum Vorraum hinunterführte, benutzte er es nicht, sondern übersprang alle drei Stufen auf einmal. Und in diesem Augenblick kam mir die Erleuchtung: Tauber hatte ein etwas steifes Bein, das nicht zu seinem «Image» paßte; die übertriebenen Bewegungen und natürlich auch der Sprung dienten in erster Linie dazu, die Aufmerksamkeit von seinem Handikap abzulenken.

Man sagte ihm nach, er sei eingebildet. Er hätte Grund dazu gehabt – einige seiner auf Platten erhalten gebliebenen Mozart-Arien sind auch heute noch einzigartig –, aber der Eindruck war falsch. Er war ungezwungen, zugänglich und vielleicht etwas naiv egozentrisch – ein Charakterzug, den er mit vielen anderen Stars teilte. So ersuchte er mich eines Tages, ihn dagegen zu versichern, daß ihm jemals irgendein Zettel verloren ginge, auf dem er eine Melodie skizziert habe, die ihm gerade eingefallen sei. Es ist unwahrscheinlich, daß ein Schubert oder Mozart, deren musikalische Ideen gewiß die wertvolleren waren, jemals auf einen solchen Gedanken gekommen wäre. Das Lustige ist, daß es mir tatsächlich gelang, die Versicherung für ihn abzuschließen. Ich war damals noch sehr jung und unerfahren, und mir schaudert noch heute bei dem Gedanken, wie man wohl einen Versicherungsschaden hätte regeln können. Glücklicherweise kam es niemals dazu. Auch an eine Absage Taubers kann ich mich persönlich nicht erinnern, obwohl er seine letzte Rolle – bei einem Gastspiel der Wiener Staatsoper – schon als todkranker Mann sang.

Zur «psychologischen» Seite unseres Themas: Aus welchen Gründen könnte normalerweise eine Vorstellung abgesagt werden? Wenn wir von höherer Gewalt, wie z.B. Erdbeben oder Abbrennen des Konzertsaals – also Ereignissen, die außerhalb des Persönlichen liegen – absehen, dann wird es sich in erster Linie um Unfall oder Krankheit oder um ein traumatisches Ereignis in der nächsten Familie eines für die Vorstellung unerläßlichen Mitwirkenden handeln.

In einem solchen Falle wird niemand von einem Geschäftsmann oder Rechtsanwalt erwarten, daß er ins Büro geht: Entweder springt ein Kollege ein, oder die Arbeit muß eben liegen bleiben. Nicht so im artistischen Beruf. Hier ist Unterbrechung der Arbeit durchaus keine Selbstverständlichkeit, sondern jedes öffentliche Auftreten ist von einer alles andere überschattenden Wichtigkeit. Der Künstler darf, wenn irgend möglich, weder seine Kollegen, noch die Veranstalter, noch vor allem sein Publikum im Stich lassen oder enttäuschen.

Sehen wir uns dies etwas näher an. Wenn keine besonderen Umstände vorliegen – wie zum Beispiel, daß der betreffende Künstler zu den seltenen Personen gehört, die für Absagen bekannt sind –, dann zeigen Kollegen erfahrungsgemäß volles Verständnis. Wahrscheinlich werden sie ja früher oder später selbst einmal in der gleichen Lage sein. Außerdem kann oft ein Ersatz gefunden werden oder, wenn der betreffende Künstler unersetzlich ist, so wird nicht selten Versicherungsdeckung bestehen. Kurz, die gelegentliche unverschuldete Absage wird von Berufskollegen als praktisch unvermeidlich akzeptiert.

Veranstalter nehmen die Dinge nicht ganz so gelassen hin. Die ketzerische Ansicht mancher Schauspieler, daß das ganze «Show-must-go-on»-Syndrom überhaupt nur eine Erfindung der Veranstalter und Agenten sei, ist eine geistreiche aber unrealistische Idee. Auch diese Berufe erkennen die gelegentlichen Absage als unvermeidlich an und rechnen sogar mit einem gewissen diesbezüglichen jährlichen

Prozentsatz. Wenn sie zu oft beim gleichen Künstler vorkommt, so werden sie ihn früher oder später als «unzuverlässig» abschreiben. Interessanterweise verlangen Veranstalter, die sich gegen die Absage eines Künstlers versichern, zuweilen, daß dieser davon nichts erfahren solle, da es ihm sonst unter Umständen eine Absage erleichtern könnte. Diese Meinung hat zwar eine gewisse Berechtigung, überschätzt aber, glaube ich, die Bedeutung der Versicherung. Die bewußten und unbewußten Motivierungen sind meist stärker als rein praktische oder finanzielle Erwägungen.

Und das Publikum? Natürlich ist es ärgerlich, bei Ankunft im Theater oder Konzert zu hören, daß die Vorstellung ausfällt oder daß einem statt des Stars, für den man überhaupt gekommen ist, ein Unbekannter aufgetischt wird. Aber wie vergleicht sich das zum Beispiel mit dem Ausfall einer fahrplanmäßigen Eisenbahnverbindung infolge eines plötzlichen Streiks, oder weil der Schaffner oder Zugführer nicht aufgetaucht ist? So etwas kommt nicht allzu selten vor: Man braucht nur morgens das Radio anzustellen. Die Unannehmlichkeiten, Härtesituationen und gelegentlichen finanziellen Verluste können doch viel ernster sein – und betreffen oft mehr Leute – als die gelegentliche Theater- oder Konzertabsage. Aber wie reagiert man? Man flucht ein wenig vor sich hin, macht aber im großen und ganzen nicht allzuviel Aufhebens davon. Vergleichsweise sieht die Auffassung, daß die Vorstellung unter allen Umständen stattfinden müsse, vielleicht doch etwas fadenscheiniger aus, als man im allgemeinen annimmt.[1]

In Fällen, in denen man an altbewährten Überlieferungen rüttelt, ist das Interessanteste meist die Frage nach den Gründen, aus denen sie ursprünglich entstanden sind. Diese brauchen nicht immer so extrem zu sein wie die in der bekannten Geschichte vom Bänkchen auf einem englischen Kasernenhof, vor dem seit hundert Jahren 24 Stunden am Tag ein Posten stand; bis jemand auf die Idee kam, nach dem Grund zu fragen. Es stellte sich heraus, daß es vor 100 Jahren einmal frisch gestrichen worden war und eine Wache verhindern sollte, daß sich jemand drauf setzte, bevor die Farbe trocken war. Wie verschieden

---

[1] Ich stehe übrigens mit dieser Ansicht durchaus nicht allein. Schon vor vielen Jahren verfaßte z. B. Noel Coward – das berühmte englische enfant terrible der zwanziger und dreißiger Jahre – ein Chanson mit dem eingangs zitierten Titel, in dem er sich über diese Tradition in respektloser Weise lustig machte.

davon der Fall «The Show must go on» auch sein mag, so ist auch seine Motivierung auf den ersten Blick nicht voll verständlich. Könnte sie möglicherweise in der betroffenen Person selbst zu finden sein? Es gibt manches, das darauf schließen läßt. Der oben erwähnte Zugführer, zum Beispiel, ist anonym, der Solist bekannt; also keine öffentliche Anerkennung für den einen, wohl aber für den anderen, wenn er arbeitet, obwohl er sich nicht gut fühlt. Ein zweiter Faktor ist die Befriedigung, die der Künstler in seinem Auftreten findet, das beschwingende Gefühl des Publikumserfolges, etwas das dem Eisenbahnbeamten natürlich fremd ist. Dann der Nimbus, der mit der Tatsache verbunden ist, daß man dem Publikum «die Treue hält», wiederum etwas, das der Zugführer nicht kennt; und schließlich der – nicht abfällig gemeinte! – egozentrische Charakterzug vieler Künstler, der sie zur Annahme verleitet, ihre Abwesenheit würde vom Publikum schmerzlicher empfunden werden, als dies zuweilen tatsächlich der Fall ist.

Wie stichhaltig diese Erwägungen auch sein mögen, keine erscheint mir genügend, um die häufigen Anstrengungen mancher Schauspieler oder Musiker zu erklären, ein Auftreten trotz größter persönlicher Schwierigkeiten durchzuführen. Ich vermute in manchen Fällen noch einen anderen, weniger offensichtlichen Grund. Es ist ja gar nicht so selten, daß ein bewundernswertes Verhalten Ursprünge hat, die weder dem Handelnden noch seiner Umgebung zum Bewußtsein kommen.

Ich glaube, daß es sich in einer Anzahl von Fällen – natürlich nicht in allen – um eine unterbewußte «Flucht vor der Wirklichkeit» handelt. Diese ermöglicht dem Betroffenen, seine Realsituation – wenn auch nur vorübergehend – in den Hintergrund zu drängen und sich in einer anderen konzentrierten Tätigkeit zu verlieren, Maßnahmen aufzuschieben, die er vernunftgemäß sofort ergreifen sollte und oft noch für sein aufopferndes Benehmen gelobt zu werden. Es ist ihm gelungen, sich selbst und das Publikum davon zu überzeugen, daß das, was er getan hat, wichtiger sei als das «wirkliche Leben».

Lächerlich? Phantasie? Nun, zumindest ist mir kein Fall bekannt, in dem einem Künstler Vorwürfe wegen eines derartigen Verhaltens gemacht wurden. Ein bezeichnendes Beispiel: Ein bekannter Schauspieler hörte am Tage vor einer Premiere, daß seine Frau einen schweren Unfall erlitten habe. Man sollte meinen, daß sein erster und einziger Gedanke gewesen wäre, so rasch wie möglich an ihr Krankenbett zu eilen. Statt dessen entschloß er sich, dies erst nach der Premiere zu tun – bei der er eine Ovation für sein heldenhaftes Benehmen erhielt.

Nun stellen wir uns einen Geschäftsmann oder ein Mitglied der höheren Berufsklassen vor, der es sich zum Beispiel einfallen ließe, unmittelbar nach einem Todesfall in der Familie in sein Büro zu gehen: Würde er nicht als kaltherzig und gefühllos verurteilt werden? Und wenn er weiter arbeitet, obwohl er sich krank fühlt, so sagt man ihm Unverantwortlichkeit gegenüber seiner Familie, seinen Mitarbeitern (Ansteckungsgefahr!) und sich selbst nach. Aber es kann doch gar kein Zweifel bestehen, daß, objektiv gesehen, die Arbeit eines Anwalts oder Architekten – wenn man ihre soziale Notwendigkeit und Dringlichkeit in Betracht zieht – erheblich wichtiger ist, als die eines ausübenden Künstlers! Dies hat selbstverständlich nichts mit einer relativen Bewertung von Kunstausübung gegenüber Berufen des täglichen Lebens zu tun, sondern lediglich mit der Frage, wie realistisch wir auf einen vorübergehenden Ausfall reagieren.

Man muß sich allerdings vor Übervereinfachung hüten; es gibt eine Anzahl von Faktoren, welche die Fragestellung komplizieren. Zum Beispiel Ärzte, insbesondere Chirurgen: Die überragende Wichtigkeit einer unaufschiebbaren lebensrettenden Operation steht außer Frage. Ein Chirurg, der trotz katastrophaler Ereignisse, die ihn persönlich betreffen, weiter arbeitet, wird ebenfalls hohe Anerkennung erhalten. Aber er wird möglicherweise von sich aus auf einer Absage bestehen, denn es kann sein, daß er sich in seinem gegenwärtigen Gemütszustand die nötige Konzentration nicht zutraut. Hier zumindest kommt also die Realität zu ihrem Recht: die Verantwortung des Arztes gegenüber dem Patienten wird als größer angesehen, als die des Künstlers gegenüber seinem Publikum.

Aber sehen wir uns andererseits den Fall eines führenden Staatsmannes an, der vor der Frage steht, ob er angesichts einer persönlichen Tragödie seine Teilnahme an einer wichtigen Konferenz absagen soll. In der Regel wird er dies, wie die Erfahrung zeigt, nicht tun, obwohl man sagen könnte, daß er, wenn er sich irgendwelche «Kunstfehler» zuschulden kommen ließe, eine noch erheblichere Verantwortung gegenüber einer viel größeren Anzahl von Menschen hätte, als der Chirurg bei einer Operation. Hier kommt allerdings noch hinzu, daß er durch seine Absage möglicherweise tatsächlich den Zeitplan anderer Teilnehmer – viel wichtiger als das Publikum! – erheblich stören könnte. Und schließlich genießt ein solcher Politiker meist den Rat und die Unterstützung zahlreicher spezial-orientierter Mitarbeiter, so daß es auf ihn persönlich vielleicht weniger ankommt, als man meinen könnte. Also die Fälle lassen sich nicht immer genau vergleichen.

Es erscheint überhaupt außerordentlich schwierig, all diese widersprechenden Elemente auf einen gemeinsamen Nenner zu bringen, aber das zeigt nur, daß das Problem viel komplizierter ist, als man gewöhnlich annimmt. Es sollte mich nicht wundern, wenn der Schlüssel zu all dem wiederum in der «öffentlichen» Stellung eines Beteiligten liegt; die Unwirklichkeit, von welcher Personen, die im öffentlichen Leben stehen, umgeben sind, scheint noch überraschend wenig ergründet worden zu sein.

Es kommt übrigens noch ein weiteres hinzu: Man soll das «therapeutische» Element nicht unterschätzen. Dies ist natürlich nicht auf den Künstlerberuf beschränkt. Ich selbst mußte z. B. während des Zweiten Weltkrieges sehr gegen meinen Willen an einer für einen Klienten außerordentlich wichtigen Verhandlung über einen strittigen Versicherungsschaden aktiv teilnehmen – etwa zwei Stunden nachdem ich völlig unvorbereitet in einer englischen Morgenzeitung vom plötzlichen Ableben meines Vaters in der Schweiz gelesen hatte, und zwar unter der etwas abrupten Schlagzeile «Carl Flesch Dead». Da stand: «Carl Flesch died in Lucern yesterday at the age of 71, the Swiss radio announced last night. Flesch was accepted as one of the world's finest violonists.» (News Chronicle, 16. November 1944)

Wie ich nachträglich feststellte, war dieser Zwang, meine Aufmerksamkeit auf etwas ganz anderes zu lenken, tatsächlich der beste Weg, den unmittelbaren Schock aufzufangen.

Ich erwähnte eingangs die Frage, ob das «Show-must-go-on»-Prinzip Zeichen von Verwässerung zeige. Ich glaube, einiges deutet darauf hin.

Da gibt es zunächst ein interessantes Gegenstück, sozusagen «The show must *not* go on»: Den Streik. Hier wird alles getan, um eine «show» – im weitesten Sinne des Wortes – zu verhindern. Selbstverständlich ist die politische Situation von der künstlerischen grundverschieden, und es liegt mir nichts ferner, als einen direkten Vergleich ziehen zu wollen. Aber gleichzeitig sind doch einige bemerkenswerte

Parallelen erkennbar: Zum Beispiel die feste Überzeugung der Beteiligten von der «moralischen Berechtigung» ihrer Handlungsweise; ihre Untermauerung mit Vernunft- und ideellen Begründungen; die nicht seltene Überschätzung der Wirkung auf das Publikum. Zwar bringt ein Streikender – oft – ein finanzielles Opfer, während ein Künstler der unter widrigen Umständen auftritt, sein Honorar rettet. Ich glaube jedoch nicht, daß, psychologisch betrachtet – ich wiederhole: ich sehe hier vom politischen völlig ab – die finanzielle Frage das Hauptmoment darstellt. Für den Künstler ist es, wie wir gesehen haben, die Befriedigung, die er in seiner Tätigkeit findet, die Einwirkung auf das Publikum und die Flucht vor der Realität. Dem gegenüber empfindet der Streikende seine Arbeit oft als alles andere als zufriedenstellend – er begrüßt daher einen guten Grund, sie zu unterbrechen. Er wird von der Öffentlichkeit nicht beachtet – außer wenn er *nicht* arbeitet. Und er hat die Möglichkeit, die Realitäten des Lebens – die Notwendigkeit, seinen Unterhalt zu verdienen – zeitweise außer acht zu lassen. Es würde zu weit führen und auch völlig über den Rahmen dieses Buches hinausgehen, wenn ich diese Parallelen weiter verfolgte. Aber vielleicht findet sich einmal ein Soziologe, der sie für genügend interessant hält, um seine Doktorarbeit darüber zu schreiben.

Nicht unerwähnt will ich jedoch lassen, daß sich die Durchbrechung des «show-must-go-on»-Gebots auch auf das künstlerische Gebiet erstrecken kann: Streike von Chören und Orchestern sind heute nicht mehr ungewöhnlich, insbesondere in Amerika, wo sie oft eine Begleiterscheinung der Verhandlungen zwischen Arbeitgebern und Musiker-Gewerkschaften bei der Erneuerung von Gehaltstarifen sind. Dies kann insbesondere bei Opernhäusern zu Problemen führen, da internationale Sänger auf Jahre im voraus verpflichtet werden müssen und meist auf einer Vertragsklausel bestehen, die ihr Honorar sicherstellt, auch wenn bei Beginn ihres Engagements gerade eine Streiksituation bestehen sollte.

Aber auch bei individuellen Künstlern wird der Grundsatz nicht immer beachtet. Als Beispiel kann ich eine etwas erstaunliche Tagebucheintragung meines Vaters anführen:

«Ansermet, der Dirigent, erzählt: ‹Nein, ich glaube nicht mehr an Casals.› Ich: ‹Weshalb?› Ansermet: ‹Ich hatte mit ihm ein Konzert, in Montreux. Er spielte im ersten Teil das Concert von Haydn, nach der

Pause das Cello-Solo im Don Quichotte. Nachdem sich die Beifalls-Salven nach dem Haydn Concert gelegt hatten, sagte er zu mir: ‹Wo bleibt denn das Honorar – ich muß es nämlich immer schon in der Pause bekommen, sonst spiele ich nicht weiter.› ‹Ansermet schickt in aller Eile nach dem Kassierer – man kann ihn nicht finden. Casals: ‹Dann spiele ich eben nicht.› Neues Suchen, das Publikum wird ungeduldig, scharrt mit den Füßen, pfeift. Casals wartet – endlich kommt der Kassierer, gibt ihm ein Bündel Banknoten, Casals hält sein Cello unter dem Arm und zählt nach – ganz genau – den Daumen von Zeit zu Zeit mit der Zunge befeuchtend. Es stimmt: ‹Et maintenant nous pouvons continuer›, sprachs, betritt das Podium und beginnt mit entrückter Casals-Miene sein Solo. ‹Depuis ce jour-la je ne lui crois plus› schließt Ansermet.»

Nun, niemand ist ohne Fehler, Casals' Bedeutung wird dadurch nicht beeinträchtigt. Alma Moodie drückte es treffend in einem Brief vom 11. Dezember 1931 aus, in dem sie über eine Schrift meines Vaters «Das Klangproblem auf der Geige» schrieb: «In Worte zu fassen sind alle diese Dinge doch nicht – ich konstatierte es nochmals vorige Woche in einem Casals-Konzert, in dem er wie ein Gott in nur halbgefülltem Saal gespielt hat. Das Resultat seines Spieles ist doch nicht restlos zu erklären, und das ist, in diesen Zeiten, für mich was besonders Schönes.»

«Must the show go on?» Die objektive Antwort liegt wahrscheinlich irgendwo in der Mitte. Aber als Mitglied des Publikums – und, um ehrlich zu sein, auch als ehemaliger Versicherungsmakler! – ist und bleibt meine Antwort: «Wenn möglich – bitte Ja!»

Der Künstler und sein Publikum

> Der größte Nachteil des Erfolgs im Leben ist, daß man ununterbrochen weiter erfolgreich sein muß.
>
> *Irving Berlin*

Wir alle, die wir unseren Lebensunterhalt verdienen müssen, hängen vom Erfolg unserer Arbeit ab. Dieser kann sich in verschiedenen Formen ausdrücken. Beim Angestellten ist es die Anerkennung seitens des Arbeitgebers. Bei selbständig Berufstätigen wird Erfolg in der Regel an der Höhe des Einkommens gemessen. Aber oft, etwa bei Malern, Wissenschaftlern, Musikern, Schriftstellern, Politikern, spielt auch das öffentliche Prestige, welches nicht notwendigerweise ein hohes Verdienst mit sich bringen muß, eine entscheidende Rolle. Bei ausübenden Künstlern jeder Art kommt noch ein weiteres wesentliches Moment hinzu: die spontane und unmittelbar ausgedrückte Anerkennung seitens des Publikums, der öffentliche Beifall. Dies trifft auf Schauspieler, Sportler und natürlich auf Musiker zu.

Was würde wohl ein Zahnarzt von uns denken, wenn wir, nachdem er uns schmerzlos einen Zahn gezogen hat, aus dem Behandlungsstuhl aufsprängen und ihm durch längeres Händeklatschen unseren Beifall ausdrückten? Vermutlich würde er uns entweder für geistesgestört halten oder annehmen, wir wollten ihn beleidigen. Zugegeben – da wir in diesem Moment meist das einzige «Publikum» sind, könnten wir ihm unseren Dank auch in Worten aussprechen. Aber meist tun wir selbst das nicht. Wir nehmen die Qualität seiner Leistung als selbstverständlich hin, und er rechnet seinerseits nicht mit einer unmittelbaren spezifischen Anerkennung.

Anders der Künstler. Er erwartet nach einem öffentlichen Auftreten nicht nur ostentativ ausgedrückten Beifall, sondern würde geringen oder gar fehlenden Applaus als ein Zeichen des Mißerfolges betrachten. Mit anderen Worten, die unmittelbare Meinungsäußerung seitens der Gesamtzuhörerschaft (auf die Presse komme ich noch zu sprechen) ist für ihn von überragender Bedeutung.

Aber hier stoßen wir auf ein merkwürdiges Paradox – jedenfalls nach meinen persönlichen Beobachtungen: Ausübende Künstler betrachten zwar den Erfolg beim großen Publikum als im höchsten Grade wichtig, messen aber im allgemeinen der Anerkennung seitens individueller Zuhörer überraschend wenig Wert bei. Es ist sogar nicht selten, daß zu große und fortdauernd ausgedruckte Bewunderung, die von Einzelpersonen ausgeht, als lästig, ja selbst als aufdringlich empfunden wird. Aber auch in weniger ausgeprägten Fällen besteht in Musikerkreisen gegenüber einzelnen Mitgliedern des Publikums ein oft an Herablassung grenzender Snobismus.[1]

Nun versteht selbstverständlich ein Berufsmusiker unvergleichlich mehr von Musik, als der durchschnittliche Konzertbesucher. Vincent d'Indy, zum Beispiel, schätzte die eigentliche Kennerschaft in einem Konzertsaal auf nur fünf Prozent der Anwesenden.[2]

Aber die gleiche Diskrepanz besteht auch auf anderen Gebieten. Einerseits bei Experten in Berufen, deren Haupttätigkeit in der Beratung des Laienpublikums liegt; diese haben normalerweise keineswegs eine ähnlich wegwerfende Einstellung gegenüber denen, die sich mit ihnen an Sachkenntnis nicht messen können. Und andererseits bei manchen Wissenschaftlern wie Archäologen, Universitätsprofessoren etwa der Philosophie oder der mittelalterlichen Geschichte, die nicht selten einen Snobismus entwickeln, der alles Nichtakademische als minderwertig betrachtet, aber mit dem Unterschied, daß sie nicht gleichzeitig die öffentlich ausgedrückte Anerkennung desselben Publikums suchen – brauchen! –, auf das sie im Grunde genom-

---

1 Bemerkenswert ist jedoch, daß manche Künstler gleichzeitig einen Vertrauten haben, der geistig oder technisch nicht an sie heranreicht, den sie aber «bevorzugt» behandeln – manchmal sogar zum Ärger der Familie. Dieses ist übrigens keineswegs auf Musiker beschränkt. So hatte z.B. Thomas Mann eine rein literarische Beziehung zu einer älteren Dame, deren Intelligenz und Bildung, soweit ich sehen konnte, nicht über einen guten Durchschnitt hinausging, und die mir erzählte, daß sie zahlreiche Briefe von ihm besitze, die wichtige und tiefgründige Betrachtungen enthielten. Bei einem Zusammentreffen mit einem Sohn Thomas Manns fragte ich ihn, ob dies stimme. Seine etwas unschmeichelhafte Antwort lautete: «Ja, sie war die Mauer, auf die mein Vater geschrieben hat.»
2 Carl Flesch in einem Aufsatz «Einzel- oder Klassenunterricht?»

men herabsehen. Diese Ambivalenz bleibt ausübenden Künstlern vorbehalten.

Eine typische Eintragung aus Carl Fleschs Tagebuch: «Vorgestern sprachen (Piatigorsky und ich) eingehend über die materiellen Bedingungen des Konzertierens in unseren Tagen – die Conclusionen waren niederschmetternd.» (Folgt eine Aufzählung der Spesen, Reiseunbequemlichkeiten etc., und dann) – «... und im Künstlerzimmer die Bemerkungen der «musikalischen» Leute anhören...» Und das, obwohl viele Künstler, wie ich an anderer Stelle[1] erwähnt habe, einem gut besuchten Künstlerzimmer erhebliche Bedeutung beimessen!

Selbstverständlich gibt es Musikliebhaber und Amateure mit einer Sachkenntnis und Bildung, die der eines Berufsmusikers oder eines Wissenschaftlers durchaus nicht nachsteht. Aber andererseits wird wohl auf wenigen Gebieten mehr Unsinn von mehr Leuten geredet, als gerade auf dem der Musik. Kein Wunder, daß Berufsmusiker sich darüber lustig machen und meist eine Anzahl entsprechender Anekdoten und Geschichtchen in ihrem Repertoire haben.

Wie zum Beispiel den authentischen Ausspruch der holländischen Königin Wilhelmina I., die vor etwa 80 Jahren bei einem Wohltätigkeitskonzert, in dem mein Vater mitwirkte, aus ihrer Loge auf Orchester, Dirigenten und Solisten herabblickte und sich an eine ihrer Hofdamen mit der Frage wandte: «Was tun diese Leute eigentlich tagsüber?»

Diese Begebenheit ist übrigens durchaus nicht so ungewöhnlich, wie man denken könnte. Ein Parallelfall: Ich hatte eine geschäftliche Verabredung mit dem Direktor eines großen Lloyd's Maklerhauses. Am Abend vorher war die Endrunde der Londoner «Carl Flesch Medal» im Fernsehen «live» übertragen worden. Der Dirigent des begleitenden Orchesters war Sir Charles Groves; zu seinem Bedauern sehen wir uns beide etwas ähnlich. Die Sekretärin des Direktors, den ich besuchte, machte mir beim Empfang große Komplimente darüber, wie gut ich das Orchester am Vorabend dirigiert hätte. Sie war offenbar der Meinung, daß sich diese nebensächliche Betätigung mit dem Vollzeitberuf eines Versicherungsmaklers mühelos vereinigen lasse.

Oder unsere Begegnung bei einem Ferienaufenthalt mit einem

---

[1] S. 34.

Herrn, der sich hochgeehrt fühlte, meinen Vater kennenzulernen: «Freut mich außerordentlich, die Bekanntschaft eines so berühmten Künstlers zu machen», um dann erläuternd hinzuzufügen: «Wer wird denn Flesch nicht kennen!», wobei er seine Hände so bewegte, als ob er einen Pianisten imitierte. Dies wurde eines der geflügelten Worte in unserer Familie.

In die gleiche Kategorie gehört die von meinem Vater berichtete Frage eines Zuhörers in einem Hauskonzert, in dem er einem Freunde zuliebe mitwirkte: «Sagen Sie, in welchem Lokal spielen sie gewöhnlich?»

Oder die Bemerkung eines Freundes meiner Mutter nach einem Konzert: «Dein Mann hat heute wunderbar gespielt, besonders auf der G-Saite.»

Nicht zu vergessen den alten Witz von den zwei Freunden, die in die Oper gehen. «Schön singt der Lohengrin», sagt der eine. «Aber sie geben heute gar nicht «Lohengrin», wir sind doch im «Freischütz». «Freischütz? Kenn' ich jede Note. Gehn wir!»

Und zuletzt noch der Brief eines Zuhörers nach einem von mir arrangierten Wohltätigkeitskonzert, in dem ein ausgezeichneter Pianist unter anderem Schumanns «Kinderszenen» gespielt hatte. Der betreffende Herr teilte uns mit, daß er in seiner Jugend selbst die «Kinderszenen» gelernt habe und daher wisse, wie leicht sie seien; für sein gutes Geld hätte er etwas schwereres erwartet. Das Komiteemitglied, das mir diesen Brief mit vorwurfsvoller Miene überreichte, war etwas überrascht, als ich ihm vorschlug, ihn an eine Musikzeitschrift als «Witz der Woche» einzusenden.

Aber all dies bietet keine volle Erklärung für die Verschiedenheit in der Einstellung von Künstlern. Denn schließlich ist ja das Publikum nichts anderes als ein Konglomerat von Einzelpersonen, und man sollte meinen, daß das, was für jeden Einzelnen gilt, auf die große Masse erst recht zutreffen müßte. Lassen sich aus diesem meines Wissens wenig beachteten Widerspruch irgendwelche Schlüsse auf die allgemeine Motivierung und Einstellung ausübender Künstler ziehen?

Ich kann keinen Anspruch auf eine befriedigende Beantwortung dieser Frage erheben, sondern lediglich versuchen, einiges Material dafür zusammenzutragen. Wo, zum Beispiel, hört die «Einzelperson» auf und fängt das «Publikum» an? Hier können reine Zahlen keine entscheidende Rolle spielen. Ich kenne zum Beispiel keinen Künstler mit Verantwortungsgefühl, der sich bei einem Auftreten in einer kleinen unbedeutenden Stadt oder vor einem halbleeren Saal bewußt weniger Mühe gibt, als bei einem wirklich wichtigen oder ausverkauften Konzert. Er mag es bedauern, daß er in Posemuckel viel besser spielte als am darauffolgenden Abend in Hamburg, aber das bedeutet nicht, daß er das unwichtigere Konzert weniger ernst genommen hätte.

Auch die Frage, ob der Zuhörer ein Eintrittsgeld gezahlt hat oder nicht, ist kein Kriterium. Die Konzerte vieler unbekannter Künstler werden mit «Freikärtlern» gefüllt; im Vestibül des Londoner «Barbican» finden vor dem eigentlichen Konzert regelmäßig etwa einstündige Darbietungen von Berufsmusikern statt. Der Erfolg wird in beiden Fällen von den Künstlern sicherlich am Publikumsbeifall gemessen.

Vielleicht kommen wir etwas weiter, wenn wir «Publikum» als eine Ansammlung von Zuhörern definieren, zu deren überwiegenden Mehrzahl der Künstler in keiner persönlichen Beziehung steht, und in denen er daher einen Widerhall lediglich durch seine künstlerische Leistung erweckt. Das ist schließlich eine der Aufgaben, auf deren Bewältigung er sich jahrelang vorbereitet hat. So betrachtet, bedeutet ihm das «Ganze» mehr als lediglich die Gesamtsumme der Einzelnen.

Aber auch dies ist bestimmt nicht die volle Antwort. Denn sie zieht nicht das mangelnde Musikverständnis der Einzelpersonen in Betracht. Wenn d'Indys oben zitierte Meinung stimmt, daß nur fünf Prozent der Zuhörer in einem Konzert sachverständig sind, so ist die nächste logische Frage, warum ein Künstler für einen so geringen Prozentsatz seines Publikums so große Anstrengungen macht, wo doch eine weniger gute Leistung für 95 Prozent genügen würde. Was motiviert ihn?

Hier könnte eine Tagebucheintragung meines Vaters einen weiteren flackernden Lichtschein auf die Zusammenhänge werfen: «Für den Künstler und für die Kunst ist das Werden von weit größerer Bedeutung als das Sein, die Entwicklung wichtiger als das Können.» Also ist es der andauernde Drang zur weiteren Vervollkommnung? In manchen Fällen sicherlich ja, aber nicht immer, denn die Eintragung fährt fort: «Daher ist ein so phänomenaler Könner wie Heifetz letzten Endes weniger interessant als sein Landsmann Elman, weil der erstere stehengeblieben ist, während Elman unentwegt, wenngleich mit problematischen Ergebnissen, an sich feilt, vorwärts zu kommen trachtet.» Man muß dabei bedenken, daß diese Bemerkung vom Standpunkt des Fachmanns, nicht dem des Konzerthörers geschrieben ist. Aber wenn diese Beurteilung Heifetz' Gültigkeit hat – was nicht erwiesen ist –, so ist offenbar das Verbesserungsbestreben auch nicht immer die Treibkraft zur Höchstleistung. Und obwohl für einen Mann wie Heifetz ein Riesenerfolg beim Publikum eine solche Selbstverständlichkeit wurde, daß er ihn innerlich nicht sehr berührte, hätte es ihn bestimmt alles andere als kalt gelassen, wenn er abgenommen hätte.

Tatsächlich ist aber die Arbeit, die in das Studium eines Werkes, ob alt oder neu, gesteckt wird, ungeheuer. Jede Nuance wird überlegt, ausprobiert, durchgesprochen, oft geändert. Im Anhang[1] habe ich einige Auszüge aus Briefen zusammengestellt, welche dies überzeugend verdeutlichen.

Welche anderen Motive könnten einen Künstler zu den Anstrengungen bewegen, denen er sich unablässig unterzieht? Hat er dabei seine Kollegen im Auge, wie angeblich manche Damen, denen man nachsagt, sie dächten beim Einkauf von Kleidern in erster Linie daran, wie diese von anderen Frauen beurteilt werden würden, nicht von Männern, denen sie doch eigentlich gefallen wollen? Das wird zum Teil stimmen, denn sicherlich liegt jedem Menschen daran, von seinen Kollegen anerkannt zu werden; außerdem kann es insofern logisch begründet werden, als diejenigen, die über Konzertengagements zu entscheiden haben, oft – nicht immer – Musikexperten sind.

Denkt er an die Kritiker? Sicherlich, wie auch immer seine Einstellung zu diesem Beruf sei. An die «fünf Prozent»? Bestimmt auch das. Aber wenn man alle diese Faktoren zusammenrechnet, so machen sie doch nur einen verhältnismäßig kleinen Bruchteil des «Publikums», der «Öffentlichkeit», aus.

Was bleibt? Er selbst! Seine eigene Befriedigung darüber, ein wertvolles Werk so gut wie möglich zu spielen. Aber noch mehr – die damit erzielte Bestätigung seines Einflusses auf Kreise außerhalb seiner unmittelbaren persönlichen Sphäre. Und nicht zuletzt der Publikumsbeifall, der für ihn, ob er es weiß oder nicht, ob er es zugibt oder nicht, zur Notwendigkeit wird.

1 S. 312 ff.

Wir sollten hierbei nicht aus den Augen verlieren, welch rituellen Charakter die meisten Beifallsbezeugungen annehmen. Nicht so sehr das Verhalten des Publikums wie das des Künstlers selbst – dies wohl am ausgeprägtesten bei Oper oder Ballett. Niemals würde es ihm einfallen, sich im gewöhnlichen Leben im entferntesten so zu benehmen wie bei diesen Gelegenheiten auf Podium oder Bühne: die übertriebenen Handbewegungen, das erstaunt-dankbare Mienenspiel[1] oder auch das völlige Stillhalten beim ersten Erscheinen, das den Applaus wie eine warme Dusche über-sich-ergehen-lassen – das mir bestbekannte Beispiel für letzteres ist die Sängerin Jessye Norman. Die große Masse wird also schon rein äußerlich ganz verschieden von Bekannten oder individuellen «fans» behandelt. Und das Publikum geht bereitwillig mit. Es ist beinahe, als ob Zuhörer und Künstler eine gemeinsame Vorstellung gäben. Die Regeln des normalen Benehmens sind zeitweise aufgehoben.

Soviel das alles den meisten Künstlern auch bedeutet, so kann in späteren Jahren manchmal eine Ernüchterung eintreten. Mein Vater hatte im Alter von 58 Jahren beschlossen, sich mit 60 vom Konzertleben zurückzuziehen, obwohl «ich erst jetzt meinen künstlerischen Höhepunkt erreicht habe. Ich bin aber von der inneren Unwahrheit des (Konzert-)Berufes mit zunehmendem Alter immer mehr durchdrungen, so daß ich nicht mehr die innere Spannkraft besitze, mich über die Bedeutung des Interpreten illusionieren zu können.» Damals brauchte er die öffentliche Bestätigung nicht mehr, er fand seine Hauptbefriedigung im Unterricht. Und doch, als er in der Emigration gezwungen wurde, wieder öffentlich aufzutreten, berichtete er mit sichtlichem Vergnügen über die Anzahl seiner Konzerte und seine Erfolge. Letzten Endes war es sicher die Bestätigung der unveränderten Höhe seiner Leistungen, die ihn dabei am meisten befriedigte.

Und das Verhältnis zum Kritiker? Darüber ist bekanntlich viel gesagt und geschrieben worden. Meine persönliche Erfahrung ist insofern begrenzt, als schlechte Kritiken in unserer Familie fast unbekannt waren.

Im großen und ganzen haben Künstler gegenüber Kritikern – hinter deren Rücken; das persönliche Verhältnis ist meist durchaus nicht

---

[1] Mein Vater, der auf dem Podium meist ein ernstes Gesicht machte, behauptete, daß ein Lächeln oft einen zusätzlichen Hervorruf garantiere.

schlecht – eine negative Einstellung, die sich in dem Klischee «Wer kann, tut. Wer nicht kann, kritisiert (oder in einer anderen Version, ‹lehrt›)» ausdrückt. Sicherlich ist dies in manchen Fällen zutreffend, aber häufig ist es ungerecht. Denn der Beruf des Kritikers ist schwierig und umstritten.

Er schreibt in erster Linie für den interessierten Leser, der wissen möchte, was in der musikalischen Welt vorgeht, dann für den Konzertbesucher, der gern in seiner Meinung bekräftigt werden oder in manchen Fällen wissen will, wie es ihm gefallen hat. Erst in letzter Linie – wenn überhaupt – schreibt er für den Künstler selbst, obwohl der Anfänger gute Rezensionen braucht. Andererseits soll man ihre Bedeutung nicht überschätzen, schon deswegen, weil sich meist auch die schlechteste Kritik für Reklamezwecke so ummodeln läßt, daß sie etwas gutes aussagt.

Seine Hauptprobleme sind oft Zeitmangel; die Tatsache, daß er über alle Aspekte des Musiklebens – jede Art Instrument und Komposition und vieles mehr – etwas wissen soll, und daß er interessant schreiben muß. Dies bedeutet einerseits, daß seine Kenntnisse auf dem Spezialgebiet der Künstler und Komponisten, über die er schreibt, geringer, aber «all round» größer sein dürften als die ihre. Und andererseits, daß er seine Rezensionen abwechslungsreich gestalten muß. Wenn man bedenkt, wie oft er die gleichen Werke und Künstler hört, so kann man ihm hierbei die Schwierigkeit nachfühlen. Hinzu kommt, daß das, was er geschrieben hat, oft von Hilfsredakteuren rücksichts- und verständnislos zurechtgestutzt wird, um es dem verfügbaren Raum anzupassen, so daß das, was er sagen wollte, manchmal gar nicht richtig zum Ausdruck kommt.

Oft paßt das dem Künstler, der ein Konzert gegeben hat, ganz und gar nicht. Er will natürlich – und wer könnte ihm das verübeln – möglichst vieles und gutes über sich selbst lesen und ist beleidigt, wenn die Kritik sich auf das Programm konzentriert und sein Spiel mit wenigen Worten abtut, insbesondere wenn diese nicht besonders enthusiastisch oder gar kritisch sind. Aber auf wieviele verschiedene Arten kann man sagen, daß ein Geiger oder Pianist ausgezeichnet gespielt hat? Und wen, außer dem Künstler selbst, interessiert das besonders, es sei denn, es handle sich um jemand neuen oder um eine ganz besondere Persönlichkeit? Etwa um Vergleiche anzustellen? Das würde nur zusätzliche Probleme schaffen.

Und wer kann ihm übelnehmen, wenn er, ohne dies unnötig bösartig auszudrücken, etwas erwähnt, das ihm nicht gefallen hat? Andererseits kann eine derartige Bemerkung nach einem großen Publikumserfolg sehr kalt und ernüchternd wirken, besonders auf einen Leser, der das Konzert selbst miterlebte.

Schreibt er über das Programm, das, sagen wir, die Erstaufführung einer neuen Komposition enthielt, so sagt man ihm nach, er sei ein Scharlatan – wie könne er ein modernes Werk beim ersten Anhören beurteilen? Das stimmt meistens (obwohl er manchmal die Partitur vorher eingesehen haben wird), aber was soll er statt dessen tun? Schreiben, er hätte das Werk nicht verstanden und könne daher kein Urteil abgeben? Das würde ihn sehr rasch seine Stellung kosten. Schreibt er nach einem Kammermusikabend über die Geschichte oder die Entstehung eines Beethoven-Quartetts, das auf dem Programm stand, so wirft man ihm vor, er hätte dies alles aus Büchern abgeschrieben, die jeder selbst lesen könnte. Aber woher soll er es denn sonst haben als aus Büchern? Dazu hat er doch Musikwissenschaft studiert! Und auch wenn die Berufsmusiker alles, was er geschrieben hat, schon wissen – und wissen sollten! – 99 Prozent der übrigen Leser wußten es noch nicht. Aber vermutlich werden auch von diesen einige sagen, sie hätten lieber etwas über das Konzert gelesen, statt über die dort gespielten Werke.

Kurz und gut – der arme Kerl kann es eigentlich niemandem recht machen. Selbstverständlich liest keiner gern eine ungünstige Kritik über sich, aber solange sie sachlich ist, hat er wenig Grund, sich zu beklagen. Es ist unvermeidlich, daß es in künstlerischen Fragen subjektive Ansichten, Sympathien und Antipathien gibt. Ein Kritiker bildet keine Ausnahme, aber er wird seine subjektiven Tendenzen erkennen und in seinem Urteil entsprechend umsichtiger sein, wenn er sein Fach versteht.

Dies ist natürlich keineswegs immer der Fall. Jeder kennt Beispiele von Kritikern, die sich auf die eine oder andere Weise lächerlich machten. Wie die uralte – aber meines Wissens wahre – Geschichte über den Kritiker bei einer österreichischen Provinzzeitung, der eine enthusiastische Besprechung eines Konzertes des damals neugegründeten Rosé-Quartetts mit den Worten beendete: «Man darf hoffen, daß die jungen Künstler bald in der Lage sein werden, ihr kleines Orchester zu vergrößern.» Oder die Fälle, in denen ein Kritiker nicht gemerkt hat, daß das Programm geändert worden war, und daher ein Werk ausführlich besprach, das gar nicht gespielt wurde. Von denen, die über ein Konzert schreiben, das sie nicht besucht haben, so daß sie nicht wußten, daß es im letzten Augenblick abgesagt worden war, ganz zu schweigen. Es gibt natürlich zuweilen überaus scharfe und verletzende Kritiken – leider sind sie meist rein journalistisch die interessantesten. Aber, wenn es sich nicht um eine Prinzipienfrage handelt, so sind sie nicht am Platze. Und außerdem kann man auch eine abfällige Meinung taktvoll ausdrücken, ohne deswegen ihre Wirkung abzuschwächen. Schlechte Kritiken aus rein persönlichen Gründen sind natürlich unentschuldbar, aber die musikalisch ausgerichtete Presse tut das ihre, um sie zu vermeiden. So traf ich einmal Peter Stadlen, während vieler Jahre Chefkritiker des Londoner Daily Telegraph, als er vor einem Konzert an der Kasse nach Karten anstand. «Sind Sie beruflich hier oder privat?» fragte ich. «Privat, sonst würde ich mir keine Karte kaufen. Bei unserer Zeitung gilt die feste Regel, nur diejenigen Konzerte zu besprechen, für die wir Freikarten bekommen.» Auf meine erstaunte Frage nach dem Grund fügte er hinzu: «Um den Verdacht zu vermeiden, daß wir möglicherweise schlecht über ein Konzert schreiben könnten, weil uns Gratiskarten refüsiert worden sind.»

Eine ähnliche Einstellung – wenngleich aus einem anderen Blickwinkel – drückte der Geiger Robert Perutz aus: «Vor kurzem wurde ich von einer polnischen sehr bedeutenden Musikzeitung aufgefordert, ständig Correspondenzen aus Amerika zu schicken. Ich sagte ab ... schon aus dem Grunde, weil ich der Überzeugung bin, daß ein Künstler, der in einer noch so bescheidenen Öffentlichkeit steht, schriftlich nie andere beurteilen soll.»

Das Verhältnis der Künstler zum Publikum und zur Kritik und ihre Motivierungen, sind etwas komplizierter, als man es sich auf den ersten Blick vorstellt. Das Thema ist noch in keiner Weise ausgeschöpft und wird nach wie vor viel Stoff zu interessanten Überlegungen bieten.

Lehrer und Schüler

«Als Lehrer lebt man in seinen
Schülern weiter wie der Vater in
seinen Kindern.»

Carl Flesch

Carl Flesch hätte sicher den Vers – frei nach Wilhelm Busch – bestätigt:

Lehrer werden ist nicht schwer,
Lehrer sein dagegen sehr.

Wie er in seinen Memoiren schreibt, begann er seine pädagogische Laufbahn im Alter von zwölf Jahren. Sein gleichaltriger Schüler profitierte wenig von seinen Stunden, da meist nicht er, sondern der Lehrer selbst spielte und oft sein eigenes Repertoire übte; auf diese Weise verdiente er sich sein Honorar – eine Schale Kompott pro Stunde – leicht und angenehm. Als er sich, etwa 20 Jahre später, zu dem wahrscheinlich prominentesten Geigenlehrer seiner Zeit entwickelte, fand er diesen Beruf erheblich schwieriger.

Jeder bedeutende Lehrer bildet im Laufe der Jahre eine Anzahl erstrangiger Künstler aus. Wir brauchen nur an Leopold Auer zu denken, aus dessen Schule wohl die größte Anzahl weltberühmter Geiger hervorgegangen ist. Mein Vater stand ihm ihn dieser Beziehung wenig nach, vertrat aber die Meinung, daß bei angeborenen, ungewöhnlich starken Talenten die Tätigkeit des Lehrers in erster Linie darin bestehe, das zu entwickeln, was schon in reichlichem Maße vorhanden sei, oder dem Schüler den letzten Schliff zu geben, ohne etwas zu verderben. Das wirkliche Können des Lehrers zeige sich darin, wie er «normale» Talente zur höchsten Potenz ihrer Fähigkeiten bringe. Diese brauchen keineswegs immer auf dem Gebiet des Konzertierens zu liegen; Schüler, die die Methoden ihres Lehrers später selbst anwenden und wenn möglich noch verbessern, sind mindestens ebenso wichtig, auch wenn sie selbst solistisch nicht weit über dem Durchschnitt stehen.

Jedes Instrument hat etwa ein Prozent berühmter, und 99 Prozent nicht- oder weniger berühmter Vertreter. Es ist das Können dieser 99 Prozent, auf das es letzten Endes ankommt: Ohne sie könnte das Musikleben nicht weiterbestehen. Für ein erstklassiges Orchester sind Geiger vom Kaliber eines Heifetz, Cellisten von dem eines Rostropovitch nicht nur unnötig, sondern, so vermute ich, unbrauchbar, denn es würde auch dem größten Dirigenten schwerfallen, sie zu einem homogenen Ganzen zusammenzuschweißen. Hinzu kommt auch, daß manche Talente besser zur Zusammenarbeit mit anderen, im Gegensatz zu einer solistischen Tätigkeit, geeignet sind – und umgekehrt. In dieser Hinsicht ist eine Tagebucheintragung meines Vaters über einen weltberühmten Geiger relevant, dessen Namen ich allerdings nicht preisgeben möchte:

«Gestern zum ersten Male... gehört. Vorzügliche Klasse, hervorragendes geigerisches Talent trotz fehlender musikalischer Kinderstube. Ist, wie so viele andere, zu früh aus der Lehre gelaufen. Großer Ton, allerdings auf Kosten eines zu häufigen Strichwechsels. Noble keusche Tonqualität. Viele unnötige Portamenti. Leichtsinnige Textveränderungen. Aber trotz allem durchaus erfreuliche Erscheinung unter den Jungen, weil im Grunde natürlich und unverdorben...

Am nächsten Tage mit ihm Quartett gespielt – ahnungsloser Engel, qualvoll für Mitspieler und Zuhörer.»

Wer könnte sagen – wenn wir ernsthaft eine so sinnlose Frage überhaupt stellen wollen – was «wichtiger» ist, Solo- oder Kammermusik? Aber ganz abgesehen davon soll man nicht vergessen, daß die meisten öffentlichen Konzerte – genau übrigens wie Opern- und Theateraufführungen – ohne Mitwirkung eines weltberühmten Künstlers vor sich gehen und erfolgreich und kulturell wertvoll sind.

Dies kam mir bei einer ganz besonderen Gelegenheit zum Bewußtsein, bei einem Konzert, welches die ESTA («European String Teachers Association») im Jahre 1973 zur Feier des 100. Geburtstags meines Vaters veranstaltete. Es war ein einzigartiges Ereignis: Die Streicher des Orchesters, das von Yehudi Menuhin dirigiert wurde, wurden von Mitgliedern des Amadeus Quartetts angeführt. Die Flesch-Schüler Bronislav Gimpel, Ida Haendel, Max Rostal und Henryk Szeryng (der am gleichen Nachmittag nach USA fliegen mußte, es sich aber nicht nehmen ließ, wenigstens am Anfang dabeizusein; er wurde dann von Yfrah Neaman abgelöst) waren die Solisten im Vivaldi-Konzert h-moll für 4 Violinen und Orchester. Es war phantastisch! Und mittendrin kam mir der ketzerische, aber durchaus nicht undankbar gemeinte Gedanke: Würde es weniger gut klingen, wenn die vier Solopartien von vier erstklassigen Konzertmeistern gespielt und von einem «normalen» Orchester begleitet würden? Hätte mehr als ein geringer Prozentsatz eines Laienpublikums den Unterschied überhaupt bemerkt? Ich möchte es bezweifeln. Ein Werk wie dieses *braucht* einfach vier so hervorragende Solisten nicht. Natürlich, sie zusammen und von diesem Orchester und Dirigenten begleitet zu hören, war eine musikalische Sensation per se, die mir unvergeßlich bleiben wird. Aber das hat mit der Fragestellung nichts zu tun. Ganz abgesehen davon, daß, wenn die Künstler im ESTA-Konzert ihr übliches Honorar verlangt hätten – sie alle wirkten unentgeltlich mit – sich niemand diese ungeheure Summe hätte leisten können (Abbildung 5).

Kurz und gut: obwohl selbstverständlich kein Lehrer jemals daran denken würde, einen besonders talentierten Schüler abzulehnen, sind es doch die durchschnittlich Begabten, welche oft die reizvollere und lohnendere Aufgabe stellen. Der Brief eines Schülers, der schreibt: «Die Leute, die mich jetzt hören, erkennen mein Spiel, verglichen mit dem von vor zwei Jahren, überhaupt nicht wieder», wird ihn nicht weniger und in vielen Fällen sogar mehr befriedigen, als der triumphale Bericht eines Geigengenies, das im Grunde schon erstklassig war, bevor es zu ihm kam.

Aber es sind nicht Dankbriefe, mit denen wir uns hier beschäftigen wollen. Sie sind zahlreich, selbstverständlich – und en masse langweilig. Was uns interessiert, sind die Probleme werdender junger Künstler, und die des Lehrer/Schüler-Verhältnisses überhaupt. Und nicht zuletzt die Schwierigkeiten und Fiasken guter oder vielversprechender Studenten. Wenn diese ihre Fehlschläge am Ende nicht erfolgreich überwinden, so wird man selten etwas darüber lesen: In einer Autobiographie – wenn es überhaupt zu einer kommt – bleiben sie meist unerwähnt; und auch ein Lehrer wird verständlicherweise lieber auf seine erfolgreichen Schüler hinweisen, als auf die, welche nicht das gehalten haben, was man ursprünglich von ihnen erhoffte.

5 Konzert zum 100. Geburtstag von Carl Flesch mit Yehudi Menuhin (Dirigent) und als Solisten (von links nach rechts): Ida Haendel, Henryk Szeryng, Bronislav Gimpel, Max Rostal

Und die nicht-begabten werden höchstens privat erwähnt, wie zum Beispiel von einem jungen – und später sehr bekannten – Künstler, den mein Vater ausgebildet hatte und dem er durch gelegentliche Empfehlungen weiter half: «Frl. ... hat sich bei mir gemeldet und nimmt schon regelmäßig Stunden... Genüge es zu sagen, daß sie weder begabt noch jung ist, aber sehr ernst bei der Sache und besser situiert als begabte Schüler es jemals sind. Der letztere Umstand spielt namentlich um diese Jahreszeit, wo ich keine Konzerte habe, eine Rolle.» Ich habe vergeblich versucht, diesen Dankbrief in den Memoiren seines Autors zu finden!

Wie gesagt, Berichte über Mißerfolge sind im allgemeinen viel instruktiver. Sie zeigen, daß an einem gewissen Zeitpunkt auch der beste Lehrer machtlos wird. Früher oder später muß der Schüler auf eigenen Füßen stehen. Und manchmal greifen äußere Umstände ein, gegen die kein Kraut gewachsen ist.

Wie zum Beispiel im Falle eines der besten ehemaligen Studenten meines Vaters, berühmt in der ganzen Welt außer in England, wo er erstaunlicherweise nicht Fuß fassen konnte. Als bei einem erneuten Versuch die Frage eines Londoner Rundfunkengagements akut wurde, verlangte man von ihm – einem Künstler der zahlreiche weitverbreitete Grammophonaufnahmen vorweisen konnte –, er solle «Probe spielen». Hätte er meinen Vater, der damals schon nicht mehr am Leben war, um Rat fragen können, er hätte ihm bestimmt empfohlen, diese Forderung abzulehnen. Aber er ging darauf ein. Resultat: Er wurde für nicht gut genug befunden! Nun, wir alle blamieren uns von Zeit zu Zeit auf unerklärliche Weise; warum sollte das englische BBC eine Ausnahme machen?

In seinen Memoiren erwähnt mein Vater einen seiner Schüler, den, wie er schreibt, Nikisch und Godowsky als möglichen Nachfolger Ysayes betrachteten. Er wurde aber von dem Dirigenten Walter Damrosch gezwungen, in New York mit dem Bach-E-Dur-Konzert zu debütieren, das für ein amerikanisches erstes Auftreten völlig ungeeignet war. Sein unausbleiblicher Mißerfolg bei dieser Gelegenheit verstörte ihn derart, daß er danach nie den Rang erlangte, der ihm bei seinem Talent zugekommen wäre. Auf so unsicheren Füßen steht manchmal die Karriere eines jungen Künstlers, wenn er nicht das menschliche Rüstzeug hat, mit solchen Rückschlägen fertig zu werden. Gleichzeitig zeigt es aber auch, wie viel Schaden ein selbstherrlicher Dirigent anrichten kann, der berechtigten und vernünftigen Argumenten unzugänglich ist und Widerspruch nicht erträgt. Der Brief vom 10. Februar 1915, nach dem Konzert an meinen Vater, ist erhalten geblieben:

«Ich wollte Ihren sehr willkommenen Brief nicht beantworten, bis ich meine Tournee beendet hatte. Jetzt kann ich Ihnen berichten, daß ich überall einen ausgezeichneten Erfolg hatte, mit Ausnahme von New York... Dort gab man mir die Wahl zwischen dem Nardini und dem Bach-E-Dur-Konzert. Obwohl ich der Ansicht war, daß keines der beiden für das Konzert geeignet sei, war ich der Überzeugung, daß Bach schließlich und endlich ein wirklich großes Konzert ist, mit dem ich große Erfolge gehabt hatte, wo immer ich es spielte. Mein Vater und ich reisten speziell nach New York, um gegen das Nardini-Konzert zu protestieren, für das Damrosch sich entschieden hatte. Er bestand auf einem kurzen klassischen Stück und refüsierte kategorisch Lalo, Bruch etc. Wir wollten das Bach-Konzert auch nicht, aber es war die einzige Wahl, die uns blieb. Ich sehe jetzt, daß ich möglicherweise Mozart hätte vorschlagen können, aber ich hatte seit Jahren kein Mozart-Konzert öffentlich gespielt und fand es daher zu riskant.

Was geschehen ist, ist geschehen; ich bemühe mich, dieses *verdammte* Konzert so rasch wie möglich zu vergessen. Ich bin mehr denn je versucht, zum Berufs-Schachspieler, Straßenkehrer oder Kammerjäger umzusatteln.»

Straßenkehrer und Kammerjäger kann ich verstehen. Dagegen scheint mir Berufs-Schachspieler beinahe noch streßvoller zu sein als Musiker und hätte ihn vom Regen in die Traufe gebracht. Er blieb beim Geigen, aber der durchschlagende Erfolg, dessen man ihn ursprünglich für fähig gehalten hatte, blieb aus.

Ein eher tragikomisch zu nennender Fall ist der eines anderen jungen Geigers. Er hatte ein ausgezeichnetes Londoner Debüt, konnte aber seinen Erfolg nicht halten. In einem Brief aus dem Jahre 1913 beklagt er sich nicht nur über seinen Agenten, der ihm anscheinend sehr schlechte Dienste erwies, sondern auch über das englische Publikum:

«Ich bin jetzt seit sechs Wochen auf einer Tournee in England, und selten habe ich soviel zu leiden gehabt wie jetzt, wo ich vor den unmusikalischsten Menschen Europas zu spielen habe, vor den Engländern; ich nehme natürlich London, Manchester, Birmingham und

Liverpool aus, aber sonst ist das englische Volk empörend unmusikalisch. Manchesmal muß der Pianist am Schluß ‹God save the King› spielen, damit die Leute endlich merken, daß das Programm zu Ende ist.»

Hier tut er, unter Verkennung der Sachlage, dem englischen Publikum unrecht: Die englische Nationalhymne wurde bis nach dem Zweiten Weltkrieg praktisch in jeder Veranstaltung entweder am Ende oder manchmal auch am Anfang gespielt – aus Respekt vor dem Königshaus, nicht um den Leuten zu zeigen, daß die Vorstellung zu Ende sei.

Aber die Ansicht, daß die Engländer unmusikalisch seien, war bis in die 1920er Jahre gang und gäbe; heute, wo London einer der Schwerpunkte des musikalischen Weltgeschehens ist, kann man dies keinesfalls mehr behaupten. Im Gegenteil; es ist zum Beispiel geradezu herzerfrischend, bei den englischen «Promenade Concerts» die Begeisterung der Jugend für gute Musik zu erleben.

Herzzerreißend muß man die Lage einer sehr begabten jungen Geigerin nennen, die ursprünglich beinahe als Wunderkind gegolten hatte, dann aber Schwierigkeiten bekam, die beim öffentlichen Auftreten häufig zu völligem Versagen führten. Sie hatte ursprünglich bei einem Lehrer studiert, der sich einen Namen für die Ausbildung von Wunderkindern gemacht hatte und mit ihr nichts mehr anzufangen wußte. Mein Vater brachte sie technisch erheblich weiter, aber auch er wurde ihrer Hemmungen nicht Herr. Was mich an ihren Briefen erstaunt, ist die Dankbarkeit und das absolute Vertrauen in ihn, das nach wie vor aus ihnen spricht. Es ist eine interessante Frage; ob mit den heutigen besser entwickelten rein psychotherapeutischen Methoden ein günstigeres Resultat erzielbar gewesen wäre.

«Ich weiß nicht was mit mir los ist. Ich habe absolut keine Vitalität, und ich wäre am liebsten tot. Das Goldmark-Konzert geht um so schlechter, je öfter ich es spiele... Am liebsten würde ich den ganzen verdammten Beruf aufgeben, meine Geige zerschlagen und mich ertränken. Bitte sagen Sie, was mit mir los ist. Die Kritiken ... waren gut, aber das besagt ja nichts... Ich glaube nicht, daß jemals etwas aus mir werden wird – all die Zeit und das Geld, das an mir verschwendet worden ist! Alles, an das die Leute denken, ist der Ruhm, aber ich merke immer mehr, daß es ein Hundeleben ist... Diese ganze Tournee ist wie ein böser Alptraum – ich hoffe nur, daß es bald Tag wird.

Ich wünschte, Sie würden kommen und mich aufwecken. Bitte sagen Sie mir, was ich tun soll!»
Und ein andermal: «Ich muss einer der Menschen sein, die in der Probe oder privat gut und im Konzert miserabel spielen. Die Probe verlief ausgezeichnet, Dirigent und Orchester begeistert! Und im Konzert – alles weg! – es war als ob jemand anderer statt meiner spiele...»
In diesem Stil geht es weiter. Das junge Mädchen nahm mehr Stunden, spielte besser und besser – und versagte immer wieder, wenn es darauf ankam. Dann versuchte sie selbst alles mögliche: eine andere Bogenhaltung und verschiedene andere technische Änderungen, die mein Vater aber in keiner Weise billigte. Darauf endgültiger tränenreicher Abschied. Soweit ich weiss, gab sie später das Öffentlich-Spielen auf. Ein grosser Jammer, denn sie hatte einen ganz ausnehmend schönen Ton.

All dies zeigt, dass, wenn ein junger Künstler einmal «fertig» ist, der Lehrer, wie sehr er sich auch noch um ihn kümmert, ihm oft nicht mehr weiter helfen kann: er ist auf sich selbst gestellt. Vielleicht einer der Beweise dafür, wie wichtig es ist, nicht zu früh aus der «Schule» entlassen zu werden.

Ein anderes – wenn man so will, entgegengesetztes – Problem kann darin bestehen, dass begabten Schülern Schwierigkeiten wegen der Wahl ihres Lehrers gemacht werden. Dies scheint bei niemand geringerem als Ginette Neveu der Fall gewesen zu sein. Im Jahre 1937 studierte sie noch bei meinem Vater, konzertierte aber bereits mit grossem Erfolg. Sie hatte längere Zeit nichts von sich hören lassen, und er machte aus seiner Verstimmung hierüber keinen Hehl. Ihre Antwort:

«... Bitte glauben Sie mir, verehrter Meister, dass jeder Gedanke des Undanks mir fernliegt... Sie dürfen versichert sein, dass trotz allem, was man mir sagt, und trotz der Schwierigkeiten, die man mir in Frankreich deswegen in den Weg legt, weil ich Ihre Schülerin bin, sich meine Gefühle für Sie und mein Vertrauen in Sie nicht geändert haben. Leider weiss ich aus Erfahrung, wie bösartig gewisse Menschen mir gegenüber sein können, nur deswegen weil ich erfolgreich bin... Ich frage mich sogar, ob es nicht auch in London Kreise gibt, die sich freuen würden, wenn ich in Ihren Augen diskreditiert werden würde...»

Bei anderen Schülern kann es sich wiederum – und oft – um finanzielle Probleme handeln. Mein Vater zögerte nicht, besonders begabte Schüler umsonst oder für ein ermäßigtes Honorar zu unterrichten. Er achtete jedoch darauf, daß dies nicht überhand nahm, und führte oft Busoni als warnendes Beispiel an; dieser war anscheinend prinzipiell dagegen gewesen, von Schülern überhaupt Geld anzunehmen, und hatte seine Familie bei seinem Tod in großer Not zurückgelassen. Mein Vater verstand es, reiche Mäzene an wirklichen Talenten zu interessieren und sie dazu zu bewegen, etwas zu den Kosten des Studiums und oft auch des Lebensunterhalts selbst beizutragen.

Nach Beendigung des Studiums gibt es natürlich noch andere Gelegenheiten, bei denen ein Lehrer einem früheren Schüler unter die Arme greifen kann, zum Beispiel mit Empfehlungen. Bekannte Lehrer werden oft gefragt, ob sie jemanden für eine Orchester- oder für eine zweite Geigerstelle in einem Quartett vorschlagen können. Auch für junge Leute, die ihre Ziele weit höher gesteckt haben, kann dies ein ausgezeichnetes Training für später bedeuten, ganz abgesehen von der finanziellen Hilfe während der ersten schwierigen Jahre. Manchmal kann es sich um eine wichtige Konzertmeisterstelle handeln, und die Rolle des Lehrers geht über das rein künstlerische hinaus. Das kann zu ganz lustigen Situationen führen George Szell, zum Beispiel, korrespondierte im Jahre 1938 mit meinem Vater über eine Konzertmeisterstelle für Henri Temianka im BBC Scottish Orchestra, das er damals leitete:

«Ich habe noch gestern durch ein Telefonat festgestellt, daß es nicht unmöglich wäre, für Temianka jene Summe zu erzielen, die Sie in unserer Unterhaltung als das Richtige und Nötige hingestellt haben (£ 300 incl. 2 Solo-Auftritte). Meine Bitte an Sie geht nun dahin, in Ihrem Gespräch mit Temianka auch diese Frage zu berühren und ihn zu überzeugen, daß diese Summe die richtige Forderung darstellen würde. Bitte erwähnen Sie nichts von diesem Brief, auch nichts von der Erzielbarkeit des genannten Gehaltes, sondern trachten Sie bitte es so zu fingern, daß T. an mich schreibt und diese Forderung stellt. Wenn man darauf eingeht unter der Bemerkung, noch nie soviel gezahlt zu haben (was wahr ist!), so wird es ihm viel mehr Spaß machen, wie wenn man es glatt anböte.

Ich vertraue auf Ihre Freundschaft und Ihre Hilfe...»

Das sieht mir eigentlich danach aus, als ob der von meinem Vater vorgeschlagene Betrag – hoffentlich vorher mit Temianka abgestimmt – zu niedrig gewesen wäre, aber jedenfalls nahm Temianka die Stellung an. Das Schreiben ist wegen des etwas schlitzohrigen Vorgehens von George Szell amüsant sowie auch für die damals gängigen Gehälter bezeichnend.

Das Interesse, das mein Vater am Fortkommen seiner Schüler nahm, gleichgültig ob das offizielle Studium beendet war oder nicht, wurde von vielen von ihnen hoch anerkannt. Davon zeugt zum Beispiel ein Brief Ricardo Odnoposoffs, als er eine Konzertmeisterstelle im Wiener Opernorchester erhielt, bei der eine Fürsprache seines Lehrers nicht ohne Einfluß gewesen war: «Seit langer Zeit erwarte ich mit großer Sehnsucht diesen Augenblick, Ihnen zu schreiben. Ich schätze mich glücklich, weil ich Ihnen endlich mitteilen kann, daß Ihr (sic!) langgehegter Wunsch in Erfüllung gegangen ist... Als ich meinen Vertrag unterschrieben hatte, war mein erster Gang zum Telegraphenamt, um Sie davon in Kenntnis zu setzen, heute will ich Ihnen die näheren Details berichten...»

Aber auch eine Konzertmeisterposition stellte sich nicht immer als die ideale Anfangslösung heraus. Als Beispiel ein Brief von einem sehr vielversprechenden Schüler, der sich in dieser Stellung nicht glücklich fühlte. Er hatte das Gefühl, daß ein Kollege (zufällig sogar ein ehemaliger Mitschüler) gegen ihn intrigiere und ihm vorgezogen werde; infolgedessen fand er die Arbeit, besonders die solistischen Aufgaben, die ihm als Teil seines Vertrages gestellt wurden, nicht befriedigend: «Herr Professor, ich wäre Ihnen sehr sehr dankbar, wenn Sie mir schreiben würden. Die aussichtslose Zukunft entmutigt mich gar zu sehr, und Sie sind der einzige Mensch, der mir helfen kann...» Er muß eine befriedigende Antwort erhalten haben, denn zwei Monate später schreibt er: «Ich danke Ihnen nochmals für Ihren Brief. Der Gedanke, daß sie stets bereit seien, mir mit Rat beizustehen, bedeutet viel für mich.»

Und ein letztes Beispiel über das Konzertmeister-Thema – von Joseph Wolfsthal, in einer solchen Stellung in Oslo im Jahre 1921: «Ihre Frage, ob ich mir etwas erspare, kann ich mit einem bestimmten ‹Ja› beantworten. Ich glaube Sie (sic!) werden am Ende der Spielzeit mit dem Ergebnis zufrieden sein.»

«Ihr» langgehegter Wunsch; «Sie» werden zufrieden sein – es kann wohl keinen besseren Beweis dafür geben, daß diese jungen Leute es als selbstverständlich ansahen, daß ihr Lehrer an ihrem Fortkommen den größten Anteil nahm. Und so soll es auch sein.

Manchmal ging es allerdings ein wenig zu weit. So zum Beispiel, wenn der Inhaber der Holländischen Konzertdirektion de Koos ihm nahelegte, in einem in Kürze stattfindenden Konzert etwas anderes als das Brahms-Konzert zu spielen, weil Ginette Neveu es einige Tage später in Holland spielen wolle. Ich weiß nicht, wie mein Vater darauf reagierte, nehme jedoch an, nicht besonders wohlwollend. Jedenfalls erhielt er einige Tage später vom Agenten Ginette Neveus ein Entschuldigungsschreiben, in dem dieser ihn versicherte, daß die Aufforderung ohne sein und Ginettes Wissen erfolgt sei.

Mein Vater liebte es, Konzerte seiner Schüler in der ganzen Welt im Radio anzuhören und ihnen dann – je nachdem – eine lobende oder kritische Karte zu schreiben. Diese Gewohnheit war den meisten bekannt, und einige machten ihn auf solche Konzerte eigens aufmerksam, zum Beispiel wieder Odnoposoff: «Ich bin glücklich, Ihnen mitteilen zu können, daß ich am Sonntag d. 22. abends um 7 Uhr zwei Konzerte mit Orchesterbegleitung spielen werde, und zwar Goldmark und Prokofieff. Ich würde mich sehr freuen zu wissen, daß Sie zuhören...»[1]

Ebenso sein Schüler Roman Totenberg: «Das letzte Konzert werde ich in Stockholm im Radio haben, ich spiele das Beethovenkonzert, vielleicht werden Sie mich hören können, es wäre so eine Freude für mich!»

Diese Gepflogenheit beschränkte sich übrigens nicht nur auf Schüler, sondern auch auf Kollegen, die ihn gelegentlich in irgendwelchen Fragen um seinen Rat gebeten hatten. Etwa Georg Kulenkampff im März 1938: «Ich bin ganz besonders herzlich berührt gewesen von Ihrem freundschaftlichen anerkennenden Gruß anläßlich des Radiokonzertes aus Hilversum...» (Siehe auch dessen Brief, Abbildung 6)

Und schließlich noch ein Brief Szymon Goldbergs, Jahrzehnte nach Beendigung seiner Studienzeit. Er sagt einen angekündigten Besuch aus Privatgründen ab und fügt hinzu: «Ich wäre jetzt (ohnedies) außerstande gewesen, Ihnen vorzuspielen. Meine jetzigen Ferien benutze ich nämlich dazu, um die Bogenhaltung zu ändern! Sie haben es mir schon immer angeraten, aber ich hatte nie den Mut dazu. Vorläu-

[1] Die auf S. 18 zitierte Karte bezieht sich offensichtlich auf dieses Konzert.

Berlin – Wilmersdorf
Hessartst. 12

Sehr verehrter Herr Professor!

Zu meinem größten Bedauern musste ich bei der Rückkehr von meiner Sommerreise feststellen, dass versehentlich ein Brief von mir an Sie nicht abgeschickt worden ist und die ganze Zeit hier gelegen hat. Ich beeile mich daher nochmals nur Ihnen zu greifen um Ihnen meinen wärmsten Dank auszusprechen für Ihr freundliches Interesse anlässlich meines damaligen Vorspiels. Ihre eingehende Kritik war mir unendlich wertvoll und hat mir weitgehendste Anregung gegeben und auch als

6 Brief von Georg Kulenkampff

damals besprochenen Mittel zur Vibratostudien
insbesondere haben langsam Resultate im günstigen
Sinne erzeugt. Ich bin Ihnen für diese einmalige
Besprechung unendlich dankbar und möchte hier
nochmals mein Bedauern zum Ausdruck bringen
nicht schon früher, durch günstigere Schicksalsumstände
bedingt, bei Ihnen gearbeitet zu haben. Ich würde
mich ganz besonders freuen im nächsten Frühjahr,
falls ich es irgendwie richten einrichten kann, in diesem
Sinne mich bei Ihnen melden zu können.

Ich bin mit dem Ausdruck aufrichtiger
Verehrung
Ihr ergebener
Georg Kutenkampff

fig fühle ich mich bei der neuen Bogenhaltung nicht sehr gut. Aber ich gehe nicht mehr davon ab, denn es stellen sich jetzt schon einige Vorteile heaus... Ich bin auf Ihr Urteil im April gespannt.»
Bisher haben wir uns in diesem Kapitel in erster Linie mit ehemaligen Schülern befaßt. Das Lehrer/Schüler-Verhältnis während der Studienzeit ist dagegen noch erheblich weitläufiger. Daß der Name Carl Fleschs so oft erscheint, ist natürlich, denn ich stütze mich ausschließlich auf Korrespondenz zwischen *ihm* und seinen Schülern. Ich halte sie aber in vielen Punkten für typisch.

Ich glaube, man kann das Verhältnis mit einem Wort charakterisieren: zwiespältig. Es unterscheidet sich nicht allzusehr von dem zwischen Eltern und Kindern, welches erfahrungsgemäß höchst schwierig sein kann. Nicht ohne Grund habe ich eingangs den bekannten Wilhelm-Busch-Vers in abgeänderter Form zitiert; er könnte auch in seiner auf Väter bezogenen Originalfassung auf die Lehrer/Schüler-Beziehung Anwendung finden.

Jedenfalls war dies die Ansicht meines Vaters; verschiedene Tagebuchaufzeichnungen weisen deutlich darauf hin, wie zum Beispiel: «Meine Gefühle für meine Schüler sind die eines Vaters...»

Auf einer kurzen Konzert-Tournee in Holland: «Ich fühle mich hier en vacances, weil ich die Aussicht habe, fünf Tage nicht zu unterrichen. Dabei tue ich es gern, aber es reibt mich auf, weil ich mit zu starker Intensität dabei bin.»

Und hier geht er etwas weiter ins Einzelne: «Jeder Schüler stellt für mich ein technisches, ein seelisches und ein Entwicklungsproblem dar. Das technische Problem ist leicht zu lösen. Das seelische erfordert menschliche Annäherung, was namentlich bei hübschen jungen Mädchen mit Gefahr verbunden ist, und die Entwicklungsmöglichkeiten liegen im Dunkeln und sind dem erzieherischen Einfluß kaum zugänglich.»

Über das technische Problem habe ich den Fleschschen Werken ganz bestimmt nichts hinzuzufügen. Die beiden anderen überschneiden sich punkto Erotik und Sexualität – Themen, zu denen das Tagebuch einiges zu sagen hat. Wenn man von diesem Aspekt zunächst absieht, so war mein Vater sich auch der Gefahren einer zu großen, nennen wir es «nicht-sexuellen» Annäherung bewußt:

«Es ist der Fluch großer Persönlichkeiten, daß sie als Lehrer die Individualitäten ihrer Schüler zerstören müssen – nicht etwa wissentlich, sondern: Die Schüler sind derartig von ihnen fasziniert, daß sie ihre Persönlichkeit freiwillig aufgeben mit der unbewußten Absicht, sie für die ihres Meisters einzutauschen. Nun ist es jedoch bekannt, daß man sich in diesen Fällen vorerst die Fehler oder Schrullen des Vorbildes aneignet. Die Vorzüge desselben wurzeln zu tief, als daß man bis zu ihnen vordringen könnte. Siehe Joachim, Busoni, Ysaye, vielleicht auch Schnabel. Der einzige, auf den dies nicht zutrifft, war Liszt.»

Ich glaube aber nicht, daß mein Vater sich selbst zu diesen Persönlichkeiten rechnete. Diejenigen, welche er nennt, betrachteten es, soviel ich weiß, im Gegensatz zu ihm, nicht als eine ihrer Hauptaufgaben, sich in ihrem Unterricht mit rein technischen Problemen zu befassen, sondern sich auf Interpretation zu konzentrieren, was ihre Persönlichkeit unwillkürlich in den Vordergrund schob. Aber jedenfalls bedeutete die Erkenntnis des Risikos, daß er bemüht sein würde, ihm aus dem Wege zu gehen. Darüber, wie weit es ihm gelang, gehen die Ansichten auseinander.

Manche, die ihn gut kannten – Max Rostal zum Beispiel –, sahen in ihm einen harten, fast unerbittlichen Pädagogen, der es als seine erste Aufgabe betrachtete, den Schüler von vornherein gefügig zu machen bis er «Wachs in seinen Händen» sei. Erst dann könnte er etwas mit ihm anfangen. Andere, wie es zum Beispiel Henryk Szeryng in einem seiner letzten Interviews zum Ausdruck brachte, scheuten sich nicht, abweichende Meinungen mit ihm zu diskutieren, auf ihren eigenen Interpretationen und Auffassungen zu bestehen; sie fanden, daß er ihnen in dieser Beziehung volle Freiheit und damit die Möglichkeit ließ, ihre Persönlichkeit und eigene Auffassungen zu entwickeln. Daß er eine angeborene große Autorität besaß, ist nicht zu leugnen, aber ich glaube, daß die divergierenden Auffassungen viel mit den eigenen Einstellungen der Schüler oder Schülerinnen, der «Söhne» oder «Töchter», zu tun hatten. Wie freundschaftlich und intim sie auch mit ihm standen, irgendwo gab es eine Schranke, über die sie nicht hinwegkamen.

Dies zeigte sich für mich in unerwarteten Kleinigkeiten, wie etwa der Namensnennung. Alma Moodie zum Beispiel, die er nicht mehr als Schülerin, sondern als gleichberechtigte Kollegin ansah, und die mit meinen Eltern auf Du und Du stand, brachte es nicht über sich, ihn beim Vornamen zu nennen. Sie redete ihn in ihren Briefen mit

«Lieber Dolcissimo» oder sogar «Lieber Papi» an. Und ein anderer Schüler, etwa gleichaltrig mit mir, mit dem ich selbst auf Du und Du stehe, gebraucht mir gegenüber nie meinen Vornamen – Carl, wie mein Vater. Er nennt mich «Carlos». Das 3. Gebot?

Der Brief einer Schülerin, die fern der Heimat, bei meinem Vater studierte, gibt wieder einen anderen Blickwinkel. «Für mich war Ihr Vater mehr als nur ein großer Lehrer. Er war Freund und Berater, und er und Ihre Mutter kümmerten sich um mich, wie zweite Eltern.»

Und schließlich noch eine weitere, unabhängige Beobachtung. Max Dessoir schreibt in seinem «Buch der Erinnerung»[1]: «Es war ergreifend und erquickend zu beobachten, wie die Schüler, alte und junge, männliche und weibliche, an ihm hingen, immer wieder zu ihm zurückkehrten, zu dem Lehrer, Arzt, Freunde.»

Auch Eltern von Schülern sahen in ihm jemanden, dessen Autorität ihre Kinder stark beeinflussen könne. Ein Brief aus dem Jahre 1939 vom Vater eines holländischen Jungen ist bezeichnend: «Ich mache mir über (meinen Sohn) stets noch große Sorgen. Die Krisis in seinem Leben, von der wir kürzlich sprachen, ist noch nicht vorüber... Er hat mir keine Gelegenheit gegeben, dies mit ihm im einzelnen zu besprechen. Ich muß im Hintergrund bleiben und kann nur versuchen, hinter den Kulissen etwas für ihn zu tun. Höchstwahrscheinlich ist Ihr Einfluß größer... Ich setze das höchste Vertrauen in Sie, nicht nur bezüglich Ihrer musikalischen Anleitung, sondern auch Ihrer psychologischen Einsicht.»

Mir fällt übrigens auf, daß ich kein einziges Dokument gefunden habe, das sich auf den Gebrauch von Rauschgiften bezieht. Das Problem war damals anscheinend von völlig untergeordneter Bedeutung. Dagegen spielten sexuelle Fragen in den Überlegungen meines Vaters durchaus eine Rolle. Man muß dabei immer im Auge behalten, daß wir von einer Zeit sprechen, die ein halbes Jahrhundert zurückliegt. Sexuelle Probleme gibt es natürlich heute wie damals, aber ihre Natur hat sich grundlegend geändert. Sex ist nicht mehr «unerlaubt». Ob dies einer der Gründe ist, aus denen jetzt «Drugs» so sehr in den Vordergrund treten – daß sozusagen ein unerlaubtes Gebiet ein anderes abgelöst hat; oder ob man vielleicht gar so weit gehen kann, zu sagen, daß viele Menschen ein Verbot brauchen, welches sie übertre-

[1] Ferdinand Enke Verlag, Stuttgart 1947

ten können – ist eine interessante Frage, die ich hier aber nur andeuten kann.

Das sexuelle Thema fällt in zwei Teile: das erotische Verhältnis der Schüler untereinander und das zwischen Lehrer und Schülerin. Auch sie überschneiden sich zuweilen.

Wieder das Tagebuch: «Die erotische Veranlagung der Schüler ist ein von diesen ängstlich gehütetes Geheimnis, der Lehrer kann sie bloß ahnen, aber er darf sie nicht – zumindest offen – als Symptom in Rechnung stellen. Sonst müßte er manchem männlichen Schüler raten, zum Weibe zu gehen» (man beachte die Tendenz zur Umschreibung!) «oder falls er sich selbst befriedigt, sich nicht durch unnötige Gewissensbisse zu beschweren, während beim jungen Mädchen ähnliche Bemerkungen bald eine Intimität erzeugen würden, deren Fortgang zwangsläufig bei beiderseitiger Disposition zum Liebesverhältnis führen würde.»

Mein Vater war, soweit ich weiß, gelegentlichen Seitensprüngen nicht abgeneigt, aber, wie er schreibt, «was (ihm) eher fehlte, war der unwiderstehliche Drang des geborenen Don Juan (siehe Thibaud), die günstigen Gelegenheiten auszunutzen». Aus diesem Grunde glaube ich nicht, daß er, zumindest in reiferen Jahren, erotische Beziehungen mit Schülerinnen hatte. Dies geht auch aus einigen Tagebuchaufzeichnungen hervor:

«Wenn ich die verschiedenen leicht erotischen Beziehungen betrachte, die sich zwischen Schülern verschiedenen Geschlechts im Laufe des Sommers entwickeln, werde ich traurig und neidisch. Die Legende von Adam und Eva wiederholt sich in jedem Menschen. Das Paradies, aus dem er für immer vertrieben wird, ist seine erste Liebe.»

«Traurig und neidisch» – die Geschichte Adam und Evas dürfte nicht der einzige Grund gewesen sein. Auch wenn sie es nicht wahrhaben wollen: wieviele Väter und Mütter sind nicht auf die jungen Freunde und Freundinnen ihrer Kinder neidisch? Aber seine Betrachtungen zeigen, daß er nicht beabsichtigte, die Beziehungen zu weiblichen Schülern über das Platonische hinausgehen zu lassen.

Im übrigen habe ich das dumpfe Gefühl, daß die Freundschaften zwischen Schülern gelegentlich nicht ganz so unschuldig waren, wie er anzunehmen scheint. Ein Fall dieser Art wird sogar im Tagebuch erwähnt: «Einer meiner Schüler hatte ein Liebesverhältnis mit einer Kollegin – er getaufter Jude, sie eine Arierin reinsten Wassers» (und bildhübsch, wie ich aus eigener Anschauung bezeugen kann). «Nach einiger Zeit refüsierte sie sich ihm. Erst wollte sie nicht mit der Sprache heraus, dann gestand sie ihm, sie wünsche keinerlei Geschlechtsverkehr mit ihm, trotzdem sie ihn liebte, weil ihre antisemitischen Freunde ihr gesagt hätten, der Geschlechtsverkehr mit einem Juden, auch wenn er ohne Folgen bliebe, beeinflusse spätere rein arische Nachkommen in der Weise, daß diese einen jüdischen Typus bekämen!»

Ich erinnere mich an den Fall. Bis ich von ihm hörte, hatte ich diesen Unsinn lediglich für ein schlecht erfundenes Märchen gehalten. Aber manche Leute glaubten damals offenbar wirklich daran; andere verbreiteten ihn möglicherweise zur Förderung ihrer eigenen Absichten.

Wenn mein Vater selbst zu erotischen Verbindungen mit Schülerinnen geneigt gewesen wäre, hätte er vermutlich die folgende Eintragung nicht gemacht:

«Wenn ich das Grieg-Klavierkonzert höre, muß ich immer unwillkürlich an Pugno denken, den dicken bärtigen Partner Ysaye's, ... der durch die Interpretation dieses Konzertes im Jahre 1893 im Alter von 41 Jahren über Nacht berühmt wurde. Er starb in Rußland auf einer Konzert-Tournee in den Armen seiner schönen 20jährigen Schülerin Nadja Boulanger, die er auf die Reise mitgenommen hatte. Die Begriffe Schülerin und Geliebte deckten sich nämlich für ihn... Er war ein ganz vorzüglicher Künstler, insbesondere als Kammermusikspieler. Ich habe einmal mit ihm, Marsick und Hollman die 2. Geige im Klavierquintett von Schumann in Paris öffentlich gespielt.»

Aber seine Prinzipien machten ihn für die Reize schöner Schülerinnen keineswegs blind, und wenn sie auch seine Beurteilung ihrer Talente nicht beeinflußten, so war er mit ihnen wahrscheinlich doch nachsichtiger, als er mit einem männlichen Schüler der gleichen Begabung gewesen wäre. Ich glaube der Fall der Geigerin Lisa Minghetti ist ein treffendes Beispiel.

Mitte 1930 erhielt er einen «Brandbrief» von einem musikalisch sehr interessierten Bekannten, dem Maler Paul von Schlippenbach:

«Ich schreibe Ihnen unter dem stärksten Eindruck einer jungen Geigerin, in deren Lebensschicksal ich sozusagen eingegriffen habe... die alle Blicke auf sich zog wegen ihres reizenden Gesichts und ihres unerhört schönen roten Haares... Wir verabredeten, daß sie mir vorspielen solle... Schon die ersten Takte zeigten, daß da anscheinend eine außergewöhnliche Begabung sei... Sie ist natürlich ganz mittellos. Unter welchen Bedingungen könnte sie zu Ihnen kommen? ... Sie hat übrigens den unmöglichen Namen Lisa Pollak, aber der wird abgelegt.»

Ich erinnere mich des Nachmittags, an dem sie in unserer Wohnung zum Probespielen erschien. Angeregt durch die glühende Beschreibung eines unzweifelhaften Kenners ließen einer meiner Freunde und ich es uns nicht nehmen, die junge Dame einer unauffälligen Inspektion zu unterziehen, welche von Schlippenbachs Enthusiasmus gerechtfertigt erscheinen ließ. Mein Vater nahm sie als Schülerin an. Seine Ansicht über sie geht aus seinem Tagebuch hervor:

«In diesem Sommer hatte ich fünf Schüler, die mir Spaß machten: ... und endlich Liesl Pollak alias Minghetti, eine rothaarige Wienerin von entzückender Farbenharmonie (Abbildung 7), ohne ausgesprochen schön zu sein – mit enormem Ausdruckswillen und dem Ehrgeiz als treibende Kraft, technisch noch im Werden.» Sicherlich alles richtig, aber, ohne ihr nahetreten zu wollen, kann ich mich des Gefühls nicht erwehren, daß ihre äußere Erscheinung eine unverhältnismäßig große Rolle spielte. Und trotz der Ansicht Henri Temiankas in einem Brief etwa drei Jahre später: «Minghetti ist jetzt meistens in London und hat glaube ich eine glänzende Zukunft hier», halte ich es für nicht wahrscheinlich, daß ihr Talent ihr den Zutritt in die Klasse der ganz erstrangigen Geigerinnen erlaubt hätte. Aber schließlich, wo steht geschrieben, daß die Schönheit einer Künstlerin nicht zur Hebung und zum Genuß eines Vortrags beitragen darf? Leider starb sie tragisch jung, so daß sich nicht mit Bestimmtheit sagen läßt, welche Höhen sie hätte erreichen können. Jedenfalls war es immer eine Freude, sie spielen zu hören – und zu sehen.

Niemand ist vollkommen, und auch die prominentesten Lehrer sind keine Ausnahme. Carl Flesch war es bestimmt nicht – er hatte seine Fehler und Idiosynkrasien. Ich glaube nicht, daß diese ihn zu Ungerechtigkeiten im Unterricht hinrissen, außer in einem Fall, bei dem ich zugegen war. Es war in einem seiner Baden-Badener Geigenkurse, die Nicht-Schülern offenstanden. Einer der Teilnehmer hatte bei Sevčik studiert, den mein Vater ursprünglich sehr bewundert hatte; ich erinnere mich deutlich, wie stolz er nach Erscheinen des ersten Bandes seiner «Kunst des Violinspiels» war, als Sevčik ihm einen

7 Lisa Minghetti

äußerst anerkennenden Brief schrieb. Später änderte er jedoch seine Meinung und scheute sich nicht, ihr in seinen Schriften ohne Rücksicht auf persönliche Beziehungen Ausdruck zu verleihen. Obwohl diese daher bekannt ist, gebe ich dennoch eine diesbezügliche Tagebucheintragung wieder, weil sie die Gründe seiner Abneigung so deutlich zeigt, nämlich seine Erbitterung über den Schaden, den er bei vielen jungen Geigern anrichtete.

«Heute habe ich (der Not gehorchend, nicht dem eigenen Triebe – das heißt des Geldes wegen) einen ehemaligen Schüler Sevčiks angenommen. Dieser nun schon 80 Jahre alte Mann ist einer der prägnantesten Fälle künstlerischer Dekadenz.

Er begann als relativ junger Mensch Anfang der 80er Jahre das Studium der Geigentechnik auf eine neue Basis zu stellen, es gewissermaßen zu rationalisieren – also Zeit- und Krafterparnis – und dies mit unzweifelhaftem Erfolg.

In den letzten 20 Jahren verblödete er jedoch immer mehr. Er ließ die Schüler Passagen von hinten nach vorne studieren, überschlug langsame Sätze eines Concerts, weil technisch uninteressant, und zerlegte ein Vortragsstück in allerkleinste Teile von 2–4 Noten, die er als Fingerübung unentwegt wiederholen ließ – also alle Anzeichen einer dementia senilis.

Trotzdem liefen die Schüler scharenweise zu ihm und ließen sich mit Wollust für ihr Leben ruinieren. Daß bei diesem System die Unglücklichen in Kürze jeden Kontakt mit der lebendigen Kunst verloren, zu vollkommen seelenlosen – und dabei noch schlechtfunktionierenden – Maschinen degradiert wurden, liegt auf der Hand. Diese Schiffbrüchigen wieder auf festen Boden zu bringen, ist unendlich schwierig. Das Unheil, das dieser Mann als praktischer Lehrer über diejenigen gebracht hat, die sich seiner Leistung in den letzten 15 Jahren anvertraut haben, ist himmelschreiend. Als Theoretiker hingegen haben seine Übungen bleibenden Wert.»

Daß diese Ansicht nicht auf persönlichem Neid beruhte, ist nachweisbar, denn er selbst empfahl Sevčiks Übungen in geeigneten Fällen. In einem Brief einer seiner Lieblingsschülerinnen, Alma Moodie, steht: «Ich übe eine ganze Menge ... und merke mit Wonne, daß mein Bogen durch Sevčik besser wird ... »

Aber, zurückkommend auf den Baden-Badener Kurs: Der junge Teilnehmer war ein typisches Produkt der Sevčik'schen Methode und bestätigte offenbar alles, was mein Vater gegen sie zu sagen hatte. Er wurde während des Vorspielens zusehends irritierter und übte am Ende eine schärfere Kritik aus, als ich je von ihm gehört habe. Er schien völlig vergessen zu haben, daß er nicht den Protagonisten, sondern ein unschuldiges Opfer der Methode vor sich habe, das schließlich nichts für die Fehler seines weltberühmten Lehrers konnte. Ich bin sicher, daß er dem jungen Mann durch seine Unüberlegtheit, wie ehrlich er es auch meinte, einen schlechten Dienst erwies.

Ein weiterer Punkt, den man ihm entgegenhalten konnte, war, daß er zuweilen das Verhalten seiner Schüler mißverstand und aus ihnen Motive herauslas, die nicht – oder nicht immer – beabsichtigt waren. Er hatte eine schlechte Meinung von der Dankbarkeit, die Schüler ihren Lehrern zollen: «Woher kommt es, daß Schüler im allgemeinen so undankbar sind? Der Lehrer, wenn er gewissenhaft ist, gibt ihnen sein Herzblut, und sie geben ihm gar nichts... Ich habe diesbezüglich tolle Erfahrungen gemacht.» Ich habe aus Schülerbriefen in seinen nachgelassenen Papieren nur das Gegenteil feststellen können und glaube, daß er zuweilen überreagierte (über den Fall Josef Wolfsthal schreibe ich an anderer Stelle (siehe S. 268 ff.).

Was ihn kränken konnte, war ein zu langes briefliches Schweigen von Schülern, um die er sich während ihrer Studienzeit besonders bemüht hatte. Eine unverhältnismäßig große Anzahl von Schülerbriefen fängt mit einer Entschuldigung für ihr Nichtschreiben an sowie mit dem Versprechen – selten gehalten –, sich zu bessern. Aber sind wir als junge Menschen nicht alle schreibfaul gewesen, besonders wenn der Brief an eine ältere Respektsperson gehen sollte?

Schüler, die als Wunderkinder bezeichnet werden konnten, wurden zuweilen von ihren Eltern oder Dritten – oft mehr aus Snobismus als aus geschäftlichen Gründen – ausgenutzt oder überexponiert. Mein Vater war mit Recht der Meinung, daß sich ein zu frühes oder häufiges Auftreten vor dem richtigen Zeitpunkt oder eine falsche Programmwahl auf solche jungen Menschen schädigend auswirken könne, und bestand darauf, daß diese Dinge nicht ohne seine Zustimmung geregelt werden dürften. Eine der heftigsten Auseinandersetzungen hierüber entstand mit einem wohlhabenden City-Industriellen, der den genial begabten jungen Joseph Hassid protegierte, sich jedoch nach Ansicht meines Vaters in Dinge mischte, die nicht seine Sache waren.

Etwas anderes, das ihn verärgern konnte, obwohl er auf äußere Anerkennung im allgemeinen wenig Wert legte, war die Nichterwähnung seiner Tätigkeit als Lehrer in Interviews, Zeitungsartikeln und Broschüren betreffend erfolgreiche Schüler. So hatte er zum Beispiel im Jahre 1936 eine Auseinandersetzung mit Harold Holt, Ida Händels Agenten, wegen eines längeren Zeitungsberichts über eine Pressekonferenz, in der sein Name überhaupt nicht vorkam. Obwohl sowohl Holt wie auch Ida Händels Vater (ihr Manager und ständiger Begleiter) wiederholt beteuerten, es sei nicht ihre Schuld – ob zu Recht oder Unrecht sei dahingestellt –, war er zunächst nicht zu besänftigen. Ich vermute, daß in diesem Falle einer der Gründe ein Gerücht war, daß Vater Händel sich mit der Absicht trug, Ida Stunden bei Enesco nehmen zu lassen, etwas, das, wenn man einige ziemlich ambivalente Bemerkungen in Idas Autobiographie[1] liest, nicht ausgeschlossen erscheint. Er erklärte, daß er unter diesen Umständen Idas Unterricht nicht fortsetzen wolle. Gleichzeitig scheint er Händel sen. den Vorwurf gemacht zu haben, hinter seinem Rücken gehandelt zu haben. Letzterer schrieb ihm einen Brief, der an Diplomatie nichts zu wünschen übrig ließ. Er bemerkt sanft, daß wenn mein Vater sich weigern sollte, seine Tochter weiter zu unterrichten, er ja keine andere Wahl habe, als im gegenwärtigen Stadium ihrer Entwicklung einen neuen Lehrer für sie zu suchen.[2]

Die Angelegenheit wurde schließlich wieder eingerenkt. Ida blieb bei ihm, bis er bei Kriegsausbruch England verließ – nach einer persönlichen Bemerkung, die Harold Holt mir machte, ein Jahr zu früh für den letzten Schliff an Idas musikalischer Erziehung. Ich glaube nicht, daß es ihrer Karriere geschadet hat – für mich ist und bleibt sie eine der besten zeitgenössischen Vertreterinnen ihres Instruments. Eine Ansicht, die offenbar von Sir Henry Wood, dem Begründer der Londoner Promenaden Konzerte, geteilt wurde, der über sie gesagt haben soll: «Ich habe seit Ysaye niemanden schöner spielen hören.»

Im Laufe der Zeit hat sich naturgemäß die Zahl der ursprünglichen Schüler Carl Fleschs, die noch auf dem Konzertpodium tätig sind, mehr und mehr gelichtet; aber die Tatsache, daß viele davon ihrerseits

---

1 Woman with violin, Verlag Victor Gollancz, 1970
2 Sie war damals noch nicht einmal 14 Jahre alt. Aus dem Brief einer Holländischen Konzertdirektion geht hervor, daß ihr einmal aus diesem Grunde das Auftreten in Holland von den dortigen Behörden untersagt wurde.

zahlreiche bedeutende Künstler ausgebildet haben und daß seine Schriften nach wie vor als für Studenten unentbehrlich erachtet werden, ist derjenige Aspekt seines Lebenswerkes, der ihn bestimmt am meisten befriedigt hätte – denn im Nachwuchs weiterzuleben ist und bleibt das höchste Ziel des Lehrberufes.

Wunderkinder

> «Es ist leichter, aus einem talentierten Jungen ein Wunderkind als einen Wundermann zu machen.»

Carl Flesch

Es ist eine bekannte Tatsache, daß die Eltern talentierter geigender Kinder manchmal problematischer sind, als diese selbst. Wenn mehrere Schüler gleichzeitig beim selben Lehrer studieren, so ist die Rivalität zwischen den Eltern – selten zwischen den Jungen und Mädchen – scharf und unablässig. Sie befürchten immer, daß andere Kinder mehr Stunden bekommen als ihre eigenen, oder in anderer Hinsicht vorgezogen werden. Und sie lassen die «Konkurrenz» keinen Moment aus den Augen. Wenn man an die späteren erfolgreichen Karrieren vieler Künstler denkt, die in jungen Jahren von den Eltern ihrer Kollegen mehr als mißgünstig angesehen wurden, so kann man sich der Überzeugung nicht wehren, daß die Berichte von der Wirksamkeit des «bösen Blicks» weit übertrieben sind.

Aber wie so oft ist der Fall doch etwas komplizierter, als man zunächst denkt, und es ist vielleicht an der Zeit, daß jemand das Verteidigungsplädoyer für diese Eltern übernimmt.

Zunächst sollte man ihre häufig außergewöhnliche Hingabe anerkennen. Ihre Aufopferung und Sorge, ihr Zeit- und manchmal Geldaufwand sind bewundernswert, zuweilen geradezu ergreifend. Man muß weiterhin bedenken, daß viele Eltern auf dem Gebiet der klassischen Musik unbewandert sind und weitgehend im Dunkeln tappen – sozusagen den Boden unter den Füßen verloren haben. Sie sind in einer grundverschiedenen Lage zum Beispiel von den Eltern angehender Filmstars, besonders auf dem Gebiet des Werbefilms: Solange diese Kinder hübsch aussehen, Charme haben und gern Theater spielen, haben sie Aussicht auf einen raschen Publikums- und finanziellen

Erfolg, der in keinem Verhältnis zur Dauer und Intensität ihres Trainings steht. Dagegen können bei einem Kind, das ernsthaft Musik studiert, Jahre vergehen, bis sein Talent zur vollen Entfaltung kommt; das Endergebnis ist immer ungewiß. Anfänglich kann man mit keinem Einkommen rechnen, und, nicht zuletzt, die Aufsicht über Entwicklung, Fortschritte und so weiter, liegt weitgehend, oder sogar völlig, außerhalb der elterlichen Kontrolle. Sie müssen sich auf das Urteil des Lehrers verlassen, und dieser kann manchmal so überheblich sein, daß er ihre natürliche Besorgnis als unwillkommene Einmischung betrachtet und sie dies bei jeder Gelegenheit spüren läßt.

Hinzu kommt, daß sie unaufhörlich mit Ratschlägen von Familie und Freunden bombardiert werden – die sich vermutlich meist widersprechen. Und schließlich reden, mehr oder weniger ungefragt, noch andere nicht unbedingt wohlmeinende Leute drein, die ihr eigenes Interesse im Auge haben oder aus rein persönlichen Gründen dem Lehrer einen talentierten Schüler einfach nicht gönnen.[1]

All dies kann erhebliche Beunruhigung, Entmutigung und Zweifel erwecken, und man muß zugeben, daß sie nicht immer unbegründet sind. In vielen Fällen bringt man daher den Eltern von Wunderkindern weniger Verständnis und Sympathie entgegen, als ihnen zukommt. Aber andererseits, auch wenn man alle «mildernden Umstände» in Betracht zieht, können sie manchmal doch recht lästig sein oder – viel schlimmer – einen schädlichen Einfluß auf die Entwicklung ihrer Sprößlinge ausüben.

Diese können zum Beispiel rein psychologischer Natur sein. Wenn der Lehrer nicht zufällig im Heimatort eines Schülers ansässig ist, so ist es naturgemäß die Mutter, die das Kind in die fremde Stadt beglei-

---

1 Zum Beispiel Artur Schnabel in einem Brief aus dem Jahre 1920: «Zu meinen Schülern hat sich nun doch auch noch Frl. ... gesellt. Es war durchaus nicht die vorgegebene Krankheit, die sie so spät erst den Weg zu mir finden ließ, sondern der Einspruch von Freunden und Gönnern... Nur an meiner völligen Gleichgültigkeit diesen Enthüllungen gegenüber lag es, daß (ihre Mutter) die ihr schon auf der Zunge liegende Preisgabe des mir so feindlich Gesinnten wieder zurückstellen mußte, bis zu einer besseren Gelegenheit. Doch schon mit geringem Scharfsinn ließ sich erraten, daß der Warner Adolf W. gewesen.» Ich nehme an, es handelt sich hier um den prominenten Berliner Musikkritiker Adolf Weissmann, der sich bei manchen Künstlern nicht der größten Beliebtheit erfreute. (Die Geigerin Alma Moodie über eine Aufführung des Mozart A-Dur-Konzerts mit Erich Kleiber: «Mittags (sie meint offenbar die Probe) war Weissmann drin und war gemein. So schnoddrig wie nur er sein kann. Alles andere war ausgezeichnet.»)

tet und dort beaufsichtigt. Der Vater tritt in den Hintergrund. für Söhne ist das nicht immer das gegebene. Im Fall eines 14jährigen Flesch-Schülers wurde dieses Problem von der Londoner Education Aid Society, die ihn finanziell unterstützte, mit für die damalige Zeit (1937), erfrischender Klarheit erkannt: «Bisher lebt seine Mutter mit ihm und widmet sich voll und ganz seiner Fürsorge. Einige Mitglieder unseres Komitees sind der Ansicht, es sei nunmehr an der Zeit, den Jungen ihrem ausschließlichen und ununterbrochenen Einfluß zu entziehen und andere Dispositionen zu treffen.» Mein Vater wurde um seine Meinung befragt, und ich nehme an, er stimmte dem Vorschlag zu. Wie die Mutter darauf reagierte, ist mir nicht bekannt.

Wir können die – glücklicherweise seltenen – entgegengesetzten Vorkommnisse kurz abtun, bei denen die Kinder mittelloser Eltern von kulturellen Organisationen oder reichen Gönnern unterstützt werden, und man eines Tages merkt, daß diese Gelder für die ganze Familie verwendet werden anstatt nur für den Schüler selbst. Dann ist das erste Gebot, eine Schädigung des Kindes selbst zu vermeiden, aber gleichzeitig den Eltern energisch ins Gewissen zu reden. Meist genügt die Drohung, daß sämtliche Zuschüsse sofort aufhören würden, wenn sie nicht dem beabsichtigten Zweck zugeführt werden.

Für meinen Vater waren diese Fälle deswegen besonders ärgerlich, weil gewöhnlich er es war, der einen reichen Bekannten veranlaßt hatte, das nötige Geld für den Unterhalt des jungen Künstlers zur Verfügung zu stellen. Bei einem heftigen Auftritt mit dem Vater eines solchen Kindes, der sagte, daß die Familie das Geld brauche, weil er keine Arbeit finden könne, gab mein Vater eine Antwort, die in die «Geflügelten Worte» der Familie Flesch aufgenommen und zitiert wurde, wenn man einen Ratschlag nicht als besonders praktisch empfand: «Dann werden Sie eben Packer bei Wertheim!» (Berlins damals bekanntestes Warenhaus.) Nicht sehr realistisch, wenn man bedenkt, daß eine solche Arbeit – wenn man sie überhaupt bekommen konnte – Fertigkeiten erforderte, über die mein Vater selbst gewiß nicht verfügte; außer auf der Geige war er recht ungeschickt, und ich bezweifle, daß er selbst jemals ein Paket gemacht hat.

Eltern haben manchmal die merkwürdigsten Ideen über die geeigneten Methoden, ihre Kinder zu Höchstleistungen zu bringen. Wir brauchen da nicht unbedingt an den abgedroschenen Witz von der Mutter zu denken, die ihren Sohn zu einem ausverkauften Heifetz-

Konzert mitnimmt, nicht etwa um zu versuchen, doch noch eine Eintrittskarte zu ergattern, sondern lediglich um ihm zu zeigen, was er erreichen könnte, wenn er nur endlich anfangen würde, regelmäßig zu üben... (Wahrscheinlich die Schwester der ebenso bekannten Mutter, die ihren Sohn ins Museum nahm, damit er sich die Venus von Milo ansehe – nur um ihm zu zeigen, was geschehen könnte, wenn er das Nägelbeißen nicht aufgäbe.)

Beinahe noch unglaubwürdiger (aber aus einer «normalerweise zuverlässigen Quelle» stammend) ist die Geschichte eines Vaters, der, zweifellos in der besten Absicht, seinem Sohn eine Stunde vor dessen öffentlichem Debüt folgende Rede hielt: «Mein Junge, Du hast jetzt zu beweisen, daß all' Deine Studienjahre und die ungeheuren Opfer, die wir, Deine Eltern, für Dich gebracht haben, nicht umsonst gewesen sind. Deine Zukunft und die Ehre Deiner Familie hängen vom heutigen Abend ab...» und mit dem klassischen Ausspruch schloß: «Und jetzt geh raus und mach' was Du willst.» Kein Wunder, daß der Junge höchst mittelmäßig spielte; wenn er nicht ein Talent besessen hätte, das ihn im Laufe der Jahre zu einem weltberühmten Virtuosen machte, hätte seine Karriere bei dieser Gelegenheit im Keim erstickt werden können. Am entgegengesetzten Ende steht Jascha Heifetz' Vater[1], der seinen Sohn vor dessen New Yorker Carnegie Hall Debüt mit den Worten ermutigte: «Denke immer dran: Du kannst auf sie alle spucken!» Bestimmt positiver, aber nicht unbedingt eine künstlerisch inspirierende Bemerkung. Und da wir schon dabei sind, wollen wir den Vater Mischa Elmans – die Zielscheibe vieler derartiger Witze – nicht vergessen, der auf die Frage, ob sein Sohn im nächsten Jahr eine Europatournee machen würde, geantwortet haben soll: «Nein, hat gar keinen Zweck; gegen wen sollte er denn spielen?»

Aber zu unserem ursprünglichen Thema: Es gibt viele weniger ungeschliffene Wege, auf denen Eltern ihren talentierten Kindern schaden können. Ich besitze zum Beispiel einen Brief von der Mutter einer talentierten jungen amerikanischen Schülerin, die offensichtlich meinen Vater ersucht hatte, ihre Tochter «konzertreif» zu machen. Er war jedoch der Ansicht, daß die Zeit dazu noch nicht gekommen sei. Sie müsse sich noch weiter entwickeln, bevor sie größere öffentliche Konzerte geben könne. Er hatte dies treffend, wenn auch vielleicht

---

[1] Memoiren von A. Benoist, Pagania Publications, New Jersey

etwas blumig ausgedrückt: «Ein Künstler muß Zeit haben, sich zu entwickeln, wie eine Frucht. Wie immer edel, wird sie nie so gut schmecken, wenn sie zu früh vom Baum gepflückt wird.» Worauf die Mutter antwortete: «Ich bin der Ansicht, daß eine junge Künstlerin durchaus nicht für eine internationale Konzertkarriere ‹reif› zu sein braucht, um in der Lage zu sein, außergewöhnlich gute Aufführungen von zwei oder drei Nummern zu geben.» Unnötig, auf den unüberbrückbaren Abgrund hinzuweisen, der zwischen diesen beiden Ansichten gähnte. Da die Korrespondenz infolge des Zweiten Weltkrieges nicht fortgesetzt werden konnte, weiß ich nicht wie die Sache verlief. Man kann nur hoffen, daß die Karriere der jungen Dame keinen bleibenden psychischen oder künstlerischen Schaden erlitt.

Dann wiederum gibt es Eltern, die nach langem Widerstreben dem Sohn oder der Tochter erlauben, Berufsmusiker zu werden. «Aber erst mußt Du Dich für einen anständigen Beruf ausbilden.» Dies zweifellos als Rückversicherung dagegen, daß der künstlerische und materielle Erfolg nicht den gehegten Erwartungen entspricht. Wenn man von der etwas unglücklich gewählten Ausdrucksweise absieht, ist dies an sich durchaus nicht unvernünftig; aber was dabei nicht beachtet wird, ist die Tatsache, daß die Ausbildung zum Berufsmusiker vollzeitiges Training ab frühestem Kindesalter erfordert. Sonst ist es meist zu spät, das angeborene Talent ganz auszuschöpfen. Man begegnet nicht selten Fällen, in denen eine solche Verzögerung in Enttäuschung, Verbitterung und gelegentlich sogar Tragödie endet.

Aber man soll auch nicht übersehen, daß ein Lehrer selbst einen sehr ungünstigen Einfluß auf seinen Schüler haben kann. Dies insbesondere in den Fällen, in denen er «auf Wunderkinder spezialisiert» ist. Wenn er das Interesse verliert oder die Ausbildung nicht den gewünschten Verlauf nimmt, zum Beispiel weil der Schüler nicht die erwarteten schnellen Fortschritte macht, so kann oder will er oft seine Lehrmethoden nicht den veränderten Umständen anpassen. Für seinen Nachfolger ist es dann außerordentlich schwer, dies wieder gutzumachen.

Mein Vater war an sich mehr daran interessiert, Durchschnittstalente auf den höchsten ihnen erreichbaren Stand zu bringen, als Wunderkinder zu züchten. Er betrachtete ersteres als sowohl die interessantere wie auch die wertvollere Aufgabe. Aber selbstverständlich nahm er junge große Talente mit Freuden an, wenn sie zu ihm kamen.¹ Allerdings erinnere ich mich an sein einziges rein zufälliges, kurzes Zusammentreffen mit dem etwa zwölfjährigen Yehudi Menuhin auf einem Spaziergang in Baden-Baden. Dieser war damals schon weltberühmt, stand aber immer noch im Studium. Er selbst erwähnt die Begegnung kurz in seinen Memoiren, aber was er natürlich nicht wußte, war die Bemerkung meines Vaters hinterher: «Ich kann nur hoffen, daß er mir nicht als Schüler angetragen wird. Ich könnte es beim besten Willen nicht über mich bringen, ihn abzulehnen, aber ich weiß genau, was passieren würde: Wenn er das wird, was er gegenwärtig verspricht, dann ist es das Verdienst von Menuhin; wenn er sich nicht so gut entwickelt, dann ist es die Schuld von Flesch.»

Aber Menuhin war, nach Beendigung seines Studiums bei Louis Persinger, bereits bei Busch und Enesco in festen Händen. Abgesehen davon hatte mein Vater Unrecht: Auch auf der Höhe seines Ruhmes betonte Menuhin immer wieder, wieviel er seinen Lehrern verdanke.²

1 Dagegen war er für den Unterricht nicht besonders begabter Kinder völlig ungeeignet. Einige Unterrichtsstunden meiner Schwester in einem Badeort während der Schulferien endeten mit Tränen (ihrerseits!). Ihr eigentlicher Lehrer war sein Schüler Josef Wolfsthal, der die Stunden meist bei uns im Kinderzimmer auf einem Schaukelpferd sitzend abhielt. Nach ihren Ferienerfahrungen mit meinem Vater faßte sie den Entschluß, zum Klavier umzusatteln, beschloß dann aber doch, es noch einmal mit Wolfsthal zu versuchen. Dieser lag damals mit einer leichten Grippe zu Bett, was meinen Vater zu der Bemerkung veranlaßte: «Wenn Wolfsthal von Deinem Entschluß hört, bekommt er einen Rückschlag.»
2 Die Geschichte ist übrigens noch etwas verwickelter: Die mir hinterlassene Korrespondenz enthält zwei Briefe Persingers an meinen Vater; sie sind undatiert, stammen aber beinahe sicherlich aus dem Anfang der zwanziger Jahre. Im ersten schreibt er: «... Dürfte ich hoffen, daß Sie mich als Schüler annehmen würden? ... Vorigen Sommer habe ich bei Thibaud zugebracht, und ich war über zwei Jahre Freischüler bei Eugene Ysaye... Vielleicht würden Sie erlauben, daß ich Ihnen etwas vorspiele, und wenn Sie erst später (in die Ferien) gehen, würde ich mich außerordentlich freuen, wenn ich schon vorher mit Ihnen arbeiten könnte.» Mein Vater stimmte zu, aber leider ließ sich die Absicht nicht verwirklichen, denn einige Wochen später schrieb Persinger, diesmal übrigens auf Französisch, daß er Beschwerden am linken Arm habe und der Arzt ihm für einige Zeit absolute Ruhe verordnet habe. Er kam später nicht mehr auf die Sache zurück, aber aus einem Brief vom Jahre 1938, in dem er ihm eine seiner Schülerinnen empfiehlt, geht hervor, daß er meinen Vater als Lehrer hoch schätzte.
All dies war für mich so unerwartet, daß ich vorsichtshalber Yehudi Menuhin bat, mir die Echtheit der Briefe zu bestätigen. Seine Antwort: «... Sie müssen von meinem Lehrer Louis Persinger stammen. Sie tragen seine Unterschrift, an die ich mich gut erinnere ... (Persinger war) ein Mann, dem ich aufrichtigen Dank schulde, und den ich immer verehrt habe.»
Ob Persinger ihn wohl zu meinem Vater geschickt hätte, wenn damals seine Absicht, bei ihm zu studieren, ausgeführt hätte?

Da übrigens mein Vater – außer ein- oder zweimal im Radio – Menuhin niemals hatte spielen hören, schrieb er auch in seinen Memoiren nichts über ihn; das Werk befaßt sich in erster Linie mit der technischen und oft recht kritischen Beurteilung derjenigen seiner Zeitgenossen, deren Spiel er kannte. Als ich vor vielen Jahren diese Unterlassung Menuhin gegenüber halb-entschuldigend erwähnte, sagte er trocken: «Gott sei Dank! Mir schaudert, wenn ich mir vorstelle, was er über mich geschrieben hätte.» Die Bescheidenheit eines wahrhaft großen Künstlers.

Eines der wichtigsten und schwierigsten Probleme, denen ein Schüler oder seine Eltern gegenüberstehen können, ist der Wunsch nach einem Lehrerwechsel. Dieser kann die verschiedensten Gründe haben: Zum Beispiel die Erkenntnis, daß Meister und Schüler sich auseinandergelebt haben, sozusagen nicht mehr am gleichen Strang ziehen; oder die Tatsache, daß der Schüler in seiner Entwicklung stehengeblieben ist und keine weiteren Fortschritte macht. Oder umgekehrt, daß er über seinen Lehrer hinausgewachsen ist und von ihm nichts wesentliches mehr lernen kann.

Es ist einem Pädagogen hoch anzurechnen, wenn er, sobald er dies selbst merkt, von sich aus einen Wechsel zu einem bedeutenderen Lehrer vorschlägt; meinem Vater wurden auf diesem Wege viele junge Künstler empfohlen, sowohl von seinen eigenen früheren Studenten wie auch von anderen Kollegen. Aber nicht alle Lehrer sind so selbstlos, sie können manchmal große Schwierigkeiten machen. Welche Einstellung man auch immer hat: das persönliche Element kann unter Umständen zu peinlichen Situationen führen, besonders wenn man dem Meister viel zu verdanken hat und ihn nicht unnötig verletzen möchte.

Mein Vater befand sich in einer derartigen Lage gegenüber seinem Wiener Lehrer Jakob Grün. Einer seiner Briefe an Grün ist offenbar nach dessen Tode wieder in seinen Besitz gelangt. Auch wenn man von dem jugendlichen Alter des damals noch nicht ganz 17jährigen Verfassers absieht, darf man ihn als vorbildlich taktvoll ansehen. Zu seiner Erklärung muß man wissen, daß sowohl mein Vater wie auch Grün unter dem Haß und Antisemitismus des damaligen Direktors der Wiener Musik-Hochschule, Josef Hellmesberger, stark zu leiden hatten (Abbildung 8, 9).

Mein Vater blieb auch später mit Grün in Verbindung und berichte-

Dr. FLESCH SALAMON
MOSON
(WIESELBURG)

Moson, den 12./IX. 1890

Geehrter Herr Professor!

Schon vor meiner Abreise von Wien im Juni l. J. hatte Sie mein lieber Papa um Ihren Rath und um Ihre Zustimmung zum Projecte der Pariser Reise befragt. Eben damals habe ich Ihnen, geehrter Herr Professor, auch die Gründe, die mich zu diesem Entschlusse drängten, auseinandergesetzt. Der ganz ungerechtfertigte Hass, mit dem mich Se. Majestät Franz Josef Hellmesberger zu beehren geruht, machte es mir zur Gewissheit, dass es mir nie und nimmer gelingen werde, mich in Wien im Laufe der Zeit zu irgend etwas höherem als es ein Orchestergeiger ist, aufzuschwingen. Ja, ich glaube kaum, dass ich jemals eine Stelle im Hofopernorchester erlangt hätte, denn obengenannte Majestät, würde dies mit Hilfe der Hofschranzen, die sich selbst im hohen Rate der Hofoper

8 Brief an Jakob Grün

befinden, immer zu verhindern gewusst haben. Doch genug von diesen schmutzigen Geschichten. — Ich fasste den Entschluss mich nach Paris zu wenden, und zwar umsomehr, als Hr. Maurus Deutsch, ein persönlicher Freund meines Papa, der grosse Connexionen besitzt, mich in aller Form zu protegieren versprach. Meine Eltern und ich wollten das Project aber nur in dem Falle realisieren, als Sie nichts dagegen einzuwenden hätten. — Nachdem Sie so gütig waren Ihre Zustimmung zu diesem bedeutungsvollen Schritte zu geben, trat mein Vater mit Hr. Deutsch in Korrespondenz, und dieser trat ihm vor einigen Tagen geschrieben, dass es, da ich die Aufnahme ins Conservatorium anstrebe, es von grossem Nutzen wäre, wenn Sie, geehrter Herr Professor, mir ein Empfehlungsschreiben an Massenet, Delibes, Thomas, Massart oder an einen andern bedeutenden Musiker mitgeben würden

Diesen Beweis von Liebenswürdigkeit von Ihnen zu erbitten, ist der Zweck meines heutigen Schreibens. Ich rechne umso eher darauf, dass Sie mir meine Bitte nicht abschlagen, als Sie ja selbst wissen werden, wie schwer es ist in einer fremdsprachigen Stadt fortzukommen, und wieviel Protection dazu nöthig ist, um in das Pariser Conservatorium aufgenommen zu werden. Beim examen d'admission spiele ich Vieuxtemps: E dur Concert, beim Concours d'admission das D dur Concert von Paganini. Zum Schlusse muss ich Sie noch bitten, mir bald zu antworten, da ich in 14 Tagen abreise.

Ich kann Ihnen versichern, sehr geehrter Herr Professor, dass seinem Lehrer Ehre zu machen, stets die erste Pflicht sein wird Ihres Sie verehrenden Schülers

Karlfleisch.

9 Tagebucheintragung über Josef Hellmesberger

22 Jahren, muss ein
sehr grosses Talent ge-
wesen sein. Sein Bruder
Josef genannt der
"sete H." mein ehe-
maliger Director am
Wiener Conservatorium.
Er hatte einen aus-
gesprochenen instinktiv-
sein unbegründeten
Hass gegen mich 13
jährigen Buben. Er
war eine Zeitlang
unumschränkter
Alleinherrscher im
Unsrem kleinen Wien.

gefürchtet wegen seines
sarkastischen Witzes,
den er mit Vorliebe
an meinem armen
lieben Grün aus-
ließ, sehr zerstreut,
echt wienerisch, musikalisch & skrupel-
los. Er starb 65
Jahre alt. Sein
Sohn Josef jun.
genannt der „schöne
Pepi" ein bildhübscher
Kerl der den Frauen
sehr gut gefiel, eine

te ihm von seinem Fortkommen. Grün, der ein besonders netter und bescheidener Mensch gewesen zu sein scheint, schrieb ihm im Mai 1903, als mein Vater ihm von seiner Stellung an der Amsterdamschen Hochschule Mitteilung machte:

«Es freut mich herzlich, daß Sie Ihren alten Lehrer nicht ganz aus dem Gedächtnis verloren habe, und spreche ich Ihnen für dieses Zeichen der Erinnerung meinen besten Dank aus.»

Ein höchst interessanter Fall ist der eines etwa 14jährigen außerordentlich begabten Jungen, dessen Eltern beschlossen hatten, seine weitere Ausbildung meinem Vater anzuvertrauen; ein Schritt, der die bisherige Lehrerin – mit der mein Vater auf freundschaftlich-kollegialem Fuße stand – derart verärgerte, daß sie ihn wiederholt ersuchte, den Jungen nicht anzunehmen. Dies ist einer der seltenen Fälle, in denen mein Vater eine Kopie seines Antwortschreibens aufbewahrte; offenbar hatte er das Gefühl, daß es sich hier um ein Problem von allgemeinem Interesse handle:

«Gestatten Sie mir zu gestehen, daß ich die Hartnäckigkeit, mit der Sie an mich das wiederholte Ersuchen stellen, den Jungen nicht zu akzeptieren, nicht verstehen kann. Es gibt keinen Lehrer, dem es in seiner Karriere nicht mehr, oder weniger oft passiert wäre, daß ihm Schüler davongelaufen sind. Was mich betrifft, so gebe ich in einem solchen Falle dem betreffenden immer noch meinen Segen und evtl. etwas Reisegeld auf den Weg. Keinesfalls versuche ich jedoch seiner weiteren Laufbahn Hindernisse in den Weg zu legen. Ich begreife ja sehr gut, daß Sie auf die Eltern mit Recht erbost sind, denn Sie haben zweifellos für den Jungen sehr viel getan und nur Undank geerntet. Andererseits muß ich jedem Schüler das Recht konzedieren, seinen Lehrer zu verlassen, wenn er glaubt, bei einem andern mehr oder etwas anderes zu lernen. Haben wir selbst es denn nicht genau so gemacht? Was mich betrifft, so habe ich keinen Moment gezögert, von meinem Lehrer Grün am Wiener Konservatorium zu Sauzay an das Pariser Konservatorium überzugehen, und als ich zu meinem Kummer bemerkte, daß der Letztere mit seinen 82 Jahren nicht mehr fähig war, mich Nennenswertes zu lehren, Schüler von Marsick zu werden. Es gibt gewisse egoistische Handlungen, die im Interesse der künstlerischen Entwicklung nicht nur berechtigt, sondern geradezu geboten sind. In dem vorliegenden Falle ist allerdings die Form, in der dies geschah, verwerflich. Die Eltern hätten sich gemeinsam mit Ih-

nen beraten und einen entsprechenden Entschluß fassen sollen...
Sie verlangen nun, daß ich den Jungen nicht nehmen soll. Also eine Strafe. Wenn dies nur die Eltern treffen würde, wäre sie vielleicht angebracht. Der Hauptleidtragende ist ja aber doch das Kind selbst. Fühlen Sie wirklich so wenig für ihn, daß es Ihnen Genugtuung bereiten würde, wenn er führerlos oder, was noch schlimmer ist, unter schlechter Führung ins Leben träte? Sie und Ihr verstorbener Mann haben sich zu viel mit Ethik beschäftigt, als daß ich annehmen dürfte, daß Sie ein an Ihnen begangenes Unrecht mit einer schweren Schädigung eines daran gänzlich unschuldigen Kindes beantworten könnten...

Ich bin gern bereit, von den Eltern des Kindes jede Genugtuung für Sie zu erwirken, sofern sie nicht mit einer Schädigung der Zukunft des Hauptbeteiligten verbunden ist.»

Dieser Brief hatte den gewünschten Erfolg. Die frühere Lehrerin war besänftigt, der Junge konnte den Wechsel ohne weitere Schwierigkeiten vollziehen und entwickelte sich zu einem der besten Schüler meines Vaters; ich nehme übrigens als sicher an, daß er ihn letzten Endes auch gegen den Willen der Kollegin unterrichtet hätte, wenn er sie nicht hätte überzeugen können.

Die Ansichten, die er in seinem Brief ausdrückt, sind zweifellos echt und ehrlich gemeint. Aber ich muß hinzufügen, daß Theorie und Praxis nicht immer miteinander übereinstimmten. Ich kann mich zumindest eines Falles erinnern, in dem mein Vater außerordentlich verstimmt war, als er selbst die betroffene Partei eines solchen Wechsels wurde. Bei dieser Gelegenheit waren die Verhandlungen allerdings hinter seinem Rücken geführt worden – etwas, das er in seinem Brief ausdrücklich verurteilt. Ich kann nicht wissen, wie er sonst reagiert hätte, denn Fälle dieser Art waren in seiner Praxis außerordentlich selten. Eines steht jedoch fest: Er hätte nie daran gedacht, zu versuchen, die Karriere eines ehemaligen Schülers zu behindern.

Nicht alle Wunderkinder sind in der Lage, das Versprechen ihrer Jugend zu erfüllen. Natürlich gibt es hierüber keine Statistiken – wie könnte es anders sein –, aber ich bin sicher, daß die Zahl der Fehlgegangenen die der Erfolgreichen erheblich übersteigt. Das kann viele Gründe haben, wie zum Beispiel, daß das ursprüngliche Talent zu irgendeinem Zeitpunkt eintrocknet und verwelkt. Oder weil das Kind plötzlich merkt, daß das, was es bisher instinktiv und furchtlos

10 Carl Flesch mit dem jungen Henryk Szeryng

getan hat, im Grunde außerordentlich schwierig ist. Oder wenn das natürliche Talent dazu geführt hat, die technische Ausbildung etwas zu vernachlässigen.

Andere junge Künstler sterben tragisch früh, wie zum Beispiel Ginette Neveu, die in einem Flugzeugunglück ums Leben kam, und Josef Hassid, ein einzigartig talentierter Junge, der der Schizophrenie erlag[1].

Und manchmal verliert ein Musiker einfach den künstlerischen Drang und sattelt auf einen weniger schwierigen Beruf um. Ein solcher Fall war der junge Iso Briselli, ein sehr talentiertes Kind. Sein Talent war außerordentlich eindrucksvoll und ihm wurde allseitig eine glänzende Zukunft vorausgesagt. Amüsant ist ein Brief seiner damaligen, sehr viel älteren Mitschülerin Alma Moodie: «Was macht Isaac? (Brisellis ursprünglicher Vorname – für Deutschland zur fraglichen Zeit [1924] schon völlig unmöglich.) Neulich hat er mir im Traum so unglaubliche Oktavenskalen mit Fingersätzen vorgespielt, daß ich ganz wütend aufgewacht bin und sie selber geübt habe!»

Mein Vater nahm ihn Anfang der zwanziger Jahre mit sich nach Amerika. Dort wurde er von einem schwerreichen Industriellen adoptiert und gab das berufliche Geigen auf. An sich schade um die Zeit und Mühe, die auf seine Ausbildung verwendet wurden. Aber mein Vater beklagte sich darüber nie; er kannte nur allzugut die Schwierigkeiten und Enttäuschungen, die der künstlerische Beruf mit sich bringen kann.

Außerdem darf man annehmen, daß Briselli ein Förderer der Kunst wurde und die Musik nichtberuflich weiter pflegte. Ich weiß nicht, wer es als erster sagte: «Der gute Amateur spielt zu seinem *Vergnügen,* der schlechte zu *seinem* Vergnügen.» Briselli gehörte bestimmt zur ersteren Kategorie – und erlebte damit ein «Happy End», das nicht allen Wunderkindern beschieden ist.

[1] Während es von Ginette Neveu viele Grammophonaufnahmen gibt, hat Hassid nur einige Genrestücke eingespielt, die vor einiger Zeit von HMV unter dem Titel «The Complete Hassid» herausgegeben worden sind. Der Verfasser der dieser Aufnahme beigelegten Broschüre erwähnt unter anderem den bekannten Ausspruch Kreislers: «Ein ... wird alle 100, ein Hassid nur alle 200 Jahre geboren.» In der – übrigens ausgezeichneten – Broschüre wird der von Kreisler genannte «...» fälschlich als Heifetz identifiziert. Wie eine Ohrenzeugin berichtet, bezog sich seine Bemerkung jedoch auf einen anderen gleich berühmten Künstler (der hoffentlich noch viele Jahre unter uns weilen wird). An sich ein recht unwichtiger Irrtum, aber typisch dafür, daß nicht alles, was gedruckt ist, unbedingt stimmen muß!

Wettbewerbe

> Es gibt etwas viel selteneres als
> Talent: Die Begabung, das Talent
> eines anderen zu erkennen.
>
> *Robert Half*

Musikerwettbewerbe sind ein umstrittenes Kapitel. Sie sind bestimmt keine neuzeitliche Erfindung – gab es nicht schon Sängerwettstreite im Mittelalter? Gewiß hat sich ihr Charakter und ihre Bedeutung durch Zeitungen, Radio und Fernsehen weitgehend verändert, aber der Grundgedanke dürfte nicht allzu verschieden gewesen sein. Insbesondere wird sich das Publikum vermutlich auch schon damals über Fehlentscheidungen der Jury aufgeregt haben!

Meine eigenen Erfahrungen liegen naturgemäß in erster Linie bei der Carl Flesch International Violin Competition, die seit 1945 alle zwei Jahre in der City of London stattfindet. Ich kann Anspruch darauf erheben, wenn auch nicht der Mitbegründer, so doch «einer der Väter» dieses Wettbewerbs gewesen zu sein. Als ich während des Zweiten Weltkrieges am 16. November 1944 völlig unvorbereitet in der Londoner «News Chronicle» die Notiz las, mein Vater sei in der Schweiz gestorben (siehe Seite 47) – der Zürcher Rundfunk hatte offenbar die Nachricht am Abend zuvor gesendet – war der erste Freund, den ich benachrichtigte, Max Rostal, einer der ältesten Schüler meines Vaters und damals Professor an der Londoner Guildhall School of Music. Beim Ableben eines Familienmitglieds läßt sich der erste Schock durch die unerläßlichen Formalitäten sowie den Wunsch, dem Andenken des Verstorbenen durch eine möglichst würdige Beerdigung gerecht zu werden, oft in unmittelbare praktische Aktivität umsetzen. Da jedoch während des Krieges jegliche direkte Verbindung mit der Schweiz, geschweige denn eine Teilnahme am Begräbnis, unmöglich war, drückte sich dieses Bestreben bei mir darin aus,

11 Carl Flesch-Medaille

12 Carl Flesch, gezeichnet von Emil Orlik

Max Rostal vorzuschlagen, etwas zu tun, um den Namen und die Bedeutung meines Vaters der Nachwelt zu erhalten. Rostal nahm die Idee bereitwillig auf und sicherte sich schon innerhalb weniger Tage die aktive Unterstützung Edric Cundell's, des damaligen Direktors der Guildhall School of Music zur regelmäßigen Abhaltung eines «Carl Flesch Geigerwettbewerbs».

Ich erklärte mich bereit, die Finanzierung einer Medaille für den jeweiligen Sieger zu übernehmen. Mit dem Entwurf beauftragte ich den bekannten Bildhauer Benno Elkan, der als deutsch-jüdischer Emigrant in London lebte. Das von ihm geschaffene Befreiungs-Denkmal des Rheinlandes in Mainz war natürlich von den Nazis bei ihrer Machtergreifung sofort entfernt worden. Nach dem Kriege lag sein hauptsächliches Schaffen auf religiösem Gebiet: Zwei alttestamentliche Leuchter befinden sich in der Londoner Westminster Abbey, und eine überlebensgroße Menorah, ein siebenarmiger Leuchter, steht – ein Geschenk des Englischen Parlaments an den Israelischen Knesset – vor dem Israelischen Parlamentsgebäude und ist eine der Sehenswürdigkeiten Jerusalems.

Elkan schlug eine traditionelle Profilform vor. Da er meinen Vater nicht persönlich gekannt hatte, brauchte er ein Bild. Aber da stellte sich heraus, daß wir trotz allem Suchen nicht eine einzige Profilfotografie finden konnten. Auch eine Profilzeichnung des Malers Emil Orlik war damals nicht aufzutreiben. Alles was wir tun konnten, war, Elkan ein halbes Dutzend Bilder zu geben, die den Kopf aus allen möglichen Richtungen – aber nicht im Profil – zeigten. Ich werde nie meine Verblüffung vergessen, als ich das vollendete Werk sah: Die Art und Weise, auf die er ein Profilbild «rekonstruiert» hatte, war bewundernswert, wie eine Gegenüberstellung mit der seitdem wieder aufgefundenen Orlik-Zeichnung zeigt (Abbildungen 11, 12).[1]

Ich bin niemals bestrebt gewesen, offiziell an der Organisation und Führung dieses seither regelmäßig stattfindenden Wettbewerbs teilzunehmen. Meiner Ansicht nach kann die Mitwirkung der Familie eine derartige Ehrung höchstens entwerten; sie sollte lediglich auf der Bedeutung des Mannes beruhen, dessen Namen sie trägt. An den Vorbesprechungen war ich jedoch beteiligt, und ich erinnere mich des ausgezeichneten Eindrucks, den mir der damalige junge Sekretär der

---

[1] «Neue 95 Köpfe von Orlik», Bruno Cassirer Verlag, Berlin 1926

Guildhall School machte, dessen Organisationstalent und selbstverständliche Autorität dafür sorgten, daß alles wie am Schnürchen lief. Leider blieb er der Schule, und damit der «Medal», nicht lange erhalten. Er wurde nach einigen Jahren General Manager des Royal Opera House Covent Garden, eine der prominentesten Stellungen im englischen Musikleben, die er für lange Zeit mit so großem Erfolg bekleidete, daß er geadelt wurde – Sir John Tooley.

Da praktisch keinerlei Geldmittel für dieses Projekt zur Verfügung standen, war seine Ausführung anfangs recht primitiv. Die Veranstaltungen wurden, wie man das in England nennt, «on a shoe string» in der Aula der Guildhall School abgehalten und dauerten nur einen Tag. Preise waren die «Medal» selbst sowie einige Konzertengagements für den Sieger. Allmählich wurde etwas mehr Geld verfügbar, und der Wettbewerb wuchs an Bedeutung. Schließlich erweckte er das Interesse der City of London und wurde ein wichtiger Bestandteil des offiziellen «London Festival». Heute gehört die «Carl Flesch Competition» zu den bedeutendsten Ereignissen ihrer Art.

Nichtbeteiligte sind sich meist nicht darüber klar, wieviel langwierige Vorbereitungen heutzutage notwendig sind, um eine solche Veranstaltung auf die Beine zu stellen. Die laut Vorschrift der World Federation of International Music Competitions mindestens 9köpfige Jury muß monatelang im voraus verpflichtet werden, wenn man prominente Mitglieder für sie gewinnen will, deren Terminkalender meist schon auf lange Zeit hinaus angefüllt sind. Hierin unterscheiden sich die Verhältnisse anscheinend weitgehend von denen früherer Zeiten. Unter meinen Papieren befindet sich eine Einladung des Pariser Conservatoire de Musique zur Teilnahme an einer Jury für einen «Concours de Violon» am 12. Juli 1909. Die Einladung ist vom 1. Juli 1909 datiert! (Abbildung 13)

Offenbar hielt man die Zusammensetzung der Jury damals für weniger wichtig als heute. Interessant ist übrigens der Passus in diesem Dokument, daß Jurymitglieder bei ihren eigenen Schülern nicht mitstimmen dürften. Dies gilt auch heute noch als Regel, ist aber bei der Flesch Competition abgeschafft worden. Nach Ansicht des – nicht stimmberechtigten – Vorsitzenden der Jury, Albert Frost, eines ehemaligen Vorstandsmitglieds vieler führender englischer Industrieunternehmen, der jetzt als begeisterter Amateurmusiker zahlreichen kulturellen Organisationen in leitender Stellung angehört, wird die

Conservatoire National
de Musique
et
de Déclamation

Paris, le 1ᵉʳ Juillet 1909

Prière de répondre d'urgence

Monsieur,

J'ai l'honneur de vous inviter à faire partie du Jury pour le concours de *Violon* qui aura lieu au Théâtre de l'Opéra Comique, le *lundi 12* Juillet à *midi* précis.

Si, comme je l'espère, il vous est possible d'accepter cette mission, je vous serai reconnaissant de vouloir bien m'en donner l'assurance.

En raison des mesures de Police imposées pour les concours publics, je vous prie instamment d'avoir l'obligeance de présenter cette lettre à la porte d'entrée, le jour du concours.

Agréez, Monsieur, l'expression de mes sentiments très distingués

Le Directeur du Conservatoire,
Membre de l'Institut,

Gabriel Fauré

Les Membres du Jury doivent se récuser dans les concours où figurent des Élèves auxquels ils ont donné des leçons dans l'année. (Art. 84 du Règlement)

Monsieur Karl Flesch

13 Einladung von Gabriel Fauré

Bedeutung dieser Vorschrift überschätzt. Die Vielzahl der Jurymitglieder sorgt dafür, daß die übertrieben hohe Bewertung seitens eines Preisrichters nicht entscheidend ins Gewicht fällt. Außerdem könnte die Regel ohne große Schwierigkeiten dadurch umgangen werden, daß der Lehrer eines Kandidaten, für den er nicht stimmen darf, die Leistungen anderer Spieler unangemessen niedrig bewertet. Jedoch darf man ohne weiteres annehmen, daß derartige Manöver der hohen Stellungen und des Ansehens der Jurymitglieder bei bedeutenden Wettbewerben unwürdig sind. Etwaigen nationalistischen Einwirkungen wird dadurch vorgebeugt, daß das Preisrichterkollegium aus Angehörigen der verschiedensten Nationen besteht, von denen keine überwiegt. Jedenfalls scheint sich die Frost-Methode, die übrigens auch die Benutzung eines Computers vorsieht, nach bisherigen Erfahrungen in der Praxis gut bewährt zu haben.[1]

Aber selbst die idealste Abstimmungsmethode schließt nicht aus, daß einige – und manchmal auch viele – Beteiligte und Zuhörer die Entscheidungen der Jury nicht billigen. Auch ich war häufig nicht mit ihnen einverstanden. Ich machte daher nach einigen Jahren den Vorschlag, einen Preis an denjenigen Teilnehmer zu verleihen, «der wirklich hätte gewinnen sollen». Diese Idee fand bei dem Komitee, dem damals Sir Yehudi Menuhin vorstand, Gefallen: nur der Name war nicht ganz das, was man sich vorstellte – ein Ansicht, die mich nicht überraschte. Der Preis wurde «Audience Prize» getauft. Diejenigen Mitglieder des Publikums, die allen Veranstaltungen der Endrunde beigewohnt haben, können ihrerseits eine Stimme für den Kandidaten, den sie als Sieger betrachten, abgeben. Wenn alle anderen Preise verteilt worden sind, wird dem Vorsitzenden ein verschlossener Umschlag überreicht, der das Ergebnis der Publikumsabstimmung enthält und unter großer Spannung auf dem Podium geöffnet wird. Der Jubel, wenn die Entscheidung von der offiziellen abweicht – was in etwa 40 Prozent der Fälle geschieht –, ist groß. Man kann dabei sogar gelegentlich etwas über «Massenpsychologie» lernen: In einem Wettbewerb, bei dem die offizielle Entscheidung so unerwartet und unverständlich war, daß sie mit erheblicher Unruhe vom Publikum entge-

---

[1] Für nähere Einzelheiten siehe den Artikel Albert Frost's «Voting Procedurs in Music Competitions» auf S. 12f. des offiziellen Programms der Carl Flesch Competition 1988.

gengenommen wurde, schlug die Stimmung sofort ins Gegenteil um, als es sich herausstellte, daß der «Audience Prize» den Wünschen der Zuhörer-Mehrheit entsprach: Wie leicht ist es doch, eine «aufständische» Masse mit Maßnahmen zu besänftigen, die die offiziellen Stellen nichts kosten!

Einige Zeit stimmten bei diesem Preis auch die Mitglieder des Orchesters mit, welches die jungen Künstler in der Endrunde begleitet hatten. An sich ist dies begrüßenswert, denn diese erfahrenen Berufsmusiker, welche jeden Kandidaten bei Proben und Konzert aus nächster Nähe hören, sind naturgemäß hervorragend geeignet, ein Urteil abzugeben. Andererseits widerspricht es jedoch der Idee des Zuhörerpreises: Ein Orchester ist nicht «Publikum», das zwar laienhaft aber der endgültige Richter ist, denn die Zuhörer sind es ja, die später über den finanziellen Erfolg eines Konzertes entscheiden werden. Die Kombination zweier wichtiger Elemente, deren Erfahrung und Wissen diametral verschieden sind, verschleiert das Bild, das man sich machen will. Ich hoffe, daß es möglich sein wird, einmal neben dem «Publikums»- auch einen «Orchester»-Preis auszusetzen, der schon deswegen hochinteressant sein sollte, weil damit ein zweites Sachverständigen-Komitee eine unabhängige Entscheidung abgeben würde.

Ich finde es übrigens ein wenig überraschend, daß die Idee der Zuhörerbeteiligung bisher von praktisch keinem anderen Wettbewerb übernommen worden ist. Könnte es sein, daß die meisten Veranstalter sich etwas zu ernst nehmen?

Ursprünglich hatte ich selbst diesen Preis gestiftet, erwirkte aber nach einigen Jahren seine Übernahme durch eine Versicherungsgesellschaft, die auf die Deckung wertvoller Musikinstrumente spezialisiert ist. Ich verwirklichte eine andere Idee: Jedes Jahr wird ein etwa 10 Minuten dauerndes Solowerk eigens für die 1. Runde des Wettbewerbs komponiert, damit die jungen Künstler zeigen können, wie sie mit einem modernen Stück fertig werden. Ich schlug ein Preisausschreiben für junge englische Komponisten für ein solches Werk vor, das von der «Society for the Promotion of Modern Music» organisiert wurde. Aber nach zwei Jahren wollte ich mich davon zurückziehen: ich konnte mit den Stücken nichts anfangen und fand sie auch nach mehrfachem Hören noch genau so unverständlich – und, ich muß gestehen, unattraktiv – wie beim erstenmal. Ich bezweifele nicht, daß man meinen Entschluß als eine Alterserscheinung betrachtete – vermutlich zu Recht, denn schließlich waren ja alle diese Komponisten als Preisträger aus einem Wettbewerb hervorgegangen –, aber gegen seine Natur kann man nun einmal nicht an.

Bevor ich die Verleihung dieses Preises aufgab, versuchte ich übrigens noch etwas anderes: Ich hatte durch Vermittlung eines gemeinsamen Freundes eine Mrs. Rosemary Brown kennengelernt, die behauptete, daß ihr von berühmten Komponisten früherer Zeiten – von Beethoven abwärts! – von Zeit zu Zeit neue Kompositionen diktiert würden. Ich hatte einige dieser Werke in Konzerten und auf Tonbändern gehört und war alles andere als beeindruckt; wenn ich einer dieser Komponisten gewesen wäre, so hätte ich alles getan, um die Veröffentlichung dieser «Werke» zu unterbinden. Andererseits bezweifelte ich nicht, daß Frau Brown, die ihre Erfahrungen in einem Buch niedergelegt hatte, fest und ehrlich an ihre Gabe glaubte. Außerdem beurteilte ein viel erfahrenerer Freund von mir, der inzwischen leider verstorbene Geiger Bronislav Gimpel, die Stücke positiver als ich.

Einige Monate nach unserem Treffen hatte ich die Idee, Mrs. Brown Gelegenheit zu geben, ihre Fähigkeiten im Carl Flesch-Wettbewerb unter Beweis zu stellen. Das obligatorische Programm schreibt auch einige Paganini-Capricen vor; Mrs. Brown hatte gesprächsweise erwähnt, daß Paganini – allerdings nur als «Verbindungsmann» – ihr verschiedentlich erschienen sei. Ich schrieb ihr mit dem Vorschlag, Paganini zu veranlassen, eine Caprice speziell für den Wettbewerb zu schreiben. Die Frage, ob sie ein «echtes» Medium sei, könnte dadurch fast über jeden Zweifel hinaus gelöst werden: Denn eine Paganini-Caprice erkennt man nicht nur an ihrem Stil – dessen Nachahmung kein allzu großes Problem darstellen sollte – sondern auch daran, daß sie technisch zwar ungeheuer schwer, aber gerade noch spielbar ist. Eine Arbeit dieser Art wäre sicherlich über die Kompetenz eines Fälschers hinausgegangen. Leider reagierte sie auf diesen Vorschlag nicht – eine Enttäuschung insofern, als ich gehofft hatte, mit dieser Idee den modernen Kompositionspreis auf anständige Weise loszuwerden, ohne meine Unbildung in Bezug auf zeitgenössische Musik allzusehr bloßzustellen.

Ich gebe jetzt einen Preis für den Kandidaten, der zwar nicht bis in die Endrunde gekommen ist, aber von der Jury als der vielversprechendste Nichtsieger angesehen wird; und außerdem zum Andenken an meine verstorbene Frau den «Ruth Flesch Memorial Prize» für die beste Wiedergabe eines (in der Endrunde obligatorischen) Mozart-Violinkonzerts.

Nun wird vielfach die Meinung vertreten, daß Wettbewerbe als solche nicht wünschenswert, ja geradezu schädlich seien. Und außerdem sei ein zuverlässiges Urteil unmöglich. Sehen wir uns das etwas näher an.

1. Bei einer sportlichen Veranstaltung, so sagt man, kann man genau feststellen, wer gewonnen hat – der Athlet, der die Kugel am weitesten stößt, am höchsten springt oder als erster am Ziel ankommt. Aber bei einer künstlerischen Leistung? Es gibt doch bekanntlich keinen «besten» Pianisten, Sänger, Dirigenten, Geiger; sollte man etwa mit einer Stoppuhr dabeisitzen, um festzustellen, wer den letzten Satz des Tschaikowsky- oder Mendelssohn-Violinkonzerts am raschesten spielt?

Richtig. Die Kriterien für eine Kunstleistung sind relativ und oft subjektiv. Aber das gleiche gilt zum Beispiel auch für Schlittschuhlaufen, Kunstspringen, Gymnastik, Kunstreiten. Die Olympischen Spiele wären erheblich kürzer, wenn man alle diese Sportarten wegließe.

2. Welche Kriterien soll man anwenden? Wie vergleicht man zum Beispiel ein 15jähriges Mädchen, dem man sofort anhört, daß es die höchsten Gipfel geigerischer Kunst erreichen wird, aber das doch noch nicht ganz «fertig» ist, mit einem 22jährigen jungen Mann, nicht so genial begabt, aber mit vollendeter Technik und voll ausgereiftem Musikverständnis?

Man kann nur das beurteilen, was im Augenblick geboten wird. Erfahrungsgemäß kommen manche jungen Künstler, die das erstemal nur einen kleineren oder gar keinen Preis erhalten haben, nach einigen Jahren wieder und erringen beim zweitenmal den Sieg. (Und übrigens hat das junge Mädchen beim ersten Wettbewerb – jedenfalls bei der «Carl Flesch Medal» – wahrscheinlich den Preis für den vielversprechendsten Nicht-Preisträger erhalten!)

3. Wie kann man die Leistungen der einzelnen Bewerber miteinander vergleichen, wenn sie zum Teil verschiedene Werke spielen?

Abgesehen davon, daß es für die Zuhörer fast unerträglich wäre, sich das gleiche Werk innerhalb einiger weniger Tage 20- bis 40mal anhören zu müssen, gibt es gewisse absolute Kriterien, die sich auf jede Interpretation anwenden lassen. In vernünftigen Grenzen ist daher eine freie Auswahl der zu spielenden Stücke vorzuziehen. Andererseits halte ich es für falsch, Wettbewerbsteilnehmer, die verschiedene Arten Instrumente spielen, miteinander konkurrieren zu lassen. Die Carl Flesch Medal stand zweimal sowohl Geigern wie auch Bratschisten offen. Die Entscheidungen gaben ein entstelltes Bild, und die Praxis wurde nicht fortgesetzt.

4. Wie man in einem Wettbewerb abschneidet, hängt nicht nur von der eigenen Leistung, sondern auch von der der konkurrierenden anderen Bewerber ab.

Stimmt, Konkurrenz ist unberechenbar. Genau so kann ein Fabrikant einen Riesenverlust erleiden, wenn ein anderer die gleiche Ware mittels einer neuen Maschine erheblich billiger herstellt. Oder ein erstklassiger Musiker kann vor einem leeren Saal spielen, wenn am gleichen Abend ein weltberühmter Künstler ein Konzert nebenan gibt. So etwas läßt sich weder voraussagen noch ändern. Das Leben ist nun einmal unfair, nicht nur bei Geigerwettbewerben.

5. Ein Mißerfolg bei einem Wettbewerb kann katastrophale Folgen haben, selbst wenn er nur auf schlechter Disposition im entscheidenden Augenblick beruht.

Das stimmt nicht – oder sollte nicht stimmen. Einerseits darf man den Einfluß eines günstigen oder ungünstigen Ergebnisses auf die künftige Laufbahn nicht überschätzen. Der 1. Preis ist keine Gewähr für eine große Karriere; er gibt dem jungen Künstler lediglich ein gutes Sprungbrett. Wie er es ausnutzt, ist seine Sache. Andererseits braucht ein erfolgloser Wettbewerb nichts zu bedeuten, schon deswegen nicht, weil er sich im allgemeinen nicht herumspricht.

Und anderseits bringt der solistische Beruf ohnedies so viele wechselvolle Risiken mit sich, daß man unterstellen darf, ein Künstler sei für ihn nicht geeignet, wenn er sich von einem Mißerfolg ungebührlich beeinflussen läßt.

6. Die Entscheidungen sind oft – vorsätzlich oder nicht – ungerecht.

Vorsätzliche Ungerechtigkeiten sind völlig verwerflich und indiskutabel, in welchem Zusammenhang sie auch immer begangen werden. Vermutlich kommen solche Fälle auch bei Wettbewerben vor, aber sie liegen glücklicherweise außerhalb des Bereiches meiner Erfahrung.

Unabsichtlich ungerecht? Kommt sicherlich vor. Die Beurteilung ist nun einmal subjektiv, kann aber meist schlüssig begründet werden, auch wenn man selbst der Ansicht nicht zustimmt. Aber wir sollten auch nicht übersehen, daß die Versuchung für erfolglose Teilnehmer, die Schuld für das Ergebnis auf Umstände zu schieben, die mit ihrem Können nichts zu tun haben, verständlich ist.

Eine der bekanntesten umstrittenen Entscheidungen ist wohl die des Concours Ysaye in Brüssel im Jahre 1937. Es wurde von vielen vorausgesagt, daß der Flesch-Schüler Ricardo Odnoposoff den 1. Preis bekommen würde; stattdessen ging er an David Oistrach. Mein Vater, der Mitglied der Jury war, war überzeugt, daß hier ein Fehlurteil vorliege. Aber wer kann heute mit absoluter Sicherheit sagen, welche Entscheidung die richtige gewesen wäre? In einer Besprechung, die mein Vater im Mai 1937 für die englische Musikzeitschrift «Strad» schrieb, hob er hervor, daß die Wettbewerbsleitung zwar einerseits alle nur erdenklichen Maßnahmen getroffen hatte, um 100%ig faire Entscheidungen zu gewährleisten, es jedoch andererseits unterlassen hatte, den Mitgliedern der Jury feste Richtlinien zu geben, die sie ihren Beurteilungen zugrundelegen sollten, «so daß in dieser Beziehung von vornehrein eine etwas verworrene Situation bestand».

7. Ein solcher Wettbewerb ist für die Mitwirkenden eine «Tierquälerei».

Und viele der Bewerber spielen wahrscheinlich das erstemal öffentlich mit Orchester.

Ein Tier wird dressiert und muß auftreten ob es will oder nicht. Ein Mensch hat seine freie Entscheidung, ob er sich einer solchen nervenaufreibenden Feuerprobe unterziehen will oder nicht. Sie ist eine ausgezeichnete Vorbereitung für das Konzertleben und gibt den erfolgreichen Beteiligten unzweifelhaft eine große Chance.

Was die mangelnde solistische Praxis mit Orchester anlangt, so zeigt die Erfahrung, daß es hier oft auf den begleitenden Dirigenten ankommt. Sir Charles Groves ist mir hier in besonders angenehmer Erinnerung: er steuerte seine Solisten durch die Klippen ihres Spieles mit geradezu väterlich anmutender Sympathie und Sorgfalt.

Aber nicht nur die Entscheidungen sind subjektive, sondern auch die Meinungen über den Wert von Wettbewerben. Das beste Beispiel ist vielleicht mein Vater, der keineswegs ein unbedingter Anhänger

14 Ginette Neveu

derartiger Veranstaltungen war, jedoch am 3. April 1935 an Prof. Schünemann schrieb: «Ich weiß nicht, ob Sie davon gehört haben, daß mir in den letzten Wochen eine große Genugtuung zuteil wurde: Im Warschauer Internationalen Wettbewerb für Geiger befanden sich unter den 9 Preisträgern 4 Schüler von mir, die den 1., 3., 7. und 9. Preis erhielten.»[1]

Wie sagt Mephisto in Goethes «Faust» so treffend? «Grau, teurer Freund, ist alle Theorie...»

---

[1] 1. Preisträgerin war Ginette Neveu (Abbildung 14).

Carl Flesch Memoiren – Huberman – Hans Keller

> Die Fähigkeit, die Dinge richtig
> zu sehen, wird von denjenigen,
> die sie nicht besitzen, Zynismus
> genannt.
>
> *Bernard Shaw*

Klingt die Zusammenstellung im Titel etwas willkürlich oder gesucht? Sie ist es nicht – die Themen hängen eng zusammen.

Schon bevor er 50 Jahre alt war, hatte mein Vater den Plan für ein Buch gefaßt, das zwar formell seine Lebenserinnerungen enthalten, aber in der Hauptsache von den Personen handeln sollte, die er kennengelernt oder zumindest musizieren gehört hatte. Diese Beschreibungen sollten nicht nur völlig objektiv, sondern auch in einer Form gehalten sein, die der Nachwelt ein wirklich sachverständiges und authentisches Bild über die geschilderten Persönlichkeiten geben würde. Der provisorische Titel war «Bausteine zur Geschichte des Violinspiels 1885 – ??»; die Fragezeichen sollten durch die entsprechende Jahreszahl ersetzt werden, sobald man wußte, auf welchen zeitlichen Stand das Werk gebracht worden sei. Er beabsichtigte, es dauernd auf dem laufenden zu halten. Um der Gefahr vorzubeugen, seine Objektivität durch persönliche Rücksichten beeinflussen zu lassen, bestimmte er, daß es erst nach seinem Tode und dem meiner Mutter erscheinen solle.

Um es vorwegzunehmen – das Buch, das zuerst auf Englisch und später in gekürzter Form auf Deutsch unter dem Titel «Erinnerungen eines Geigers» erschien, wurde ein voller Erfolg – ein Quellenwerk für die Geschichte eines wichtigen Teils der Musik während meines Vaters Lebzeiten. Es gibt wohl kein Buch über irgendeinen Aspekt des Violinspiels während dieser Periode, kein Musikerlexikon, das sich nicht zum Teil auf seine Ausführungen stützt, beziehungsweise sich mit ihnen – zuweilen in kritischer Form – auseinandersetzt. Die deutsche Ausgabe ist seit Jahren vergriffen, die englische nach wie vor im Buchhandel.[1]

Einiges über die Entstehung des Werkes und den steinigen Weg bis zu seiner Veröffentlichung sollte deswegen wissenswert sein, weil es manche typischen Probleme und Schwierigkeiten aufzeigt, von denen auch bedeutende Schriften dieser Art nicht verschont bleiben.

Mein Vater hatte das Glück, in seinem Freund Professor Georg Schünemann, dem bekannten Musikologen und ehemaligen Direktor der Berliner Hochschule für Musik, einen enthusiastischen Berater zu finden. Nicht, daß dessen Hilfe in sachlichen Dingen notwendig gewesen wäre; aber da er selbst – außer in rein fachlichen Werken – keine schriftstellerische Erfahrung besaß, begrüßte er Fingerzeige betreffend Stil und Anordnung des Materials.

Ein Teil der Korrespondenz ist erhalten geblieben, aber deswegen nicht besonders ergiebig, weil sie größtenteils aus Situationsberichten von Flesch und Ausdrücken der Bewunderung von Schünemann besteht. Konkrete Änderungsvorschläge wurden anscheinend im Manuskript selbst vermerkt. Ein Ratschlag, an den ich mich erinnere, war, rein persönliche Erinnerungen, einschließlich der Beziehungen zum weiblichen Geschlecht, weitgehend auszulassen, da sie nicht in den Rahmen eines Buches dieser Art paßten. Diese Meinung war zwar vermutlich zum Teil durch Schünemanns Wesensart bedingt, die mir immer als etwas trocken und beamtenhaft erschien, aber in diesem Fall wohl auch richtig. Gleichzeitig führte sie jedoch zu einem etwas spärlichen Bild vom Charakter des Autors.

Mein Vater starb im Jahre 1944; meine Mutter überlebte ihn um 27 Jahre. Das Manuskript ruhte bei mir. Nach einiger Zeit kam mir der Gedanke, daß es nachteilig sein müsse, die Veröffentlichung des Werkes länger hinauszuzögern: Das Material war genügend wichtig, um der Musikwelt so bald als möglich zugänglich gemacht zu werden, und außerdem konnte ein zu langer Verzug den Leserkreis nur verringern. Meine Mutter erklärte sich einverstanden, mit der Veröffentlichung nicht länger zu warten, und ich machte mich auf die Suche nach einem Verleger. Zu diesem Zeitpunkt – kurz nach dem Zweiten

---

[1] «The Memoirs of Carl Flesch», Da Capo Verlag, New York.

Weltkrieg – war eine deutsche Ausgabe nicht möglich; das Buch mußte ins Englische übersetzt werden. Zu meiner Überraschung stieß ich bei allen Verlagshäusern, die ich ansprach, auf Ablehnung. Dies lag sicherlich zum Teil daran, daß nur ein deutsches Manuskript vorlag, das an manchen Stellen ausgesprochen kritische Urteile enthielt, so daß zunächst eine erhebliche herausgeberische Arbeit erforderlich war. Dennoch war mir die negative Einstellung der Verlagswelt unverständlich und erschien mir kurzsichtig. Schließlich lagen schon viele technische Schriften Carl Fleschs vor, die als Standard-Werke noch immer in Gebrauch waren und fortlaufend an die jüngere Geiger-Generation verkauft wurden. Aber ich lernte mit der Zeit, daß es wenig Sinn hat, mit dem Kopf gegen die Wand zu rennen, und da ich damals beruflich besonders stark in Anspruch genommen war, begann ich die Schwierigkeiten als fast unüberwindlich zu betrachten und die Hoffnung aufzugeben, daß das Buch in absehbarer Zeit das Licht der Welt erblicken würde.

Viele Monate später machten wir Ferien in einem englischen Seebad. Das Wetter war miserabel, und ich langweilte mich so sehr, daß ich mich in die städtische Leihbibliothek flüchtete. Dort fand ich ein Buch «Zwölf berühmte Geiger unserer Zeit». Alles andere als fesselnd – außer daß ich feststellte, daß sieben der in ihm enthaltenen Biographien ehemalige Schüler meines Vaters zum Gegenstand hatten. Ich schrieb daher dem Verlag, daß, wenn dieses Buch für eine Veröffentlichung genügend interessant sei (ich vermied, meine gegenteilige Meinung auszudrücken!), es für die Memoiren des Lehrers von über 50 Prozent der dort behandelten Künstler erst recht der Fall sein müsse. Der Verleger erkannte die Schlüssigkeit dieses Arguments und erbot sich, das Manuskript auf seine Eignung zur Veröffentlichung zu prüfen.

Nach einigen Wochen lud mich ein Vorstandsmitglied der Firma zum Mittagessen ein und eröffnete mir, daß das Buch zwar finanziell bestimmt kein Erfolg sein könne, sein Haus jedoch bereit sei, es aus Prestigegründen herauszubringen, vorausgesetzt, daß ich auf einen Vorschuß verzichte. Auf diese Bedingung ging ich ein.

In diesem Augenblick wurde mein Gastgeber ans Telefon gerufen und ließ seine geöffnete Akte auf seinem Platz mir gegenüber auf dem Tisch liegen. Ohne mir etwas besonderes dabei zu denken, warf ich, von wo ich saß, einen Blick darauf. Eines der ersten Dinge, die man lernt (oder lernen sollte), wenn man beruflich Geschäftsverhandlungen führt, ist die Fähigkeit, gegenüberliegende auf den Kopf gestellte Schrift rasch und fließend zu lesen. Dies tut man bei passender Gelegenheit beinahe automatisch. Der Passus, den ich las, war der letzte Satz des Berichtes des Sachverständigen, der das Manuskript im Auftrag des Verlags gelesen und beurteilt hatte. Er lautete: «Ein Verlag, dem es gelingt, sich dieses Buch zur Veröffentlichung zu sichern, kann sich äußerst glücklich schätzen.»

Es gibt einen alten Witz über einen frommen Juden, der am Yom Kippur, dem höchsten jüdischen Feiertag, der Versuchung erliegt, eine einsame Runde Golf zu spielen. «Einsam», weil alle seine Freunde in der Synagoge sind, wo er an diesem Tage auch sein sollte. Der Erzengel Gabriel, der ihn spielen sieht, fragt Gott, wie er diesen Sünder zu bestrafen gedenke. «Ganz einfach», sagt Gott, «wir lassen ihn eine ‹hole in one› (Einlochung mit nur einem Schlag) machen.» «Aber das ist doch alles andere als eine Strafe?» «Im Gegenteil. Er kann es ja niemandem erzählen!» Ich befand mich in einer ähnlichen Lage. Ich hätte nie zugeben können, etwas in der Akte gelesen zu haben, und mußte mich an die schon vereinbarten Bedingungen halten.

Der Verfasser des Gutachtens war Hans Keller, damals ein junger, praktisch unbekannter Musikologe, der später eine leitende Stellung in der klassischen Musikabteilung des Englischen Rundfunks (BBC) einnahm, Gastvorlesungen hielt, Kammermusikkurse leitete, und dessen Name als Verfasser vieler wissenschaftlicher Schriften weiterlebt. Er erklärte sich bereit, die Übersetzung und Herausgabe des Buches zu übernehmen – unter einer Bedingung: Daß das Kapitel über Bronislav Huberman, wie er sich ausdrückte, «gesäubert» würde. Es war bekannt – und ich komme später noch darauf zurück –, daß mein Vater eine starke Antipathie gegen Huberman hatte, die sein Urteil, so sehr er sich auch bemühte, objektiv zu sein, beeinflussen könnte. Ich erklärte mich einverstanden, unter einer Bedingung, die ich meinerseits stellte: Die Beurteilung dürfe nicht verfälscht und insbesondere kein Wort geändert oder hinzugefügt werden; die «Säuberung» müsse ausschließlich auf Auslassungen beschränkt bleiben.

Während der folgenden zwei Jahre arbeiteten Keller und ich eng zusammen: Er übersetzte den Text und versah ihn mit zahlreichen Fußnoten. Ich sah seine Arbeit durch, und – wir argumentierten, oft bis in die späte Nacht hinein, über Stil, Übersetzung, Zahl, Länge und

15 Hans Keller

Ton seiner Anmerkungen und vieles andere mehr. Rückblickend kommt es mir mit einiger Beschämung zum Bewußtsein, wieviel Ärger und Schwierigkeiten ich, ein blutiger Laie, diesem bedeutenden Wissenschaftler verursacht haben muß. Er wurde als «schwierig» angesehen, und wenn es um Prinzipienfragen ging, so war er es auch. Aber er war immer bereit, meine Argumente objektiv zu erwägen. In 90 Prozent der Fälle behielt er die Oberhand, und wenn immer ich das Buch wieder in die Hand nehme, sehe ich, wie recht er hatte, wie gut und tiefgründig seine Arbeit war, und wie sehr sie zum Erfolg des Werkes beitrug.

Wir hatten eigentlich nur zwei ernsthafte Auseinandersetzungen: Die eine darüber, daß er sich, wie die meisten Autoren, nicht an zeitliche Abmachungen betreffend die Ablieferung seiner Arbeit hielt. Auf die Dauer fand ich diese Verzögerungen im höchsten Grade irritierend, zumal es schwierig war, ihn telefonisch zu erreichen. Endlich riß mir die Geduld, und als ich ihn eines Abends in einem Restaurant in tiefem Gespräch an einem Tisch sitzen sah, blieb ich im Vorbeigehen kurz stehen und machte eine Bemerkung über seine Langsamkeit; ich kann mir heute noch nicht erklären, wie ich mich in Anwesenheit eines Dritten zu einer so ungezogenen Handlung hinreißen ließ.

Keller rief mich am nächsten Tag an, um sich über mein unerhörtes Benehmen zu beklagen, und fügte hinzu, daß der Herr an seinem Tisch ein Vertreter der BBC gewesen sei, mit dem er gerade über eine Stellung verhandle; der Zeitpunkt meiner Intervention sei besonders unglücklich gewählt gewesen. Ich konnte mich nur entschuldigen und gleichzeitig anbieten, dem anderen Herrn die Sache persönlich zu erklären. Glücklicherweise war dies unnötig; Keller bekam die Stellung und hat mir meine Entgleisung niemals nachgetragen. Wäre die Sache nicht so gut ausgegangen, hätte ich dem englischen Musikleben innerhalb einer halben Minute unter Umständen einen Rekordschaden zufügen können.

Unsere zweite Meinungsverschiedenheit war gewichtiger. Sie betraf Bronislav Huberman. Keller war der Ansicht, daß das Urteil meines Vaters über ihn sachlich falsch sei.[1]

---

[1] Hierin unterschied er sich von Professor Schünemann, der meinem Vater nach Erhalt des betreffenden, ihm zur Ansicht übersandten Kapitels schrieb: «Man kann Ihnen und der musikalischen Welt nur zu diesen ... Charakterisierungen gratulieren. Kubelik,

Er hatte daher eine Fußnote von ungewöhnlicher Länge verfaßt, die ungefähr jedem Wort, das im Buch über Huberman stand, widersprach. Ich wies darauf hin, daß ich zwar meinerseits nicht beurteilen könne, welche Ansicht die richtige sei, daß es sich aber um Memoiren handle, die von meinem Vater verfaßt seien. Fußnoten – gut; aber diese dürften nicht in eine Polemik ausarten. Wenn er gegenteilige Ansichten vertrete, so müsse er halt sein eigenes Buch schreiben. Die Anmerkung war in dieser Form für mich unannehmbar.

Dies artete in eine Art «Krise» aus! Keller drohte die Arbeit – die beinahe vollendet war – niederzulegen und der Presse von seinen Gründen Mitteilung zu machen. Ich erwiderte, daß ich dies nur begrüßen würde – eine bessere Reklame für das Buch wäre mir auch im Traum nicht eingefallen. Nach langem Hin und Her kamen wir schließlich zu einer Kompromißlösung: Keller würde seine Ansicht in einem Anhang zum Ausdruck bringen, und ich würde an gleicher Stelle darauf erwidern. Und so geschah's. Das Buch wurde auf diese Weise zu einer Art literarischem Kuriosum. Das nette an dem Vorfall war, daß Hans Keller, als er meine Antwort zu seinem Artikel im Manuskript las, der Meinung war, ich hätte mich nicht genügend wirkungsvoll ausgedrückt. Er half mir, meinen Text zu ändern und meine Argumente gegen ihn zu verstärken. Hans Keller wie er leibte und lebte!

Ich hatte mich immer etwas über die Leidenschaft gewundert, mit der er für Huberman eintrat. Die Erklärung kam viele Jahre später: Ich selbst war mit Huberman – der mein Versicherungskunde war – gut bekannt. Er hatte eine Sekretärin und gleichzeitig Masseuse – im besten Sinne des Wortes! – die ihn auf seinen Reisen begleitete. Nach seinem Tode gab sie privat eine Sammlung von Huberman-Fanbriefen heraus. Ich persönlich bin kein großer Freund solcher Anthologien; ein Mann von der Statur eines Huberman hat es nicht nötig, diese durch zahlreiche Lobeshymnen bestätigt zu sehen, wobei ich hinzufügen muß, daß diese Sammlung erst nach seinem Tode zusammengestellt worden war. Aber sie enthielt einige recht charmante Schreiben und insbesondere *einen* Brief, der mir die Augen öffnete: Er kam von dem 16jährigen Hans Keller am gleichen Abend, an dem er Huberman in einem Londoner Konzert gehört hatte. Der Brief ist so

Huberman schließen sich prächtig den früheren Portraits von Joachim, Marteau u. a. an.»

unschuldig-reizend, so atemlos und zeigt eine derart andere Seite dieses gewöhnlich so scharfen Polemikers Keller, daß ich mir nicht versagen kann, ihn hier voll wiederzugeben.

«Am Abend Ihres Londoner Konzertes, 12. 12. 1936.
Ich komme soeben von Ihrem Konzert, es drängt mich, Ihnen zu schreiben. Ich bin erst 16 Jahre alt, das schreibe ich nur, damit Sie meinem Brief nicht zu große Wichtigkeit beimessen. Aber das werden Sie ja, glaube ich, ohnehin nicht. Ich will Ihnen nur sagen, wie ungeheuer ich Sie verehre und Ihre musikalischen Fähigkeiten bewundere. Sie bekommen wahrscheinlich viele solcher Briefe, vielleicht kommt meiner gar nicht in Ihre Hände, das macht aber nichts, mir wird viel leichter sein, wenn ich diesen Brief geschrieben habe. Ich bin hier auf kurze Zeit in London, bin vollkommen nach Musik ausgehungert und war heute bei Ihrem Konzert. Sie waren sicherlich nicht in derselben Stimmung, in der Sie in Wien im Musikvereinssaal sind (ich glaube, es ist eine ungeheure Anmaßung von mir, das zu sagen), aber Sie waren der Huberman und das ist etwas so Ungeheures, daß man es garnicht irgendwie in Worten ausdrücken kann. In Ihrem Spiel spürt man die ganze Seele, die Sie in die Geige hineinlegen, Ihre Gegner hören das nicht. Sie sind etwas so unfaßbar Hochstehendes, ich bin sehr glücklich, in derselben Zeit wie Sie zu leben und Sie hören zu können. Ich habe in meiner Wiener Wohnung auf Schallplatten das Bach A-moll Konzert, von Ihnen gespielt, immer wenn ich die folgenden Stellen, die von Ihnen ganz unfaßbar gespielt sind, höre, läuft es mir kalt über den Rücken: im I. Satz:

[musical notation] usw.

Im 3. Satz:

[musical notation] usw

Am heutigen Abend: 2 Stücke haben mir nicht besonders gefallen, vielleicht bin ich noch zu jung dafür, 1. der Szymanowski, 2. eine Ihrer Draufgaben, die beginnt so, als ob man die Geige stimmen würde. – Aber das übrige Programm! – Ich danke Ihnen viele, viele Male für all die vergangenen Abende und für die zukünftigen ebenso!!!

In tiefer Verehrung, Hans Keller Wien»

Man vergleiche dies mit einem Brief aus dem Jahre 1983 – 47 Jahre später –, der sich auf eine von mir gemachte Bemerkung bezog, daß es interessant sein könnte, eine Grammophonplatte etwa des Beethoven- oder Brahms-Konzertes herauszubringen, auf der einen Seite von Huberman, auf der anderen von Flesch gespielt. Ich hatte hinzugefügt, daß für mich das Hauptmerkmal einer «historischen» Aufnahme nicht so sehr der Genuß der Musik als solcher sei, sondern die Tatsache, daß sie von einem bestimmten Künstler stamme, dessen Spielweise man im Original oder vergleichsweise studieren wolle; oder daß sie sonst irgendwelche besondere Bedeutung habe, wie zum Beispiel die berühmte Aufnahme, in der Brahms einige Takte aus einem seiner Ungarischen Tänze spielt, um dann mit krächzender Stimme hinzuzufügen – «Ich bin Johannes Brahms...» – bestimmt sehr wertvoll, aber ohne jeden ästhetischen Reiz als solchen. Und schließlich, daß ich kürzlich mitten in eine Rundfunksendung des Beethoven-Violinkonzerts hineingekommen wäre, die ich besonders schön, und einige Tage später in eine Sendung des Brahms-Konzerts, die ich besonders schlecht gefunden hatte – beides, wie sich später herausstellte, Huberman-Aufnahmen! Ich schloß daraus, daß man einen Künstler (oder eine Komposition) am unvoreingenommensten beurteilen könne, wenn man erst hinterher erführe, um wen (oder was) es sich gehandelt habe.

Darauf Keller: «... Wenn Sie schreiben, daß man eine historische Aufnahme nicht in erster Linie spielt, um sich an der Musik zu erfreuen, so muß ich Sie auffordern, für sich selbst zu sprechen und mir nicht vorzuschreiben, was ich zu tun habe: Ich höre mir eine Aufnahme niemals aus einem anderen Grunde an... Und wenn Sie schließlich schreiben, daß die Veröffentlichung zweier entgegengesetzter Aufnahmen von allergrößtem Interesse für Musikwissenschaftler und Violinstudenten sein müsse, so ist dies nachweislich auch falsch. Normalerweise haben Ihre falschen Argumente zumindest Hand und Fuß. Diesmal... haben sie dies absolut nicht.»

Der gute Hans Keller! Briefe wie dieser, waren ein Teil seines Charmes. Er war mir haushoch überlegen. Weitere Diskussion war zwecklos – daher werde ich nie erfahren, warum ich so im Unrecht war. Außer, daß er in einem früheren Brief die Ansicht geäußert hatte, man müsse beim Anhören einer erstklassigen Aufführung eines Werkes jeden Gedanken an den Vergleich mit einer anderen ausschließen; eine gegenteilige Einstellung sei «anti-musikalisch». Er hatte natürlich recht, wenn er damit sagen wollte, daß es keine «absolut beste» Aufführung eines Werkes gibt. Aber ich sehe nicht ein, warum dies gegen einen Vergleich verschiedener Interpretationen – insbesondere ihrer Text-Treue! – sprechen sollte.

Ich schätzte und verehrte ihn. Ein Bild gezeichnet von seiner Frau, der Malerin Milein Cosman, stellt für mich eine besonders nette Erinnerung dar. Auf meine Bemerkung wie gut es mir gefiele, erwiderte sie, daß sie es mit dem Fuß gezeichnet habe! Als ich nach dem Preis fragte, machte sie es mir großzügig zum Geschenk; aber vorher signierte sie es in meiner Gegenwart – mit dem Fuß, natürlich (Abbildung 15).

Huberman war einer der Künstler, über die sich Kollegen wie Musikliebhaber oft in den Haaren liegen. Manche liebten, andere haßten ihn. Flesch und Keller waren in dieser Frage an den äußersten entgegengesetzten Enden der Skala. Kellers Reaktion zu den Tagebuchaufzeichnungen meines Vaters wäre sicherlich faszinierend gewesen; leider wußte ich damals noch nichts von ihrer Existenz. Eines steht fest: Mein Vater war sich seines Vorurteils bewußt und sah sich entsprechend vor, so daß wir seine in seinem Tagebuch privat ausgedrückte Meinung als objektiv bezeichnen dürfen:

14. 2. 1932. «Gestern hörte ich von Huberman die Konzerte von Mendelssohn und Brahms mit dem Baden-Badener Kurorchester. Seit Jahrzehnten versuche ich, mich für ihn zu begeistern, ohne daß mir dies gelingt. Aber zumindest möchte ich versuchen, ihm gerecht zu werden...»

Folgt eine detaillierte Analyse. Auch hier ist es unterhaltend, an einigen Stellen ein wenig hinter die Kulissen zu sehen und festzustellen, wie eine private Meinungsäußerung sozusagen druckreif – oder sollten wir sagen «salonfähig»? – gemacht wird.

Tagebuch: «Sein Spiel bildet eine Musterkarte von geigerischen stilistischen und allgemein-musikalischen Unarten.»

wird in den «Erinnerungen eines Geigers»:

«Hubermans Technik war stets anzumerken, daß er in seiner Kindheit zu früh der Schule entlaufen ist.»

Tagebuch: «Ungenaue Intonation ... gläserne Tonqualität, Mißachtung der Tonschönheit bei Hervorkehren des rhythmischen Elements» wird: «Auch in klanglicher Hinsicht folgt er insofern der in seiner Kindheit noch herrschenden Tradition, als er die Glätte und Gleichförmigkeit der Tongebung, die für unsere Zeit eine gebieterische Notwendigkeit bedeutet, einer überspitzten Charakteristik opfert.»

Tagebuch: «Musikalisch – eigentlich indiskutabel, falsche Akzentuierung, skrupellose Textveränderungen, Willkürlichkeiten nicht einer momentanen genialen Eingebung, sondern der Launenhaftigkeit einer pathologischen Veranlagung entsprungen, Empfindung überspitzt, künstlerisch überreizt, überhitzt»

wird: «Auch von rein musikalischen Gesichtspunkten aus gesehen, bietet sein Spiel Anlaß zu abfälliger Kritik. Die Tatsache, daß er allzufrüh sich selbst überlassen wurde, zeigt sich in der häufigen Mißachtung elementarer Regeln der Artikulation, insbesondere in Form falscher Betonungen. Aber vor allem ist es das Übergewicht, das er der eigenen Persönlichkeit im Gegensatz zum Kunstwerk selbst einräumt, was sowohl im guten wie im bösen seinen Leistungen den charakteristischen Stempel aufdrückt...»

Tagebuch: «Trotz allem in ihrer Art eine sehr bedeutende Individualität, wenngleich eine mir höchst unsympathische»

wird: (im Originalmanuskript; von Hans Keller – etwas überraschend – nicht ins Buch übernommen:) «Rein objektiv betrachtet steht jedoch auch bei geringer persönlicher Sympathie die suggestive Macht seiner Persönlichkeit, der Ernst seines Kunstwillens und endlich die, wenngleich veraltete so doch gediegene, Art seiner technischen Mittel nicht in Frage.»

Genug der Vergleiche. Eines geht daraus hervor: Antipathie muß nicht zu einem subjektiv ungerechten Urteil führen, wenn man sich der Gefahr bewußt ist.

Das persönliche Verhältnis zwischen den beiden war durchaus nicht schlecht, jedenfalls von Hubermans Seite aus. Tagebuch: «Er lud mich gestern telefonisch ein, ins Konzert zu kommen, tat gleichzeitig indigniert (? im Manuskript nicht genau leserlich) als ich annahm, da er schlecht spielen werde und er sich schon seit Jahren darüber ärgere, daß ich ihn noch niemals in wirklich guter Form gehört hätte.

Er sei streng gegen sich selbst, denn: ‹Ich bin zwar mein größter Anhänger (!) aber auch gleichzeitig mein schärfster Kritiker.› Entwaffnend!»[1]

Es ist vielleicht ein Glück, daß mein Vater die Veröffentlichung der Memoiren Henri Temiankas[2], eines seiner Lieblingsschüler, nicht erlebt hat. Dieser schreibt – wohl mehr um der guten Story willen als weil es stimmt –, daß er als kleiner Junge jeden Abend gebetet habe: «Lieber Gott, laß mich einen zweiten Huberman werden, und, wenn das nicht möglich ist, einen zweiten Flesch.»

Huberman scheint ein selbstquälerischer Mensch gewesen zu sein, der, zumindest in jüngeren Jahren, durch verschiedene Krisen ging. Schnabel nach einem Privatkammermusikabend im Jahre 1915: «Huberman hat mich wiederum enttäuscht. Er scheint sehr unelastisch, ängstlich und schwerfällig. Mit gelegentlich schönem und süßem Ton ist doch alles noch lange nicht getan. Er ist nett und strebsam und ernst, im übrigen vorteilhaft gegen früher verändert: Aber seine eigene Leistung ist offenbar für ihn außer Wettbewerb mit Leistungen anderer, die von ihm wohl herzlich anerkannt und untereinander, nie aber zur eigenen verglichen und gemessen werden. Subjektiv ein Glückszustand! Aber vielleicht tue ich ihm Unrecht, vielleicht ist mein Urteil eine unbegründete Unterstellung.»

Und noch ein Brief Anfang der dreißiger Jahre von Robert Perutz, keinem Himmelstürmer, aber einem guten soliden Geiger, der mit vielen berühmten Kollegen gut befreundet war: «Unlängst war Huberman hier. Er blieb wie immer ein paar Tage bei mir. Zwischen Üben und Nichtschlafen weinte er vor mir sein Leid aus, daß er wenig anerkannt ist, und daß Ysaye ihn nie anhören wollte. Um einen Preis des Sichmarterns, wie er es versteht, würde ich mich hüten, ein berühmter Geiger zu werden. Da konzertiere ich schon lieber im Dunklen und geb' meine Stunden.»

Ich selbst fand ihn eine ausgeglichene Persönlichkeit und stand mit ihm auf gutem Fuß. Als Kunde schenkte er mir volles Vertrauen, besonders nach einem schweren Flugzeugunfall, bei dem er und seine

---

[1] Der erste Passus erinnert an einen Brief von Szigeti aus dem Jahre 1937: «P.S. Hoffentlich haben Ihre Schüler meine neuliche, enorm indisponierte, Beethoven Übertragung aus Bpest *nicht* gehört.«
[2] «Facing the Music», Davis Melley Co. Inc., New York 1973

Sekretärin, Frl. Ida Ibbekken, beinahe wie durch ein Wunder mit dem Leben davonkamen. Frl. Ibbekkens Beschreibung dieser Katastrophe war mir in einer Beziehung sehr bemerkenswert: Beim Aufsteigen am Beginn des Fluges rief Huberman plötzlich aus: «Sehen Sie, wir fallen ja!» Das nächste, was sie wußte, war, daß sie in einem Feld aufwachte. Ob der Sturz selbst sie bereits bewußtlos gemacht hatte oder ob sie ihr Gedächtnis verloren hatte, ist natürlich nicht festzustellen; aber es war offenbar anders als man sich so etwas gewöhnlich vorstellt.

Wie schon erwähnt, finde ich Sammlungen von «Fan letters» reizlos. Aber ich muß zugeben, daß aus der von Frl. Ibbekken zusammengestellten Anthologie die magische Wirkung hervorgeht, die Huberman in vielen seiner Zuhörer auslöste. Sie enthalten auch gelegentliche Antworten von ihm, die von seiner Intelligenz und Originalität Zeugnis ablegen. Einen seiner Briefe habe ich im Zusammenhang mit «Freikarten» zitiert (siehe Seite 307).

So erfolgreich die «Erinnerungen» meines Vaters auch waren, wurde ihm doch des öfteren vorgeworfen, daß er viele seiner Zeitgenossen unnötig hart und streng beurteile. Dies ist eine prinzipielle Frage, zu der einiges zu sagen ist.

Die dem Buch zugrundeliegende Absicht war, der Musikwelt ein fachmännisches und objektives Bild über die in ihm besprochenen Personen und Ereignisse zu geben. Kein Mensch, wie bedeutend er auch sein mag, kann Anspruch darauf erheben, ohne Fehler zu sein. Ebenso wird niemand bestreiten wollen, daß eine Beschreibung der Mängel ebenso wichtig ist, wie die der Vorzüge, will man ein abgerundetes Bild geben. Solange dabei Unsachlichkeit, Kleinkrämerei und nicht zuletzt der Einfluß persönlicher Sympathien und Antipathien vermieden wird, ist eine Beschreibung der Licht- und Schattenseiten einer interessanten Persönlichkeit doch sicherlich einer allgemeinen Lobhudelei vorzuziehen, insbesondere wenn der Verfasser auch bei sich selbst nicht halt macht; und in den «Erinnerungen» fehlt es gewiß nicht an Selbstkritik.

In den Fällen, in denen eine ausgesprochene Antipathie bestand, wie dies zum Beispiel – und insbesondere – gegenüber Huberman zutraf, wurde die Gefahr klar erkannt und der Leser über die grundlegenden Verschiedenheiten nicht in Unkenntnis belassen. Und auch im Falle Schnabel, dessen persönliches Verhalten meinen Vater tief verletzt hat, gelang ihm eine objektive Analyse, deren Richtigkeit durch die im vorliegenden Bande veröffentlichten Briefauszüge bestätigt wird.

Selbstverständlich kann man verschiedener Ansicht darüber sein, ob eine sachliche Beurteilung zutreffend ist oder nicht. Sowohl die Geschmacksrichtungen wie auch die sachverständigen Bewertungen gehen nun einmal bei den verschiedenen Menschen weit auseinander. Und ebenso wäre es bei einem so umfassenden Buch, wie den Memoiren, ein reines Wunder gewesen, wenn dem Verfasser selbst keine Fehler verschiedenster Art unterlaufen wären. Über eine Kritik derselben kann er sich keineswegs beklagen – auch wenn sie nach seiner Ansicht fehlgeht oder ihrerseits subjektiv motiviert ist – immer vorausgesetzt, daß man ihm keine unlauteren Beweggründe unterstellt.[1]

Macht der Wunsch meines Vaters, mit der Veröffentlichung seines Buches bis nach dem Tode meiner Eltern zu warten, einen Unterschied? Dies hängt von seinen Beweggründen ab. Wenn es sich lediglich um böswillige Nachreden und Klatsch gehandelt hätte, sozusagen um einen Verrat an Freunden und Kollegen, so hätte er sich durch seine Worte schon selbst verurteilt. Aber das war hier ja keineswegs der Fall. Der Wunsch entsprang vielmehr dem Bestreben, sachliche Ansichten ohne Rücksichtnahme auf persönliche oder freundschaftliche Gefühle ausdrücken zu können. Es gibt nun einmal Dinge, bei denen die Konvention praktisch verlangt, daß man sie einem Dritten nicht ungefragt ins Gesicht sagt. Ganze Reklamefeldzüge sind darauf aufgebaut, wie zum Beispiel in England und Amerika der Werbeslogan «Your best friend won't tell you» zwecks Verkauf kosmetischer Mittel zur Körperpflege.

Ebensowenig wird ein Künstler ungefragt einem Kollegen gegenüber eine kritische Äußerung über sein Spiel fallen lassen. Was würde wohl Elman gesagt haben, wenn mein Vater ihm mitgeteilt hätte, daß

---

[1] Ein solcher Vorwurf wurde von der Witwe Henri Marteaus erhoben, die – wie an anderer Stelle erwähnt – gegen einige Bemerkungen über ihren verstorbenen Mann heftig protestierte und damit die Publikation der deutschen Ausgabe des Buches sogar um kurze Zeit verzögerte. An Einzelheiten kann ich mich nicht mehr erinnern; auch nicht ob oder inwieweit ihre Einwände sachlich berechtigt waren. Jedoch ist der Wunsch der Nachkommen, das Andenken des verstorbenen Vaters oder Mannes zu schützen, völlig berechtigt, auch wenn die Art, auf die er geäußert wird, manchmal etwas unparlamentarische Formen annimmt. Nach meiner Ansicht soll man persönlich kränkende Bemerkungen vermeiden, es sei denn, daß sie aus prinzipiellen Gründen unerläßlich sind. Meist sind sie es nicht.

«infolge einer an sich ungünstigen Handform die Technik seiner linken Hand zwar begrenzt, jedoch dank gewissenhaften Studiums den Anforderungen des Repertoires ... gewachsen» sei? Oder wenn er Arnold Rosé gegenüber dessen «gewohnheitsmäßige Orchesterattakke, das ist geräuschvolles Aufschlagen des Bogens am Frosch» gerügt hätte? Mit beiden Künstlern stand er auf ausgezeichnetem Fuß, und im Falle Rosé organisierte er sogar während der Nazizeit eine erfolgreiche Hilfsaktion (siehe Seite 181 ff.).

Persönliche Freundschaft und wissenschaftliche Analyse für ein fachliches Buch liegen auf völlig verschiedenen Ebenen. Ist eine persönliche Beziehung ein Grund, über einen Künstler nicht objektiv sachlich zu schreiben, wenn man glaubt, etwas wichtiges zu sagen zu haben? Dürfen dies nur Autoren tun, die mit den Besprochenen nicht persönlich bekannt sind? Oder soll man 100 Jahre warten? Nein – dieser Vorwurf geht fehl.

Was Hans Keller und mich, als Herausgeber der «Erinnerungen» betrifft, so hielten wir uns ausnahmslos an die Regel, niemals etwas zu ändern, wohl aber gelegentlich einiges auszulassen, wenn es verhältnismäßig unwichtig war und auf Überlebende verletzend hätte wirken können.

Ein Beispiel, der Fall des Pianisten Bruno Eisner. Mein Vater war eng mit ihm befreundet. Gleichzeitig kann kein Zweifel bestehen, daß Eisner, jedenfalls bis zum 2. Weltkriege, nicht das gehalten hatte, was seine ursprünglichen Qualitäten versprochen hatten. In den «Erinnerungen» kommt dies, und die Ursache – unter anderem unaufhörliche Experimente und Vernachlässigung des Wesentlichen – klar zum Ausdruck, mit dem Zusatz, daß Eisner verhältnismäßig jung sei und hoffen dürfe, noch eine seinem Können entsprechende Position zu erreichen.

Bei der Veröffentlichung des Buches war es mir wichtig, alles zu vermeiden, das ihm Kränkung oder Schaden verursachen könnte. Wir ließen daher folgenden, unserer Ansicht nach unwesentlichen Passus aus: «Ich hatte die Tragik seiner Veranlagung frühzeitig erkannt und alles versucht, um ihm zu helfen, doch vergebens; der Kampf zwischen Herz und Hirn, zwischen der Empfindung und den zehn Fingern, ist bei ihm mit stetig wechselnden Ergebnissen noch in vollem Gange.»

Es nützte nichts. Eisner, der inzwischen die Siebzig erreicht hatte, machte meiner Mutter die größten Vorwürfe, mit der Begründung, das Buch hätte ihm «die Karriere verdorben».

Man stelle sich vor, mein Vater hätte noch gelebt! Was wäre die Wahl gewesen: Abschwächung einer freundlichen aber sachlichen Kritik im Interesse des persönlichen Verhältnisses oder Bruch der Freundschaft im Interesse der historischen Genauigkeit? Beides gleich unbefriedigend!

Man soll übrigens auch nicht übersehen, daß mein Vater als passionierter Lehrer darauf eingestellt war, in erster Linie Fehler zu analysieren und seinen Schülern zu deren Beseitigung zu verhelfen. Kein Wunder, daß diese Tendenz in den «Erinnerungen» auftaucht – auch wenn keinerlei Möglichkeiten bestanden, in diesen Fällen etwas zur Behebung der Mängel beizutragen!

Ich persönlich habe nie verstanden, warum man in solchen Situationen eine sachliche Kritik übelnehmen sollte. Einige Jahre nach meines Vaters Tode wohnte ich einem Vortrag Szigetis über die Bach-Solosonaten bei. Er und mein Vater waren befreundet gewesen. Dies hinderte ihn jedoch nicht, die Flesch-Ausgabe dieser Sonaten recht vernichtend zu kritisieren. Als ich ihn einige Tage danach traf, sagte ich unschuldig und wahrheitsgetreu: «Ich fand Ihre kürzliche Vorlesung über die Bach-Sonaten außerordentlich interessant.» Die Wirkung dieser Bemerkung war unerwartet: Er wurde feuerrot und begann sich zu entschuldigen, bis ich ihm sagte, daß ich nichts dabei fände. Der wirkliche Grund für seine Verlegenheit wurde mir allerdings erst später klar, als ich meine Papiere auf ihre Verwendung im vorliegenden Buche durchsah: Er hat mir im Jahre 1961 mit einigen freundlichen Worten die Kopie einer Postkarte geschickt, die mein Vater ihm im Jahre 1936 geschrieben hatte:

«Lieber Szigeti, Zum ersten Male habe ich heute in der Öffentlichkeit den III. Satz der Bach'schen a-Moll-Solosonate richtig phrasieren hören, und zwar nach Aussetzung der melodischen Linie die harmonischen Baßnoten piano. Auch klanglich war es absolut erstrangig. Gratuliere von Herzen!»

Szigeti hatte offensichtlich das richtige Gefühl, daß er in seinem Vortrag nicht gerade Gleiches mit Gleichem vergolten hatte – aber was tut's, wenn er eine aufrichtig vertretene Ansicht in einer wissenschaftlichen Vorlesung zum Ausdruck gebracht hatte? Alles andere wäre unehrlich gewesen.

Im übrigen ist es richtig, daß die damalige Ansicht meines Vaters der heutigen Auffassung nicht mehr entspricht. Sie ist jedoch für die damalige Zeit interessant, und ich drucke daher im Anhang einen Vortrag in französischer Sprache ab, den Carl Flesch fünf Monate vor seinem Tode, am 10. Juni 1944, in der Victoria Hall in Genf über die Solosonaten von Bach gehalten hat. (Siehe Seite 322 ff.)

Zeitgenössische Musik und Komponisten

«Wir werden die moderne
Musik uns aneignen, wenn sie
danach ist. Es ist ihre Sache, uns
zu überzeugen.»

Wilhelm Furtwängler

Um von vorneherein Mißverständnissen vorzubeugen: Dieses Kapitel handelt nicht von der Geschichte oder gar Beurteilung zeitgenössischer Musik der Periode, mit welcher wir uns in diesem Buch in der Hauptsache beschäftigen. Dazu fehlte mir nicht nur der Raum, sondern auch die genügende Qualifikation. Dagegen glaube ich, einiges über die Einstellung und Ansichten damaliger Interpreten und Komponisten sagen zu können, insbesondere auch über die einander entgegengesetzten Gesichtspunkte jüngerer und älterer Musiker-Generationen; diese hoffe ich unter anderem an Aufzeichnungen der Geigerin Alma Moodie zu zeigen. Alles, was ich beschreibe, beruht auf Papieren in meinem Privat-Besitz: Briefe an und von Carl Flesch, Tagebuch-Eintragungen und ähnlichem. Ich glaube, daß viele von grundsätzlicher und nicht nur zeitgebundener Bedeutung sind; und sie gelangen hier zum erstenmal an die Öffentlichkeit.

Genau genommen gehörte auch das Kapitel «Artur Schnabel als Komponist» in diesen Abschnitt. Ich fand es aber besser, das Porträt dieses bedeutenden Mannes nicht auseinanderzureißen; es wird das hier gegebene Bild vervollständigen.

Ich hielt die Ausdrücke «zeitgenössische» und «moderne» Musik im Grunde für gleichbedeutend, bis ich eines Tages eines besseren belehrt wurde. In meiner Eigenschaft als Vorsitzender des englischen Wohltätigkeitsvereins «Self Aid of Refugees» (Selbsthilfe für notleidende Emigranten aus Hitler-Deutschland) veranstaltete ich ein alljährliches Wohltätigkeitskonzert, in dem ich mich bemühte, möglichst viel von dem zu bieten, das man gewöhnlich nicht in einer «normalen» Veranstaltung zu hören bekommt. Dabei faßte ich den Gedanken, ein Stück eigens für ein solches Konzert komponieren zu lassen. Meine Wahl fiel auf den Komponisten Franz Reizenstein (1911–1968), damals in den Vierzigern stehend, selbst ein ehemaliger Emigrant, der «tonal hörbar an Hindemith geschult[1]» komponierte. Reizenstein, in seiner hilfreichen Art, erklärte sich bereit, eine Komposition als kostenlosen Beitrag für den wohltätigen Zweck zu liefern. Zu meinem großen Bedauern starb er jedoch unerwartet, und die Idee konnte nicht verwirklicht werden. Da ich vor diesem tragischen Ereignis befürchte hatte, daß sein Beitrag für das Wohltätigkeitskonzert-Publikum zu schwer verdaulich sein könnte, besaß ich die Unverschämtheit (und Unkultur) meinem Ansuchen hinzuzufügen: «Aber, Reizenstein, bitte nichts zu Modernes!», worauf er lachend erwiderte: «But Flesch, I am already quite ‹Old Hat›!» («Ich bin doch schon völlig alter Hut»). Dies überraschte mich, denn für mich war seine Musik oft bis zur Unverständlichkeit «modern». Aber offenbar wurde er von der wirklichen Avantgarde bereits als überholt angesehen und wußte es und komponierte dennoch im eigenen Stil, und zwar erfolgreich, weiter – weil sein Wollen und Können in dieser Richtung lagen.

Mein Vater – auch hier das mir nächstliegende Beispiel – war in seinen jüngeren Jahren als Förderer und Exponent zeitgenössischer Musik bekannt. Ich bin aber überzeugt, daß er keine Werke lediglich deswegen spielte, weil er «modern» sein wollte; für ihn war sicherlich einzig und allein der musikalische Wert wichtig, den er ihnen beimaß. Die Tatsache, daß die wenigsten der damals gespielten Kompositionen heute noch im allgemeinen Repertoire sind, zeigt, wie klein der Prozentsatz der Musikwerke ist, denen die Nachwelt bleibenden Wert zumißt.

Aus den zahlreichen überlieferten Briefen geht klar hervor, wie außerordentlich schwer es für die meisten Komponisten sein muß, sich Gehör zu verschaffen. Wenn sie nicht selbst das jeweilige Instrument spielen, so hängen sie völlig von der Bereitwilligkeit der Interpreten ab, ihre Werke in ihr Repertoire aufzunehmen. Und wenn sie es erreicht haben – wer weiß ob diese ihrem Stück wirklich gerecht wer-

1 «Verdrängte Musik – Berliner Komponisten im Exil», herausgegeben von H. Traber und E. Weingarten. Argon Verlag GmbH, Berlin 1987.

den. Man kann sie nur dafür bewundern (und manchmal bedauern), auf wieviel verschiedene Arten sie versuchen, Interesse zu erwecken oder ihrer Freude darüber Ausdruck zu geben, daß ein Künstler bereit sei, sich einer ihrer Kompositionen anzunehmen. Dabei bin ich überzeugt, daß sie die Interpreten oft als weit unter sich stehend betrachten und ihre schmeichelhaften Bemerkungen nicht immer ehrlich meinen. Sie müssen Ablehnung, Ausflüchte, Unhöflichkeiten hinnehmen, ohne ihren Ärger zu zeigen. Aber was sollen sie tun? Sie brauchen den Interpreten, aber er «braucht» sie in diesem Sinne nicht – er kann neue Werke spielen, wann immer er will, so lange er bereit ist, die anfallenden Tantiemen zu zahlen. Komponisten haben es wirklich nicht leicht. Andererseits darf man nicht vergessen, daß niemand gern einem anderen ins Gesicht sagt, er fände seine Arbeit wertlos, auch dann nicht, wenn er damit recht hat. Künstler werden daher oft versuchen, sich mit vagen Versprechungen aus der Affaire zu ziehen, denen vom Komponisten all zu oft – der Wunsch der Vater des Gedankens – zuviel Bedeutung beigelegt wird.

Heinrich Noren[1] schrieb 1920: «Mit vielem Interesse entnehme ich in der Presse, daß Sie neuerdings öfter denn je sich der modernen Violinliteratur (Suk etc.) annehmen. Dieser erfreuliche Umstand berechtigt mich einigermaßen zu der Hoffnung, daß nun wohl der Moment heranreift, in welchem Sie sich meines Violinkonzerts erinnern dürften. Sie ließen einmal scherzweise die Äußerung fallen: ‹Zu Ihrem 60. Geburtstag will ich Ihr Violinkonzert spielen.› Ob es speziell angenehm ist, zu konstatieren, daß man dieses Alter erreicht hat, will ich unerörtert lassen. Genug, der Zeitpunkt ist gekommen, Sie, Verehrtester, an dieses Scherzwort zu erinnern...»

Cornelius Dopper[2] schrieb 1906, nach Fleschs Verlobung: «Hoffentlich sind Sie jetzt wieder soviel Erdenmensch, daß Sie sich meiner Sonate erinnern, welche noch immer harrt, daß Ihre Geige sie mal belebt... Ich möchte zu gerne, daß Sie Ihr Versprechen einlösen, vielleicht wird meine zweite Sonate auch besser geraten. Haben Sie keine Zeit oder keine Lust (was ja oft passiert) dann bitte ich mir meine Noten zurück.»

1 1861–1928. Österreichischer Geiger und Komponist. Schüler von Vieuxtemps und Massart.
2 1870–1939. Holländischer Komponist und Dirigent (während vieler Jahre 2. Dirigent des Concertgebouw Orchesters).

Bernhard Dessau[1] schrieb 1910: «Nicht allein für meinen Verleger, sondern auch für die Zukunft meiner nächsten Komposition wäre es von bedeutendem Wert, wenn Sie so freundlich sein möchten, mir in Briefform Ihr maßgebendes Urteil über meine Variationen mitzuteilen. Halten Sie mich bitte nicht für unbescheiden, daß ich hiermit Ihre kostbare Zeit in Anspruch nehme...»

R. Grünberg[2] schrieb 1912: «Ich habe mich entschlossen, im Oktober einen Kompositionsabend zu geben. Bei unserer letzten Begegnung waren Sie so sehr liebenswürdig, Ihre Mitwirkung für die Suite zuzusagen. Ich würde mich sehr freuen, ihre künstlerische Zustimmung zu erfahren.»

Artur Hartmann[3] (nicht datiert): «Ich frage bei Ihnen an, ob ich ihnen die Kadenz» (aus dem Brief geht leider nicht hervor, zu welchem Konzert) «als Zeichen meiner Verehrung und Freundschaft widmen darf? Selbstverständlich, sollten Sie sie je für würdig halten – originell, wie Sie sehen werden, ist sie schon! – sie zu spielen, wäre es mir sehr schmeichelhaft. Jedoch brauchen Sie sich keinerlei Zwang anzutun.»

T. Nachez[4] schrieb 1912: «Gestatten Sie mir, Ihnen beifolgend ein zum ersten male veröffentlichtes Konzert von Nardini (A-Dur) zur freundlichen Annahme anbieten zu dürfen. Ich habe dasselbe von einem (unbezifferten) Baß nach dem in meinem Besitz befindlichen Originalmanuskript für Violine, Streichorchester ... ausgearbeitet und hoffe, es möge Ihren Beifall finden. Das e-Moll-Konzert von Nardini wird so viel gespielt, daß es den vielen Verehrern Nardinis nicht ohne Interesse sein könnte, ein anderes Konzert dieses edlen Meisters kennenzulernen.

Ich besitze 3 Ms-Konzerte Nardinis, und halte jenes in A-Dur für das Bedeutendste derselben...»

Otto Neitzel[5] schrieb 1912: «Meine beifolgenden Geigenfantasie scheint jetzt... etwas ‹anzuziehen›. Marteau, Busch, Berber ... haben

---

1 1861–1923. Geiger und Komponist. U.a. Schüler von Joachim und Wieniawski.
2 Es ist möglich, daß hier eine Personenverwechslung vorliegt, aber ich halte ihn für den Komponisten, der, großteils in USA, von 1884–1964 lebte.
3 von dem anscheinend keine veröffentlichen Werke überliefert sind.
4 (1959–1932) Schüler unter anderem von Joachim und Leonard, kompositorisch hauptsächlich als Bearbeiter alter Violinkonzerte bekannt.
5 1852–1920. Deutscher Pianist, Komponist, Musikschriftsteller.

sie ebenfalls vorgeführt, am besten Dessau... Ich würde damit nicht zu Ihnen kommen, wenn ich nicht die Gewißheit hätte, daß sie Ihnen ‹liegt›... Vielleicht finden Sie Zeit und Gelegenheit, einen Blick (in die Partitur) zu werfen. Es sollte mich freuen, wenn aus dem Blick mehrere werden.»

Eine Mischung von Naivität und Offenheit ist das Merkmal eines Briefes von Petar Stojanovic[1] (1915): «Über Ihr Interesse an meinem Walzer Rondo bin ich sehr froh und nehme mir die Freiheit, Ihnen dasselbe einzusenden. In einem Konzertrepertoire nimmt es beiläufig die Stelle eines Stückes mit der Art des Rondo Capriccioso von Saint Saëns ein... Sie werden gleich merken, daß das Stück von einem Geiger geschrieben worden ist, denn es schaut viel schwerer aus, als es ist. Es geht so leicht ins Ohr, daß es sogar für ein amerikanisches Publikum geeignet ist.» (Ein hübsches Beispiel dafür, was man damals in Europa über das amerikanische Musikverständnis dachte!) «Ob das Stück auch einen inneren Wert hat, darüber mögen Herr Meister selbst urteilen. Falls Ihr Urteil günstig ausfallen und Sie das Stück in Ihr Repertoire aufnehmen würden, so könnte ich wenigstens wieder einmal ausrufen: Endlich Sonnenschein nach so viel düsteren Tagen der Kriegszeit!»

Der Ton bekannterer Komponisten – meist selbst ausübende Künstler – ist etwas weniger ehrerbietig, zeigt aber immer noch, wieviel es für sie bedeutet, Verbreitung und Anerkennung zu finden.

Joseph Szigeti (1937): «Ich lasse Ihnen heute meine Bearbeitung des Lie'schen Liedes zugehen und würde mich freuen, wenn Sie diese Doppelflagolettstudie und wirksame ‹Zugabe› einigen Ihrer konzertierenden Schüler zeigen wollten. Die übrigen Nummern erhielten Sie wohl schon aus New York?»

Felix Weingartner (1916): «Über Ihren Schüler kann ich Ihnen nur das beste berichten; er spielt mein Konzert wirklich famos. Seine Reife ist ganz erstaunlich.» Und dann (1917): «... Vor meiner Abreise möchte ich nur meiner großen Freude Ausdruck geben, daß Sie mein Violinkonzert spielen werden.»

Ernst von Dohnanyi (4. Januar 1921): «Ich kann Ihnen nicht sagen, *wie sehr* ich mich darüber freue, daß Ihnen mein Concert zu gut gefällt, und *wie leid* es mir tut, die Berliner Aufführung nicht mit

---

1 1877–1957. Jugoslawischer Komponist; Schüler u.a. von Hubay und Heuberger.

anhören zu können. Ich habe am selben Tage mein 55. Concert (seit Oktober) in Bpest. (Ich brauche wohl nicht zu sagen, daß ich viel lieber in Berlin wäre.) ... Ansonsten wünsche ich *mir,* daß Sie das Konzert recht oft spielen mögen und daß Sie auch weiterhin Gefallen daran finden mögen. Für einige Zeilen über die Aufführungen in Leipzig und Berlin, Aufnahme etc. wäre ich Ihnen sehr dankbar.»

Auch von Henri Marteau besitze ich verschiedene Briefe – undatiert, aber vermutlich aus der Zeit zwischen 1905 und 1910, in denen er seine Kompositionen bespricht. Offenbar war er für konstruktive Kritik empfänglich, lernte aus seinen Fehlern und nahm Revisionen vor, wo er diese für nötig hielt:

«Seit unserem Treffen in Amsterdam habe ich (mein 2. Quartett) von A–Z umgearbeitet, und Du kannst Dir nicht vorstellen wie gut das Ergebnis ist. Das Werk ist um 50% verbessert... Ich war überrascht, wieviel Unnötiges ich auslassen konnte... Im Juli wird es gedruckt und im September schicke ich Dir die Partitur.»

«Der Erfolg meines Violin-Konzerts in Dortmund war sehr mäßig. Nun ja, der erste Teil war viel zu lang. Ich bin dabei, das ganze Werk umzuschreiben; es wird dadurch ebenso gewinnen wie mein 2. Quartett...»

Der Verkehrston mit dem jugendlichen Wolfgang Korngold ist deshalb erfrischend, weil der Altersunterschied (Korngold war etwa 18 Jahre, mein Vater doppelt so alt) offensichtlich keine Rolle spielte. Der damals schon sehr erfolgreiche Komponist war sich seiner Bedeutung voll bewußt, ohne deswegen eingebildet zu sein. Schnabel und Flesch führten seine Sonate verschiedentlich auf (siehe Korngolds Brief auf Seite 313), obwohl Schnabel sich in späteren Jahren sehr abfällig über das Werk äußerte.[1]

Korngold drückte sich über Schnabels Kompositionen taktvoller aus: «Gestern war ich in der ... (leider unleserlich). Ob die Sinfonie von Schnabel auch so gut werden wird?»

Ich habe an der Korrespondenz zwischen Korngold und meinem Vater nur eines auszusetzen: Korngolds katastrophale Versuche, es Schnabel in der Erfindung von Schüttelreimen gleichzutun. Dafür hatte er überhaupt kein Talent.

---

[1] Siehe Seite 240f. Übrigens scheint auch Moritz Rosenthal nicht übermäßig beeindruckt gewesen zu sein. Nach der Erstaufführung wurde er gefragt – «Ist das Stück ‹dankbar›?» Seine Antwort: «Das Stück nicht, aber der Komponist.»

In der Mehrzahl der Fälle ist mir nicht bekannt, welche der ihm angebotenen Werke mein Vater auch wirklich aufführte. Dagegen weiß ich, daß er die Fantasie von Suk gern und bei jeder gebotenen Gelegenheit zu Gehör brachte. Eine seiner öffentlichen Aufführungen dieses besonders schönen Werks ist erhalten geblieben und bildet einen Teil der Flesch'schen Historischen Platten-Ausgabe. Aber gerade Suk war es, der unter dem Mangel der ihm zweifellos gebührenden Anerkennung seelisch litt und oft darüber klagte.

1911, nach Empfang der Nachricht, daß mein Vater die Fantasie in einem Berliner Philharmonischen Konzert unter Nikisch spielen werde:

«Mit großer Freude habe ich Ihren Brief gelesen. Es that mir immer leid, daß meine Violin-Fantasie ganz ohne Beachtung bleibt, heute kann ich froh sein, denn wenn ein Meister Ihres Ranges sich des Werkes annimmt, dann ist es schon der Mühe wert, darauf acht Jahre zu warten... Die Fantasie gehört nicht zu der Art von Solostücken, bei welcher sich der Dirigent und das Orchester auf eine Probe verlassen können und der Dirigent muß die Sache sehr gut kennen. Darauf kann man sich allerdings bei Nikisch verlassen.»

Und später: «Ich habe schon sehr viel gearbeitet, und niemand kümmert sich im Ausland um meine neuen Sachen. Selbstverständlich muß man sich im inneren mit sich selbst klar sein, und das bin ich, aber man braucht doch eine Anregung und hie und da eine Freude, und die Nachricht, daß *Ihnen* die Fantasie gefällt, kam zur richtigen Zeit.»

Er scheint einer der Menschen gewesen zu sein, die nicht auf Erfolg rechneten und, wenn er kam, von ihm, wie Alma Moodie im nächsten Kapitel beschreibt, etwas überwältigt wurden. Welch' ein Abstand vor dem unerschütterlichen Selbstbewußtsein eines Artur Schnabel! Aber es gibt auch Einstellungen, die zwischen den beiden Extremen liegen, wie ein Brief Artur Willners, dessen Kompositionen von Max Rostal, Baumgartner, Franz Schalk und vielen anderen mit gutem Erfolg aufgeführt wurden, vom 1. Januar 1928 zeigt: «... Ich weiß, daß ich es mir mit meiner strengen, mir getreuen Art zu komponieren, nicht allzu bequem mache und daß ich hart arbeiten muß, wo Gefälligere oder Anpassungsfähigere leichter ernten. Doch gibt es immer auch einige Gleichgesinnte, die für mich wirken...»

Nicht immer war die Korrespondenz so harmonisch. Zum Bei-

spiel, Hugo Kaun:[1] (Offenbar hatte das Schnabel-Flesch-Ensemble beschlossen – es scheint, hauptsächlich auf Schnabels Initiative – eine von ihm komponierte Sonate nicht zu spielen, und Kaun hatte daraufhin eine Karte geschrieben, die seine Verstimmung darüber zeigte. Vermutlich hatte mein Vater versucht, ihn zu besänftigen. Darauf Kaun am 28. September 1911:)
«... Ich bedauere, daß sie (Vorwürfe) aus meiner Karte herausgelesen haben. Die Umstände, die beim Programm-Machen maßgegend sind, kenne ich – ich schäme mich aber darüber zu sprechen.» (Die Bedeutung dieses Satzes ist mir unklar – außer daß er bestimmt nicht als Kompliment gemeint ist!) «Daß ich mich nun noch an Herrn Schnabel wenden werde, glauben Sie doch selbst im Ernst nicht. Ich bedaure, daß Ihnen meine Musik ‹nicht liegt› aber betone nochmals, daß ich daraus niemandem einen Vorwurf machen würde...» Was ihn daher auch nicht hinderte, im Mai 1914 anzuregen, mein Vater möge ein anderes seiner Werke spielen.

Ich glaube, daß die meisten Komponisten schlechte Kritiken ohne viel Aufhebens hinnehmen. Erstens würde ihnen eine gegenteilige Einstellung nichts nützen, und zweitens können sie sich immer damit trösten, daß sie ihrer Zeit voraus und daher unverstanden sind. Aber ich hege den Verdacht, daß, wenn sie die Wahl hätten, sie doch lieber ihrem Herzen in der gleichen Weise Luft machen würden wie zum Beispiel Emanuel Moór[2], der für einige Zeit von sehr angesehenen Interpreten hoch geschätzt wurde. Auch mein Vater gehörte, wenn auch nur für kurze Zeit, zu denen, die etwas von ihm hielten, und spielte im Jahre 1907 ein ihm gewidmetes Violinkonzert in Berlin, wie er schreibt «zum ersten und letzten Male»; offenbar fiel es vernichtend durch. Darauf schrieb Moór:

«Soeben zeigte man mir das Berliner Tageblatt und Local Anzeiger sowie Norddeutsche Allgemeine. Ich selbst habe mir vorgenommen, keine Kritiken mehr zu lesen, aber ein Freund, der meine Werke sehr bewundert, machte mich diesmal absichtlich auf diese grenzenlose Flegelei aufmerksam. Dem Marteau gewidmeten Konzerte ging's voriges Jahr ebenso, und jetzt haben es Thibaud und Ysaye, wie Sie wissen, überall auf ihren Programmen. Diesmal genügt es nicht, daß

---

[1] 1863–1932. Komponist und Dirigent.
[2] 1863–1931. Ab 1915 gab er das Komponieren auf und widmete sich der Erfindung eines 2-manualigen Klaviers, des Pleyel-Moór-Klaviers.

Sie so außergewöhnlich fähig mein Interpret waren, sondern Sie müßten jetzt auch mein *Anwalt* in dieser Angelegenheit sein, denn diese Äußerungen fallen direkt auf Sie als Künstler zurück, denn diese Esel muthen Ihnen kein Urteil zu... Sie übten und spielten mein Konzert mit Überzeugung, ... Mengelberg war begeistert, engagierte Sie für Holland, etc. Es wäre Ihre künstlerische Pflicht, diesen Angriffen der Berliner Presse in einigen Musikzeitungen zu erwidern, die Tatsachen festzustellen, daß Künstler wie Casals, Ysaye, Thibaud, Mengelberg etc. etc. etc. für meine Werke begeistert einstehen und demzufolge die Frage erörtern sollten, wer eigentlich urteilsfähig ist – um so mehr als Sie beim Konzert vier Hervorrufe hatten, also beim Publikum doch Erfolg hatten... Dieser Esel Schmidt[1] – ich möchte sehen was er kann –, schlecht deutsch und fad schreibt er in all seinen Artikeln. Also Sie und Röntgen etc. haben nicht die Urteilsfähigkeit gehabt, herauszufinden, daß meine Themen nichtssagend sind! Wenn Sie darüber schreiben, werden Sie ein Bravo erringen, und es kann Ihnen nichts schaden!»

Leider ist die Antwort nicht überliefert. Mein Vater hielt zwar nicht allzuviel von Schmidt, aber ich glaube nicht, daß Moór mit seiner Absicht, ihn sozusagen «scharf zu machen», erfolgreich war.

Die meisten Komponisten reagieren, wie gesagt, etwas weniger heftig. Ignaz Friedmann: «Gestern wurde mein Quintett zum erstenmal gemacht. Es gefiel mäßig.»

Anders wieder reagierte Eugene Ysaye in einem Brief vom 13. Oktober 1928 an meinen Vater, der ihm den 2. Band seiner «Kunst des Violinspiels» übersandt hatte. Nachdem er das Werk ausführlich und in den höchsten Tönen gepriesen hatte, fuhr er in etwas gewundenem Stil fort:

«... Aber ach! Warum muß ich inmitten meiner Lobesreden mein Bedauern und sogar ein wenig Kummer aussprechen! ... Ich mußte leider feststellen, daß Sie in Ihrem Werk den Komponisten ganz außer acht gelassen haben, der sich, wie ich, in den letzten zehn Jahren bemüht hat, bezüglich des Standes der Technik in unserer Kunst, wie sie Vieuxtemps hinterlassen hatte, Wege zu finden, die Basis unserer Grundregeln mit neuen Elementen zu bereichern.

Ich kann nicht glauben, daß Sie unter meinen Werken tatsächlich

---

1 Kritiker am Berliner Tageblatt.

nichts Erwähnenswertes gefunden haben; ich glaube viel eher, daß mein Verleger (einer meiner Söhne) es unterlassen hat, Sie mit den Früchten meiner Arbeit bekanntzumachen...
Darf ich mir erlauben, Ihnen mit gleicher Post einiges zu übersenden, dessen Lektüre Sie interessieren könnte?
Mir liegt nichts ferner, als Sie beeinflussen zu wollen. Ich war lediglich überrascht und dachte mir, es würde am ehrlichsten sein, Ihnen mein Bedauern darüber auszudrücken.
Um nun zu Ihrem Werk zurückzukehren...» – und setzte mit seiner Lobeshymne fort, wo er abgebrochen hatte. Eleganter kann man's nicht machen!

Dabei waren Ysayes Kompositionen etwas umstritten. Bekannt ist Moritz Rosenthals Ausspruch, als Ysaye am Anfang des Ersten Weltkrieges in einem Fischerboot nach England flüchtete und auf der Fahrt fast ums Leben gekommen wäre: «Als Ysaye in England ankam, war das Unglück bereits geschehen: seine Kompositionen waren mitgerettet worden.»[1]

Hugo Heermann, dem gegenüber mein Vater Ysayes Beschwerde erwähnte, und der anscheinend gern ein wenig dozierte, hatte einiges dazu zu sagen: «Daß Ysaye sich als Componist zurückgesetzt fühlt, kann ich mit meinen Erfahrungen beleidigter Komponisten nur zu gut verstehen – was hat sich zum Beispiel Bernhard Scholz[2] darin geleistet und wie bitter mußte seine Enttäuschung sein, als er nach der Hauptprobe seiner letzten Oper siegesgewiß ausrief: ‹Nun bin ich froh, die Zukunft meiner Familie auf immer sichergestellt zu haben›, während kein einziger der vielen zu einer Tagung anwesenden Intendanten daran dachte, die Oper je aufzunehmen. Oder wie er nach persönlicher ‹Läutung› (wie Bülow sagt) seiner Schiller Glocke den speziell eingeladenen Brahms nach erwartungsvoll dastehender Familienumgebung sagen hören mußte: ‹Na so ein Gedicht ist eben doch nicht kaputt zu machen.›»

Über den geldlichen Wert einer Komposition können die Ansichten weit auseinandergehen, wie mir eine persönliche Erfahrung im Jahre 1973 zum Bewußtsein brachte. Der ungarische Dirigent und Komponist Aladar Majorossi war nach dem Krieg zunächst nach

---
1 «The Memoirs of Carl Flesch», englische Ausgabe.
2 Deutscher Dirigent und Komponist, 1835–1916.

USA gegangen und dann in London gelandet, wo er hoffte, sich eine neue Existenz aufzubauen. Ich lernte ihn kennen, als es sich herausstellte, daß er das letzte Budapester Konzert meines Vaters im Jahre 1942 dirigiert hatte. Er war hocherfreut, als ich ihm vorschlug, für die bevorstehende von der ESTA organisierte Feier zum 100. Geburtstag meines Vaters ein kurzes Stück zu schreiben. Er entledigte sich dieser Aufgabe mit einem sehr hübschen vier Minuten langen Impromptu für 4 Violinen mit Orchester, welches im Festkonzert in der von mir schon beschriebenen sensationellen Besetzung (siehe Seite 61) aufgeführt und später auch im Rundfunk gesendet wurde. Da eine bessere Einführung für einen unbekannten Komponisten kaum denkbar war, erklärte er, daß eine Bezahlung völlig nebensächlich sei. Ich wollte dies jedoch nicht annehmen und schickte ihm einen Betrag, den ich für angemessen hielt. Höchst erstaunt erhielt ich einen entrüsteten Brief, in dem er seine Meinung sowohl über meinen Geiz wie auch mein völliges Unverständnis für alles Künstlerische ausdrückte. Ich konnte darauf nur erwidern, daß die Höhe des Honorars auf einem Vorschlag Yehudi Menuhins beruhe.

Eine Meinungsverschiedenheit anderer Art entnehme ich einem Brief H. G. Mosers, des Sohnes von Andreas Moser, über Josef Joachims Auswahl der «besten 10 Violinkonzerte»:

«Die Aufnahme von Bruch'schen Konzerten hat Joachim ausdrücklich abgelehnt, weil er sie nicht so absolut ersten Ranges fand, um sie unter die zehn obersten Leistungen der Violinliteratur aufzunehmen und hat sich dadurch sogar, ebenso wie mein Vater Andreas Moser, den jahrelangen Unwillen Max Bruchs zugezogen.» Wenn man bedenkt, daß diese ersten Plätze bereits für Bach, Mozart, Beethoven und Brahms reserviert sind, so kann man Joachim gewiß nicht Unrecht geben. Um so bemerkenswerter ist es, wie häufig Bruchs g-Moll-Konzert auch heute noch öffentlich gespielt wird.

Aber genug über die Komponisten! Wie verhält es sich mit der Einstellung der Interpreten zur modernen Musik?

Sie läßt sich schwer verallgemeinern; dafür sind Anschauungen, Geschmacksrichtungen und auch die Praxis der ausübenden Künstler zu verschieden. Aber ich glaube, daß sich aus den Äußerungen einzelner Künstler einiges Allgemeingültige herausschälen lassen sollte, und daß viele Aufzeichnungen meines Vaters für Interpreten, die nicht mehr jung sind, typisch sind. Ob sie es wahrhaben wollen oder nicht:

Je älter der Künstler, um so weniger fühlt er sich von moderner Musik angezogen. Er kann nicht mehr voll in das für ihn neue Idiom eindringen und entwickelt – berechtigt oder unberechtigt – generell einen Verdacht gegenüber dem, das er oft als eine «Prätention der Modernen» empfindet. Er wird dies in den meisten Fällen ungern zugeben wollen. Die Musikologen und Kritiker müssen ohnedies mithalten; das wird von ihnen erwartet. Unter den ausübenden Künstlern gibt es selbstverständlich auch solche der älteren Generation, die moderne Werke spielen. Aber ich kann mir nicht denken, daß es ihnen großes Vergnügen macht, und ebenso, daß junge Künstler, die in einer anderen Tradition aufgewachsen sind und denen das Erlernen neuer Werke leichter fällt, es nicht besser können.

Zuweilen erinnern mich diese Fälle an Erwachsene, die gar zu gern mit der Jugend mithalten wollen. Sie befürchten, sonst als veraltet zu gelten. Ich könnte mir vorstellen, daß diese ihre Mitwirkung manchmal eher als eine Entwertung des Neuen betrachtet: Junge Leute *wollen* nun einmal anders – moderner – denken als «die Alten»; warum sollte Musik eine Ausnahme bilden?

Aus den vorhandenen schriftlichen Äußerungen meines Vaters geht seine Einstellung klar hervor. Er schämte sich ihrer nicht und nahm kein Blatt vor den Mund – brauchte es auch nicht: War er nicht früher – wie die oben zitierte Korrespondenz mit Komponisten zeigt, bis in seine mittleren Jahre – ein anerkannter und viel umworbener Exponent moderner Musik gewesen?[1] Wenn seine Äußerungen schärfer und «altmodischer» klingen, als die vieler anderer, so deshalb, weil sie nicht für die Öffentlichkeit bestimmt, sondern im Tagebuch oder persönlichen Briefen enthalten waren.

Wie sehr er ursprünglich mit seiner Zeit mitging, wird uns deutlich, wenn wir auf den Anfang seiner Laufbahn zurückblicken. Er machte sich in Berlin im Jahre 1905 mit einem Schlage durch fünf «Historische Abende» bekannt, die von Corelli bis zur Neuzeit gingen. Der fünfte Abend war «Zeitgenössischen Komponisten» gewidmet (Abbildung 16). Beim Lesen ist es schwer, ein ungläubiges, leicht überlegen-gerührtes Lächeln zu unterdrücken. Diese Programmge-

---

1 Daß er auch später die Forderung moderner Musik, selbst wenn sie mit der Violinliteratur nichts zu tun hatte, durchaus positiv und aktiv gegenüberstand, ist aus seinem Verhältnis zum Dirigenten Hermann Scherchen ersichtlich. Siehe Seite 300ff.

V. ABEND
Freitag, den 1. Dezember 1905
Abends 7½ Uhr

Zeitgenössische Componisten

⚜

PROGRAMM

1. Suite (Ed. Peters) . . . . **Chr. Sinding**
   Presto — Adagio — Tempo giusto   (geb. 1856)

2. a) Berceuse, op. 28 No. III . . . . . **Paul Juon**
   (geb. 1872)
   b) Toccata, op. 15 No. 1 . . . . . . **Tor Aulin**
   (geb. 1866)
   c) Romanze aus op. 99 No. I . . . . **E. Bossi**
   (geb. 1861)
   d) Rhapsodie Piemontese, op. 26 . . **L. Sinigaglia**
   (geb. 1868)

3. a) 3 schlichte Weisen, op. 18: Mailiedchen — Reigen — Wenn's dunkelt . . . . **Max Schillings**
   (geb. 1868)
   b) Rondo scherzando, op. 16 . . . **J. Jaques-Dalcroze**
   (geb. 1865)

4. Sonate, op. 44 No. I, für die Violine allein . . . . **Max Reger**
   (geb. 1873)
   Allegro energico — Adagio con gran espressione — Prestissimo assai — Allegro energico (Fuga)

5. a) Malaguena aus „Spanische Tänze", Heft I . . . . **P. de Sarasate**
   (geb. 1844)
   b) Scène de la Csárda No. III (Hejre Kati) . . . . **J. Hubay**
   (geb. 1858)

Während der Vorträge bleiben die Saalthüren geschlossen.

staltung mit ihrer Anhäufung «Kleiner Stücke»! Und, wenn man von Reger absieht, diese Namen (soweit man sie heute überhaupt kennt)! Waren die wirklich jemals jung und zeitgenössisch? Wir haben heute irgendwie das Gefühl, als seien sie von Geburt an alt gewesen – wie der Weihnachtsmann. Und damit konnte man Karriere machen? Jawohl, so war es damals; damit machte man Karriere. Und von da aus setzte man die Entwicklung fort. Welcher Fortschritt, welcher Sprung, zu einem Dohnanyi, Weingärtner, Korngold! Wäre ein weiterer Schritt zu Komponisten späterer Zeiten für einen noch so bedeutenden Musiker über 50 nicht etwas zu viel verlangt gewesen? Zu diesem Zeitpunkt ist das Nicht-Mithalten-Können (und -Wollen) kein Manko, sondern eine natürliche, nennen wir es ruhig «Alterserscheinung» die man, wenn man älter wird, wie so vieles andere akzeptiert.

Bei ausübenden Künstlern kommt natürlich noch hinzu, daß sie ihr Repertoire in jahrelanger Arbeit aufgebaut haben und es nicht leicht finden, die Ausführung neuer Werke, die ihnen im Grunde oft gar nicht liegen, auf den Stand der anscheinend mühelosen Vollkommenheit zu bringen, die man von ihnen gewohnt ist. Aber abgesehen davon kann es ihnen auch sonst schaden: Es dürfte gar nicht so leicht sein, das Publikum (und die Konzertveranstalter) davon zu überzeugen, daß sie moderne Stücke genauso gut «verstehen» und spielen wie einer ihrer jüngeren Kollegen. Die Engländer haben einen ausgezeichneten Ausdruck dafür, der in seiner kurzen Form unübersetzbar ist: «Horses for courses.» Und zweitens könnten sie sich ihre Gefolgschaft, die das liebt, was sie für viele Jahrzehnte in vielleicht unvergleichlicher Weise getan haben, entfremden. Für was? Für das eine Prozent der neuen Werke, die – wie die alten auch – bleibenden Wert haben – und, übrigens, gelegentlich ihrer Zeit soweit voraus sind, daß sie zunächst keinen Anklang finden?

Ich weiß, all dies wird von vielen als naiv, als unkünstlerisch und kulturlos angesehen werden, aber ich bleibe dabei – nicht als Werturteil, sondern als Feststellung einer Tatsache: moderne Musik ist für die Jungen!

Doch genug der Theorie! Sehen wir uns einige Beispiele an, bevor wir uns der Korrespondenz Alma Moodies zuwenden.

Flesch schrieb an Schnabel nach einer Frankfurter Veranstaltung (deren Art sich nicht mehr feststellen ließ) 1927: «Am interessantesten waren die politischen Reden, insbesondere die von Herriot, die einen für einen Politiker ungewöhnlich intensive Beschäftigung mit deutscher Musik verriet (falls sie von ihm gewesen ist). An Stresemann hättest Du Deine Freude (?) gehabt. Dieser ganz hervorragende Redner riß das Publikum in einen förmlichen Begeisterungstaumel hinein, als er die deutschen Komponisten ermahnte, doch wieder anständiger zu komponieren und an klassische Traditionen anzuschließen und sich nicht vom Negerrhythmus verführen zu lassen. Also bitte beherzige dies!»

Zugegeben, man braucht den Urteilen von Politikern über Musik kein großes Gewicht beizumessen. Aber sie reflektieren die öffentliche Meinung – mehr als fünf Jahre vor der Machtergreifung der Nazis, also zu einer Zeit in der offizielle Angriffe gegen «degenerierte» Kunst noch nicht auf der Tagesordnung standen.

Mein Vater konnte sich auch über seine eigenen Programme lustig machen: 7. August 1928 an Georg Schünemann: «Wir beginnen uns langsam vom Schrecken des (Baden-Badener modernen) Musikfests zu erholen und uns auf unser ‹klassisches› vorzubereiten, das erprobte ‹Nummern› bringt, deren Auswahl von dem Umstand bestimmt wird, ob die Leute dabei die Köpfe wiegen oder nicht.»

Das Baden-Badener moderne Musikfest brachte im darauffolgenden Jahr viele Neuheiten, über die er in ernsthafterer Form an Schünemann berichtete: «Unter uns gesagt, Sie haben (durch Ihre Abwesenheit) nicht viel versäumt... Meine Eindrücke über das ‹Lehrstück› (von Brecht): Ich glaube, daß die extremen Bewertungen – ganz gut und ganz schlecht – hier überhaupt nicht am Platze sind. Es ist ein Experiment, und zwar vorläufig ein mißlungenes. Auf die Aktivseite käme das Prinzip der aktiven Mitwirkung des Zuhörers. Auf die Passivseite die ungeheure Präetention, mit der im Text Plattheiten in evangelischer Form verkündet werden... Worum Brecht am meisten zu beneiden ist, ist die selbstbewußte Frechheit, mit der er anscheinend alkoholdurchtränkte literarische Streiche den Spießbürgern als göttliche Eingebungen vorsetzt. Bei dieser Oppositionsstellung, in die auch der unvoreingenommene Hörer von Anfang an gedrängt wird, kann man natürlich auch der Musik nicht gerecht werden, beziehungsweise von ihr keinen klaren Eindruck gewinnen...»

Aus seinem Tagebuch (1932): «Furtwängler hielt neulich anläßlich des 50. Jubiläums der Berliner Philharmoniker eine Rede, in der er ein Bekenntnis zur klassischen Musik ablegte. Mit Recht betonte er –

allerdings in ziemlich verklausulierter Form –, daß die Moderne nicht das gehalten, was sie oder ihre Anhänger versprachen. Ich schrieb ihm, daß es mich freute, daß endlich von autoritativer Seite mit dem ‹modernen› Schwindel aufgeräumt würde... Es war ein ungeschriebenes Gesetz geworden, daß jede Komposition das Recht hatte, aufgeführt zu werden, sofern sie neu war, ganz abgesehen von ihrem inneren Wert.[1] Daher die Abkehr der großen Masse vom Konzertsaal. Denn ein im Sinne der Klassiker erzogener Musiker konnte unmöglich an den «Modernen» Gefallen finden. Vergeblich berufen sich diese auf den «letzten» Beethoven, auf Brahms, Schumann, Reger etc., die alle bei ihrem Erscheinen nicht verstanden wurden. Wenn ein wertvolles Werk anfangs Widerspruch oder Ablehnung erweckt, so bedeutet dies noch nicht, daß jede unzugängliche Komposition auch wertvoll sei...»

Nun zu etwas, in dem die Entwicklung ihm klar Unrecht gibt. In einem seiner letzten Briefe an mich schrieb mein Vater: «Neulich hörten wir im Londoner Radio Menuhin das Bartók-Konzert spielen... Er hätte genau so gut seine eigene Komposition spielen können, ohne daß es jemand gemerkt hätte. Es ist jedoch sehr anzuerkennen, daß er sich die Mühe nahm, ein so großes Werk auswendig zu spielen; es ist weit entfernt davon, wirkungsvoll zu sein.» Wir wissen heute, daß dieses Urteil völlig fehlging, aber ich betrachte dies eher als einen Beweis für den von mir dargestellten Unterschied zwischen den Generationen.

Er war aber nicht einseitig, und keineswegs unkritisch gegenüber Komponisten, die in seinen jüngeren Jahren modern gewesen waren, wie zum Beispiel Busoni, über dessen Werke er sich in seinen Memoiren kein endgültiges Urteil anmaßte. Aber 1937 schreibt er aus London, wieder an Schünemann: «Petri hat hier ziemliche Erfolge, insbesondere als Interpret Busonischer Kompositionen... m. E. ein sehr zweifelhaftes Vergnügen. Ich fasse meine Ansicht über Busoni den Komponisten in folgendem Satz zusammen: Er war genial, aber talentlos.» Wüßte ich nicht, daß meinem Vater nichts ferner lag als Plagiarismus, würde ich denken, dieser Ausspruch stamme von Schnabel. Sehr geistreich, aber man ist sich nie ganz klar, was er eigentlich bedeutet.

1 Über das diesbezügliche Dilemma der Kritiker siehe meine Bemerkungen auf Seite 58

Aber auch gegenüber den Helden seiner Jugend bewahrte er seine unabhängige Meinung. Tagebucheintragung 1931: «Gestern hörte ich nach langer Pause wieder einmal das Klavierkonzert von Grieg. Oh, Vergänglichkeit alles Irdischen! Und dieser Mann galt noch in den 90er Jahren als Neuerer und Revolutionär!»

Carl Flesch gab freimütig zu, selbst keinerlei kompositorisches Talent zu besitzen, und machte auch diesbezüglich keine Versuche, mit Ausnahme einiger weniger Kadenzen, die er für Violinkonzerte geschrieben hatte aber selten spielte; so selten, daß ich sie selbst meist nicht erkannte. So konnte es geschehen, daß ein Bekannter, der neben mir in einem Orchesterkonzert saß, in dem ein Schüler meines Vaters ein Mozart-Konzert spielte, mich am Schluß fragte: «Wer hat denn diese schreckliche Kadenz geschrieben?» «Keine Ahnung», sagte ich wahrheitsgetreu, «aber ich werde mich beim Solisten erkundigen.» «Das wissen Sie nicht?» antwortete dieser später auf meine Frage. «Ihr Vater!»

Wie kann ich all' dies zusammenfassen? Ich glaube, man kann es nicht besser sagen als Furtwängler im Jahre 1949[1]: «Zu behaupten ... ich lehnte die moderne Musik in Bausch und Bogen ab, ist geradezu lächerlich... Daß ich aber ... mein eigenes Urteil modernen Werken gegenüber so wenig zu verbergen wünsche wie alten gegenüber, ist richtig... Wenn ich im übrigen mich besonders der alten Musik annehme, so deshalb, weil mir dies heute notwendig erscheint. Wir werden die moderne uns aneignen, wenn sie danach ist. Es ist ihre Sache uns zu überzeugen... Hinter ihr stehen lebende Menschen mit ihren Interessen. Die alte hat keine solchen Fürsprecher.»

Wenden wir uns nunmehr einer Künstlerin zu, die in der Periode zwischen den zwei Weltkriegen viel über zeitgenössische Musik zu sagen hatte.

---

[1] «Vermächtnis», S. 48 f., Verlag F. A. Brockhaus, Wiesbaden, 5. Auflage 1975.

Alma Moodie

> Es gibt nur eine Art Erfolg:
> Sein Leben so zu führen wie
> man es sich selbst wünscht.
>
> *Christopher Morley*

Über Alma Moodie (1900–1943), eine Schülerin meines Vaters, die ihm ursprünglich von Reger empfohlen worden war, besteht meines Wissens keine Biographie, und ihr Name ist heute fast vergessen. Teilweise liegt dies wohl daran, daß sie, soweit ich weiß, keine Grammophonaufnahmen hinterlassen hat. Dabei war sie nach Ansicht meines Vaters die beste Geigerin ihrer Generation. Hierfür läßt sich noch ein zweiter, gewiß objektiver, «sachverständiger Zeuge» anführen, Artur Nikisch. Im Jahre 1925 antwortete er meinem Vater, der sich bei ihm für die Förderung bedankte, welche er ihr angedeihen ließ: «... Was Sie mir schreiben, beschämt mich fast. Ich habe für Alma Moodie nur das *Selbstverständliche* getan. Das Mädel ist für mich eine so herzerfreuende künstlerische Erscheinung, daß ich es als eine natürliche *Pflicht* empfinde, dieses begnadete Geschöpf nach Möglichkeit zu fördern» (Abbildung 17). Eine bessere Empfehlung gibt es nicht.

Sie war Australierin, hatte ihre Eltern früh verloren und war ein Mündel des Fürsten zu Stolberg und Wernigerode, bei dessen Familie sie oft wohnte. Ich erinnere mich eines Besuches des Fürsten, als wir im Jahre 1921 im Harz in den Ferien waren. Es wurde uns von unseren Eltern streng befohlen, ihn nur mit «Durchlaucht» anzureden, ein Wort, das mir mit meinen elf Jahren so komisch vorkam, daß ich nicht wagte, es auszusprechen – ich hatte Angst dabei laut lachen zu müssen.

Sie war eine ihrem Beruf absolut ergebene Geigerin, etwas, was man ihrer freundlichen, aber etwas ironisch und kühl anmutenden

Wesensart und ihrem eher unscheinbar zu nennenden Äußeren nicht auf den ersten Blick ansah. Sie scheint das selbst erkannt zu haben. Im Jahre 1919 schrieb sie an meinen Vater: «Vielleicht wo Sie mich, und im allgemeinen mit Recht, für eine ziemlich kalte Hundeschnauze halten, ahnen Sie doch nicht, mit welcher Passion ich für meine Geige da bin, und bis zu welchem Punkt sie als Lebenszweck bei mir gilt.»

Biographien ausübender Künstler können manchmal nach kurzem Lesen eintönig werden, wenn sie sich in der Hauptsache mit der Karriere – und das heißt meist, den «Triumphen» – ihres Subjekts befassen. Sofern jemand überhaupt einer Biographie würdig ist, sollte man die Erfolge als gegeben voraussetzen. Es müssen andere, besondere Umstände vorliegen, die eine Lebensbeschreibung lohnend machen. Ich glaube, dies ist bei Alma Moodie der Fall, aber es ist dennoch nicht meine Absicht, ihr Leben darzustellen, sondern mich im wesentlichen – anhand ihrer zahlreichen Briefe an meinen Vater – auf das zu konzentrieren, was sie künstlerisch bemerkenswert machte: Ihre Bedeutung als Interpretin moderner Werke und gleichzeitig als Beispiel für den im vorhergehenden Kapitel beschriebenen Generations-Unterschied.

Sie regte Komponisten wie Pfitzner, Krenek und Szymanowski an, für sie zu schreiben. In ihren Briefen gibt sie ihre Ansicht über einige dieser Kompositionen und deren Schöpfer ab und verteidigt sich gegen den Vorwurf ihres Lehrers, zu ihrem eigenen Schaden das klassische gegenüber dem modernen Repertoire zu vernachlässigen.

Als anerkannt hervorragende und hochintelligente Interpretin zeitgenössischer Musik besaß sie ein kritisches und ausgeprägt unabhängiges Urteilsvermögen und verstand es, sich gut und anschaulich auszudrücken. Ich glaube daher, daß ihre Ansichten und Beobachtungen auch heute noch eine über das Persönliche hinaus gehende Geltung haben. Ihre natürlichen, unprätentiösen und zuweilen humorvollen Briefe – in einer merkwürdig steilen und eckigen Handschrift geschrieben (Abbildung 18) – haben einen Charme, der durch ihr etwas unvollkommenes Deutsch vielleicht noch erhöht wird. Sie verdienen es, sowohl um ihres Inhalts als auch ihrer Verfasserin selbst willen in Auszügen zitiert zu werden.

Mit dem Pianisten und Komponisten Eduard Erdmann[1] arbeitete sie kammermusikalisch eng zusammen:

1 1896–1958. Seine Kompositionen fanden seinerzeit große Beachtung.

Leipzig, 16.XII.25

Verehrtester, lieber Freund!

Schönen Dank für Ihre sehr lieben Zeilen. Was Sie mir geschrieben beschämt mich fast; ich habe für Alma Moodie nur das Selbstverständliche getan. Das Mädel ist für mich eine so herz-erfreuende künstlerische Erscheinung, dass ich es als eine natürliche Pflicht empfinde, dieses begnadete Geschöpf nach Möglichkeit zu fördern. — Ihre Bedenken bezügl. des Programms zum nächsten Berliner Concert teile ich nicht. Die Symphonie von Sinding

ist ein famoses Stück; sie giebt dir keine Räthsel zu lösen und ich kann mir nicht denken, dass Dohnányi dagegen abfallen wird. Auch die Liszt'sche Rhapsodie möchte ich nicht gerne wieder absetzen. Abgesehen davon, dass das immer einen schlechten Eindruck macht, halte ich die Gleichartigkeit des nationalen Charakters der beiden Stücke für keinen Fehler. Seien Sie nicht ungehalten darüber, dass ich auf Ihre Aenderungs-Vorschläge nicht eingehe. Sie werden sehen, dass die Sache gut ausgehen wird. Mit herzlichsten Grüssen
Ihr aufrichtig ergebener
Arthur Nikisch

17 Briefkarte von Arthur Nikisch

gegen Ende Januar nach
Berlin kommen.

Ich schicke Ihnen dies
durch Herrn Schnabel da
ich Ihre Adresse nicht
kenne und die Freude hatte
vor kurzem mit ihm in
Brüssel zu spielen.

Hoffend auf eine gute
Antwort verbleibe ich mit
besten Grüße
　　　　Ihre ergeben
　　Alma Moodie

18 Schluß eines Briefes von Alma Moodie

30. Juli 1921: «Gerade mit Erdmann zu arbeiten, ist etwas wunderschönes, nach dem verluderten Aussehen würde man nie darauf kommen, wie peinlich er in seiner Kunst ist und fähig innerhalb einer Stunde viel zu schaffen. Fabelhaft sachlich und eben so frei von technischen Hemmungen, daß man sich nur ums Werk zu kümmern hat. Sonst ist er ziemlich unmöglich aber wahnwitzig komisch – ein enfant terrible accompli, stellt die unglaublichsten Sachen hier an, verbrennt sich die Finger hie und da, bringt mich in fabelhafte Verlegenheit, futtert für zwanzig, wird immer dicker, schwitzt unentwegt – ist aber im Grunde wirklich das, was ich unter wertvoller Mensch verstehe, so absolut klug und grundanständig, daß man nur lachen kann und sich manchmal am Kopf greifen – wie ist eine solche Pflanze nur entstanden? Wir müssen Ihnen mal im Herbst vorspielen – ich habe das Gefühl, daß unsere Leistungen gut sind.»

1924, nach einem großen Musikfest in Prag: «(Ich traf) Hába,[1] ein wahrlich eigentümlicher Mensch. Ich ließ mir seine Pläne möglichst genau auseinandersetzen; im Laufe der Unterhaltung gab er zu, jetzt mit 12tel Töne zu arbeiten. Also eine systematische Gehörerziehung, durch die er meint, bis zu jeder Schwingung ein Verhältnis des Ohrs schaffen zu können – zunächst natürlich für sich, und meine vorläufige Meinung lautet zunächst und zuletzt – denn ich sehe gar nicht, was damit auszurichten ist – soviel hängt von der Entwicklung, die uns bevorsteht, ab, daß es wirklich heißt, sein Leben für eine theoretische Arbeit einzusetzen, ohne irgendeine Gewißheit zu haben, von irgendeinem lebendigen Nutzen zu sein. Er glaubt natürlich dran und ist imponierend durch die Consequence, mit der er unbeirrbar seinen Weg geht. Registrierend per Grammophon-Volksmusik, messend, Konklusionen ziehend. Wie muß es in diesem Kopf aussehen. Die Zeit allein wird beweisen, ob er ein Narr oder ein großer Vorahner ist. Ich neige zum ersten Urteil!»

Über Szymanowski: «Am 27. hatte ich früh meine erste Probe. Fitelberg dirigierte gut, Szymanowski war da und war mehr als entzückt. Es scheint wirklich, daß ich ein Organ für diese Sachen habe. Übrigens habe ich das Gefühl, daß Sie beinah mehr für das Werk übrig haben werden, wenn Sie es mit Orchester hören, als für manches andere. Es klingt so außerordentlich. Sehr weiche sinnliche Mu-

---

[1] 1893–1973. Schüler u.a. von Franz Schreker.

sik, glänzend geigerisch, was man aber nur mit dem Orchester merkt. Ich mag seine Art nicht, ich habe fürs Sentimentale nichts übrig – finde es aber meiserhaft gemacht...

Ich kam an, um 1. Erdmanns Symphonie zu hören, die gar nicht wieder zu erkennen war, so viel besser ging es und einen großen Eindruck machte, und 2. Szigeti ein recht hübsches Konzert von Prokofieff ausgezeichnet spielen zu hören. Wobei ihm aber der Steg entzweigegangen ist. Haben Sie schon sowas gehört?...

Nun eine Freude für Sie! Raten Sie mal, wer einen Triumph sondergleichen gehabt hat – Ihr Liebling (und mit Recht!) Suk!! Ein großes Orchesterwerk «Reifen» (The Ripening) ... und wie war es schön! Von einem solchen Können und Reife – es war prachtvoll, und jeder jubelte ihn an, worüber er einfach in sein Taschentuch hineingeschluchzt hat!... Er war die Sensation des Festes...»

Über Pfitzner, dessen Violin-Konzert sie in Nürnberg mit ihm als Dirigenten spielte: «... Abends Konzert. 1. Ouvertüre. 2. Klavierkonzert. 3. Ich. Im Klavierkonzert verzählt sich ein Flötist und schmeißt beinahe das Ganze, inklusiv Pfitzners Nerven, der trotz unerhörtem Beifall nach mir sich nicht beruhigen kann.» ... (Sie beschreibt, daß er sich gegen andere unmöglich benommen habe.) «Ich bin sehr deprimiert. Ich schätze Pfitzner so hoch und habe eine solche Schwäche für ihn, daß ich unter diesem allem doppelt leide, und da ich körperlich nicht außerordentlich die letzten Tage disponiert war[1] und wirklich die Leistungen nur durch Einsetzen von Allem, was ich an Energie und Willen besaß, und das Gefühl habe, es mit einem Stück Leben bezahlt zu haben, fühle ich mich etwas weltkrank. Pfitzner hat mir nicht *ein* Wort nach der Aufführung gesagt. Ich weiß durch seine Frau, daß er glücklich und zufrieden war, es wäre mir aber soviel wert gewesen, daß er mir gesagt hätte, wenn auch nur «gut». Es ist letzten Endes scheußlich! Ich selbst bin eher geneigt, meine eigenen Leistungen zu unterschätzen, ... das heißt hauptsächlich wach zu sein gegen was nicht da ist, und ich fand die Aufführung noch lange nicht, wie sie sein sollte. Ich war nicht frei, nicht selbst beglückt, ich muß es viel spielen noch ehe es so weit ist.»

«Wenn Sie fragen, wie das Stück ist, so muß ich sagen, ich kann es nicht beurteilen! Ich bin noch zu subjektiv beteiligt. Ich glaube aber,

---

[1] Sie hatte keine starke Konstitution und war häufig kränklich.

daß es vor allen Dingen sehr wirkungsvoll ist – wirkt sehr virtuos – ausgezeichnet instrumentiert – sehr frei und humorvoll. Ich freue mich auf die Furtwängler-Aufführung in Berlin am 19./20. Oktober. Sind Sie vielleicht da?...»

Glücklicherweise in ihrem nächsten Brief vom 14. Juni 1924: «... Vor der Abreise habe ich mich mit Pfitzner völlig ausgesöhnt. Er findet, daß ich das Konzert unvergleichlich und unübertrefflich gespielt habe, und gab mir einen väterlichen Kuß auf das Stirnband. Großmütig wie ich bin, verzieh ich ihm seine Sünden prompt, aber mit Vorbehalt, da ich nun einmal einen schlechten Charakter habe. Ich bin nun einmal überzeugt, daß es ein ganz wunderhübsches Stück ist, das auch fabelhaft unmittelbar auf das Publikum wirkt, und die Kritiken die ich zu sehen bekam, waren alle außerordentlich...»

Interessant ist etwas, das sie zwölf Jahre später, 1936, über eine Aufführung des Pfitznerschen Cellokonzerts schreibt: «Das ist der langsame Satz der im Violinkonzert fehlt. Es ist recht unpopulär, hat mir sehr gut gefallen.»

Im gleichen Brief beginnt die Auseinandersetzung über das Repertoire. Leider besitze ich keine Briefe meines Vaters an sie, aber diese lassen sich aus ihren Antworten ohne große Mühe rekonstruieren:

«Irgendwann möchte ich gern im Sommer bei Ihnen auftauchen, um mit Ihnen einiges vom klassischen Repertoire durchzunehmen, Schubert, Beethoven, Brahms-Sonaten besprechen... Ich will die Campanella auch studieren, um Technik zu verbessern und es viel spielen. Ich habe eine Vorliebe dafür, und Szymanowski macht mir Begleitungen zu einigen Capricen, die er wunderbar empfindet. Würden Sie in der zweiten Hälfte Juli Zeit haben, und darf ich überhaupt? Ich müßte Sie ungefähr sechs Stunden plagen – Maximum – es gibt so viel, worüber mir Ihr Urteil so unerhört wertvoll wäre. Im Herbst möchte ich Reger, die c-moll, mal vorspielen und Korngold...

Wenn Sie auch aufgeregt sind über meine ‹Flegeljahre›, so bleibt doch *das* bestehen, daß Sie sie schließlich auch gehabt haben müssen; wie kommt es sonst, daß Sie mit denen Ihrer Zeit so innerlich verbunden sind? Sie haben sich vielleicht nicht so dafür eingesetzt, aber schließlich im Geheimen doch sehr mit allem auseinandergesetzt, und schließlich tut ein jeder eben, was er nicht lassen kann. Also bedauern Sie mich noch nicht. Ich habe die Erde wirklich noch sehr stark unter den Füßen – was mich daran erinnert, daß mein Fuß scheußlich weh

tut (sie hatte eine Sehnenentzündung), und es Zeit zum Schlafen ist.»
Offenbar war mein Vater postwendend auf ihr Schreiben eingegangen. Ihr nächster Brief vom 14. Juni 1924:
«Das war eine fabelhafte Antwort auf mein ‹Buch›... Es war nett von Ihnen, so eingehend zu antworten und ich beeile mich, Ihr besorgtes Herz zu beruhigen...

Ja sehen Sie, lieber Herr Professor – bitte seien Sie mir nicht böse, wenn ich sehr gerade spreche –, ich habe das Gefühl, daß Ihre Befürchtungen für mich unbegründet sind. *Was* Sie fürchten und *was* Sie schreiben finde ich fabelhaft richtig und durchaus gut für die Allgemeinheit, ... denn das *sind* die Gefahren für Menschen die es machen entweder, weil sie denken es sei chic, oder bilden sich ein, man könne Carriere machen nur mit solchen Sachen. Die, die so was sagen, sind für mich erledigt. Mein erster Gedanke ist, sie *können* die anderen nicht spielen. Was Sie darüber sagen, daß mir die Bourgeoismäßigkeit fehle, um an den anderen Werken zu feilen, trifft nicht zu. Sie würden sich bestimmt weniger beunruhigen, wenn Sie die Gesamt-Programme sehen würden, die ich in den letzten zwei Jahren gespielt habe. Ich habe ca. 120 Male öffentlich gespielt und habe in diesen Jahren als moderne Werke Pfitzner Sonate und Konzert, Erdmann Sonate, Suter[1] Konzert, Szymanowski ‹Trois Mythes› in gewöhnlichen Konzerten gespielt. Auf moderne Musikfeste habe ich Bartók und Erdmann Sonaten, Jarnach[2], Wellesz[3] Suite und Szymanowski Konzert gebracht. Diese Werke sind nicht in den anderen 120 Konzerten gespielt worden. Dafür ca. 40mal Beethoven, 25 Brahms, 10 Bach und Mozart (die ich meistens zusammen spiele), 10 Mendelssohn, außerdem Paganini, Bruch, Nardini, Lalo. In Recitals Händel, Bach, Biber, Nardini, Mozart und stundenlang kleine Stücke, die ich allerdings keineswegs schätze.

Meine Studiumbibel besteht aus drei Kirchenvätern, Sevcik, Paganini-Capricen und Bach-Solosonaten, die zu beherrschen mir ein innerliches Bedürfnis ist.

Nein – mein Lieber – darin haben Sie unrecht, wenn Sie mich zur modernen Geigerin stempen wollen!!!? Allerdings habe ich Unrecht

1 1870–1926. Einer der bedeutendsten deutsch-schweizerischen Komponisten seiner Zeit.
2 1892–1982. Führender moderner deutscher Komponist; beendete Busonis Oper «Dr. Faust» nach dessen Tode.
3 1885–1974. Werke nach Vorbild von Mahler und Schönberg.

getan, daß ich Ihnen nur die Werke brachte, aber in meiner jugendlichen Begeisterung dachte ich, es amüsiert Sie mehr mal was zu hören, wozu Sie keine Zeit haben, als all die Sachen, die Sie einmal nach dem anderen hören. Bestimmt bin ich ehrgeizig, außerordentlich so, so sehr daß mein Wunsch ist, Spuren zu hinterlassen, ehe ich sterbe, und die werden für mich (sein), einige gute Werke eingeführt zu haben und sie durchzusetzen...

Wenn ich mich etwas viel mit moderne Werke in der allerletzten Zeit abgab, so war es nur ganz zufällig, und wenn Sie mich hier hörten, wie ich mich herumschlage mit Paganinis Tremolo-Caprice, um es konzertreif zu bekommen, so würde Ihr jetzt schweres Herz vor Freude hüpfen. Als uraufzuführendes Konzert studiere ich mit wahnsinniger Begeisterung – Viotti 22!!! Trotz Kreisler! Das Unglück ist, spielt man ein einziges neues Stück, so wird man gestempelt, und ganze Konzerte werden gänzlichst übergangen. Jedenfalls die meinigen in Berlin...

Also um zu resümieren, Sie haben recht in was Sie sagen und hätten noch mehr recht, wenn ich wirklich das Schwergewicht auf das Modernentum legte. Es ist bestimmt schrecklich lieb, daß Sie so um mich sorgen. Ich weiß es genau zu schätzen... Um Ihnen eine Freude zu machen, werde ich irgendwelche virtuose Stücke studieren, zwei an der Zahl (Extrastücke), die ich Ihnen dann sehr schön vorspielen werde. Eigentlich ruht meine technische Arbeit von diesem Sommer rechts. Ich muß den ganzen rechten Arm verbessern, und dazu dienen Sevcik-Übungen. Auch bemühe ich mich um eine gewisse Lebendigkeit im Detail im Vortrag, die mir schwer fällt und doch vorschwebt...»

Niemand kann ihr nachsagen, daß sie ihre Schwächen nicht selbst erkannte und sich nicht bemühte, ihnen abzuhelfen!

Im Dezember 1927 heiratete sie: «... und nachdem ich am Sonnabend mit fliegenden Segeln im Hafen der Ehe hineingekommen bin, ... können Sie sich vorstellen, daß es ein sehr glücklicher Mensch ist, der Ihnen heute schreibt... Durch meine Heirat kommt natürlich das, was Sie immer als so sehr wünschenswert für mich fanden – eine Regelmäßigkeit und Gesetztheit, die es mir möglich machen wird, eine gute regelmäßige Arbeit zu leisten...»

Die Geburten ihrer Kinder nahmen sie sehr mit, und sie schränkte ihre Konzerttätigkeit ein, zumal sie auch immer mehr einen Wider-

willen gegen Reisen und später gegen Öffentlich-Spielen entwickelte.
Dies ist möglicherweise eine weitere Erklärung dafür, daß sie der Gegenwart so wenig bekannt ist. Dabei ging sie geigerisch in keiner Weise zurück – sie hätte sich, selbstkritisch wie sie war, nicht gescheut, dies auszusprechen. Aber im Gegenteil:

31. Oktober 1936: «Ich war Anfang des Monats (in Berlin), ich hatte eine Sendung im Kurzwellensender, die ich selbst nachher hören konnte. Es hat mir gut gefallen, ich finde, daß wenn ich jetzt aufhöre mit dem Spielen, man nicht auf die Idee kommen kann, zu sagen, ich täte es, weil ich nicht gut spielte. Ich habe mich nie so gut gehört.»

21. November 1936: «Also es bewahrheitet sich, daß ich eine ganz andere Art zu spielen mir angeeignet habe, die unbedingt eine ganz große Verbesserung ist... die Erfolge sind enorm...» –

Aber: «Solo spiele ich so wenig wie möglich, die Ablehnung ist chronisch.» Sie begann sich auf Kammermusik (Trio mit Erdmann und Schwamberger) zu konzentrieren.

Im übrigen beschäftigen sich ihre Briefe jetzt mehr mit Berichten über andere Künstler, über die sie einiges Interessante zu sagen hat.

8. November 1928: «Als ich das letzte Mal (wegen Zahnarzt!) in Berlin war, habe ich Adolf Busch Beethoven bei Klemperer spielen hören und war bitter enttäuscht, trotz der Anerkennung, die ich ihm gern als Ganzes zukommen lasse. Tonlich hat er große Fortschritte gemacht, und sein Ton ist außerdem erstaunlich groß, aber ich habe noch nie bei einem erstklassigen Geiger so viel unausstehliche Glissandi gehört, und was bedenklich war, falsche Drucke und infolgedessen unmotivierte Phrasierung. Für einen Menschen, der selbst komponiert, war mir das Willkürliche, das durch nichts zu erklären war, unverständlich. Schon vor einem Jahr mit Brahms hatte ich den Eindruck der sich durch diese Aufführung sehr verstärkte, daß er nötig hätte, ganz ernsthaft mit sich selbst zu Gericht zu gehen mit seinen Repertoirstücken, sie sind *musikalisch* ganz zerspielt. Wenn er sie etwa so vertritt, so ist er nur abzulehnen.»

Über einen anderen Künstler schreibt sie erheblich weniger sachlich, aus dem einfachen Grunde, daß sie ihn zur gegebenen Zeit noch gar nicht gehört hatte. Ihr Brief zeigt jedoch, daß sie sich ihrer menschlichen Regungen («Schwächen» würde in diesem Fall zu weit gehen) voll bewußt und daher berechtigt war, sie – etwas über sich selbst belustigt – hinterhaltslos zu äußern: «Montag spielt Milstein hier. Ich bin sehr neugierig auf ihn – etwas gereizt allerdings im voraus, weil die Dirigenten schon propagieren, man könne mit *niemand* (!!!) anderem spielen. Na, da werde ich meine Ohren und Einstellung gehörig auf Höchsttouren spannen und mal sehen. ‹Niemand› ist ein verflucht großes Wort...» Schade, daß sie dann nicht schrieb, wie sie ihn gefunden hat. Ihre Meinung wäre gewiß ebenso ehrlich wie interessant gewesen.

11. Dezember 1931: Montag vor acht Tagen war also Strawinsky hier. Mein Empfang war besonders gut gelungen – er menschlich ganz einfach bezaubernd. Er fühlte sich nicht verpflichtet zu ‹reden› und war sich selbst und bewies sich von einer Anhänglichkeit und Nettigkeit, die mich überraschte und rührte. Das Violinkonzert ist nicht mein Fall. Ich glaube, ich kann es beurteilen. Ich hörte es in der Vorprobe und Generalprobe mit Partitur. Es ist nicht schwer – weder zu verstehen noch auszuführen, da es ziemlich rezeptmäßig vor sich geht. Es ist hübsch gemacht – er steht auf ein zu hohes artistisches Niveau und ist von einem zu hohen Verantwortungsgefühl beseelt, um Schlechtes zu schreiben – im Gegenteil, es ist mir beinahe zu gepflegt, man fühlt etwas zu sehr die Bestellung und Willen, es ordentlich auszuführen (Borowsky, den ich gestern abend kennengelernt habe, ... will wissen, daß der Engländer Fairchild... $25000 dafür auf den Tisch gelegt hat).[1]

... Ich glaube nicht, daß man viel mehr an sich aus dem Strawinsky-Konzert machen kann, als was Dushkin gemacht hat. Ihm fehlt jede Persönlichkeit, was Strawinsky nicht unangenehm ist – aber er war sehr sauber mit Ausnahme von den Dezimen, die kann er auch nicht – aber die Intentionen sind sicherlich richtig wiedergegeben worden.»

Zum Vergleich eine Tagebucheintragung Carl Fleschs vom 25. Oktober 1931: «Dushkin ‹welturaufführte› vorgestern das Stravinsky-Konzert unter dessen Leitung. Da kommen einem allerhand Gedanken... Dushkin – ein sauberer Geiger ohne Persönlichkeit, guter Technik, kleinem Ton, kleines Gesamtformat.» Also insofern stimmen Lehrer und Schülerin völlig überein. Aber: «Am nächsten Tage las man in allen Zeitungen ausführliche Besprechungen über Inhalt,

---

[1] Boris Schwarz (Great Masters of the Violin, Simon & Schuster, New York 1983) schreibt, daß der Auftrag vom Geiger Samuel Dushkin erteilt worden war).

Stil, Form etc. des Konzerts. Ich habe gar nichts davon verstanden und hätte mit gutem Gewissen keine Zeile darüber schreiben können.»

Hier war er anderer Ansicht als Alma Moodie, die das Konzert «nicht schwer zu verstehen» fand. Es ist ein überzeugender Beweis für die Rolle, die das Alter in der Beurteilung zeitgenössischer Musik spielt (Altersunterschied Moodie – Flesch 27 Jahre).

11. März 1937: «Bin neugierig, wie Furtwänglers Violin-Sonate sein mag – es dauert, nach den Berichten, 55 Minuten und hängt irgendwo mit dem jungen Brahms zusammen. Keine aufregende Vorstellung!»

In einem ihrer letzten Briefe in der Sammlung, wenn nicht überhaupt dem letzten (einige sind undatiert), gratuliert sie meinem Vater zu einer Radioübertragung des Beethoven-Konzerts – der gleichen übrigens, auf die hin auch Casals ihm spontan schrieb (siehe Seite 262) und die auch ihren Platz in seiner «Historischen Plattensammlung» gefunden hat. Ihr Brief zeigt die Wärme ihrer Persönlichkeit und auch, wie sehr sie unter den politischen Verhältnissen litt:

«Ich war einfach erschüttert. Was hast Du[1] schön gespielt. Mit welchem Elan und Wärme... In jeder Beziehung eine so restlos gelungene Aufführung, daß ich es zu den glanzvollsten Erinnerungen einreihen muß... Alex (ihr Mann) mußte mir aus Barmherzigkeit auch noch seinen Taschentuch geben, während Du gespielt hast. Weißt Du, wenn ich bedenke, daß ich Deinetwegen nach Deutschland gezogen bin – und jetzt auf einen Radio angewiesen bin. Ich beneide Dich um Deinen Glauben und Deine Begeisterung. Ich habe meine restlos verloren. Und was übrig geblieben ist, ist ein so trauriges Gerippe, daß ich nicht mehr mitmache. Vielleicht kommt noch einmal der Moment, wo ich begeisterungsfähig bin, denn dann könnte ich spielen, daß es anderen auch naheginge...»

Soweit ich weiß, kam dieser Moment nicht mehr. Sie starb 1943 während des Krieges an einem Herzschlag – oder war es an gebrochenem Herzen?

---

[1] Die Familien hatten inzwischen Bruderschaft getrunken.

19 Carl Flesch mit Alma Moodie

Der Reichskanzler.   Berlin, den 20. September 1918.

        Sehr geehrter Herr Professor F l e s c h !

    Der Kaiserliche Gesandte im Haag hat mir berichtet daß Sie an dem so wohlgelungenen Konzerte zu Gunsten deutscher Kriegswaisen, das am 25. August in der dortigen Gesandtschaft stattgefunden hat, mitgewirkt und den erheblichen Ertrag der Veranstaltung dem angekündigten wohltätigen Zwecke zur Verfügung gestellt habe
    Jch möchte nicht verfehlen, für den selbstlosen Dienst, den Sie durch die Darbietungen Jhrer großen Kunst der genannten guten Sache geleistet haben, Jhnen meinen aufrichtigen Dank zum Ausdruck zu bringen.

Graf von Hertling

Kunst, Politik und Wirtschaft

> Angriffslust ist der größte
> Hinderungsgrund für kulturellen
> Fortschritt.
>
> *(nach Sigmund Freud)*

Wenn man an die Einwirkungen von Wirtschaft und Politik auf das Kulturleben denkt, so fällt einem naturgemäß als erstes die Hitlerzeit ein, die Periode, die in diesem Jahrhundert wohl den schwerwiegendsten Einfluß auf das Weltgeschehen und so viele Einzelschicksale gehabt hat. Aber bevor wir uns diesem Zeitabschnitt zuwenden, wollen wir nicht vergessen, daß diese Dinge auch früher eine große Rolle spielten.

Ich werde an anderer Stelle erwähnen (siehe Seite 233), wie Artur Schnabel sehr zu Recht im Jahre 1914 voraussagte, daß der Weltkrieg dem Kunsthunger nur anfänglich Abbruch leisten, ihn dagegen nach kurzer Zeit eher verstärken werde; und wie weitgehend manche Kreise die Abhaltung von Wohltätigkeitskonzerten zur Förderung ihres eigenen «Ichs» benutzen würden: nicht nur Künstler, sondern auch Leute, die sich wichtig und einen Namen machen wollten. Unter meinen Papieren befindet sich ein anonymer Sketch, der diese Tendenz parodiert. Er ist leider nicht genügend gut, um hier wiedergegeben zu werden, aber offenbar war man dauernd bemüht, sich möglichst neue «wohltätige» Zwecke einfallen zu lassen. Der erwähnte Sketch handelt zum Beispiel von Konzerten zur Bestreitung der Kosten von Karten zum Skatspielen in Schützengräben, oder für die Entsendung von 50 Manikuren an die Front, um die Moral der Soldaten durch Handpflege aufrechtzuerhalten.

Mein Vater wurde, wie alle Künstler, die nicht im aktiven Kriegsdienst standen, of zu «echten» Wohltätigkeitskonzerten herangezogen. Ich besitze einen persönlichen Brief des damaligen Reichskanzlers Graf von Hertling, der seinen Dank für ein solches Konzert im Haag zu Gunsten deutscher Kriegswaisen ausspricht (Abbilding 20). Ich halte dies für ein historisches Dokument, nicht etwa inhaltlich, sondern wegen seines Datums: 20. September 1918. Wir müssen es Historikern überlassen, Schlüsse auf die Mentalität zu ziehen, die ein leitendes Mitglied der deutschen Regierung dazu veranlaßte, weniger als zwei Monate vor dem endgültigen Zusammenbruch Zeit und Arbeit auf ein vergleichsweise so völlig unwichtiges Ereignis zu verschwenden – «Fiddle while Rome burns», wie der Engländer es ausdrückt. War es Unkenntnis der tatsächlichen Situation? Bewußte oder unbewußte Aufrechterhaltung guter Manieren, bei welcher Weltlage auch immer? Völliger Verlust des Unterscheidungsvermögens zwischen Wesentlichem und Unwesentlichem? Undurchdringlich!

Ein anderer bemerkenswerter Zug geht aus einer Briefkopie hervor, die sich ebenfalls unter den Papieren meines Vaters befindet. Ich weiß nicht, von wem das Original stammt – die Kopie ist lediglich mit «Leo» unterzeichnet. Was den Brief so beachtenswert macht, ist nicht nur die außerordentlich packende Beschreibung der Frontkämpfe – in einem Stil, der manchmal an Erich Maria Remarques «Im Westen nichts Neues» erinnert –, sondern mehr noch der Anlaß, aus dem er anscheinend geschrieben wurde: der Tatsache, daß Familien in der Heimat sich oft keinerlei Vorstellung davon machten, wie es im Felde wirklich aussah. Man kann aus ihm sogar herauslesen, daß Mütter sich tatsächlich darüber stritten, welcher ihrer Söhne am vergleichsweise gefährlichsten Frontabschnitt stehe; und schlimmer! –, daß sie offenbar ihre Söhne an der Front um ihre Meinung befragten. Kein Wunder, daß diesen ab und zu die Galle überlief! Überraschend ist eher der respektvolle Ton, der trotz allem noch gewahrt wird.

Ich bin mir darüber klar, daß sich keine direkte Verbindung zwischen diesem Brief und dem Thema dieses Buches – Musik – herstellen läßt. Andererseits fand ich ihn so fesselnd, daß ich mich der Versuchung nicht erwehren konnte, ihn der Vergessenheit zu entreißen (siehe Seite 329 ff.).

Meine «Rechtfertigung»: Weit über 95 Prozent aller Papiere im Nachlaß Fleschs haben entweder etwas mit Musik zu tun oder stammen zumindest aus Musikerkreisen. Es ist daher beinahe sicher, daß der Briefschreiber ein Musikersohn war. Sollte dies nicht der Fall sein, so ist die Tatsache, daß mein Vater den Brief aufbewahrte, ein Beweis dafür, daß ich nicht der einzige bin, den er stark beeindruckt hat. Nach dem 1. Weltkrieg und insbesondere während der Inflation lag das deutsche Musikleben bekanntlich sehr darnieder, und viele Künstler litten große Not. Dies veranlaßte meinen Vater zur Gründung des «Hilfsbunds für Deutsche Musikpflege», dessen Aufgabe es war, in den schlimmsten Fällen einzugreifen. Ein Tropfen auf einen heißen Stein, aber der Verein half in der Tat zahlreichen notleidenden Musikern, soweit es in seiner Macht stand. Eine Beschreibung der in der Hitlerzeit unvermeidlich gewordenen Trennung meines Vaters vom Hilfsbund ist – wenn ich vorgreifen darf – erwähnenswert.

Im Dezember 1933 erklärte er seinen Austritt, der ihm in einem Brief bestätigt wurde, welcher den Satz enthielt: «Sie dürfen versichert sein, daß der Hilfsbund sich stets Ihres warmen Interesses und Ihrer großen Opferwilligkeit dankbar erinnern wird.» Darauf entspann sich folgender Briefwechsel, an dem das Bemerkenswerteste ist, daß er damals noch in dieser Form möglich war; ein Jahr später wäre dies schon nicht mehr der Fall gewesen.

Flesch an den Hilfsbund: «Ich sehe mich gezwungen, auf den Inhalt und die Formulierung dieser anerkennenden Worte näher einzugehen, denn ein Uneingeweihter müßte aus ihnen schließen, daß mein Verhältnis zum Hilfsbund ausschließlich darin bestanden hat, eine mehr oder weniger intensive Werbetätigkeit zu dessen Gunsten zu entfalten. Ich fühle mich daher veranlaßt, Ihrem Gedächtnis ein wenig zu Hilfe zu kommen und die Entstehungsgeschichte des Vereins kurz zu rekapitulieren.

Erschüttert durch die in der Inflationszeit immer dringendere Not der deutschen Musikerschaft faßte ich aus eigener Initiative im Jahre 1920 den Entschluß, eine durchgreifende und dauernde Hilfsaktion in dieser Richtung einzuleiten. Durch Veranstaltung eines Wohltätigkeitskonzertes in Holland, das einen Reinertrag von ungefähr 2400 holländischen Gulden abwarf, welche das Anfangskapital der Vereinigung bilden sollten, gelang es mir vor allem, eine solide finanzielle Basis für meine Pläne zu schaffen. Unmittelbar darauf berief ich eine Anzahl prominenter deutscher Musiker zu einer Sitzung, in deren Verlauf ich meinen Plan auseinandersetzte und sie um ihre Mitarbeit für dessen Verwirklichung bat. Sie alle drängten damals vergeblich in mich, das Amt des ersten Vorsitzenden zu übernehmen – ich lehnte mit der Begründung ab, daß es mir als ungarländischem Deutschen nicht passend erschiene, einer reichsdeutschen Vereinigung vorzustehen. Auf meinem Vorschlag wurde ich stellvertretender Vorsitzender.

Aus diesen seinerzeit protokollierten Fakten erhellt, daß der Verein ausschließlich meiner Initiative seine Entstehung verdankt. Ich lege Wert darauf, gegenüber allfälligen Verdunkelungsversuchen diese Tatsache erneut und endgültig festzustellen. Auf äußere Beweise der Anerkennung lege ich hingegen keinerlei Wert, denn ich habe Zeit meines Lebens das Gute stets um seiner selbst willen getan. In diesem Falle genügt mir als Belohnung das stolze Bewußtsein, eine Vereinigung gegründet zu haben, die schon zwölf Jahre hindurch tausenden meiner Fachgenossen in bitterster Not geholfen hat. Ich hoffe, daß der Hilfsbund auch weiterhin die Ziele, die uns allen bei seiner Gründung vorgeschwebt haben, in unparteiischer Weise verfolgen wird.»

Und die Antwort: «Der Vorstand des ‹Hilfsbundes für deutsche Musikpflege E.V.› hat in seiner Sitzung vom 15. d. Mts. von Ihrem werten Schreiben vom 10. d. Mts. Kenntnis genommen.

Dem Vorstande sind die in Ihrem Brief aufgezählten Tatsachen über die Gründung des Hilfsbundes und Ihre Tätigkeit im Vorstande sehr wohl bekannt und werden unvergessen bleiben, umsomehr, als sie in den Akten und Veröffentlichungen des Hilfsbundes ohnehin festgelegt sind.

Der Vorstand nimmt von neuem Veranlassung, dem Gründer des Hilfsbundes seinen Dank auszusprechen.»

Wie auch immer die finanzielle Lage der einzelnen war, es ist eine Tatsache, daß Mitte der zwanziger und Anfang der dreißiger Jahre Berlin konzertmäßig wieder als eines der Musik-Zentren der Welt gelten konnte. Dies hing zum Teil wohl mit den stetig wechselnden und oft ungünstigen Verhältnissen in Amerika zusammen. Einige Bemerkungen von Robert Perutz, einem ehemaligen Schüler meines Vaters, der in Amerika lebte, sind in dieser Beziehung bezeichnend:

«Die Leute wissen gar nicht, wie enorm schwer es ist, jetzt in Amerika halbwegs durchzudringen... Die Konkurrenz ist in allen Branchen noch dieselbe. Unlängst las ich ein Interview mit Elman, der über die schweren Zeiten klagt: ‹Heute braucht ein zehnjähriger Knirps nur das Mendelssohn-Konzert zu spielen, um gleich als großer Geiger gefeiert zu werden› (sagt Elman).

... Jeder Schüler kommt mir jetzt wie ein Stück rohes Fleisch vor, um das sich ein Rudel hungriger Hunde rauft... Ich komme mir kaum mehr als Gentleman vor, wenn ich von meinen Schülern Geld nehme, statt ihnen zu sagen, sie sollten etwas anderes treiben, als Geige zu spielen... Die konzertierenden lebenden Monumente sind sehr human geworden und buhlen leidenschaftlich um jedes Konzert. Die Zeiten, wo das Künstlerzimmer streng verschlossen war, sind vorüber. Die Türen sind weit offen, und all die Giesekinder, Horowitze und Masturbis (Iturbi) werden bald betteln, man möge doch ein Autogramm von ihnen verlangen. Aber schließlich leben läßt es sich hierzulande vorläufig doch immer noch... Heifetz spielte vor ganz leerem Haus... Huberman, Bauer, Tertis und Salmond spielten auch vor gähnend leeren Sälen. Sie spielten sehr schön.»

Und eine Eintragung in Carl Fleschs Tagebuch aus dem Jahre 1932: «(Besprach mit Piatigorsky) eingehend die materiellen Bedingungen des Konzertierens in unseren Tagen – die Conclusionen waren niederschmetternd. Insbesondere in Amerika belaufen sich seine Spesen auf 60 bis 70% des Honorars...»

Aber auch in der übrigen Welt hatten viele angesehene Künstler Schwierigkeiten. Ein Brief aus dem Jahre 1928 von Karel Hoffmann, Mitglied des berühmten Böhmischen Streichquartetts, ist typisch:

«Große Touren machen wir nicht mehr. Die Konzertverhältnisse haben sich auch ziemlich verschlechtert, es wimmelt sozusagen von neuen Quartettvereinigungen, und das Publikum gering – weil Mittelklasse verarmt. So hauptsächlich in Deutschland, wo früher unser größtes Feld war.»

Und dennoch: Wenn man sich das Programm des offiziellen «Führers durch die Konzertsäle Berlins», zum Beispiel für die erste März-Hälfte des Jahres 1932 ansieht, so entdeckt man – für diese wenigen Wochen! – Namen, wie Busch, Furtwängler, Klemperer, Patzak, Rosé, Roswaenge, Schlusnus, Tauber, Walter. Sie sind auch heute noch unvergessen. Hinzu kamen viele andere, die heute dem weiteren Publikum weniger bekannt sind, aber damals unbestritten einen ersten Rang einnahmen, wie zum Beispiel Elinson, Ivogün, Kern, Osborn, Vecsey, Wittrisch und andere. Antisemitismus in der Form, daß Konzerte jüdischer Künstler weniger gut besucht wurden, als andere, war vor der Hitlerzeit nicht zu verspüren. Fast im Gegenteil: Das regelmäßig ausverkaufte Bußtagskonzert Bronislaw Hubermans zum Beispiel, dessen jüdische Abstammung von niemandem bezweifelt werden konnte, war eine langjährige Berliner Tradition. Dagegen kann kein Zweifel bestehen, daß an der Berliner Hochschule schon vor dem Umschwung Intrigen gegen Juden im Gange waren, obwohl oft unter einer nicht-antisemitischen Flagge und nicht so ausgeprägt, wie an einigen Musik-Akademien der deutschen Provinz. Damals gab es schon viele heimliche Parteimitglieder, die am Tage der Machtergreifung mit den Parteiabzeichen erschienen. Da sie – wie es sich herausstellte, mit Recht – annahmen, daß das Datum der Mitgliedskarte von Bedeutung sein könne, und gleichzeitig, daß ihnen eine völlige Passivität in Rassefragen während der Vorhitlerzeit nicht besonders hoch angerechnet werden würde, fingen einige frühzeitig an, ihre Stellung mit einem Blick auf die Zukunft zu beziehen.

Ein typischer Fall war Gustav Havemann, ein Joachim-Schüler, gleich meinem Vater Professor an der Berliner Hochschule. Sie sahen sich dort fast täglich und standen auf kollegialem Fuß – was Havemann jedoch nicht hinderte, im Jahre 1931 einen offenen Brief an meinen Vater zu richten, in dem er ihm – unter leicht durchschaubarer Verdrehung der Tatsachen – vorwarf, er habe es sich zum Ziele gesetzt, den deutschen Geigern einen «jüdischen Tonsinn» aufzuzwingen. Die daraus folgende Zeitungspolemik ist nicht genügend interessant, um hier noch einmal wiedergegeben zu werden. Havemann war eine etwas merkwürdige Mischung. Mir hatte er schon immer den Eindruck eines verkappten – und nicht einmal so verkappten – Nazis gemacht, andere, zum Beispiel der Komponist Berthold Goldschmidt, fanden ihn dagegen «nett und unvoreingenommen».[1]

Über Havemanns Einstellung ist verschiedentlich geschrieben worden, und ich will mich darauf beschränken, seine Haltung mit Hilfe des «Falles Schreker» zu demonstrieren. Sie war typisch für viele politisch rechtsstehende Persönlichkeiten dieser Zeit, die zwar nicht – oder zunächst nicht – den blinden bedingungslosen Antisemitismus der Nationalsozialisten mitmachten, aber gleichzeitig ausgesprochen judenfeindlich waren. Sie drückten dies in der Weise aus, daß sie die Juden angriffen und dann etwas hinzusetzten wie etwa: «Im Grunde bewundern wir ja die Juden. Wenn sie sich doch nur anständig benehmen würden, dann könnte sich die Judenfrage sehr leicht lösen lassen.» Von da war es nur ein kleiner Schritt zur zumindest stillschwei-

[1] «Verdrängte Musik – Berliner Komponisten im Exil – Argon Verlag.

genden Duldung der nationalsozialistischen Ausschreitungen; auf diese Weise spielten auch diejenigen, die nicht ausgesprochene Nazis waren, in Hitlers Hände.

Franz Schreker, Direktor der Berliner Hochschule für Musik seit 1930, verlor seinen Posten im Jahre 1932, und kann wohl – obwohl dies vor der offiziellen Machtergreifung Hitlers lag, und er seine Professorenstellung als solche behalten durfte – als eines der ersten Opfer der «Kulturrevolution» angesehen werden. Mein Vater, der sich zu dieser Zeit über Havemann keinen Illusionen mehr hingab, schrieb in sein Tagebuch: «Die Zeitungen bringen die Nachricht von Schrekers Demission als Direktor der Hochschule infolge eines von der Lehrerschaft ausgesprochenen Mißtrauensvotums. Man merkt die Klaue Havemanns.»

Er muß mit ihm über diesen und ähnliche Fälle (insbesondere den des Pianisten Leonid Kreutzer) in Verbindung getreten sein, denn ich kann aus einem Brief Havemanns vom 22. Juli 1932 zitieren:

«... Auch ist noch kein Nachfolger für Schreker genannt ... der bis Januar beurlaubt ist und dann eine Meisterklasse in der Akademie übernimmt... Schreker hat, da ich ihm plausibel machte, daß *ganz Deutschland* ihn als Direktor ablehnt, *freiwillig* den Antrag gestellt, daß er von der Akademie übernommen wird. Ich freue mich für ihn, daß er jetzt nur komponieren kann. Das ‹Berliner Tageblatt› hat aber in entstellender Weise geschrieben, daß wir aus *politischen* Gründen Schreker nicht wollten. Es wäre besser, die jüdischen Zeitungen ließen die bewußt falschen Behauptungen, wir würden viel schneller die Judenfrage, die es früher in Deutschland überhaupt nicht gab, überwunden haben. Sie werden mir sagen, auch früher ist der Jude nicht für voll angesehen worden. Das stimmt, aber genau so ging es den bürgerlichen Kreisen. Der Hochadel hatte Feudalrechte ... der Judenhaß ist nach Deutschland gekommen wie der Ostjude sich bei uns breitmachte.

... Die Kunst muß und soll unparteilich sein und werden. Die Juden sind als Volk stark, und der Zionismus sorgte mit Recht, daß es erhalten bleibt. Dieses Recht beanspruchen wir auch für uns. Wir achten die hervorragenden Eigenschaften der Juden viel zu hoch, als daß wir unser Volk nicht ähnlich erziehen wollen.»

Ich glaube, daß Meinungsäußerungen dieser Art, die mit ihrer Mischung von Zynismus, Hypokrisis, Wirrköpfigkeit und – es ist fair hinzuzufügen – echtem Gefühl, den Antisemitismus sozusagen «liberal» untermauerten, aufschlußreicher sind als lange Erklärungen. Interessanterweise fiel übrigens Havemann später bei den Behörden in Ungnade.

Wenn Schreker nicht Jude gewesen wäre, wäre er sicher nicht so behandelt worden. Aber der Gerechtigkeit halber soll man eine Meinung nicht unerwähnt lassen, die auch von Carl Flesch geteilt wird, dessen Tagebucheintragung fortfährt: «... Schreker war allerdings für den Posten so ungeeignet wie nur möglich... Welche Tragik das Schicksal dieses Mannes! Paul Bekker[1] hat ihn auf dem Gewissen, er hat ihn in seinen Anfängen zu Tode gelobt...»

Ich besitze einen Brief Schrekers, datiert vom 10. Juni 1933. Sagte ich «Brief»? Es war ein Notschrei! Er wußte offenbar nicht mehr aus noch ein und war hilflos desorientiert:

»... Ob man in Baden-Baden sehr billige Wohnungen bekommen kann? Eventuell könnte meine Frau dort eine Pension aufmachen... Ich würde im Ausland jede Stellung annehmen, auch mit einem Existenzminimum... Ich war vor ca. vier Wochen mit den Nerven fertig und bin auf Zureden aller Menschen um mich herum (ich konnte nicht mehr, auch nicht mit Veronal, schlafen) in ein Sanatorium gegangen. Ich habe in diesen 13 Jahren in Berlin zuviel durchgemacht. Es war ein *Martyrium* über das ich einmal schreiben werde. Schon im dritten Jahr wollte ich wieder nach Wien zurück, und hätte auch gekonnt, es war schon alles soweit, da hat man mich überredet, zu bleiben! Ich war ein Ochse!

Von Hr. Collegen Havemann besitze ich einen interessanten Brief aus dem Jahre 20, damals als ich ihn als erster engagierte. Seinen Schwiegersohn Höffer habe ich ausgebildet (er konnte nichts und war nichts, als er zu mir kam) und an die Schule verpflichtet. Es ist alles... ein Berg von Gemeinheit, durch den ich mich hindurchessen mußte. Ich habe mich durchgefressen, mir aber den Magen dabei verdorben. Nun heißt es, wie Sie richtig sagen, die Nerven nicht verlieren. Ich besitze eine Briefsammlung von allen bedeutenden Musikern der Welt incl. der deutschen Herren Strauss, Pfitzner, Furtwängler, Schillings, Mottl, G. Schumann usf.... Ich brauchte eigentlich nichts als eine Auswahl dieser Briefe herauszugeben, aber ich werde es nie tun.

---

1 Bekannter Kritiker und Musikologe, der Schreker als Nachfolger Richard Wagners betrachtete.

Der Hauptgrund meines Ausgeschaltetwerdens ist ja doch, daß ich zuviel kann und dadurch der Gemeinde der Mediocren lästig geworden bin...»

Diese Katastrophe sowie seine Entlassung aus der Akademie der Künste führte 1933 zu einem Schlaganfall, von dem er sich nicht wieder erholte.

Interessant in anderer Beziehung ist ein Brief des Redakteurs der «Allgemeinen Musikzeitung» Paul Schwers (von Leonid Kreutzer «Schwersverbrecher» getauft) vom 12. November 1930, in dem er die Frage des Ausländerbesuchs an deutschen staatlichen Instituten diskutiert. Eine für das damalige Klima typische Mischung von politischen, kulturellen und rein geschäftlichen Erwägungen:

«Es wäre in der Tat ganz erwünscht, wenn die Frage des Ausländerbesuchs an unseren staatlichen Instituten einmal ernstlich erörtert würde... Ich persönlich nehme den Standpunkt ein, daß es unbedingt erwünscht ist, den ausländischen Studierenden einen gewissen Prozentsatz einzuräumen. Denn wir haben alles Interesse daran, diese Studierenden dann als Sendboten für den Wert unserer musikalischen Kultur später ins Ausland wieder hinauszusenden. Freilich denke ich bei diesem Ausländerbesuch in erster Linie an jenen Teil des Auslands, der sich nicht mehr feindselig und verständnislos gegen uns stellt, und der vor allem auch in der Lage ist, zahlungsfähige Schüler nach Deutschland zu entsenden. Also in erster Linie an Nord- und Südamerika und an die Vereingten Staaten mit ihren Dominien; weiter an die skandinavischen Länder und an Holland, vielleicht auch an Spanien; in erster Linie aber auch mit an Japan, das sich gerade jetzt als Hauptfreund deutscher Musikkultur erweist. Um Frankreich, Belgien und Italien brauchen wir uns wohl weniger bemühen, teils noch immer aus politischen Gründen; dann aber auch, weil diese Staaten schon früher niemals Interesse für das Musikstudium in Deutschland gezeigt haben. In der Tat haben ja auch gerade diese Länder eine starke eigene Musikkultur, die wir unsererseits respektieren können und müssen. Dagegen vertrete ich den Standpunkt, daß Schüler aus dem Bereich der sogenannten kleinen Entente, namentlich aber aus der Tschechoslowakei (soweit es sich hier um Tschechen handelt) und aus Polen unter gar keinen Umständen zum Studium an unseren staatlichen Anstalten zugelassen werden dürfen, solange in jenen Staaten offen die Verachtung und der Haß gegen alles, was mit deutscher

Kultur zusammenhängt, gepredigt werden, und solange sie sich nicht, was in der Hauptsache auf Polen zutrifft, auch politisch für uns annehmbar stellen. Rußland läßt keine Studierenden heraus. Überdies würde man auch von dort her nur arme Schlucker und Hungerleider bekommen, und die haben wir in unserem eigenen Lande jetzt zur Genüge. Eine besondere Frage ist auch die Schweiz, die sich seit den letzten Jahren in hohem Maße chauvinistisch gegen alles stellt, was vom Ausland, namentlich aber von Deutschland her, über die Grenzen kommt, um sich künstlerisch zu betätigen. Man sollte den Schweizern scharf auf die Finger sehen und jedenfalls verhüten, daß sie sich überhaupt unter diesen Umständen in Deutschland allenthalben in Stellungen hineinbringen, während umgekehrt die Schweiz die Reichsdeutschen nahezu aussperrt. Dagegen sollen die Österreicher so behandelt werden, wie die Reichsdeutschen selbst...

Übrigens stehe ich keineswegs ablehnend der Einrichtung einer Ausländerakademie entgegen, aber selbstverständlich muß sie auf einer ganz anderen Basis errichtet werden, als die ganz verkehrt aufgezogene und schlecht organisierte Saisongründung vom vorigen Frühjahr, die die Amerikaner ganz richtig als pure Fremdenfalle aufgefaßt haben. Auf solch laienhafte Geschichten, Amerikanern in sechs bis acht Wochen deutsche Musikkultur angedeihen zu lassen, darf man unter gar keinen Umständen mehr zurückgreifen. Solche Unternehmungen und ihre Auswirkungen schaden uns weit mehr, als sie uns nützen können...»

Die Änderungen nach der Machtergreifung Hitlers kamen nicht auf einen Schlag, sondern allmählich. Mein Vater behielt vorläufig seinen Posten an der Hochschule. Zu diesem Zweck hatte er die Mitgliedschaft zur «Reichsmusikkammer» zu beantragen, die ihm gewährt wurde. Im Laufe der nächsten Jahre wurde die Situation natürlich immer unmöglicher, und im Jahre 1935 kehrte er Deutschland endgültig den Rücken.

Es ist prominenten Persönlichkeiten – und daher auch meinem Vater – nicht selten zum Vorwurf gemacht worden, daß sie Deutschland nicht sofort oder zumindest viel früher verließen, statt zu versuchen, sich den bestehenden Verhältnissen anzupassen. Hätte man vorausgesehen, wie sich die Dinge entwickeln würden, so wäre diese Kritik selbstverständlich berechtigt. Aber sie lagen ja nicht so einfach wie sie heute, wo man den Ausgang kennt, aussehen. Natürlich, für diejenigen, die beruflich sofort ruiniert waren oder sich in persönlicher Gefahr befanden, war der Entschluß – aber, tragisch, oft nicht seine Ausführung! – leicht: Sie hatten keine andere Wahl. Für die anderen dagegen erhoben sich viele Zweifelsfragen; es war fast unmöglich, sie verständnismäßig gegeneinander abzuwägen.

Mein Vater war außerdem einer derjenigen, bei dem die Berliner Hochschule zunächst alles tat, was sie konnte, um die zuständigen Regierungsstellen davon zu überzeugen, wie wichtig es sei, daß er bliebe. Dies geht zum Beispiel aus einem Brief, datiert vom 1. Juni 1933, von Professor Stein, dem neuen Hochschuldirektor, hervor, den er ersucht hatte, seine Situation zu klären:

«... Nun habe ich gestern bei Herrn Ministerialrat von Staa die Notwendigkeit betont, Sie unter allen Umständen zu halten... Seien Sie überzeugt, daß ich alles tun werde, was in meinen Kräften steht. Ich habe mich schon der Zustimmung Dr. Furtwänglers versichert und selbst Herr Prof. Havemann» («Selbst» Prof. Havemann – wie bezeichnend für dessen Stellung und Einfluß!) «hat mir erklärt, daß Sie unter allen Umständen gehalten werden müssen. Ich bitte Sie also in der Angelegenheit zunächst nichts zu unternehmen und allen etwaigen Anfragen gegenüber kategorisch zu erklären, daß Sie nicht beurlaubt und nach wie vor Lehrer unserer Hochschule seien.»

Und am 21. Juni 1933: «(Ich hörte ein Gerücht), Sie seien von Mussolini persönlich eingeladen worden, einen Unterrichtskurs in Rom abzuhalten. Stimmt das? Wenn ja... würde ich dieses wichtige Faktum... an das Reichsministerium weitergeben, da es dessen Entscheidung nur im günstigen Sinne beeinflussen konnte.» (Soweit ich weiß, blieb es lediglich ein Gerücht.)

Und schließlich zu seinem 60. Geburtstag am 9. Oktober 1933: «Wir gedenken am heutigen Tage mit Dankbarkeit und Verehrung Ihres reichen Lebenswerkes... und wir hoffen und wünschen, daß Sie noch recht lange in ungeminderter Schaffenskraft wirken mögen zum Segen unserer Kunst – ad multos annos.»

Nicht leicht, auf diese Einstellung aller Kollegen negativ zu reagieren, zumal wenn man die rein praktischen Erwägungen in Betracht zieht: Carl Flesch war im 60. Lebensjahr, hatte einige Jahre zuvor im amerikanischen Börsenkrach all sein Geld verloren und war seiner Bank noch einen erheblichen Betrag schuldig; er hatte seit langem beschlossen, sich im Alter von 60 Jahren ausschließlich auf seine Lehrtätigkeit zu konzentrieren; und seit vielen Jahren lag seine Haupttätigkeit in Deutschland. Es ist verständlich, daß er all dies nicht leichten Herzens aufgeben konnte, um im Ausland – mit allen damaligen Schwierigkeiten der Aufenthalts- und Arbeitserlaubnis – neu anzufangen.

Hinzu kam die anfängliche optimistische Hoffnung vieler Leute – bestärkt, in seinem Fall, durch das überaus positive Verhalten der Hochschulleitung –, daß sich die Situation nach verhältnismäßig kurzer Zeit «normalisieren» würde. Die wenigsten konnten sich die tatsächliche Entwicklung vorstellen, geschweige sie voraussehen. Ich selbst, ein an Politik durchaus interessierter Student der Rechtswissenschaften, erinnere mich lebhaft an den Tag, an dem die Nazis offiziell zur Macht kamen. Ich hatte – heute kaum vorstellbar – ein Gefühl der Erleichterung: «Gott sei Dank, jetzt können wir das Ende absehen. Früher oder später war eine Nazi-Regierung unvermeidlich, aber sie kann nicht lange dauern. Da müssen wir jetzt einfach durch.»

Aber was bedeutet meine Meinung im Vergleich zu der von Leuten mit langjähriger beruflicher Erfahrung in Politik und Wirtschaft? Für mich das frappanteste Beispiel ist ein Ausspruch Georg Bernhards, Chefredakteur der «Vossischen Zeitung», Reichstagsabgeordneter und Professor an der Berliner Handelshochschule.

Bernhard hatte eine prominente Stellung im Berliner gesellschaftlichen und politischen Leben; er war eine Persönlichkeit, für welche die treffendste Bezeichnung das englische Wort «colourful» ist. Er gab gelegentlich Hauskonzerte, bei denen mein Vater zuweilen mitwirkte, nicht nur aus Freundschaft, sondern weil ihn die prominenten Politiker interessierten, die man bei diesen Gelegenheiten traf. Ein ironische Tagebucheintragung aus dem Jahre 1932: «Hauskonzert bei Georg Bernhard. Es ist amüsant zu sehen wie die deutschen Politiker der Republik dem deutschen Erbübel – der Faszination mit allem was französisch – erliegen und um den französischen Botschafter herumschwenzeln, der sie sehr von oben herab behandelt.»

Und über Bernhard selbst: «Seltsames Gemisch von klarem Denken und abenteuerlichem Phantasieren (merkt man am besten bei seinem Reizen im Skat)... Wenn er nicht etwas forciert den Proleten spielte – was ihm die meisten Menschen glauben –, etwas mehr posierte – auf Würde – und den Naturburschen für den Salonmenschen eintauschte, wäre er schon längst Finanzminister geworden.»

Ob diese Beobachtungen treffend sind oder nicht, kann ich nicht beurteilen, außer was den Phantasiereichtum beim Skat betrifft. Wenn eine Skatpartie verabredet war, so gingen die Ehefrauen gewöhnlich zusammen in ein Theater oder Kino. Bernhard verlor mit eintöniger Regelmäßigkeit und pflegte, kurz bevor die Damen zurückerwartet wurden, dafür zu sorgen, daß abgerechnet wurde. Danach spielte man weiter, aber die bisherigen Gewinne und Verluste waren «weg vom Tisch». Wenn dann die Damen zurückkamen, pflegte Frau Bernhard zu sagen: «Na, verlierst Du wieder schön?» worauf er auf den minimalen Verlust hinweisen konnte, der auf dem Papier stand.

An seinem 50. Geburtstag gaben seine Angestellten eine speziell für die Festlichkeit geschriebene private «Vossische Zeitung» heraus, die sich nur mit ihm beschäftigte. Eine Anzeige darin ist mir in Erinnerung geblieben: «Jede Wahrsagerin, welche von einem Herrn mit graumeliertem Haar und brennender Zigarre bisher noch *nicht* konsultiert worden ist, wird ersucht, sich bei der Redaktion der Vossischen Zeitung zu melden.» Wenn man bedenkt, daß Präsident Reagan oder seine Frau angeblich vor wichtigen Entscheidungen Astrologen konsultierten, ist dies gar nicht so weit hergeholt, wie es damals aussah.

Aber mit alledem war er ein kluger, erfahrener Berufspolitiker und Journalist, und alle Fäden der Information liefen auf seinem Schreibtisch zusammen. Als wir nach einem Konzert meines Vaters beim Abendessen in einem Berliner Restaurant zusammensaßen, hörten wir, daß der Reichstag in Flammen stehe. Darauf gab Bernhard sechs Worte von sich, die mir als die falscheste Voraussage, die ich jemals selbst gehört habe, in unauslöschlicher Erinnerung geblieben sind: «Das ist das Ende der Nazis!» Wenn jemand wie er sich so irren konnte, dann brauchen wir gewöhnlichen Sterblichen uns eines ähnlichen Fehlers nicht allzusehr zu schämen.

Mein Vater hatte Deutschland noch rechtzeitig verlassen, lehnte ein Lehrangebot des Salzburger Mozarteums – diesmal in der richtigen Voraussicht dessen, was da kommen sollte – ab und ließ sich schließlich in London nieder, wo es ihm nach einiger Zeit gelang, die dauernde Arbeitserlaubnis zu erhalten. Mit ehemaligen Kollegen blieb er noch in Verbindung und hielt sich dadurch einigermaßen über Ereignisse an der Berliner Hochschule auf dem laufenden. Neuigkeiten wurden ihm allerdings oft in etwas verschleierter Form mitgeteilt, wie zum Beispiel von seinem ehemaligen Schüler Prof. Max Strub in einem Brief aus dem Jahre 1936: «Der Mann mit dem besonderen Talent, der die Schüler auf Tonartenkenntnis prüft (mit Pfarrerstimme), ist um seine Pensionierung eingekommen!» Also so hatte man damals zu schreiben, wollte man sich nicht irgendwelchen Unannehmlichkeiten infolge vermutlicher Briefzensur aussetzen!

Andere zogen es vor, lieber bis zu einer Auslandsreise zu warten, um ihr Herz auszuschütten, wie zum Beispiel Georg Kulenkampff, der, in einem Brief aus dem Jahre 1938, darüber klagte, daß er sich «in erschreckendem Maße in einem luftleeren Raum» befände. Er fürchtete die durch «eine gewisse Konkurrenzlosigkeit ... hervorgerufene Gefahr des Stehenbleibens, ... das ein künstlerischer Reibungsmangel hervorrufen kann.» Aus diesem Grunde hatte er beschlossen, im folgenden Jahr auf jeden Fall ein Konzert in London zu geben, obwohl er sich keine Illusionen machte: «... ungeachtet der Stimmung – auch kalte Abreibungen befördern den Stoffwechsel!» Der Kriegsausbruch vereitelte diesen Plan.

In dieser – aber nur in dieser! – Beziehung hatten es Künstler, die emigriert waren und denen es gelang, in einem musikalisch noch verhältnismäßig unentwickelten Lande Fuß zu fassen, beinahe besser, denn sie hatten manchmal die Möglichkeit, kulturell wertvolle Arbeit zu leisten. So zum Beispiel der Geiger Diez Weismann, der in Guatemala gelandet war und an der dortigen staatlichen Hochschule eine Lehrstelle gefunden hatte: «Die Internen der Geigenklassen, deren Ausbildung 8 bis 9 Jahre dauerte, wurden bisher auf Grund einer Methode eines gewissen Butschardt (mir völlig unbekannt) nur mit Etüden geplagt ... so daß, als mir die Schüler zum ersten Male vorspielten, kaum einer im Stande war, ein Stück vorzutragen... Sie fangen jetzt erst an zu begreifen, daß sie Musiker, nicht aber automatische Etüdenspieler werden sollen.»

Am Anfang des Zweiten Weltkrieges begingen meine Eltern den Fehler, nach Holland zu gehen, wo mein Vater einige Engagements hatte und von dem er annahm, daß es, ähnlich wie das letztemal, neutral bleiben könne; eine Erwartung übrigens, die in Holland in den höchsten Regierungskreisen geteilt wurde.

Zunächst brachte die deutsche Besetzung keine unmittelbar tiefgreifenden Änderungen. Zum Beispiel war es jüdischen Künstlern noch nicht verboten, öffentlich aufzutreten. Dennoch beschlossen manche Konzertveranstalter, der Entwicklung vorzugreifen, wie zum Beispiel das Kurhaus in Scheveningen, in dem mein Vater während seiner Laufbahn buchstäblich Hunderte von Malen konzertiert hatte. Darauf schrieb er der Direktion am 25. Juni 1940:

«In meiner Carriere ist es manchmal vorgekommen, daß Konzertveranstalter fürchteten, ich würde *nicht* spielen – der Matschappy Scheveningen ist es vorbehalten geblieben, den ersten und einzigen Fall darzustellen, wo der Veranstalter fürchtete, ich *würde* spielen... Unter Zusammenfassung aller dieser Umstände, in denen der von Ihnen ausgeführte volte face in der Rassenfrage nicht nur für mich, sondern auch für viele andere eine schmerzliche Überraschung bildet, erkläre ich hiermit, daß ich mit Rücksicht auf meine eigene Würde darauf verzichte, auf Einhaltung meines Vertrages zu bestehen.»

Dies war natürlich nur die erste vieler «schmerzlicher Überraschungen». Die Dinge wurden zusehends immer schlimmer. Wie meine Mutter später an Artur und Therese Schnabel schrieb:

«Wir waren in steter Gefahr, um deportiert zu werden. Zweimal hat man uns verhaftet, aber jedes Mal hat man uns wieder freigelassen, trotzdem wir schon einmal im Gefängnis warteten, wo wir übernachten sollten, um wie man uns sagte, am nächsten Morgen ins Konzentrationslager gebracht zu werden, wo ‹wir hören würden, was ferner mit uns geschehen würde›. Plötzlich kam aber die liebe Verkünderin dieser Botschaft, die ihr Amt völlig mit Wonne ausübte, und sagte, wir würden wieder nach Hause gebracht. Dies geschah zweimal; ein drittes Mal holte man uns bei einer sogenannten wilden Razzia nachts aus dem Bett, aber da dies keine persönliche Verhaftung war, gelang es uns, die drei Polizisten wieder los zu werden. Was man uns allen in Holland angetan hat, ist unbeschreiblich. Nichts durfte man mehr tun; überall waren Beschränkungen auferlegt, damit man die Ausrede haben würde, die Leute gefangen zu nehmen oder zu deportieren. Dabei hat man uns noch glimpflich behandelt, aber von dem Sadismus und raffinierter Kleinlichkeit der Bestimmungen und Verordnungen, von dem sadistischen Genuß dieser Leute kann man sich keinen Begriff machen. Später waren zur Deportation keine Übertretungen der Verordnungen mehr nötig. Da wurde man einfach abgeholt, und es war eben aus.»

Mein Vater erhielt auf Intervention treuer Freunde eine sofortige Wieder-Anstellung beim Curtis Institute im damals noch neutralen

Amerika, und damit automatisch ein amerikanisches Visum – aber die Behörden verweigerten fünfmal die Ausreise. Er versuchte an den Hof der Belgischen Königin-Mutter Elisabeth zu kommen – einer passionierten Amateurgeigerin, die er bei Gelegenheit des ersten Ysaye-Wettbewerbs in Brüssel kennengelernt hatte; dort wären meine Eltern vermutlich verhältnismäßig sicher gewesen. Ich besitze zwei Briefe vom Sekretär Elisabeths aus dem Jahre 1941, in denen er schreibt, daß sie sich über sein Kommen sehr freuen würde, gleichzeitig aber darauf aufmerksam mache, daß er für die Erlaubnis zur Hin- und Rückreise selbst Sorge zu tragen habe. Dies machte den Plan gegenstandslos.

Im August erhielt mein Vater, auf Anregung Ansermets, eine Anstellung am Luzerner Konservatorium, aber auch hier wurde die Ausreise von den Deutschen verweigert. Inzwischen hatten meine Eltern nicht nur die deutsche, sondern – aus rein technischen Gründen – auch die ungarische Staatsangehörigkeit verloren, was sie als staatenlose Juden der besonderen Deportationsgefahr aussetzte. Glücklicherweise

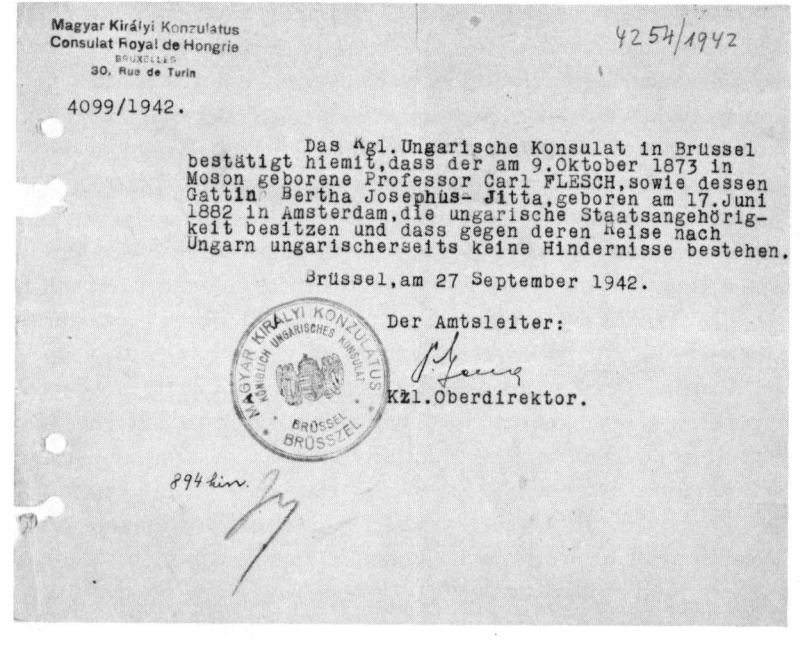

21 Bestätigung des ungarischen Konsulats in Brüssel

gelang es Dohnanyi und dem Geiger Geza Kresz, ihnen unter großen Schwierigkeiten die ungarische Staatsangehörigkeit wieder zu verschaffen (Abbildung 21). Daraufhin erlaubten ihnen die deutschen Behörden als große Konzession die Reise nach Ungarn. Dort dauerte es drei Monate, bis sie die Ausreiseerlaubnis in die Schweiz erhielten, wo mein Vater bis zu seinem Tode am 15. November 1944 lehren und konzertieren konnte.

In Holland und Amerika hatten meine Eltern viele treuen Freunde – zu zahlreich, um sie alle namentlich zu nennen –, die alles für sie taten, was sie nur irgend konnten. Aber natürlich waren sie in den entscheidenden Fragen machtlos. Die vier Männer, deren Interventionen – unabhängig voneinander – ihnen beinahe sicher das Leben retteten, waren Furtwängler durch die Briefe, die mein Vater vorweisen konnte, Ansermet durch seine Intervention in der Schweiz und Dohnanyi und Kresz durch ihre erfolgreichen Bemühungen zur Wiederbeschaffung der ungarischen Staatsangehörigkeit. Ihnen und allen anderen gebührt der tiefgefühlte Dank der Familie.

Es ist sicher, daß die Erfahrungen in Holland das Leben meines Vaters verkürzten; auf der Reise von Holland nach Ungarn, die meine Eltern auf Umwegen durch einen Großteil Deutschlands führte, bekam er sogar einen kleinen Herzanfall – mit keinen unmittelbaren Folgen, jedoch praktisch der Anfang seiner letzten Krankheit. Aber man kann nicht dankbar genug dafür sein, daß meinen Eltern das grauenvolle Schicksal so vieler anderer Juden erspart blieb.

Carl Flesch als Mensch

«Man hatte das schöne und sichere Gefühl, einem Vollmenschen gegenüber zu sitzen, der das besaß, was Goethe als das höchste Glück bezeichnete – Die Persönlichkeit.»

Dr. Paul Eger in seiner Trauerrede für Carl Flesch

Ich wies bereits im Vorwort darauf hin, daß, so oft auch der Name meines Vaters genannt wird, dieses Buch nicht als eine zweite Carl Flesch-Biographie zu betrachten sei. Es wollte allgemeinere Eindrücke wiedergeben, wie ich sie auf Grund nachgelassener Korrespondenz und eigener Erlebnisse empfangen habe. Gleichzeitig lag mir daran, gewisse Mißverständnisse über meinen Vater aufzuklären, und dies habe ich an passender Stelle getan. Was noch fehlt, ist eine persönliche Skizze über ihn. Seine Memoiren konzentrieren sich bewußt auf das Berufliche; die persönlichen Erinnerungen Außenstehender weisen Lücken auf, die sich nur von einem Mitglied der Familie ausfüllen lassen – wie zum Beispiel seine Rolle als Vater, die ich im Kapitel «Kinder berühmter Eltern» beschreibe.

Um Carl Flesch zu verstehen, muß man sich über drei Dinge klar sein: Er hielt Beruf und Privatleben streng getrennt; er vereinigte in sich – wie die meisten von uns – widersprechende Charakterzüge; und er verfügte über eine außergewöhnliche Willenskraft und Selbstbeherrschung. Letztere ließ ihn Fremden und auch Schülern gegenüber manchmal als kalt und gefühllos erscheinen, aber dieser Eindruck war falsch. Er war, im Gegenteil, ein warmer Mensch, jedoch etwas befangen und konnte seine Gefühle am besten durch die Musik ausdrücken.

Sonst war er in Ansichten und Lebensstil durchaus liberal. In einer Tagebucheintragung aus dem Jahre 1931 erwähnt er, daß er sich «über Mangel an Zuneigung von seiten des anderen Geschlechts nicht zu beklagen» gehabt hätte.[1] (Ich habe jedoch im Kapitel über Schüler bereits erwähnt, daß Schülerinnen meines Wissens für ihn tabu waren.)

Bei seinen Freunden und Bekannten war er beliebt und gern gesehen. Es gab wohl kaum einen Kollegen, mit dem er nicht auf gutem Fuße stand, und viele jüngere Berufsgenossen, die nicht seine Schüler gewesen waren, suchten und erhielten von ihm Rat und Hilfe in allen möglichen Fragen. Daß er in seinen «Erinnerungen» an manchen eine starke Kritik übt, steht damit nicht im Widerspruch; es ist lediglich ein Beweis seiner Trennung von Privatem und Beruflichem, seinem Streben nach absoluter Objektivität, das auch bei ihm selbst nicht halt machte.

Sein unbestrittener Ruf als Lehrer hatte zur Folge, daß ihm viele Kollegen, und nicht nur Geiger – etwa Burmester, Dohnanyi, Enesco, Huberman, Kreisler, Marteau, Mengelberg, Monteux, Persinger – Schüler empfahlen, meist weil sie sie für sehr talentiert oder manchmal auch für besonders schwierig hielten und selbst mit ihnen nicht weiter kamen.

Er war immer bereit, Kollegen, die in Not geraten waren, beizustehen, hauptsächlich in der Weise, daß er reiche Mäzene für sie interessierte. So gründete er, wie ich bereits beschrieben habe (siehe Seite 165f.), nach dem Ersten Weltkrieg den Hilfsbund für Deutsche Musik, der viel Gutes für Musiker tat, die in Not geraten waren. Anderes Beispiel sind die Witwe Busonis, Marteau und seine Hilfsaktion für Arnold Rosé während der Hitlerzeit. Letztere ist auch deswegen bemerkenswert, weil sie die Einstellung mancher Leute zeigte, die in Fällen dieser Art um Hilfe angegangen werden. Zum Beispiel hatte er in einem Rundschreiben gebeten, ihm die Namen anderer wohlhabender musikinteressierter Menschen zu nennen, die möglicherweise als Spender in Frage kommen könnten. Viele, die diesem Wunsch nachkamen, stellten die Bedingung, daß er, wenn er an diese Adressaten herantrete, sich nicht auf sie berufen solle. Das ist verständlich,

---

1 Max Dessoir in seinem «Buch der Erinnerung» (Ferdinand Enke Verlag, Stuttgart) schreibt sogar: «Die Frauen flogen ihm zu.» Ich muß gestehen, daß ich dies für die leichte Übertreibung eines etwas weltfremden Philosophen halte.

wenn man bedenkt, wie ungern die meisten von uns derartige Bittschreiben erhalten. Weniger erklärlich ist die Haltung einiger Empfänger, die es sich gut hätten leisten können, die aber, oft mit recht fadenscheinigen Begründungen, ihre Hilfe versagten oder auf ein Minimum beschränkten. Der Brief eines reichen Mannes, der für seine unzweifelhaft wertvolle Arbeit zur Förderung der Musik bekannt war und verschiedentlich Ehrungen erhielt, ist erwähnenswert.

«... Nach Ihrem Rundschreiben zu schließen, geht Rosé in Pension und hat keine Ersparnisse gemacht. Nichts liegt mir ferner, als etwas unfreundliches über einen großen Musiker wie ihn zu sagen, insbesondere in seiner gegenwärtigen bedauernswerten Lage, aber ich muß dennoch meine nachdrückliche Meinung dahingehend äußern, daß ein Mann wie er, der während einer langen und erfolgreichen Künstlerlaufbahn die Möglichkeit hatte, sich Geld zurückzulegen, selbst die Folgen zu tragen hat, wenn er dies nicht getan hat. Ich persönlich bin viel mehr daran interessiert, jüngere Künstler zu unterstützen, die bisher keinerlei Möglichkeiten hatten, Karriere zu machen und Geld zu verdienen. Dies ist der Grund, aus dem ich nur einen sehr kleinen Cheque beilege – ich mochte keine Bitte ablehnen, die von Ihnen kommt.»

Dem gegenüber ein Brief Rosés vom 24. April 1938 an meinen Vater:

«... Wie Sie richtig vermuten, bin ich nun nach 57 Jahren Oper, 56 Jahren Quartett und 44 Jahren Hofmusikkapelle in den Ruhestand versunken, ohne Sang und Klang. Ich glaube, daß Sie mich genügend kennen, um zu wissen, daß mir Eitelkeit fremd ist, aber daß man so plötzlich totgesagt wird, ist nicht zu fassen. Ab 1. Mai erwarte ich meine Vollpension, doch habe ich bis jetzt keine amtliche Benachrichtigung erhalten. Mein kleines Vermögen ist während der Inflation in Nichts zerronnen, so daß ich meinen Lebensstandard auf mehr als bescheiden herunterdrücken muß.

Ich bin im 75., meine Frau im 70. Lebensjahr, da muß die Pension noch ein paar Jahre langen. Das vieljährige Leiden meiner Frau trübt meine letzten Jahre, doch bin ich noch bei Gesundheit und habe nicht einmal den gewissen ‹Tatterich›! Ha, ha!»

Und weiter, im Juni (Abbildung 22) und im Juli des gleichen Jahres:

«Wenn Ihre großmütige Aktion mir monatlich RM 500 überweisen würde, könnte mir und meiner Frau eine sorglose Existenz ermög-

HOFRAT PROFESSOR ARNOLD ROSÉ
EHRENMITGLIED DER STAATSOPER UND DES STAATSOPERNORCHESTERS

5. Juni 38.

Sehr verehrter Herr Kollege,

     nun zwingt mir ein über - individuelles Geschick die Feder in die Hand und ich muß mich über= winden Ihnen mitzuteilen, dass mein weiteres Dasein ein mehr als bescheidenes wird sein müßen.
Der Unterricht wird gar nicht mehr gebührend honoriert und Concerte sind gewesen. Sollten Sie Ihre vornehme Absicht in die Tat verwirklichen können, so würde ich dies ohne Zögern annehmen.
Über Ihre Sie befriedigende Tätigkeit zu hören, hat mir ehrliche Freude bereitet, da Sie sich diese wohl verdient haben.
Leben Sie wohl und seien Sie jedenfalls herzlich bedankt.

              Freundschaftlichste Grüße

                   Ihres

Arnold Rosé

22 Brief von Arnold Rosé

licht werden. Die unerläßliche Pflege der Kranken legt mir in mancher Hinsicht große Entbehrungen auf. Eine Verdienstmöglichkeit wie Unterricht erteilen, würde meine Pensionsansprüche reduzieren, sonst könnte ich noch intensiv arbeiten...
Nehmen Sie meinen herzlichsten Dank entgegen, auch wenn Ihre Mühe ergebnislos sein würde...»

Rosé wußte damals natürlich nicht, daß all dies nur der Anfang war, aber es gelang ihm, nicht zuletzt durch die Hilfe meines Vaters, Österreich noch rechtzeitig zu verlassen. Seine Tochter dagegen war, gleich meinen Eltern, in Holland von der deutschen Invasion überrascht worden und schrieb meinem Vater am 7. August 1942 einen Abschiedsbrief:

«Es gibt keinen anderen Weg von Ihnen Abschied zu nehmen – damit wissen Sie alles! – Ich gehe – versuche in die Freiheit zu kommen –, sonst gehe ich zu Grunde.

In diesem Moment möchte ich Ihnen noch einmal sagen – ich weiß, daß nur sie es möglich machten, daß mein Vater in einem freien Land jetzt lebt – mehr kann kein Mensch auf der Welt für mich tun ... und die Gefühle die ich für Sie habe, brauche ich nicht wieder zu beschreiben.

Werde ich Sie im Leben wiedersehen? Gott schütze Sie beide!»

Mein Vater war eine merkwürdige Mischung von Geschäftssinn und Naivität. Sein Äußeres entsprach durchaus nicht dem, was man sich im allgemeinen unter einem «Künstler» vorstellt – er machte mehr den Eindruck eines wohlhabenden Bankiers. Der Schein trügte! Er verlor sein ganzes Vermögen – und das meiner Mutter – zweimal: Einmal in der Inflation nach dem Ersten Weltkrieg, und ein zweites Mal nach dem amerikanischen Börsenkrach im Jahre 1929, der ihn überdies in schwere Schulden an das Bankhaus Mendelssohn & Co., eine der angesehensten deutschen Privatbanken, stürzte. Der einzige Ausweg war, seine Stradivarius in Zahlung zu geben; der Seniorchef des Hauses, Franz von Mendelssohn, war ein guter Freund und erklärte sich bereit, diese Lösung anzunehmen. Er war übrigens ein ausgezeichneter Amateur-Geiger (nur vibrieren hatte er nie gelernt!).[1]

---

[1] Seine Tochter Lilly war Schülerin meines Vaters gewesen. Sie heiratete den Komponisten Emil Bohnke, mit dem zusammen sie nach einigen Jahren durch einen Autounfall ums Leben kam. Artur Schnabel in einem Brief vom 17. Mai 1928: «Das grauenvolle Ende der Bohnkes ... aus heiterem Himmel ... (ist eine) Zerstörung, Vernichtung

Franz von Mendelssohn war ein Privatbankier der alten Schule – ein guter Geschäftsmann, vornehm und hoch-kultiviert. Sein handschriftlicher Brief an meinen Vater vom 25. August 1931 ist eine interessante Mischung aller dieser Eigenschaften.

Offenbar hatte mein Vater einen Preis für die Geige gefordert, den von Mendelssohn höher fand, als er zu zahlen bereit war. Er schlug daher eine andere Lösung vor:
«Lieber, verehrter Herr Flesch! Ich habe die ganze Zeit auf das Tiefste bedauert, daß Sie von der schweren Krise besonders betroffen worden sind und kann wohl verstehen, daß Sie Ihre Angelegenheiten in Ordnung zu haben wünschen. Der Vorschlag, den ich Ihnen auf den Ihrigen machen möchte, ist vielleicht den jetzigen Zeitläufen noch mehr angemessen: Es ist jedenfalls anzunehmen, daß wir, wenn wir die Geige zu dem angegebenen Preise kaufen, zunächst noch recht lange darauf sitzen würden, da schließlich auch die alten Geigen von dem allgemeinen Verarmungsprozeß getroffen werden müssen.

Ich glaube daher, daß wir uns bereit erklären sollten, die Geige zu $ 37 500 fest zu kaufen mit der Bedingung, daß Sie das Recht behalten, das Instrument, solange wir es nicht verkauft haben, von uns zu $ 37 500 zuzüglich Zinsen vom Tage unseres Kaufs an gerechnet, zurückzuerwerben und daß wir, wenn wir es verkaufen und mehr als $ 37 500 erlösen, Ihnen den gesamten Überschuß über unseren um die Zinsen erhöhten Kaufpreis erstatten... Im übrigen werden wir den Zinsbetrag ... sehr kulant behandeln.

Sie würden dann für Ihre Geige den Mindestpreis von $ 37 500 bekommen, aber im übrigen den vollen Preis, den wir dafür erreichen könnten bzw. den Sie für sich selbst erreichen könnten. Wir aber würden erstens nicht das Risiko laufen, das in dem Erwerb eines solchen Instruments zu dem wohl höchsten Preise, den es nach der Marktlage erbringen könnte, liegt, und wir würden im übrigen nicht glatt die Zinsen bis zum Tage des endgültigen Verkaufs verlieren. Mit herzlichen Grüßen, Ihr aufrichtig ergebener
Franz von Mendelssohn.»

eines Gebiets, für das die Zukunft nur reiche Frucht und keine Not bereitzuhalten schien... Lilly ist gewiß ganz unersetzlich... Es ist keine junge Frau aus dieser Schichte auf der Erde, die so begabt, leidenschaftlich, vertraut, ausschließlich, ernst verbunden ist mit veredelter Musik, wie sie mit ihr verwachsen war. Der Kunstpflege ist ein wichtiges Stück ihres Bodens geraubt...»

Es kam leider nicht zum Rückkauf – das Instrument wurde während des Krieges bei einem Bombenangriff auf Berlin zerstört. Was würde es wohl heute wert sein!

Tagebucheintragung meines Vaters über den Verlust seiner Stradivari: «Es wird mir wahrscheinlich sehr weh tun, mich von diesem beseelten Stück Holz zu trennen, denn es war mir immer ein treuer Genosse, 25 Jahre lang, hat viel mit mir durchgemacht, Leid und Freude mit mir geteilt. Dafür werde ich ruhiger schlafen können. Morgen spiele ich sie zum letzten Male.» Das war, wenn ich mich recht erinnere, auch eines der letzten Konzerte mit Schnabel.

Da, im Gegensatz zu seinem Vermögen, sein Einkommen nicht gelitten hatte, blieb die Lebensweise meines Vaters im großen und ganzen unverändert. Insbesondere sorgte er dafür, daß seiner Familie nichts abging und ich kann bestätigen, daß er mich zu allen Zeiten, insbesondere auch in den Anfängen meiner Geschäftstätigkeit, in der ich wie die meisten Emigranten mit großen Schwierigkeiten zu kämpfen hatte, in der großzügigsten Weise unterstützte, wann immer dies nötig war. Sorgen konnte man ihm eigentlich nie anmerken, er blieb äußerlich immer der selbstsichere, über die Situation stehende Mann. Ich war daher überrascht, in seinem Tagebuch aus dieser Zeit die folgende Eintragung zu finden:

«Seit zehn Jahren schlägt alles, was ich unternehme, fehl. Marktspekulationen à la hausse während der Inflation, nahezu vollkommener Ruin. Durch meine lukrative Stellung beim Curtis Institute gelingt es mir, wieder auf die Beine zu kommen – Deutscher Börsenkrach 1927, Amerikanische Deroute 1929, ich halte durch, saniere mich noch in den letzten Monaten durch Überlassung meiner Strad an Mendelssohn, das heißt, bezahle meine Sanierung mit dem Verlust meines Vermögens und meiner Strad – und nun kommt, zu allem Unglück, noch der Ruin meiner Tochter (deren Mann durch die Entwertung des englischen Pfundes bankrott machte).

Ich habe furchtbare Tage durchlebt. Auch beruflich bin ich nicht zufrieden – die Menschen haben jetzt andere Sorgen als Geigenstunden zu nehmen. Meine Reserven sind winzig – ich bin neugierig, wie ich über diese ‹große› Zeit hinwegkomme. Wenn ich bloß gesund bleibe und arbeiten kann, bin ich immer noch zufrieden. Freilich, der Traum von einem sorgenlosen beschaulichen Alter schwindet immer mehr. Ich werde bis an mein Lebensende schuften müssen.»

Diese Eintragung ist genau so überraschend wie seine Memoiren überhaupt, soweit sie ihn persönlich betreffen – ich las von seinen anfänglichen Schwierigkeiten erst nach seinem Tode; äusserlich war ihm nie etwas anzumerken. Die Voraussage, dass er bis an sein Lebensende werde arbeiten müssen, ging in Erfüllung, aber ich bin sicher, dass er nicht darunter litt, sondern es gern getan hat. Denn abgesehen davon, dass er, wie er mir selbst schrieb, seine Schweizer Konzerttätigkeit während seiner letzten Jahre mindestens so erfolgreich fand wie früher, war er ein passionierter Lehrer, und es war seine mehrfach erklärte Absicht, eine neue Schweizer Geiger-Generation zu schaffen. Und ich bin überzeugt, dass, wenn ihm einige weitere gesunde Jahre vergönnt gewesen wären, er diese Absicht auch verwirklicht hätte. Er liebte Arbeit; Ferien, auf denen er müssig war, machten ihn nach seiner eigenen Aussage nervös – eine Charaktereigenschaft, die ich von ihm geerbt habe, und auf die ich gern verzichtet hätte!

Aber seine Bedürfnisse in dieser Richtung gingen tiefer: «Wenn ich nicht jeden Tag die Empfindung habe, in irgendeiner Hinsicht Fortschritte gemacht zu haben, fühle ich mich nicht wohl. Die Illusion des Besser-Machens oder Besser-Werdens ist für mein seelisches Gleichgewicht eine absolute Notwendigkeit. Ob es auch stimmt, ist ja nebensächlich.»

Das Tagebuch legt Zeugnis von anderen, minder wichtigen persönlichen Problemen ab, die ihn beschäftigen. Zum Beispiel: «Es ist ein Unglück, wenn man die Schönheit so liebt wie ich, selbst hässlich zu sein. Aber gleichzeitig ist es ein Glück, dass einem die eigene Hässlichkeit nur dann zum Bewusstsein kommt, wenn man sich im Spiegel betrachtet oder wenn man nicht wiedergeliebt wird – im Wandspiegel oder im Spiegel der anderen Persönlichkeit.»

Er muss in dieser Beziehung schon immer ein gewisses Minderwertigkeitsgefühl gehabt haben. Mit zunehmendem Alter wurde dies mehr und mehr unberechtigt, denn seine Erscheinung war eher attraktiv und eindrucksvoll zu nennen. Als junger Mann muss ich ihm dagegen, nach frühen Fotografien zu urteilen Recht geben (Abbildung 23). Amüsant ist der Brief eines Lausanner Konzertagenten aus dem Jahre 1907. Offenbar hatte dieser Bilder verlangt, und mein Vater hatte sie ihm mit einigen humorvoll-«entschuldigenden» Bemerkungen übersandt: «Lieber Freund, die Bilder sind angekommen. Nehmen Sie sich die Sache nicht zu sehr zu Herzen – Sie sind an Ihrem Aussehen nicht schuld. Das Comitée will noch einmal ein Einsehen haben, obwohl unsere Solisten kontraktlich verpflichtet sind, die Pensionsmädchen von Lausanne und Genf in sich verliebt zu machen...»

Ich glaube, daß, wenn es darauf angekommen wäre, mein Vater trotz seines Aussehens fähig gewesen wäre, seine vertraglichen Verpflichtungen in dieser Hinsicht zur allseitigen Zufriedenheit zu erfüllen.

Er war im großen und ganzen kein Freund der Reklame und in dieser Hinsicht auch nicht besonders geschickt. Ich erinnere mich zum Beispiel, daß der Berliner Rundfunk in den dreißiger Jahren ein Konzert meines Vaters als «Violinabend von Carl Flesch» ankündigte. Ich machte ihn darauf aufmerksam, daß im Gegensatz zu dem seinen, die Radio-Konzerte bekannter Künstler verschiedentlich unter dem viel anziehenderen Titel «Mischa Elman (oder wer immer der Künstler war) spielt!» angezeigt wurden. Ich riet ihm, auf der gleichen Art der Ankündigung zu bestehen, was er auch mit Erfolg tat. Er selbst wäre nicht auf eine solche Idee gekommen.

Er hatte eher eine gewisse Verachtung für Kollegen, die auf diesem Gebiet besonders geschickt waren. So hörte ich ihn zum Beispiel verschiedentlich erstaunt und fast ungläubig über einen bekannten Geiger, mit dem er übrigens gut befreundet war, sagen: «Er hat ein Adreßbuch, in dem er die Namen aller seiner Bekannten einträgt. Wenn er in einer Stadt konzertiert, dann schreibt er ihnen vorher, um sie auf sein Kommen aufmerksam zu machen.» Er war der Ansicht, es sei Sache des Publikums, an den Künstler heranzutreten, nicht umgekehrt.

Er hatte einen ausgesprochenen Sinn für Loyalität. Wie der Dirigent Dr. E. Kunwald im Jahre 1912 bei seinem Weggang aus Berlin schrieb: «(Ihr Brief war) das einzige Zeichen von Sympathie, das ich gelegentlich meines Abschieds von Berlin von all den vielen hundert Künstlern, die ich begleitet habe, (bekam)...» Und sein Freund Georg Bernhard (siehe Seite 174f.), der Anfang der dreißiger Jahre in einen sensationellen Skandalprozeß mit der Verlagsfirma Ullstein verwickelt war und eine sehr schlechte Presse hatte, antwortete ihm auf einen Brief, dessen Inhalt sich unschwer erraten läßt:

«Sie glauben gar nicht wie gut es tut, in solcher Zeit derartige Briefe zu empfangen. Man merkt doch wenigstens, daß man hie und

23 Der junge Carl Flesch

da noch Freunde sitzen hat... Man sollte es wirklich nicht glauben (ich habe mich allmählich daran gewöhnt, darüber zu lachen), daß selbst gute Freunde ängstlich werden und sich die Entwicklung lieber einmal eine Zeit lang aus der Ferne ansehen. Um so fröhlicher bin ich, daß ich Sie zu denen rechnen darf, die außer Verstand und Freundschaft auch noch Zivilcourage besitzen.»

Er war ein ausgezeichneter humorvoller «Erzähler», nicht zuletzt von Anekdoten, die gegen ihn selbst gerichtet waren. Ob es stimmt – wie Max Rostal sagt –, daß, wenn man ihm einen Witz erzählte, er oft eine verbesserte Version vorschlug, weiß ich nicht – ich selbst habe es nicht erlebt. Vielleicht tat er es nur bei Schülern, sozusagen als Ausdehnung seiner Lehrtätigkeit vom Beruflichen aufs Private, so sehr er diese zwei Sphären auch sonst getrennt hielt.

Aber diese Trennung bedeutete keineswegs, daß er – soweit ihm sein Beruf dafür Zeit ließ! – kein «Familienmensch» war, der der Liebe von Frau und Kindern sicher sein konnte. Dies geht mit überwältigender Klarheit aus Briefen hervor, die meine Mutter in den Jahren nach seinem Tode an mich schrieb:

«Natürlich, mein wirkliches Leben geht nicht weiter. Du weißt selbst, was er mir war und wie sich mein ganzes Leben auf ihn konzentrierte, aber ich glaube wirklich, daß er selbst es war, der mir die Stärke gab, die gegenwärtige Situation zu ertragen... Das Bewußtsein, daß er einen friedlichen Tod hatte ohne leiden zu müssen, ist mein größter Trost. Wir müssen dankbar dafür sein, daß er sein Leben und seine Aufgabe so gut erfüllte, Glück bei allen verbreitete, die ihn kannten und in ihren Herzen weiterleben wird... Ich vermisse ihn jeden Tag mehr. Ihr könnt Euch die Einsamkeit, die sein Tod mir verursacht, nicht vorstellen. Ich war immer daran gewöhnt, bei allem was ich tat, als erstes an ihn zu denken – und jetzt kann ich nichts mehr für ihn tun ... niemals wieder... Auf jedem Spaziergang scheint es mir so, als ob Papa neben mir her ginge und es ist mir noch immer unmöglich, mir vorzustellen, daß ich ihn nie wiedersehen werde... Aber... ich bin froh, auf ein Leben zurückblicken zu können, das bestimmt schöner und glücklicher war, als das der meisten anderen Leute.»

Kinder berühmter Eltern[1]

> Wenn wir das Lob berühmter
> Männer genügend gesungen
> haben, sollten wir daran denken,
> das Schicksal ihrer Kinder zu
> beklagen.
>
> D. J. Enright

«Du mußt sehr stolz auf Deinen Vater sein» ist eine der gutgemeinten Bemerkungen, die Kinder eines berühmten Mannes oft zu hören bekommen. Ich war mir nie ganz klar darüber, wie ich darauf reagieren solle. «Ja» hätte eingebildet klingen können; «Nein» illoyal gegen den Vater und unhöflich gegen den Gesprächspartner, den man damit in Verlegenheit gebracht hätte. Und außerdem wäre es unwahr gewesen: Natürlich war man «stolz», aber nicht so wie es der Fragesteller vermutlich meinte; man war daran gewöhnt, den väterlichen Ruhm als selbstverständlich hinzunehmen.

Für mich besteht kein Zweifel, daß ein berühmter Vater sich im allgemeinen ungünstig auf die spätere Entwicklung seiner Kinder auswirkt.[2]

Während sie jung sind, ist sein Vorhandensein durchaus erfreulich und bringt häufig gewisse Vorteile mit sich. Die Nachteile zeigen

---

[1] «Kinder» können Söhne oder Töchter, «Eltern» Väter oder Mütter sein. Da meine Erfahrung das Verhältnis eines Sohnes zu seinem berühmten Vater betrifft, habe ich mich in der Hauptsache auf diese Konstellation konzentriert. Ich nehme nicht an, daß bei Müttern bzw. Töchtern erhebliche Verschiedenheiten bestehen.
[2] Oder, besser gesagt, «ungünstiger». Auch die Kinder nicht-berühmter Eltern haben meist ihre Schwierigkeiten; wie es der bekannte englische Dichter Philip Larkin – nicht ganz salonfähig aber treffend – in einem kleinen Vers ausdrückte:
«They fuck you up, your mum and dad,
They may not mean to, but they do.
They fill you with the faults they had
and add some extra, just for you.

sich erst später. Etwa wie wenn man als Kind zuviele Süßigkeiten gegessen hat. Sehr schmackhaft, aber meist schlecht für die Zähne und Figur; und es kann sogar vorkommen, daß man «süchtig» wird.

Merkwürdigerweise scheint wenig über dieses Thema geschrieben worden zu sein, wenn man von Biographen absieht, die von Nachkömmlingen über ihre bedeutenden Eltern verfaßt worden sind; diese konzentrieren sich naturgemäß auf nur eine Person und sind oft – im positiven oder negativen Sinne – reichlich subjektiv.[1] Das ist nicht, was ich im Auge habe: Ich will, auf meine Erfahrungen gestützt, versuchen den Dingen etwas objektiver auf den Grund zu gehen. Es ist allerdings nicht leicht, das Thema abzugrenzen.

Nehmen wir zunächst den Vater: Berühmt wofür? Als erfolgreicher Schriftsteller, Schauspieler, Musiker, führender Industrieller, das heißt in einem Beruf, in dem die Prominenz normalerweise keinen großen Schwankungen unterworfen ist? Als «Pop star», dessen meteorischem Aufstieg gewöhnlich ein ebenso rapider Abstieg folgt? Als Sportler, der sich seinen Erfolg im wahrsten Sinne des Wortes jedesmal neu erkämpfen muß? Als Politiker, dessen Beruf und Ansehen den größten Wechseln, Angriffen und Verleumdungen ausgesetzt ist? Alle diese Fälle sind grundverschieden, haben aber eines gemeinsam – sie liegen außerhalb der Norm.

Und die Kinder: Sie sind ebenso uneinheitlich, je nach Veranlagung und Charakter. Manche werden unerträglich aufgeblasen und wichtigtuerisch; andere gehen zum gegenteiligen Extrem, werden unsicher und ziehen sich in sich selbst zurück; kommen sie aus einem reichen Elternhaus, so können sie sich zu Geldsnobs entwickeln oder meinen, sie bräuchten keinerlei Anstrengungen zu machen, denn es sei ja immer genügend Geld vorhanden; Kinder von Politikern können entweder fanatische Anhänger oder schärfster Gegner ihres Vaters werden – kurzum, die Möglichkeiten sind fast unbegrenzt.

Aber andererseits sind viele Kinder – wir wollen es nicht vergessen! – normal, nett und entwickeln sich zu ausgeglichenen erfolgreichen Erwachsenen. Wie zum Beispiel Igor Oistrach, den ich einmal fragte wie sich der Ruhm seines Vaters auf seine eigene Karriere ausgewirkt habe. Ich erwartete die übliche Klage – «Schrecklich, ich hatte es

---

1 Oft im letzteren, wie es zum Beispiel der bekannte englische Schriftsteller und Journalist Bernard Levin beschrieb – in einem Feuilleton mit der treffenden Überschrift «Why bare these old bones?»

24 Familie Flesch

25 Die Zwillinge

doppelt so schwer wie jeder andere!» Stattdessen sagte er: «Fabelhaft; es hat mir außerordentlich viel genützt» – was meine Theorie für einige Zeit – aber nicht für lange – etwas ins Wanken brachte. Aber ich greife vor.

Da ich ja aus eigener Erfahrung schreiben will, kann ich offensichtlich nur einen Ausschnitt der Problematik behandeln: Einen Vater in einer gefestigten Position, die dennoch bis zu einem gewissen Grade von seinen ad hoc-Leistungen und der Reaktion der öffentlichen Meinung abhing. Und einen Sohn – mich –, der, so bilde ich es mir jedenfalls ein, einen im großen und ganzen anständigen, ziemlich bescheidenen Charakter und eine normale Intelligenz besaß und bei dem nie die Rede davon war, daß er in den Fußstapfen seines Vaters folgen würde. Also ein abgegrenzter aber für seine Kategorie als ziemlich typisch zu bezeichnender Fall, der, abgesehen vom persönlichen, auch eine Anzahl allgemeiner Schlußfolgerungen zuläßt, von denen ich zunächst einige kurz erwähnen will.

Der ungünstige Einfluß berühmter Väter auf die spätere Entwicklung ihrer Kinder braucht keineswegs zu bedeuten, daß sie «schlechte» Eltern sind. Ganz bestimmt nicht in dem Sinne, daß den Kindern äußerlich etwas abgeht; Geld ist ja in diesen Haushalten meist mehr als genügend vorhanden. Was uns hier beschäftigt ist der psychologische Aspekt. Man muß zugestehen, daß bisher noch niemand entdeckt zu haben scheint, was eigentlich «gute» Eltern sind. Wie es eine bekannte Kinderpsychologin einmal ausdrückte: «Wir haben zwar schon gelernt, gewisse erzieherische Fehler zu vermeiden, aber wir wissen vorläufig noch nicht, wie wir unsere Kinder *richtig* erziehen können.» Wenn dies schon auf «normale» Eltern zutrifft, um wieviel mehr auf berühmte!

Ich glaube, der nachteilige Einfluß ist aus verschiedenen Gründen eine fast unvermeidliche Folgeerscheinung der elterlichen Prominenz.

Als Babys oder kleine Kinder betrachten wir die Eltern als allwissend und allmächtig. Dann fangen wir langsam an festzustellen, daß es damit gar nicht so weit her ist und daß auch sie ihre Eigenheiten und Fehler haben; wenn wir es richtig anstellen, können wir sie sogar von Zeit zu Zeit überlisten. Die nächste Phase ist die Pubertät mit all ihren Schwierigkeiten und Konflikten, und danach entwickelt sich, wenn man Glück hat, ein Verhältnis echter Zuneigung von gleich zu gleich.

Bei Kindern berühmter Väter ist es oft verschieden: Der Kleinkinderglaube an die allwissenden Eltern hält viel länger an, denn er wird ja von dritter Seite andauernd bestätigt, sogar bestärkt; und dies hat auch eine realistische Basis, da der betreffende Elternteil die Norm ja tatsächlich überragt. Söhne fangen in der Regel frühzeitig an, sich mit ihren Vätern zu vergleichen, ihnen nachzustreben. Bei väterlichen «Übermenschen» ist dieser Vergleich für das Kind oft so unvorteilhaft, daß es zu der Überzeugung gelangt, der Vater sei derart überlegen, daß es gar keinen Sinn habe, mit ihm zu konkurrieren; es wäre besser, den ungleichen Wettbewerb gleich von vornherein aufzugeben. Wenn diese Einstellung auf das Verhältnis zum Vater beschränkt bliebe, wäre es noch nicht so schlimm, aber sie kann sich leicht auf alles ausdehnen, was das Kind tut – oder tun sollte.

In der ohnedies schon genügend komplizierten Pubertätszeit kann dieser Zustand sich noch verstärken oder ins Gegenteil umschlagen. All dies bietet einen fruchtbaren Boden für die Entwicklung von Schwierigkeiten, die zunächst nur in der Natur und Einstellung des Kindes selbst liegen. Aber sie werden durch die praktischen Auswirkungen der beruflichen Situation des Vaters auf das Familienleben noch verstärkt.

Dieser hat, wie wir wissen, eine Stellung im öffentlichen Leben, deren Bedeutung über dem Durchschnitt steht. Je wichtiger sie ist, um so größer der Zeit- und Energie-Aufwand, den sie erfordert. Aber Zeit und Energie sind nicht unerschöpflich. Es ergibt sich daher das Dilemma, wie sie am besten zwischen Beruf und Familie verteilt werden können. Die Antwort kann man sich an den Fingern abzählen.

Es gibt natürlich keine festen Regeln dafür, wieviel Zeit ein Vater auf seine Kinder verwenden soll; das hängt von individuellen Faktoren bei allen Beteiligten ab. Überbeschäftigung mit Kindern seitens mancher Eltern kann bekanntlich ebenso nachteilig sein wie Unterbeschäftigung. Das richtige Mittelmaß zu finden, ist nicht leicht, aber eines steht fest: Bei einem elterlichen Beruf von besonderer Wichtigkeit haben wir es praktisch immer mit Unterbeschäftigung zu tun.

Hier begegnen wir allerdings wieder dem gleichen komplizierten Faktor, den wir schon mehrfach erwähnt haben (etwa im Kapitel «The show must go on»): Es gibt Berufe, die oft wichtiger, arbeitsaufwendiger und verantwortungsvoller sein können, als der künstlerische – zum Beispiel den ärztlichen. Aber merkwürdigerweise spielt der Konflikt zwischen Beruf und Familie dort oft (aber nicht immer) eine geringere Rolle. Auf die Frage worin der Unterschied liege, gibt es meines Wissens keine eindeutige Antwort. Ich vermute jedoch, daß sie damit zusammenhängt, daß sich die Berufe, welche die größte Problematik verursachen, im Lichte der Öffentlichkeit abspielen.

Wenn ich an meine eigene Jugend zurückdenke, so erkenne ich jetzt aus einer Tagebucheintragung, daß mein Vater seinen Kindern gegenüber recht gehemmt war (Abbildung 26). Diese Scheu war also etwas, das er merkwürdigerweise für allgemeingültig und selbstverständlich hielt.

Mir kam dies damals jedoch nicht zum Bewußtsein, obwohl ihm Zärtlichkeitsbezeugungen seinen Kindern gegenüber fremd waren – sie blieben meiner Mutter überlassen. Aber wir erkannten ohne Mühe, daß dies kein Zeichen mangelnder Liebe war. Ein Zusammensein mit ihm war praktisch immer ein Vergnügen, weil er viel Interessantes zu sagen und, nicht zuletzt, einen ausgeprägten Sinn für Humor hatte.

Er übte eine starke, selbstverständliche Autorität aus und fand es praktisch niemals notwendig, auch nur seine Stimme zu heben. Körperliche Züchtigungen auch der leichtesten Art waren in unserer Familie völlig unnötig und daher unbekannt. (Sie hätten auch für seine Hände schädlich sein können!)

Kindererziehung als solche war Sache meiner Mutter, in unserer frühen Jugend Sache des Kinderfräuleins. Die eigenen (selten angewandten) Erziehungsmethoden meines Vaters waren zuweilen etwas exzentrisch. Allgemein bekannt ist wohl die (hoffentlich erfundene) Geschichte des Vaters, der seinen Sohn auffordert, von einer hohen Mauer herunterzuspringen – er werde ihn auffangen. Der Sohn springt, aber der Vater macht keine Anstalten, sein Versprechen einzuhalten, um ihm vor Augen zu führen, daß man sich auf niemand anderen als sich selbst verlassen solle. Dieses – milde gesagt, etwas unorthodoxe – «Prinzip» wurde auch einmal von meinem Vater angewandt, glücklicherweise auf eine etwas weniger körpergefährliche Art. Da ich oft seine Briefe tippte, legte ich ihm von Zeit zu Zeit eine «Rechnung» über das für diese Arbeit vereinbarte Entgelt vor. Einmal, um Zeit zu sparen, fügte ich gleich eine Empfangsbestätigung bei. Daraufhin erklärte er, er würde nicht zahlen, damit ich lerne,

Meine Gefühle für meine Schüler sind die eines Vaters u. wie diesem ist es mir nicht gegeben meine Empfindungen offen zu zeigen. Daher stehe ich im Rufe der Kälte ihnen gegenüber.

keinem Menschen zu trauen. Es benötigte einiger Überredung, um ihn von dieser glorreichen Idee abzubringen.

Sexuelle Fragen wurden mit uns Kindern nicht besprochen. Als ich 14 Jahre alt war und mein Vater anfing, jährlich einige Monate in Amerika zuzubringen, hielt er es für angebracht, mich aufzuklären. Aber die Aufgabe war ihm offensichtlich peinlich. Er lud mich zu einem Spaziergang ein und sprach des längeren über die Gefahren, welche junge Menschen liefen, die «mit fremden Frauen gingen». Ich merkte wohl, worauf er hinaus wollte, ohne daß er den Übergang zum wirklichen Kernpunkt der Sache finden konnte. Er hätte sich die Verlegenheit ersparen können, denn ich war mit diesen Dingen durch Gespräche mit Schulkameraden bereits durchaus vertraut. Aber immerhin dachte ich mir, daß eine Bestätigung meiner Kenntnisse aus so autorativer Quelle nichts schaden könne, und außerdem war ich bescheiden genug, die Möglichkeit ins Auge zu fassen, daß ich auf diesem Gebiet doch noch das eine oder andere zu lernen hätte. Ich unterbrach ihn daher mit der unschuldigen Frage: «Ja, aber wie macht man es denn nun eigentlich?» Darauf gab er die klassische Antwort, die mir immer in bester Erinnerung geblieben ist: «Das wird Dir die Natur im richtigen Augenblick schon eingeben.» Sprach's und nahm mich wieder nach Hause mit dem angenehmen Gefühl, eine schwierige Aufgabe auf vorbildliche Weise gelöst zu haben.

In seinem Tagebuch erwähnt er in den etwa anderthalb Jahren, während denen er es führte, seine Familie oder private Dinge, die nicht ihn oder seinen Beruf betrafen, genau zweimal: Einmal meine Schwester, als ihr Mann, ein wohlhabender Privatbankier, infolge der Pfundabwertung bankrott machte; das andere Mal, als unser kleiner Hund, der zu einer läufigen Hündin geführt worden war, es nicht geschafft hatte, seinen Pflichten nachzukommen. Die Natur hatte es ihm zwar im richtigen Augenblick eingegeben, aber er war zu aufgeregt gewesen, dieser Eingebung zu folgen.

Also mitten unter teilweise recht originellen Bemerkungen über seine Kunst, moderne Musik, Kollegen und so weiter ein Bericht über die Impotenz eines kleinen Hundes: sein Denken schwebte durchaus nicht immer in den Wolken, sondern hatte eine Beimischung starken und gelegentlich sogar etwas kindlich zu nennenden Humors. Die Nichterwähnung seiner Familie war wohl der unbewußte Wille, Beruf und Privatleben streng getrennt zu halten. Für ihn war das Private anscheinend etwas selbstverständliches, und deswegen nicht genügend interessant, um eigens erwähnt zu werden. Die gleiche Tendenz zeigt sich in seinen Memoiren, die fast gar nichts über seine Familie enthalten, außer einigen Seiten, die er seinen Eltern widmet, allerdings wohl in der Hauptsache, um seinen eigenen Charakter zu erklären. Was wohl Freud aus all' dem gemacht hätte?

Die einzige Erwähnung von uns Kindern befindet sich in seiner Beschreibung Julius Röntgens, in der er dessen Bemerkung anläßlich meiner Geburt und der meines Zwillingsbruders erwähnt, mein Vater sei schon immer besonders gut in «Doppelgriffen» gewesen. Davon abgesehen dienten wir einmal Reklamezwecken: Während seiner ersten Amerikatournee im Jahre 1941, erschien ein langer illustrierter Artikel in der «New York Press» über die welterschütternde Tatsache, daß drei berühmte Geiger Zwillinge produziert hatten: Kubelik, Kneisel und Flesch. Sonst kann ich mich keines Falles erinnern, in dem die Familie im beruflichen Leben meines Vaters figurierte.

Die Trennung zwischen Beruf und Familie nahm manchmal etwas extreme Formen an. So erhielt ich zum Beispiel in den ersten Kriegsmonaten von ihm aus dem damals noch neutralen Holland einen Brief, in dem er sein Befremden darüber ausdrückte, daß meine Schwester und ihr Mann, die zu dieser Zeit noch in Paris lebten, Jacques Thibaud nach einem Konzert im Künstlerzimmer besucht hätten. Thibaud war einer seiner ältesten Duzfreunde, sie hatten beide bei Marsick studiert und, obwohl wir Kinder ihn nur flüchtig kannten, war er bei uns in Berlin verschiedentlich zu Gast gewesen. Man sollte daher einen Besuch im Künstlerzimmer für eine Selbstverständlichkeit halten; ich bin sogar sicher, daß mein Vater sich im umgekehrten Fall darüber gefreut hätte. Nicht daß er jemals bestrebt war, seine Familie von seinen Berufskollegen fernzuhalten – aber in seinem Unterbewußtsein gehörte Thibaud offenbar in einen völlig anderen «Raum», von dem er gewohnt war, daß er nur in seiner Anwesenheit betreten werden könne. Bevor ich die Zeit fand, ihm darüber zu schreiben – denn der Fall interessierte mich –, wurde Holland von den Deutschen besetzt, und wir alle hatten andere, größere Sorgen.

Daß er uns gegenüber alles andere als gleichgültig war, geht zum Beispiel daraus hervor, daß er unmittelbar nach dem Waffenstillstand in Holland als allererstes eine italienische Schülerin bat, uns mitzuteilen, daß es ihm und meiner Mutter gut ginge, daß sie aber sehr besorgt um uns seien und sehnsüchtig auf Nachricht warteten. Unser Befinden war ihm wichtiger als das seine.

Aber gehen wir weiter: Wie berühmt der Vater auch ist, der Sohn muß letzten Endes doch einen eigenen Beruf ergreifen. Wenn dieser der gleiche ist wie der des Vaters, sind offene Gegenüberstellungen unvermeidlich und fallen allzu häufig – mit Recht oder Unrecht – zu Ungunsten der jüngeren Generation aus. (Die Menschen scheinen Gefallen daran zu finden, zu sagen: «Na ja, mit dem Vater läßt er sich natürlich nicht vergleichen.») Aber auch wenn die Berufswahl eine andere ist, besteht die Möglichkeit eines erheblichen Handikaps, denn meist bringt die Betätigung des Sohnes nicht die öffentliche Anerkennung mit sich, die im Falle des Vaters eine so bedeutsame Rolle spielte. Dies kann dazu führen, daß der Sohn seine eigene Tätigkeit, verglichen mit der des Vaters, als minderwertig betrachtet. Er sieht das leuchtende Beispiel ständig vor sich, vermag es aber – zumindest in seinen eigenen Augen – nicht zu erreichen. Und das kann sehr entmutigend sein, selbst dann, wenn er in seinem Bereich ausgezeichnetes leistet; was immer er unternimmt, ist für ihn subjektiv entwertet. Der Weg zur Befreiung von diesem Gefühl, wenn er überhaupt zum Ziele führt, ist lang und steinig.

Natürlich gibt es Ausnahmen, aber die Anzahl der Fälle, in denen Kinder ihren berühmten Eltern nicht gleichkommen, sondern «nur» den Durchschnitt – oder weniger – erreichen, überwiegt. Ich hatte einmal die Idee, hierüber mit meinen – wie soll ich es nennen? – «Leidensgefährten» systematische Interviews durchzuführen und diese dann gesammelt zu veröffentlichen. Ich kam bald von dem Gedanken ab: Man kann unmöglich andere Menschen – manche von ihnen Freunde – nach ihren innersten Gefühlen befragen, mit der ausgesprochenen Absicht, nachzuweisen, daß sie in irgendeiner Beziehung, sogar wenn nur in ihren eigenen Augen, «minderwertig» seien oder waren!

So beschränkte ich mich denn darauf, diese Nachforschungen als privates Hobby zu betreiben. In fast allen Fällen wurden meine Ansichten voll bestätigt. Es gab Ausnahmen – die von Igor Oistrach habe ich bereits erwähnt. Eine andere ist Wolfgang Stresemann, mit dem ich einmal anläßlich eines Londoner Besuches der Berliner Philharmoniker Gelegenheit hatte, die Frage kurz aufs Tapet zu bringen. Es kann natürlich kein Zweifel daran bestehen, daß die Stellung seines

Vaters – eines der bedeutendsten deutschen Politiker zwischen den zwei Weltkriegen – ihm in seiner Jugend große Probleme verschiedenster Art verursacht haben muß. Aber er war einer der Fälle, der es in seinem eigenen Beruf als Intendant des Berliner Philharmonischen Orchesters zu großen Ehren und Erfolg brachte.

Es gibt bekanntlich Kinder bedeutender Eltern, die völlig auf die schiefe Ebene geraten, rauschgiftsüchtig, Betrüger oder einfach «drop-outs» werden. Ich glaube aber nicht, daß ihre Anzahl verhältnismäßig größer ist, als die der Abkömmlinge von normalbürgerlichen Familien. Vermutlich haben sie lediglich einen größeren Neuigkeitswert und werden daher von der Presse eher aufgegriffen.

Ein wichtiger Umstand ist, daß ein Kind zu sehr im Beruf des Vaters aufgehen kann, mit dem Resultat, daß es sich und seinen eigenen Belangen vergleichsweise zu wenig Bedeutung beimißt. Man sieht sich nicht mehr als eine individuelle Persönlichkeit, sondern nur noch als «Sohn des». Man lebt sozusagen «second-hand». Die Gefahr besteht, daß man diese Einstellung mit ins spätere Leben übernimmt und unverhältnismäßig große Mühe hat, sich von ihr zu befreien. Ich erlebte ein amüsantes Beispiel davon als Karl Ulrich Schnabel, gleich seinem Vater Pianist (bitte zu beachten: Ich habe vermieden zu schreiben «Der Sohn Artur Schnabels»!), mich einmal mit einigen seiner Freunde bekanntmachte: «Darf ich vorstellen – der Sohn von Carl Flesch.» Wir waren damals beide Ende vierzig, und unsere Väter waren seit langem nicht mehr am Leben.

Bei dieser Gelegenheit möchte ich übrigens im Namen aller Nachkommen bedeutender Eltern, deren Ruhm jedoch so zeitgebunden war, daß sie der heutigen Generation nicht mehr unbedingt geläufig sind, eine Bitte aussprechen. Sie ist an diejenigen gerichtet, die uns einem ihrer Bekannten vorstellen und dann hinzufügen: «... der Sohn des berühmten...» Der Empfänger dieser Information hat oft keine blasse Ahnung, wer «der berühmte» ist oder war oder was er denn eigentlich so Berühmtes getan hat. Er wird verzweifelt versuchen, seine Unwissenheit zu verbergen, um sich keine Blöße zu geben und auch um nicht unhöflich zu sein. Es wäre komisch, wenn es nicht gleichzeitig so peinlich wäre – für alle drei Beteiligten, aber am meisten für den «Sohn des berühmten...»

Was kann man tun, um die Situation zu retten? Da mir diese Art, Fremden vorgestellt zu werden, niemals angenehm ist, gleichgültig ob ihnen der Name meines Vaters etwas bedeutet oder nicht, gebe ich die gleiche Antwort in beiden Fällen: «Nicht mein Verdienst, ich bin nur der Sohn – jedenfalls soviel ich weiß.» Diese geschmacklose und meiner Mutter gegenüber höchst verleumderische Bemerkung führt meist zu einem etwas erleichterten Gelächter und ermöglicht es, die ursprüngliche Verlegenheit zu überbrücken.

Ein Mann, der das Problem der «verlorenen eigenen Persönlichkeit» offensichtlich gut erkannte und in seiner typisch witzigen und charmanten Weise behandelte, war der Pianist Moritz Rosenthal[1]. Meine Schwester hatte als junges Mädchen ein Autogrammbuch, das leider während des Weltkriegs verlorenging. Rosenthals Eintragung lautete: «Für Frl. Hanni Flesch, die Tochter des berühmten Geigers – und sie selbst.»

Aber auch wenn man nicht als «Sohn des...» präsentiert wird, können etwas heikle Situationen entstehen, zum Beispiel wenn man selbst schon ein ehrwürdiges Alter erreicht hat. So geschah es mir einmal, daß ein Herr, dem ich vorgestellt wurde, seiner Freude, meine Bekanntschaft zu machen, mit den Worten Ausdruck gab: «Very honoured to meet you, Sir; you are a legend in your own life time.» Er stand offensichtlich unter dem Eindruck, meinen Vater vor sich zu haben. Bei allem mir angeborenen Taktgefühl – das ging denn doch zu weit! Tiefgekränkt machte ich ihn darauf aufmerksam, daß ich noch nicht das Alter von 114 Jahren erreicht habe, auch wenn ich so aussehe.

Bekanntlich merkt man selbst erst als letzter, wie alt man geworden ist: In England daran, daß die Polizisten immer jünger werden. Und in Deutschland, glaube ich, dadurch, daß die Leute plötzlich alle anfangen, leiser zu reden. Und wenn es das nicht ist, dann machen gute Freunde einen darauf aufmerksam. So ging es mir vor einigen Jahren bei der International Carl Flesch Violin Competition, zu der ich mit einem Preis beigetragen hatte. Im Programm wurde das als ein «Preis gestiftet von Carl Flesch jun.» erwähnt. «Wer ist Carl Flesch jun.?» war die unschuldige Frage einer langjährigen Bekannten.

---

1 Sein vermutlich bekanntester Ausspruch betrifft einen Violinisten, der in einem Kreisler-Konzert die Bemerkung machte: «Es ist sehr heiß hier im Saal.» Rosenthals Antwort: «Nur für Geiger!» Ein anderesmal behauptete er, ein Mann sei in einem Konzert verhaftet worden, weil er zu laut geschnarcht habe. «Aber das ist doch kein Verbrechen?» «Ja, aber er hat das Publikum aufgeweckt.»

Aber die nachdrücklichste Weise auf die mir mein Alter zum Bewußtsein gebracht wurde, erlebte ich kürzlich, als jemand einen gemeinsamen Bekannten erwähnte, den ich seit langem nicht gesehen hatte. «Ich traf neulich Herrn X; er hat mir Grüße an Sie aufgetragen.» «Ach, lebt der noch?» antwortete ich harmlos. Kurze Pause. Dann: «Genau das hat er mich über Sie auch gefragt.»

Ich habe bereits erwähnt, daß Kinder die Angelegenheiten berühmter Väter oft für viel wichtiger und interessanter halten, als ihre eigenen. Ich selbst war fraglos ein solcher Fall. So lernte ich schon im Alter von zwölf Jahren Stenographie und Schreibmaschine, und war, wie schon erwähnt, auf diese Weise in der Lage, meist am Sonntagmorgen, als Sekretär meines Vaters zu arbeiten. Daß dies meine Freizeit erheblich beschnitt, machte mir nicht das geringste aus. Und ich tat es bestimmt nicht des Geldes wegen: Meine Bezahlung war ein Pfennig pro getippte Zeile; die Stenographie lieferte ich umsonst. Ich muß allerdings gestehen, daß ich, wo ich konnte, neue Absätze machte – Halbzeilen wurden voll bezahlt.

Gleichzeitig las ich die gesamten Korrekturen zum ersten Band der «Kunst des Violinspiels», des Hauptwerks meines Vaters, welches erstmals im Jahre 1923 erschien. Der Tag, an dem ich mit dieser Arbeit anfing, ist bezeichnend: Es war Heilig-Abend. Wir Kinder hatten gerade unsere Geschenke bekommen, als mein Vater mich aufforderte, mit ihm in sein Arbeitszimmer zu kommen. Dort zog er die ersten Korrekturbögen, die am gleichen Vormittag angekommen waren, aus dem Schreibtisch und begann sie mit meiner Hilfe mit dem Originalmanuskript zu vergleichen.

Man sollte annehmen, daß ein zwölfjähriger Junge sich gerade an diesem Abend lieber seine Geschenke angesehen und vielleicht in seinen neuen Büchern geblättert hätte. Aber keine Spur! Der Gedanke, daß ich dies vorziehen könnte, kam weder ihm noch mir. Er fragte mich auch nicht, ob ich ihm helfen wolle; er nahm es als selbstverständlich an.

Und das ist, glaube ich, charakteristisch für die meisten bedeutenden Menschen. Sie betrachten ihre Arbeit sozusagen nicht als Beruf, sondern als Berufung, der alles andere den Vorrang zu geben hat. Und die Familie geht voll und ganz darauf ein – nicht aus Zwang, sondern aus Überzeugung. In einem «normalen» Haushalt hätte man erwarten können, daß die Mutter den Vater auf die Seite genommen hätte, mit einer Bemerkung wie etwa: «Jetzt hör' schon endlich mal auf zu arbeiten, und insbesondere laß heute den Jungen in Ruh.» Aber niemand bei uns wäre auf diese Idee gekommen, und ich hätte sie auch bestimmt nicht begrüßt. Denn ich tat die Arbeit außerordentlich gern und erinnere mich sogar, daß ich schwer beleidigt war, als einige Jahre später das Korrekturlesen für den zweiten Band an meine Schwester übertragen wurde, die inzwischen nach Beendigung ihrer Schulzeit eine Handelsschule besuchte.

Ich bin sicher, daß meine Einstellung kein Einzelfall, sondern eine typische Erscheinung für «Künstlerkinder» ist. Ein ganz unbedeutendes aber bezeichnendes Beispiel: Viele Jahre später, als erwachsener Mann, und lange nach meines Vaters Tode, ging ich ins Künstlerzimmer eines berühmten Geigers, um ihm nach seinem Konzert zu gratulieren. Beim Eintreten sah ich seinen Sohn – ungefähr im gleichen Alter in dem ich 1922 gewesen war – die Geige seines Vaters in ihren Kasten zurücklegen. Sein Gesichtsausdruck und die ganze Art wie er es tat, ließen mich an einen Priester bei einer heiligen Handlung denken. Mit einem Schlag konnte ich mich genau in den Gedankengang dieses Jungen hineinversetzen als wäre es mein eigener: Es gab nichts wichtigeres, als dem Vater bei seiner – alles andere an Bedeutung überragenden – Arbeit zu helfen. Aber es geht noch weiter: Mit Erstaunen und Belustigung kam mir plötzlich zum Bewußtsein, daß ich für den Bruchteil einer Sekunde eifersüchtig auf diesen Jungen gewesen war: *mir* hatte mein Vater niemals erlaubt, seine Stradivarius wegzupacken; ich hatte sie allenfalls gelegentlich im Geigenkasten tragen dürfen. Warum diese Bevorzugung? Die unerschütterliche Überzeugung von der alles andere ausschließenden Wichtigkeit der väterlichen Tätigkeit wird ein derart integraler Bestandteil der kindlichen Psyche, daß sie im Unterbewußtsein verankert bleibt und wieder auftaucht, wenn man es am wenigsten erwartet.

Typisch, wie gesagt, für die Kinder und die Väter. Die Erkenntnis der Tragweite ihrer Lebensaufgabe, und ihre bedingungslose Konzentration darauf, sind mir voll verständlich. Es gibt Dinge, die nur sie tun können – das ist ja gerade der Grund für die überragende Stellung, die sie erreicht haben. Sachen des täglichen Lebens, die von anderen ebenso gut oder besser erledigt werden können, oder die weniger dramatischen Stoff bieten, werden an diese anderen weitergereicht. Und das gilt auch oft, ob man es will oder nicht, für die Beschäftigung mit den Kindern, wenn nicht irgendwelche besonders wichtigen Probleme auftauchen.

Natürlich wird diese Ansicht von den betreffenden Vätern meist voller Entrüstung abgelehnt; insbesondere sind es Politiker, die glauben, beweisen zu müssen, daß sie zwar einerseits etwas Besonderes sind, andererseits aber genau die gleichen Interessen haben wie «gewöhnliche» Menschen – ihre Wähler –, und daß sie daher deren Probleme aus erster Hand kennen und verstehen. Da haben wir dann also die englische Mrs. Thatcher, die (angeblich) ihrem Mann jeden Morgen eine Tasse Tee ans Bett bringt; den amerikanischen Präsidenten Truman, der (noch angeblicher!) jeden Abend seine eigenen Socken wusch, weil seine Mutter ihm das so beigebracht hatte; die Staatsmänner, die mit ihren Kindern am Strand buddeln und so weiter. Wie die Frau des früheren englischen Ministerpräsidenten Harold Wilson einmal trocken zu ihm gesagt haben soll, als er ihr beim Geschirrabwaschen half: «Ich hoffe, Du wirst das in Zukunft auch tun, wenn keine Pressephotographen dabei sind!»

Warum diese hypokritische Heuchelei? Man fühlt sich versucht, diesen Leuten das zuzurufen, was man gewöhnlich einem Polizisten sagt (oder sagen möchte), der einen aufschreibt, weil man auf der falschen Straßenseite geparkt hat: «Haben Sie nichts besseres zu tun?» Bei Schutzleuten mag die Antwort «Nein» sein, bei bedeutenden Menschen ist sie meist «Ja». Sie haben, ob sie es wollen oder nicht, einen «Pflichtenkonflikt», der in ihrer Situation nicht zu lösen ist. Wenn sie ihren väterlichen Pflichten voll nachkommen und sich mehr Zeit für ihre Kinder nehmen wollen, dann müssen sie meist darauf verzichten, berühmt zu werden oder zu bleiben. Dafür gibt es Beispiele, allerdings ausschließlich bei Müttern: berühmte Schauspielerinnen, die ihre Karriere unterbrechen, solange ihre Kinder klein sind. Der Umstand, daß Väter nie in eine ähnliche Situation geraten, scheint mir in diesem Zusammenhang nicht ohne Bedeutung zu sein.

Die Beobachtungen, die ich bei Schulfreunden machte, nämlich daß deren Eltern erheblich mehr aktiven Anteil an ihnen und ihren Freunden nahmen, als die meinen, änderten meine Ansicht nicht. Ohne bewußt darüber nachzudenken, war ich möglicherweise erstaunt, daß diese Väter Zeit für solche verhältnismäßig untergeordneten Dinge hatten; sie konnten nicht viel anderes wichtiges zu tun haben. Mit anderen Worten, weit entfernt davon, mich vernachlässigt zu fühlen, sah ich in aller Unschuld auf diejenigen Eltern herab, die für die tagtäglichen Belange ihrer Kinder größeres Interesse zeigten.

Ich erinnere mich an einen Schulkameraden, der mich zuweilen besuchte. Eines Tages erklärte er, er wolle heute lieber nicht zu mir kommen. Er habe vorher Geigenstunde und würde daher seine Geige bei sich haben. «Ich möchte nicht, daß Dein Vater mich auffordert, ihm etwas vorzuspielen.» Die Idee, daß dieser ein solches Ansuchen stellen – oder überhaupt in Erscheinung treten – könne, kam mir nur komisch vor. Ich konnte ihn mit Recht über diese Gefahr beruhigen.

Eine Redensart meines Vaters, die mir aus der Zeit meiner frühesten Jugend in Erinnerung geblieben ist, war: «Bei Feuer, erst die Geige, dann die Kinder!» Selbstverständlich war uns allen klar, daß dies scherzhaft gemeint sei, und daß, wenn es jemals dazu gekommen wäre, keinen Augenblick ein Zweifel darüber bestanden hätte, was wichtiger sei. Aber ich könnte mir gut vorstellen, daß mein Vater selbst die Geige ergriffen und meiner Mutter zugerufen hätte: «Sieh Du bitte nach den Kindern!» Auch dies fanden wir selbstverständlich – schließlich hatten wir ja, im Gegensatz zu einer Geige, Beine und konnten uns selbst fortbewegen. Aber, wenn ich diesen Ausspruch, den ich für einen guten Witz hielt, bei Gelegenheit Bekannten erzählte, merkte ich zu meiner Überraschung, daß sie meine Ansicht nicht teilten, sondern die Bemerkung meines Vaters, auch nur im Scherz, höchst befremdlich fanden.

Ich glaube, ich habe meine Ansicht klar gemacht, daß Kinder in ihrer Jugend nicht unter «Vernachlässigung leiden», und daß diese daher nicht der Grund für etwaige spätere Schwierigkeiten sein kann. Außerdem bieten sich dem Kind genügend Vorteile, die es, falls es sich irgendwie zurückgesetzt fühlt, für ein derartiges Manko, entschädigen, etwa die Möglichkeit, Freunden zu imponieren, oder der Umgang mit berühmten Leuten, die im Hause der Eltern aus- und eingehen. Letzteres empfindet man übrigens nicht als Besonderheit. Ich erinnere mich da an die verächtliche Bemerkung meines kleinen Bruders, als wir einmal bei einem Abendessen mit Gästen nicht dabei sein durften: «Aber wer kommt denn schon; doch nur Kreisler, Schnabel, Furtwängler...»

Wenn ich ein vorausdenkender Mensch gewesen wäre, hätte ich bestimmt ein Tagebuch geführt, in dem ich mir alle die interessanten Perlen aufgeschrieben hätte, die unablässig von den Lippen dieser

Koryphäen fielen. Aber vielleicht ist die Unterlassung nicht meine alleinige Schuld. Diese Leute, wenn man von ihrer besonderen Begabung absieht, waren selten bedeutender als ihre weniger berühmten Zeitgenossen. In den meisten Fällen kann ich mich daher an nichts besonders Tiefgründiges von ihnen erinnern.

So weiß ich zum Beispiel von einem Besuch Enescos nur noch, daß er imstande war, den Walkürenritt mittels leicht unanständiger Geräusche, die er mit seinen Händen machte, zu imitieren. Auf der Geige habe ich ihn niemals gehört. Und ich weiß nur aus Erzählungen Norbert Brainins, des Gründers des Amadeus-Quartetts, daß ihm sein phänomenales Gedächtnis ermöglichte, neue Kompositionen nach einmaligem Hören auswendig zu spielen und die meisten Beethoven-Quartette auf dem Klavier wiederzugeben. Oder über den amerikanischen Dirigenten und Komponisten Sam Franco, der meinen Eltern einen besonders schönen Korkenzieher schenkte, mit einem silbernen Aufsatz, der die Initiale «F» trug. Wir waren sehr beeindruckt, bis sich mein Vater erinnerte, daß ihre beider Namen mit dem gleichen Buchstaben begannen; er hatte den Korkenzieher vermutlich selbst von jemandem geschenkt bekommen. Oder einen bekannten Musiker – keine Namensnennung! –, den mein Vater bei seiner Ankunft fragte: «Sind Sie per pedes gekommen?», worauf er antwortete: «Nein, zu Fuß.» Oder einen bekannten Kollegen meines Vaters – der Name ist mir leider entfallen –, der uns in Baden-Baden besuchte und der nur mit der größten Mühe davon abzubringen war, seine Geige unbeaufsichtigt bei uns im Haus zu lassen, statt sie auf einem dreistündigen Spaziergang mitzuschleppen; oder ein Zusammensein, bei dem einige Musiker beschlossen, Quartett mit vertauschten Instrumenten zu spielen. Mein Vater versagte völlig als Cellist, während Piatigorsky sich auf der «Kniegeige» ausgezeichnet aus der Affäre zog. Also alles bestimmt nichts erschütterndes.

Nicht unerwähnt möchte ich jedoch einen Besuch von Heifetz lassen, der einen bedeutenden Einfluß auf meine persönliche Zukunft hatte. Es sollte Quartett gespielt werden, mit Max Rostal und seiner Frau, der ausgezeichneten Cellistin Sela Trau als weiteren Mitwirkenden. Diese Abende fanden immer strikt en famille und unter Ausschluß aller Fremden statt, so daß die Teilnehmer sich keinerlei Zwang aufzuerlegen brauchten. Kammermusik mit Heifetz war sogar in unserem Hause etwas Besonderes, und so bat ich um die

Erlaubnis, ein junges Mädchen dazu einzuladen, an dem ich zur Zeit stark interessiert war. «Aber Carl, Du weißt doch – nur Familie!» Es blieb uns nichts anderes übrig – wir mußten uns verloben; für mich das beste Ergebnis eines Kammermusikabends, das ich je erlebte. Unsere Ehe dauerte 49 Jahre bis zum tragischen Tod meiner Frau infolge einer unheilbaren Krankheit (Abbildung 27).

Ich bin oft gefragt worden, ob mir die Tatsache, daß mein Vater unzweifelhaft mehr Zeit und Sorgfalt auf seine Schüler verwandte, als auf mich, Grund zur Eifersucht gegeben habe. Möglicherweise unterscheide ich mich hierin von den Kindern anderer Künstler, jedenfalls kann ich dies ohne weiteres verneinen. Beinahe im Gegenteil: ich identifizierte meines Vaters Schüler mit ihm selbst, sie stellten einen wichtigen Teil seiner Arbeit dar, und ein hervorragender Schüler war ein Zeichen seines Erfolges. Ihre Ausbildung war etwas, das er, im Gegensatz zu der seiner Kinder, niemand anderem überlassen konnte. Die Tatsache, daß ich selbst keinerlei geigerische Ambitionen hatte, mag bei meiner Einstellung eine Rolle gespielt haben.

Aus dem gleichen Grunde nehme ich nicht an, daß mich die Schüler ihrerseits als Konkurrenten betrachteten. Jedenfalls stand ich mit denen, die ich näher kannte, auf gutem Fuß. Sie fühlten sicher, daß es ihnen nichts schaden könne, mit dem Sohn ihres Lehrers freundschaftliche Beziehungen zu unterhalten. Dies hätte besonders bei den Schülerinnen zu interessanten Ergebnissen führen können. Leider war ich jedoch einerseits ziemlich schüchtern und andererseits wenig im Zweifel darüber, daß irgendwelche Annäherung selten um meiner selbst willen erfolgten. Bei diesem Punkt hörte die Identifizierung mit der Arbeit meines Vaters auf. Leider! Heute mache ich mir die größten Vorwürfe über meine Ideale und die dadurch versäumten Gelegenheiten.

Nachteile, die sich durch die Stellung meines Vaters in meiner Jugend bemerkbar machten, gab es nur sehr wenige. Allenfalls eine gewisse Besorgnis, daß meine Eltern auf meine Schulfreunde herabsehen könnten, weil sie nicht aus so prominenten Kreisen kamen wie ich. Ich habe allerdings keinen Beweis dafür, daß diese Furcht berechtigt war, schon deswegen nicht, weil meine Eltern kein besonders großes Interesse an meinen Mitschülern zeigten.

Schlechte Kritiken wären sicherlich traumatisch für mich gewesen, aber ich kann mich einfach auf keine besinnen. Diejenigen die ich las,

27 Ruth Flesch

waren eigentlich immer ausgezeichnet. Ich erinnere mich aber, daß ich einmal nach einem Trio-Abend eine abfällige Bemerkung eines Zuhörers über das Spiel meines Vaters hörte. Ich war höchst überrascht und betroffen – ein Zeichen dafür, wie wenig ich an so etwas gewohnt war.

Wenn ich das Ergebnis meiner Überlegungen kurz zusammenfasse, so betrachte ich einen berühmten Vater für die Kinder in ihrer Jugend als etwas Angenehmes, aber als ein entschiedenes Handikap in späteren Jahren. Gewöhnlich sind die Kinder nicht die erste Priorität des Vaters. Aber das ist eine fast unvermeidliche Folge seiner prominenten Stellung, so daß man ihm dafür keine Vorwürfe machen kann.

Als ich selbst Vater wurde, beschloß ich, meine Kinder so zu erziehen, daß die Entfaltung und Entwicklung ihrer eigenen Persönlichkeit in keiner Weise dadurch gehemmt werden würde, daß sie mich auch nur im entferntesten als jemand Besonderen betrachteten. Sie sollten mich von frühester Jugend an als einen Menschen voller Schwächen und Fehler kennenlernen, wie alle anderen auch. Auf diese Weise hoffte ich, ihnen die Schwierigkeiten zu ersparen, denen ich als Sohn einer überragenden Persönlichkeit ausgesetzt gewesen war.

Es freut mich, berichten zu können, daß meine Anstrengungen in dieser Hinsicht, soweit sie die Ansichten meiner Kinder über meine Fähigkeiten und Fehler betrafen, von einem Erfolg gekrönt waren, der meine höchsten Erwartungen übertraf. Andererseits haben sie bestimmt nicht am «Kinder-berühmter-Väter-Syndrom» gelitten, sondern haben sich zu gut ausgeglichenen erfolgreichen Erwachsenen entwickelt. Und wer könnte sich von seiner Erziehung ein besseres Ergebnis wünschen?

Künstlerfrauen

*Die bestgelobte Frau ist diejenige,
von der man nicht spricht.*

Chinesisches Sprichwort

Getreu meiner Absicht, nur über Dinge zu schreiben, die ich aus eigener Anschauung kenne, will ich einiges über die Ehefrauen von Künstlern sagen, hingegen nichts über die Ehemänner von Künstlerinnen; zu letzterem Thema fehlt mir die persönliche Erfahrung.

Die meisten Frauen erfolgreicher und vielbeschäftigter Männer betrachten es als eine ihrer hauptsächlichen Aufgaben – sogar wenn sie selbst im Erwerbsleben stehen –, diesen die täglichen Probleme abzunehmen, damit sie sich auf ihren Beruf konzentrieren können; und ihnen selbstverständlich auch nach besten Kräften die «moralische» Unterstützung zu geben, die ihnen hilft, mit beruflichen Sorgen fertigzuwerden.

Viele können jedoch mehr tun: Für ein gesellschaftliches Leben sorgen, das ihren Männern beim professionellen Fortkommen hilft; oder sogar im Geschäft selbst mitarbeiten. Und hierin unterscheiden sie sich von Künstlerfrauen. Diese können zwar zum Beispiel dadurch, daß sie ein gastliches Haus führen, wichtige und einflußreiche Bekannte gewinnen, aber eines können sie nicht: den Publikumserfolg ihrer Männer beeinflussen. Und «im Beruf helfen» können sie im allgemeinen schon gar nicht. Natürlich dürfen sie danach sehen, daß immer ein gut gebügelter Frack und ein reines Hemd im Schrank ist, sie können Fahrkarten besorgen und Hotelbestellungen machen. Aber wenn es zum öffentlichen Auftreten kommt, ist ihr Mann völlig auf sich selbst gestellt. Sie können nichts dazu beitragen.

Diese erzwungene Passivität kann die verschiedensten psychologischen Auswirkungen haben, aber eines ist fast allen Künstlerfrauen gemeinsam: Eine Überkompensation ihrer, nennen wir es ruhig

«Machtlosigkeit», durch eine leidenschaftliche und bedingungslose Loyalität, die von Außenstehenden oft als übertrieben, störend oder sogar lächerlich empfunden wird. Solange die Männer auf der Höhe ihres Ruhmes stehen, macht dies wenig aus, sogar wenn es den Frauen zu Kopf steigt. Aber die allerwenigsten Künstler bleiben von Krisen verschont; auch ein Kreisler konnte gelegentlich einer vernichtenden Kritik ausgesetzt sein. Und außerdem können sich viele Interpreten nicht auf der gleichen Höhe halten. Neue Namen tauchen auf, neue Sensationen, die «die Alten» in den Schatten zu stellen drohen. Dies sind die Situationen, die auf Künstlerfrauen oft die nachhaltigste Wirkung ausüben.

Es kommt dabei weniger darauf an, ob die Benachteiligung des eigenen Mannes Tatsache oder nur Einbildung ist. Denn schon das enthusiastische Lob für einen anderen Künstler wird als indirekter Angriff empfunden. Diese Einstellung kann gelegentlich in regelrechten Haß gegen alle «Konkurrenz» ausarten.

Man sollte diesen Frauen Sympathie statt des üblichen Unverständnisses entgegenbringen. Denn ihre Einstellung ist in vielen Fällen nichts anderes als eine – wenn auch falsche – Reaktion auf ihre Ohnmacht. Statt dessen verurteilen wir sie und sagen ihnen sogar manchmal nach, sie hätten ihren Männern «die Karriere verdorben». Natürlich kann es vorkommen, daß Frauen und Männer einander unglücklich machen, und sogar daß dies das Berufsleben beeinflußt. Aber bei Künstlern weniger als bei anderen: Die Frauen haben kaum Einwirkungen zum Guten, und daher ebensowenig zum Schlechten. Außerdem hat es ein Musiker insofern leichter, als er sich oft dorthin flüchten kann, wohin ihm seine Frau nicht zu folgen vermag – das Konzertpodium, die Öffentlichkeit. Und diese kann sie fast niemals beeinflussen, wie unvernünftig sie sich auch verhalten mag.

Ein typisches Beispiel scheint mir der Fall Henri Marteau zu sein. Über ihn sind die Ansichten geteilt. Die überwiegende Meinung ist wohl die, daß er als Geiger schon verhältnismäßig früh zurückging;[1] eine Ansicht, die auch von meinem Vater vertreten, aber zum Beispiel von Joachim Hartnack[2] heftig angegriffen wird: «... die bösartig und abwertende Bemerkung Carl Fleschs ... wie leider nur allzu häufig

[1] Zum Beispiel Boris Schwarz, «Great Masters of the Violin, Simon & Schuster, New York 1983
[2] «Große Geiger unserer Zeit», Atlantis Musikbuch Verlag, Zürich 1983

28 Bertha Flesch, die Gattin Carl Fleschs

sein vorschnelles und falsches Urteil...» Ich kann nur annehmen, daß Hartnack das Kapitel über Marteau nicht sehr aufmerksam gelesen hat, jedenfalls nicht in der englischen Ausgabe. Sie enthält Bemerkungen wie: «... In meiner Erinnerung lebt der junge Marteau unbedingt als einer der hervorragendsten Geiger seiner Zeit weiter ... sein anregender Einfluß während einer für mich höchst kritischen Zeit trug weitgehend zu meiner Entwicklung bei.» Wenn dies «bösartig» ist, was ist in Joachim Hartnacks Augen «gutartig»? Ich möchte übrigens hinzufügen, daß diese höchstpersönlichen und subjektiven Ansichten einer der Gründe sind, aus denen ich Hartnacks Buch für so interessant halte. Ob man sie richtig findet, hat damit wenig zu tun.

Marteaus zweiter Frau wurde nach seinem Tode in verschiedenen Briefen an meinen Vater nachgesagt, daß die Ehe mit ihr ein Unglück für ihn gewesen sei. Ob dies auf einer persönlichen Ebene zutrifft, entzieht sich natürlich meiner Kenntnis, aber ich bin sicher, daß es mit seinem vorzeitigen geigerischen Abstieg – *wenn* dieser stattfand – nichts zu tun hatte. Denn so etwas kann, wie gesagt, von einer Ehefrau kaum jemals beeinflußt werden. Daß sie jedoch stark an «Künstlerfrau-itis» litt, scheint außer Frage zu stehen. Sie muß auf eine Anzahl Kollegen ihres Mannes eifersüchtig gewesen sein, und ihren Mann überzeugt haben, daß sie es böse mit ihm meinten, denn er brach mit vielen von ihnen die Beziehungen ab – auch mit meinem Vater, mit dem er auf Du und Du stand. Aber wenn es stimmt, daß sein Ruf im Begriffe war, abzunehmen, war ihr Verhalten begreiflich.

In einem Brief an mich beschrieb meine Mutter einmal eine Begegnung mit ihr: «Ich habe sie nie gesehen, außer ihren Rücken, übrigens bevor sie mit Marteau verheiratet war. Es war bei einem Teebesuch im Hause eines Konzertagenten, Salter. Ich war mit Frau Kreisler dort, und sie wurde uns beiden vorgestellt. Als sie unsere Namen hörte, drehte sie uns den Rücken, und Frau Kreisler fragte laut: ‹Wer ist diese unangenehme Person?› und ich erklärte ihr, sie sei die Freundin Marteaus.» Meine Mutter konnte sich einen etwas boshaften Zusatz nicht versagen: «Ich habe diesen Vorfall nie vergessen, weil er so komisch war... Was die arme Harriet vergaß, war, daß sie selbst als ‹unangenehme Person› bekannt war.»

Der letzte Brief Marteaus an meinen Vater stammt aus dem Jahre 1930. Marteau war damals erst 57 Jahre alt, aber seine Handschrift war die eines alten Mannes (Abbildung 29).

LICHTENBERG, BAYERN
(OBERFRANKEN)

17 Décembre 1930

Mon cher Flesch,

Je suis chargé par la rédaction d'une importante maison d'édition suédoise qui publie une grande encyclopédie universelle en 28 volumes, de rédiger à titre de collaborateur tout ce qui a trait au violon et à l'histoire du violon.
On me demande une notice biographique sur toi. La rédaction met 6 lignes, soit 36 mots, à ma disposition. C'est peu pour un homme de ton importance. Je crois t'obliger en te priant de me communiquer ce qui te paraît le plus intéressant à être publié dans ces

quelques lignes.

Bien cordialement

Garteau

Das Schreiben verrät keinerlei Animosität. Im Gegenteil: Er bittet meinen Vater um einige biographische Angaben, da er von einem schwedischen Verlag beauftragt worden sei, in einem 28bändigen Konversationslexikon das Gebiet der Geschichte des Geigenspiels zu übernehmen. «Die Redaktion erlaubt mir für Dich nur 36 Worte – etwas wenig für einen Mann Deiner Bedeutung.»

Amüsant ist ein Brief Thibauds vom 21. November 1909, also zu einer Zeit, zu der Marteau anscheinend schon im Streit mit vielen seiner Kollegen lag. Thibaud nimmt eine Einladung meines Vaters an, und schreibt wie er sich darauf freut: «Nous disons de plus de mal possible de Marteau! Dieu qu'on va s'amuser!!» Wasser auf die Mühle Joachim Hartnacks, obwohl sicherlich nicht böse gemeint.

Nach Marteaus Tode zog mein Vater übrigens Erkundigungen über die finanzielle Lage der Familie ein, um notfalls zu helfen. Auch der Geiger Robert Perutz, ein ehemaliger Schüler Marteaus, aber alles andere als ein Anhänger seiner pädagogischen Methoden, bat meinen Vater, ihm Mitteilung zu machen, falls die Hinterbliebenen notleidend seien. Der Hilfsplan wurde dann offenbar nicht weiter verfolgt, aber er zeigt, daß Marteau sich bei seinen Kollegen einer Beliebtheit erfreute, die auch sein befremdliches Verhalten nicht entscheidend beeinflussen konnte.

Als Carl Fleschs Memoiren auf deutsch erschienen, beanstandete Frau Marteau einige seiner Bemerkungen über ihren verstorbenen Mann, die dann auf ihren Wunsch in der deutschen Ausgabe abgeschwächt wurden. Dies verursachte dem Verlag und mir einige Unannehmlichkeiten, aber ich sehe nicht den mindesten Grund, ihr dies übel zu nehmen, gleichgültig ob ihre Einwendungen berechtigt waren oder nicht. Es zeigt lediglich ihren Wunsch, den Namen Marteaus mit allen Mitteln zu schützen. Denn die Loyalität der Künstlerfrauen hört mit dem Tode ihrer Männer keineswegs auf. Sie tun alles, was sie können, deren Andenken zu erhalten und bei jeder Gelegenheit neu zu wecken. Ein solcher Fall war anscheinend auch die Witwe Franz Lehars. Sie wurde, so habe ich gehört, in Wien «Die *lästige* Witwe» genannt.

Oft kommt noch hinzu, daß Künstlerwitwen von vielen, die früher ihre Freundschaft suchten, nach dem Tode ihrer Männer fallengelassen werden. Manchmal wird ihnen sogar klar gemacht, daß nicht sie, sondern nur ihr Mann es gewesen sei, an dem man Interesse gehabt habe. Aber auch ohne ein so taktloses Benehmen muß es mehr als schmerzlich sein, zu sehen, wie rasch auch der größte Künstler vergessen wird und der Beifall des Publikums jetzt jemand anderem gezollt wird.

Meine Mutter befand sich insofern in einer etwas glücklicheren Lage, als mein Vater sich seit vielen Jahren weitgehend dem Unterricht gewidmet hatte, so daß sein Name in vielen seiner Schüler fortlebte. Aber auch sie war von dem charakteristischen Verhalten der Künstlerfrau keineswegs frei. Wie ich manchmal scherzhaft, wenn auch übertrieben, bemerkte: «Für meine Mutter gibt es nur zwei Arten von Geigern: Schüler meines Vaters und alle anderen.» Aber ich tue Ihrem Andenken Unrecht. Ein Nachruf im New Yorker «Aufbau» gibt ihr Leben und Wirken treffend wieder: «Sie war die mütterliche Freundin aller Schüler ihres Mannes... Eine geistig rege Frau von Anmut und Humor, deren steter Hilfsbereitschaft und Güte ein dankbares Gedenken vieler Menschen sicher ist.»

Wilhelm Furtwängler

> Die heutige auf die Spitze getriebene Mechanisierung scheint die höheren musikalischen Qualitäten, wegen deren wir schließlich allein Musik machen und anhören, in den Hintergrund zu drängen.
>
> *Aus einem Brief Wilhelm Furtwänglers, 1937*

Für die musikinteressierte Generation der zwanziger und dreißiger Jahre war Furtwängler eine fast überlebensgroße Erscheinung. Seine Abonnementskonzerte in der Berliner Philharmonie waren praktisch immer ausverkauft. Für junge Leute waren nur Stehplätze in den sonntagmorgendlichen «Öffentlichen Generalproben» erschwinglich, die jedoch dem «offiziellen» Konzert am nächsten Abend in keiner Weise nachstanden. Im Gegenteil – mit dem Hochmut der Jugend waren wir sogar überzeugt, daß das Sonntags-Publikum das musikalischere, also bessere sei.

Stehplätze bedeuteten Warten bis die Tore der Philharmonie geöffnet wurden und dann einen 200-Meter-Wettlauf um den bestmöglichen Platz zu ergattern. Geordnetes Anstehen war in Deutschland damals unbekannt; nicht umsonst wurden die Bemühungen um den abgegebenen Hut und Mantel nach dem Theater oder Konzert «Garderobenschlachten» genannt.

Ich muß mich allerdings zu einer gelegentlichen etwas unfairen Bevorzugung bekennen: Meine Eltern hatten eine Dauereinladung in die Loge des Saalbesitzers, die sogenannte Landecker-Loge, von der man eine unbehinderte Aussicht auf das Parkett hatte. Meine Mutter pflegte am Anfang eines Konzerts zu versuchen, einen – seltenen –

unbenutzten Sitzplatz ausfindig zu machen und mir dessen genaue Lage in der Pause zuzuflüstern. Nicht daß es, in diesem Alter, viel ausmachte: Wir kamen um der Musik, nicht der Bequemlichkeit willen.

Mein Vater hat sein erstes Treffen mit Furtwängler in seinen Memoiren beschrieben: «1910 hatte ich in Lübeck mit einem jungen Dirigenten das Brahms'sche Violinkonzert gespielt und den Eindruck erhalten, daß in ihm der ‹kommende Mann› heranreifte. Es war die erste Stellung, die Furtwängler innehatte, das zweite Mal, daß er einen Solisten begleitete, das zweite Konzert seines Lebens.»[1]

Auch Furtwängler – so schreibt mir seine Witwe – scheint diese erste Begegnung nicht vergessen zu haben: «Mir erzählte mein Mann, daß Carl Flesch sein erster Solist in Lübeck war, wie sie sich sofort glänzend verstanden haben und wie er von ihm Ratschläge mit Freude empfangen hat.»

Von da ab datierte ihre lebenslange Freundschaft: «Furtwängler hat mir unter allen Dirigenten am nächsten gestanden. Ein wohltuender Mangel an selbstherrlichem Größenwahn, Bescheidenheit, zuweilen selbst innere Unsicherheit, etwas Naiv-Kindliches, das stets den echten Künstler auszeichnet, ein einfacher und natürlicher Mensch mit all dessen Vorzügen und Schwächen.»[2]

Zur Vervollständigung noch eine nicht zur Veröffentlichung bestimmte Tagebuchaufzeichnung meines Vaters aus dem Jahre 1934, die sich mit Furtwänglers – wie er es taktvoll umschreibt – «donjuanesker Ruhelosigkeit» befaßt: «Neulich Furtwängler wieder dirigieren hören. Seitdem er sich dem 50. nähert, zeigt sich die abnehmende Brunst in einer zunehmenden Abklärung. Beides hält sich momentan die Waage, daher harmonische Abrundung, Ausgleich zwischen Dionys und Apollo. Er gehört zu denjenigen Künstlern, bei denen künstlerische und geschlechtliche Tätigkeit parallel zueinander laufen, einander ablösen, sich gegenseitig stimulieren, verschiedenartiger Ausdruck einer einzigen Empfindung sind.»

Seine «innere Unsicherheit» drückte sich unter anderem darin aus, daß er überraschenderweise – und wie unnötig! – auf den Erfolg von Kollegen durchaus eifersüchtig sein konnte. So traf mein Vater ihn einmal in Bayreuth bei einer Parsifal-Aufführung unter Leitung von

1 Carl Flesch, «Erinnerungen eines Geigers», Atlantis Verlag 1961
2 Ebenda, S. 150

30 Carl Flesch mit Wilhelm Furtwängler

Toscanini. Auf die Frage in der ersten Pause, wie es ihm gefallen habe, gab er eine vernichtende Kritik, die an der Vorstellung kein gutes Haar ließ. In der zweiten Pause, Flesch: «Na, wie fanden Sie den zweiten Akt?» Furtwängler, allen Ernstes: «Der erste Akt war besser.»

Ich muß zu meinem Bedauern gestehen, daß ich keine persönlichen Furtwängler-Erinnerungen von Bedeutung beitragen kann, es sei denn die Tatsache, daß er offensichtlich wenig Wert auf äußere Eleganz legte: Nach einer seiner «Öffentlichen Generalproben» erschien er bei uns zum Lunch. Unter dem Arm ein fest in braunes Papier gerolltes Paket: sein Frack. Auch die Photographie von ihm und meinem Vater (Abbildung 30) wäre kaum als Reklame für ein Herrenkleidergeschäft geeignet.

Über Furtwänglers Bedeutung als Musiker haben Berufenere geschrieben als ich. Erwähnenswert ist jedoch der Bericht eines Quartettmitglieds – leider kann ich mich nicht mehr an seinen Namen oder den des Ensembles erinnern. Aus irgendeinem Grunde war Furtwängler bei einer Probe anwesend und begann nach einiger Zeit vor sich hin zu dirigieren. Zur Überraschung der Spieler übte dies eine magische Wirkung auf ihre Interpretation aus – ein Beweis für Furtwänglers Fähigkeit, seine musikalischen Ideen und Absichten sozusagen instinktiv zu übermitteln.[1]

Abgesehen vom rein musikalischen, ist das interessanteste – weil umstrittenste – Thema wohl sein Verhalten während der Hitlerzeit. Ich besitze von ihm mehrere Briefe aus den dreißiger Jahren an meinen Vater und bin überzeugt, daß, wenn es sonst nichts schriftliches gäbe, diese genügen würden, jeden Vorwurf über seine damalige Haltung zu entkräften. Ich komme noch auf die Tatsache zurück, daß er meinen Eltern im Jahre 1942 während der deutschen Besetzung Hollands indirekt das Leben rettete. Meine Einstellung ihm gegenüber ist daher naturgemäß subjektiv, deckt sich jedoch völlig mit dem objek-

---

[1] Dieses Talent war jedoch auch anderen Dirigenten eigen. So erinnere ich mich zum Beispiel an das Wohltätigkeitskonzert eines recht mäßigen Amateurorchesters, bei dem Hepzibah Menuhin als Solistin mitwirkte; sie hatte die Bedingung gestellt, daß Sir Adrian Boult – von vielen Künstlern als der beste begleitende Dirigent geschätzt – bei ihrem Solo das Orchester leiten solle. Der Qualitätsunterschied zwischen der Aufführung des von ihm dirigierten Werkes und dem Rest des Programms, an dem er nicht teilnahm, war frappant; wenn man zugehört hätte, ohne die Mitspielenden zu sehen, so hätte man denken können, daß es sich um zwei verschiedene Orchester handele. Ein erstklassiger Dirigent hat offenbar tatsächlich die Fähigkeit, aus Mitspielern gelegentlich mehr herauszuholen als in ihnen steckt.

tiven Urteil über seine Gesinnung, von dem die Briefe aus der Vorkriegs-Hitler-Zeit beredtes Zeugnis ablegen.

Als die Nazis zur Macht kamen, lebten wir noch in Deutschland. Da wir als Juden naturgemäß in unserer Existenz bedroht waren, ging mein Vater ihn um Rat und Hilfe an. Nicht etwa als Bittsteller; das Verhältnis zwischen ihnen blieb unverändert – volles Vertrauen und völlige Gleichberechtigung. Mein Vater konnte sich ihm gegenüber mit derselben rücksichtslosen Offenheit ausdrücken wie bisher. Dies zeigt zum Beispiel ein Brief vom 26. Juni 1933, in dem Furtwänglers Sekretärin in seinem Auftrag – er befand sich auf einer Konzertreise – den Vorwurf zurückweist, er habe als Solisten für eines seiner Philharmonischen Konzerte einen «Parteigenossen» engagiert, der dieser Aufgabe in keiner Weise gewachsen sei. Furtwängler ließ antworten, daß er diesen Künstler niemals in Frage gezogen habe, «zumal er es nicht nötig hat, ‹seine Programme mit durch arische Urgroßmütter immunisierten Komponisten und Solisten zusammenzustellen› wie Sie schreiben».

Er intervenierte für meinen Vater auch beim damaligen Kultusministerium und berichtete zusätzlich, daß er sich seinetwegen an den «Führer» gewandt habe.[1]

Er tat sein Bestes, die Stellung seiner jüdischen Konzertmeister (Szymon Goldberg und Nicolai Graudan) beim Berliner Philharmonischen Orchester zu sichern, und war ehrlich gekränkt, als sie – anscheinend ohne seine Anstrengungen zu würdigen – demissionierten. Aber er war nicht nachtragend. Im Jahre 1935 schreibt er: «Hoffentlich hat (Goldberg) Glück bei seiner Solistenlaufbahn. Ich fürchte, daß seine künstlerischen Leistungen nicht überall so gewürdigt und anerkannt werden wie zu der Zeit, wo er noch bei uns Konzertmeister in Berlin war. Wenn Sie ihn einmal sehen, grüßen Sie ihn von mir, bitte.»

Zwei weitere Briefe werfen ein bezeichnendes Licht auf seinen damaligen Gemütszustand. Der erste, datiert vom 4. Juni 1933 aus Paris, enthält die Äußerung: «Im übrigen bin ich froh, Berlin auf 14 Tage los zu sein, um zu vergessen!» Und im zweiten, datiert vom September

---

[1] In einem Brief gibt der Dirigent Sir Adrian Boult eine Information von Furtwänglers früherer Sekretärin, Dr. Berta Geißmar, weiter, derzufolge es in einer Aussprache mit Adolf Hitler in erster Linie um seine Einstellung (einschließlich der zu meinem Vater) ging, die dem herrschenden Regime alles andere als genehm war.

1935, bittet er meinen Vater, doch bestimmt dafür zu sorgen, daß sie sich bei seinem nächsten Londoner Besuch treffen: «Ich wohne gewöhnlich in der Deutschen Botschaft, vielleicht schreiben Sie mir dorthin eine Zeile, damit wir uns nicht verfehlen.» Offensichtlich hielt er mit seiner Meinung nicht zurück, und es war ihm gleichgültig, wer sie kannte: Im Jahre 1935 war es zumindest wahrscheinlich, daß seine Korrespondenz vom Gesandtschaftspersonal zensiert werden würde.

Aber es gibt auch sonst bezeichnende Hinweise auf seine grundsätzliche Motivierung:

Bekanntlich wurden ihm von der internationalen Kunstwelt schwere Vorwürfe darüber gemacht, daß er in Deutschland geblieben war, anstatt auszuwandern. Man sagte ihm nach, er habe von der Verfolgung jüdischer Kollegen profitiert.

Eine einfache Überlegung kann dies überzeugend ad absurdum führen. Einmal war er in Deutschland, lange vor Hitlers Machtergreifung, einer der anerkanntesten – wenn nicht überhaupt der gefeiertste – aller aktiven Dirigenten. Da er an Politik notorisch nicht interessiert war, kann man sich keine Verbesserung seiner Stellung vorstellen, nach der er hätte streben können. Sein Verbleib in Deutschland konnte ihm daher keinerlei materiellen Vorteile bringen – und tat es auch nicht. Außerdem sind seine Schwierigkeiten mit dem Regime aktenkundig. Und zum anderen, wenn er sich für eine Auswanderung entschieden hätte, so hätte er sicherlich jede Auswahl unter allen vorhandenen Stellungen gehabt – und bestimmt mit einem viel besseren Verdienst als in Deutschland. Dazu wäre er noch als politischer Held gefeiert worden.

Aber Mutmaßungen sind unnötig. Ein Brief vom 25. Juni 1934 ist deswegen bezeichnend, weil er ohne jede Absicht geschrieben war, sich ins richtige Licht zu setzen. Weit entfernt davon, sich zu verteidigen, wirft er anderen – und noch dazu jüdischen Musikern! – vor, daß sie seine künstlerischen Prinzipien und Ziele nicht unterstützten. Eine Einstellung, die besser als alles andere das Urteil meines Vaters über seine «naiv-kindliche» Natur bestätigt – aber sie ist unzweifelhaft ehrlich gemeint (Abbildung 31).

Braucht man noch mehr zu sagen? Vielleicht eines: Was wäre wohl die Reaktion seiner aus Deutschland vertriebenen Kollegen gewesen, die nun im Ausland, oft unter großen Entbehrungen, um den Aufbau

BERLIN W. 35   25. Juni 1934.
GRAF-SPEE-STR. 9

Lieber Freund!

    Goldberg hat sich leider nicht von seiner Absicht abbringen lassen. Ich bedaure dies ausserordentlich und kann es auch bei aller Würdigung für Goldbergs Gründe nicht für richtig finden, dass er die Sache verlässt, der ich meine Kraft widme, nämlich, dem deutschen Musikleben hochwertige Leistungen und Qualität zu erhalten. Goldberg beruft sich bei seinen Argumenten auch auf Sie, lieber Freund, was natürlich nicht heissen soll, dass ich Sie dafür verantwortlich machen will. Aber ich sehe nur, dass schliesslich eines aus dem anderen folgt und dass auf die Dauer das freie Leben und Wirken für Musiker, die über das Mittelmass hinausgehen, immer schwieriger wird.

    Sehr gern würde ich Sie auf meiner Durchreise nach der Schweiz sprechen, wenn ich schon wüsste, wie ich überhaupt meinen Sommer einteile. Sollte ich über Baden-Baden fahren, so werde ich Ihnen gern beizeiten eine Nachricht zukommen lassen.

    Mit herzlichen Grüssen von Haus zu Haus,

stets Ihr

Wilhelm Furtwängler

31 Brief von Wilhelm Furtwängler

einer neuen Existenz kämpfen mußten, wenn er ihnen freiwillig gefolgt wäre? Es ist zu vermuten, daß sie diesen Schritt keineswegs begrüßt, sondern im Gegenteil verurteilt hätten. Sie hätten ihm vorgeworfen, daß er ihre Arbeits- und Erfolgsaussichten vermindere, obwohl er ungestraft in Deutschland hätte bleiben können. Und wer kann sagen, daß diese Meinung so falsch gewesen wäre? Ein unlösbares Dilemma, von welcher Seite immer man es betrachtet.

Wie bereits erwähnt, besteht praktisch kein Zweifel, daß die Freundschaft mit Furtwängler meine Eltern im Jahre 1942 vor dem Konzentrationslager und damit dem sicheren Tod bewahrte. Ich zitiere nachstehend im Auszug einen Brief meiner Mutter, den sie ihm kurz nach dem Krieg schrieb. Aus seiner Fassung geht deutlich hervor, daß er auf seine Bitte geschrieben worden war – aber das ändert absolut nichts an den Tatsachen.

«Wie Sie wissen, schloß mein Mann schon Ende 1940 einen Kontrakt mit dem Curtis Institute of Music, Philadelphia, ab, was uns die Erlangung eines Einreisevisums für die Vereinigten Staaten ermöglichte. Leider wurde uns aber die Ausreiseerlaubnis aus Holland fünfmal von den deutschen Besatzungsbehörden verweigert, trotzdem Sie sich in freundschaftlichster Weise bemühten, uns hierbei zu helfen. Als das amerikanische Konsulat geschlossen wurde, da Amerika mittlerweile in den Krieg eingetreten war, versuchten wir, nach Kuba zu kommen, aber auch hierfür fehlte uns die Ausreisegenehmigung von deutscher Seite. Auf die Bitte meines Mannes sandten Sie ihm einen Brief an Dr. Bene, einem hohen deutschen Beamten in Holland, in welchem Sie denselben baten, uns doch die Ausreise nach Kuba zu erlauben. Leider konnte dieser Brief dem betreffenden Herrn nicht übermittelt werden, da sich niemand fand, der den sogenannten Mut besaß, ein Schreiben, einen Juden betreffend, weiterzuleiten. So wurde es auch für Kuba zu spät. Trotzdem fand sich später jemand, der Dr. Bene Ihren Brief nachher übermittelte, da mein Mann glaubte, daß es uns eine kleine Sicherheit geben würde, wenn dieser um unsere Existenz wüßte.

Als wir nun im September 1942 verhaftet und in das Scheveninger Gefängnis eingeliefert wurden, übergab mein Mann zugleich mit unseren Pässen, der dort amtierenden Beamtin eine Photokopie Ihres Briefes, hoffend, daß dieser dazu beitragen würde, uns aus dieser gefährlichen Situation zu retten.

Tatsächlich scheint das Fräulein, das uns zuerst erklärt hatte, daß wir am nächsten Morgen in ein holländisches Konzentrationslager überführt werden würden, um dort zu erfahren ‹was weiter mit uns geschehen würde›, etwas stutzig geworden zu sein. Sie scheint sich mit dem Büro des Dr. Bene in Verbindung gesetzt zu haben, wo man ihr die Anweisung gab, uns freizulassen. Hieraus haben wir entnommen, daß Ihr Brief diese Freilassung bewirkt und uns aus dieser überaus gefährlichen Lage gerettet hat. Ich will hieran noch zufügen, daß Sie zu einer Zeit, wo es für Sie wirklich gefährlich war, sich für meinen Mann einzusetzen (da er nicht arischer Abstammung war), immer zu uns gehalten haben und alles getan haben, was in Ihrer Macht stand, um uns zu helfen. Mein Mann und ich sind Ihnen für Ihre freundschaftliche Haltung immer dankbar gewesen und haben Ihnen dies nie vergessen.»

Furtwängler war nicht nur ein überragender Künstler, sondern eine bedeutende Persönlichkeit mit allen ihren menschlichen Schwächen und – weit überwiegenden – Stärken, nicht zuletzt bewunderungswürdiger Zivilcourage, die er für seine Freunde vorbehaltlos einsetzte.

Artur Schnabel

«Am Anfang war der Schnabel nur
Das Ende einer Nabelschnur.»

(Schüttelreim Artur Schnabels)

Schnabel als Mensch und Künstler.

Carl Flesch schrieb am 26. Mai 1935 an Prof. Georg Schünemann, über seine Memoiren[1], an denen er damals intensiv arbeitete:
«Momentan beginne ich, Schnabel unter die Lupe zu nehmen, ein außerordentlich schwieriges Unternehmen, denn der Mann ist ja so kompliziert und widerspruchsvoll wie ein Dutzend anderer Menschen zusammengenommen. Da ihn aber wohl niemand unter seinen Zeitgenossen so genau kennt wie ich, ist die Arbeit schon lohnend.»

Die Ansicht von der intimen Kenntnis – Familie selbstverständlich ausgenommen – war damals sicherlich berechtigt. Die Zusammenarbeit zwischen Artur Schnabel und Carl Flesch hatte im Jahre 1908 begonnen. Während der darauffolgenden zwei Jahrzehnte veranstalteten sie Hunderte von Sonaten- und Trio-Abenden, die mit langen gemeinsamen Reisen verbunden waren; sie veröffentlichten Ausgaben klassischer Kammermusikwerke, und waren auch außerhalb ihres Berufs durch Freundschaft und gegenseitige Hochachtung eng verbunden.

In seinen Memoiren gibt mein Vater eine ausführliche Analyse Schnabels als Mensch und Musiker und beschreibt ihre Zusammenarbeit. Da seine «Erinnerungen» in der Hauptsache für Geiger und spezifisch geigenorientierte Musikliebhaber bestimmt sind, während sich dieses Buch an einen weiteren Leserkreis wendet, will ich einige Aussagen zitieren:

---

[1] Erinnerungen eines Geigers. Atlantis Verlag 1961

32 Artur Schnabel, gezeichnet von Eugen Spiro

«... Die Widersprüche in Schnabels Charakter waren so geartet, daß sie bei einer minder ausgesprochenen Persönlichkeit einander hätten aufheben müssen. Bei ihm jedoch bestanden sie selbständig nebeneinander, um je nach Bedarf in Aktion zu treten...
Künstlerisch erkannte ich neidlos seine überragenden Eigenschaften an... Das Geheimnis der Vollkommenheit unseres Zusammenspiels beruhte darin, daß wir, aus verschiedenen Richtungen kommend, einander entgegengingen und in Wegesmitte zusammentrafen... Daher besaß unsere Zusammenarbeit viel Reiz für beide Teile. Wir regten einander an, und unsere Proben befriedigten uns noch weit mehr als unsere Konzerte.
Wenn bei Beethoven oder Brahms, Schubert oder Schumann der Heilige Geist über ihn kam, ... war es ihm gegeben, Höhepunkte zu erklimmen, die kaum einem anderen erreichbar sind.[1]
Er ist und bleibt einer der merkwürdigsten Musiker unserer Zeit, und ich möchte um keinen Preis den Einfluß missen, den er auf meine künstlerische Entwicklung ausgeübt hat.»

Ich halte diese Bemerkungen für äußerst treffend. Ein Jammer, daß umgekehrt keine Beurteilung meines Vaters durch Schnabel überliefert ist! Sie wäre, da sie auf einer ebenso intimen Kenntnis beruht hätte, äußerst interessant und aufschlußreich gewesen. Aber in seiner Vortragsreihe «My Life and Music»[2] widmet er ihm nur einige wenige Sätze. Ich halte dies für eine «Verdrängung», die auf ihre tiefgehende Entfremdung zurückzuführen ist, auf die ich noch zurückkomme. Interessanterweise erwähnt übrigens ein Nachruf auf Schnabel in der Londoner «Times» seine kammermusikalische Tätigkeit mit keinem Wort. Im Gegensatz dazu steht eine Erinnerung Peter Diamands, vor dem Krieg sein Privatsekretär (und gelegentlicher Chauffeur). In der Nähe von Tremezzo, dem damaligen Wohnsitz der Familie Schnabel, befand sich ein Schloß, in dem Schnabel und mein Vater verschiedentlich Sonatenabende gegeben hatten. Immer wenn der Weg ihn an diesem Gebäude vorbeiführte, ließ Schnabel es sich nicht nehmen, diese Konzerte mit einer gewissen Wehmut zu erwähnen.

[1] Dagegen hielt Flesch wenig von seinen Interpretationen zeitgenössischer Komponisten. In seinem Tagebuch erwähnt er, daß eine Tournee, auf der Schnabel 18 verschiedene Klavierkonzerte spielen sollte, ins Wasser gefallen sei: «Vielleicht ist es künstlerisch ein Glück für ihn, daß die Sache nicht zustandekam, sein Ruf hätte sicherlich letzten Endes darunter gelitten, denn die Modernen spielt er gar nicht gut.»
[2] Verlag Longmans, London, 1961

Zur Darstellung in der Flesch-Biographie kann ich manches hinzufügen – einige persönliche Erinnerungen, die Tagebücher meines Vaters, und insbesondere eine Anzahl bisher unveröffentlichter Briefe, die in mancher Hinsicht zusätzliche Einblicke in das Wirken und Denken dieses pianistischen Giganten gewähren.

Eine der Tagebuchaufzeichnungen stammt aus dem Jahre 1931, einer Zeit in der die künstlerische Partnerschaft zwar schon fast am Ende, aber das persönliche Verhältnis – zumindest an der Oberfläche – noch ungetrübt war. Sie befaßt sich nicht mit dem Künstler – den mein Vater, wie wir gesehen haben, fast vorbehaltslos bewunderte –, sondern dem Menschen Schnabel. Sie ist natürlich nicht annähernd so «elegant» ausgedrückt wie in seinen Erinnerungen, aber gerade deswegen vielleicht um so aufschlußreicher:

«Über Artur, der gestern bei mir war, könnte man Bände schreiben. Ein Mensch, den man gleichzeitig lieben und hassen muß, voll der haarsträubendsten Widersprüche, Idealist und Materialist, naiv und gerissen, impulsiv und tüftelnd, aber vor allem Dialektiker aus Passion. Seine große Leidenschaft ist: Reden, selbst reden, sich reden hören... Man weiß, daß er aus Gewohnheit und Neigung eine Attacke gegen jede von einem anderen ausgesprochenen Ansicht reiten wird – selbst (oder gerade) wenn sie mit seiner eigenen übereinstimmt... Trotz allem faszinierend. Eigentlich innerlich zerrissen – eine im Grunde impulsive Natur, die ... zur absoluten Verstandeskontrolle hin möchte, ohne daß ihr dies gelingt. Daher dieser verblüffende Dualismus, der ihn abwechselnd als Engel und Teufel erscheinen läßt.»

Um die Berechtigung (oder Nicht-Berechtigung) dieser subjektiven Ansicht eines Mannes zu ergründen, dessen eigenem Charakter Ambivalenz und Widersprüche keineswegs fremd waren, können wir uns in erster Linie an Schnabels Briefe halten. Eine oft fesselnde Lektüre, voller Originalität und Überraschungen. Sie spiegelt seinen Charakter wider: klar und urteilsfähig – oder verworren, unter Verkennung der Real-Situation; kühl – oder impulsiv, sogar zuweilen hemmungslos; ausnehmend idealistisch – oder höchst materialistisch; selbstbewußt – oder fast über-bescheiden; und vieles andere mehr. Man könnte beim Lesen manchmal fast auf die Idee kommen, die Briefe stammten von zwei verschiedenen Personen. Das nimmt gelegentlich lustige Formen an:

3. September 1929: «Es sollte *kein* Konzert ohne einen Mozart im Programm stattfinden.»

1. Mai 1930: «Ich schlage eine kleine Programmänderung vor und erbitte Deine Zustimmung zur Aufführung des d-Moll-Trios von Mendelssohn anstatt eines Mozart.»

Ich weiß nicht, wie mein Vater darauf reagierte; vermutlich stimmte er mit einem geheimen nachsichtigen Lächeln zu. Schade! Es wäre viel interessanter gewesen, wenn er auf den ersten der beiden Briefe verwiesen hätte; Schnabel hätte dann sicherlich mit zwingender Logik nachgewiesen, daß kein eigentlicher Unterschied zwischen den beiden Meinungsäußerungen bestehe. Denn so widerspruchsvoll auch immer seine Auslassungen waren – sie stellten zu dem Zeitpunkt, an dem er sie von sich gab, seine ehrliche Meinung dar. Es war ihm gegeben, nicht nur andere, sondern insbesondere auch sich selbst davon zu überzeugen, daß seine Ansichten und Handlungen des Augenblicks die richtigen seien, auch wenn sie seinen bei anderen Gelegenheiten vorgebrachten oft idealistischen Prinzipien (deren er sich vermutlich im Moment gar nicht erinnerte), völlig entgegengesetzt waren. Hierfür wurde er nicht selten als «falsch» verurteilt[1], etwas, das, wie ich glaube, seinen komplizierten Charakter verkennt.

Seine frühesten Briefe in meinem Besitz datieren vom Anfang des Ersten Weltkrieges, also später als dem Beginn ihrer Zusammenarbeit. Da beide Künstler zu dieser Zeit in Berlin lebten, war Korrespondenz normalerweise unnötig. Aber bei Ausbruch des Krieges befanden wir uns in den Ferien in Holland, dem Geburtsland meiner Mutter. Schnabel, wie bekanntlich die überwiegende Mehrzahl aller Angehörigen kriegführender Nationen, wurde vom allgemeinen Patriotismus mitgerissen. Natürlich nicht von der Idee des Krieges selbst, den denkende Menschen nur bedauern und verurteilen konnten, sondern von der herrschenden Atmosphäre und Propaganda.

1 Das konnte zuweilen giftige Formen annehmen. Aus einem Brief eines ehemaligen Freundes Schnabels an meinen Vater: «Ich erhielt einen Brief (von Schnabel) aus dem weltanschauliche Fatzkereien und allerlei Ethik aus dem Couvert troff – ehe ich es öffnete!»
Belustigender, aber deswegen nicht weniger bezeichnend für den Ruf, den Schnabel bei manchen Kollegen genoß, ist ein Satz in einem Brief des Pianisten Leonid Kreutzer, der sich gewohnheitsmäßig von seinen Mitmenschen angegriffen fühlte – ein Zustand, zu dem sein eigenes Verhalten nicht selten beitrug: «Hier ist alles sehr merkwürdig, Schnabel intrigiert gegen mich, wahrscheinlich weiß er es aber noch gar nicht.» Über diesen tiefsinnigen Ausspruch könnte man stundenlang nachdenken.

25. August 1914: «Hier in Berlin geht es großartig zu. Eine zuversichtlich ruhige Lebendigkeit beherrscht alles... Wundervoll plötzlich diese beseelte Menge vom Nicht-Ich (und eigentlich sehr unerwartet) zur Umwelt zu haben, die doch früher nur aus unbeseelter Ich-Masse bestand... Glaube keine Pariser und Londoner Meldungen!»

Andererseits waren sie beide dankbar, als kriegsdienstuntauglich befunden zu werden und damit der Gefahr zu entgehen, sich durch den Waffendienst ihre Hände für ihren Beruf auf immer zu verderben; mein Vater litt an anormal starker Kurzsichtigkeit, Schnabel an einer Hammerzehe – «zwei gepriesene und erhaltungswerte Übel».

Im übrigen verstand er es – anscheinend besser als mein Vater –, die Situation und ihre Schwierigkeiten klar und weitsichtig zu analysieren, ohne sich hierbei auf frühere Erfahrung stützen zu können. Und er konnte seine Ansichten immer in ausgeprägt-anschaulicher Weise ausdrücken und ihnen dadurch noch größere Wirkung verleihen.

Der Kriegsausbruch brachte eine Flut von Konzertabsagen seitens der Veranstalter mit sich. Schnabel war über den Standpunkt, der hier einzunehmen war, keine Minute im Zweifel:

25. August 1914: «(Diese Absagen) unsererseits anzuerkennen, wäre Torheit, ja Wahnsinn... Wir dürfen einer grundsätzlichen Entrechtung nicht vorbehaltlos zustimmen, wir dürfen zunächst nicht die Waffen strecken... Überdies, und das ist der springende Punkt, ist der heutige Zeitpunkt viel zu früh, um sich irgendwie zu entscheiden, zu binden... Was soll man dazu sagen, wenn zum Beispiel der Philharmonische Verein in Bremen einen Vertrag kündigt, der am nächsten Karfreitag (2. April 1915) zu erfüllen ist? Das ist doch auf der Hand liegender Unsinn.

Und nun möchte ich Dir noch sagen, daß ich ganz und gar nicht Deine schwarzseherische Ansicht teile, die der kommenden Saison gar keine Lebenskraft zutrauen will. Ja, ich bin fast entgegengesetzter Meinung... Es ist doch sehr wahrscheinlich, daß in fünf bis sechs Wochen ein großes Bedürfnis nach geistigen Erhöhungen edler Art vorhanden sein wird. Ich meine, daß wir in jedem Falle spielen müssen, gleichviel ob wir verdienen oder verlieren; man muß gerade jetzt die Mitmenschen (aus persönlicher Zaghaftigkeit) nicht im Stich lassen... Schlimmstenfalls bleiben wir ohne Einnahme. Aber wir *müssen* spielen.»

Heute, nach den Erfahrungen, die wir in zwei Weltkriegen über den Kulturhunger gerade in solchen Situationen gesammelt haben, erscheint uns diese Ansicht als selbstverständlich; damals war sie völlig unerprobt, originell – und richtig. Sogar während der deutschen Revolution im November 1918 spielten sie vor vollen Sälen.

Schnabel im gleichen Brief: «Ich bin ein Gegner des Gedankens, die Veranstaltungen zu gemeinnützigen Zwecken abzuhalten. Wenn wir einem solchen (Zweck) etwas zuzuführen wünschen, dann gibt es die großzügigsten Unternehmungen hier, die dies gern annehmen. Ich bin bereit, den etwaigen Ertrag unserer Abende ihnen zuzuwenden, doch möchte ich das auf keinen Fall in die Ankündigung der Abende mit hineinverflechten. Wir wollen ein Publikum, das erscheint, um uns zu hören oder Beethoven-Sonaten zu hören. Wenn Du sähest, wie jede untermittelmäßige Kraft hier bereits versucht, durch das Gewand der Wohltätigkeit ihrem mageren Körper Fülle zu verleihen, Du bekehrtest Dich gewiß zu meiner Ansicht.»

Aufrichtig wie der Idealismus, der aus diesen Äußerungen spricht, gemeint ist, so erklingt eine etwas dissonante Note in einem Brief Oskar Nedbals, der damals offenbar darüber mitzubestimmen hatte, welche Solisten die Wiener Tonkünstlervereinigung engagieren solle. Es war im Kriegsjahr 1916; mein Vater hatte ihn offenbar darüber zur Rede gestellt, daß Schnabel von der Vereinigung für ihre Konzerte zur Zeit nicht berücksichtigt werde.

«... Sie wissen, daß beim Kriegsausbruch uns die Künstler ... in ihren Forderungen sehr entgegengekommen sind. Wir haben ... den höchsten Betrag, den wir bieten konnten, das sind 800 Kronen, ... angeboten... Herr Schnabel besteht auf 1000 Kronen, und nur so will er kommen!» Nedbal bittet dann meinen Vater, zu intervenieren und an Schnabels noble Gesinnung zu appellieren.

Das Bezeichnende hier ist der Widerspruch, der sich in Schnabels Verhalten zeigt – die sicherlich ehrlich gemeinte Absicht, unter Umständen umsonst zu spielen, und der Kampf um weitere 200 Gulden, den er unzweifelhaft für ebenso gerechtfertigt hielt, obwohl der Kunstverein während des Krieges bestimmt an wirklicher Geldknappheit gelitten haben muß.[1]

---

[1] Ich möchte hier betonen, daß Schnabel gern und oft (und natürlich umsonst) bei musikalischen Freunden in Hauskonzerten mitwirkte.

Eine ganz andere Frage ist, wer «recht» hatte – Schnabel oder der Verein. Schließlich ist, wirtschaftlich gesehen, das Geigen oder Klavierspielen ein Beruf wie jeder andere; er soll dazu dienen, den Künstler und seine Familie zu ernähren. Seine Bezahlung richtet sich gleich jeder anderen nach Angebot und Nachfrage. Aber wie etwa auch beim Anwalt und Arzt, versucht das Publikum unablässig, eine berufliche – in diesem Fall künstlerische – Leistung umsonst oder zu ermäßigten Preisen zu erhalten. Ein Pianist, der in einer Gesellschaft gebeten wird, «doch etwas vorzuspielen», kann nicht wie ein Arzt, der in einer ähnlichen Situation von einer fremden Dame um Rat angesprochen wird, antworten: «Also ziehen Sie sich mal aus.» Alles was er tun kann, ist, zu refüsieren oder bei beruflichen Konzerten auf seiner Forderung zu bestehen. Es steht der anderen Partei frei, anzunehmen oder abzulehnen.

Jedenfalls meistens. Nicht, zum Beispiel in der alten Geschichte, die Fritz Kreisler zugeschrieben wird – vermutlich zu Unrecht, denn er war alles andere als ein Snob. Eine reiche amerikanische «society hostess» plante eine Soiree, bei der sie ihn für ein Privatkonzert verpflichten wollte. Sie war so unvorsichtig, dies als ein Fait accompli bekannt zu geben, bevor die Verhandlungen abgeschlossen waren. Kreisler, den das ärgerte, beschloß, ihr eine Lehre zu erteilen: Er verlangte das Doppelte seines üblichen Honorars und ließ sich trotz aller Proteste nicht davon abbringen. Da sein Auftreten schon angekündigt war, mußte die Gastgeberin schließlich wohl oder übel nachgeben, um sich nicht zu blamieren. Sie tat dies mit den Worten: «Also gut. Aber nur spielen; auf keinen Fall will ich, daß Sie sich unter meine Gäste mischen!» Darauf Kreisler: «Aber gnädige Frau, warum haben Sie mir das nicht gleich gesagt! Wenn ich das gewußt hätte, wäre mein Honorar viel niedriger gewesen!»

Der Fall Nedbal ist im Grunde gar nicht so unähnlich, denn sein Brief schließt mit den Worten: «Ich gebe zu, daß H. Schnabel, wenn er nicht nachgibt, auch die 1000 Kronen bei uns erreichen wird, aus dem einfachen Grunde, weil wir im nächsten Jahr unser 10. Vereinsjahr begehen und unter unseren Solisten seinen Namen nicht missen wollen.» Na also!

Schnabel hatte recht – jedenfalls wenn man seine frühere Ansicht nicht kennt. Und ebenso vielleicht seine spätere:

5. März 1925: «Ich war einen Monat in Rußland. Es ist ein großes

Beginnen. Und wie immer in solchem Zustand: eine wohltuende Ehrlichkeit. Der hauptsächliche Antrieb für mich, dort hinzugehen, besteht in der Möglichkeit, den seelisch verhungerten Angehörigen jener Schichten, die im Bedürfnis nach geistigen Gütern aufgewachsen, noch einmal etwas Nahrung zu bringen, ehe sie ihr Dasein enden.»
Soweit der Idealist; im gleichen Brief – der Materialist:
«In Rußland spielte ich sieben Mal, habe aber noch keinen ‹roten› Heller bisher erhalten. Doch nehme ich nur Bummelei als Ursache an.»
Bisher haben wir Schnabel als den positiv denkenden, selbstbewußten Künstler gesehen. Aber er hatte auch seine überaus pessimistischen dunkleren Stunden, die ihn manchmal zu etwas abenteuerlichen Ansichten verleiteten. Im selben Brief vom 5. März 1925 schrieb er:
«Furtwängler erzählte mancherlei von Amerika... Welchen Vorsprung hat so ein Kapellmeister! Er wird gleich an die *Spitze* berufen. Geldmittel sind unbegrenzt vorhanden... Wie anders sind die Bedingungen für unsereinen! Wer, wenn nicht ein Künstlerhändler, der nach frischen Ausbeutungsobjekten auslugt, wird einen Pianisten nach Amerika holen? Meistens muß man sich dem Manager noch anbieten, ihn bitten, einen zu beachten... Der Klavierspieler wird dazu verführt, schlechte Flügel zu benutzen, weil er dadurch seine Einnahmen steigern kann (seine Leistung aber senken *muß*)... Findet der Dirigent sofort ein großes und vergleichsweise gebildetes Publikum, der Solist muß es sich jahrelang zusammenschnorren und wer weiß was für erniedrigende Mittel anwenden, um es anzulocken...»
Ich möchte bezweifeln, daß die meisten Dirigenten und Pianisten die Sache ebenso sehen. Aber weiter:
«Über die Bedeutung meiner Abwesenheit für die Amerikaner gebe ich mich keiner Täuschung hin. Man braucht mich nicht... Ich werde am 22. April und 5. Mai in London spielen. Man muß alles versuchen.»
Wenn man an Schnabels spätere Erfolge gerade in England und Amerika denkt, so kann man diese Äußerungen nur als das erheiternde Beispiel eines frappanten Fehlurteils bezeichnen. Und wie steht es mit seinen Ansichten allgemeinerer Natur?
«Europa hat nur noch ganz winzige Inselchen, sein Leben zu retten. Vielleicht werden die auch bald überrumpelt sein von den vereinigten Wellen: Asien und Amerika. Europa ist unnötig geworden. Es hat

33 Trio Flesch / Schnabel / Becker

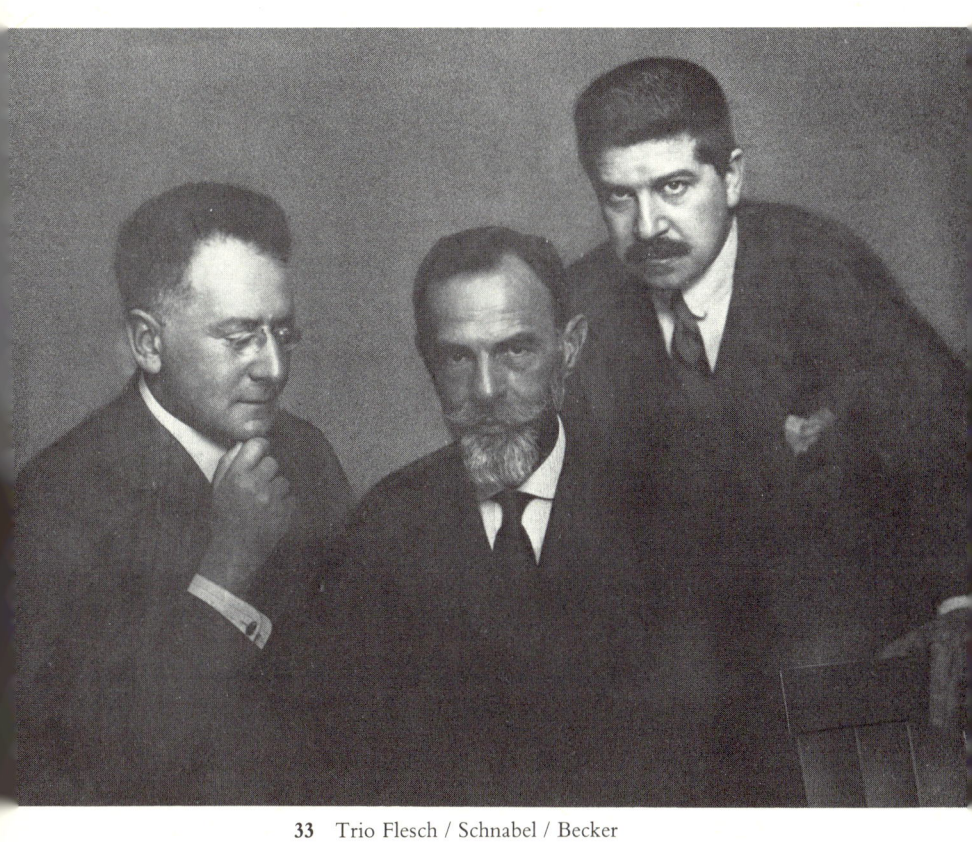

seine Aufgabe erfüllt und darf in der Gestalt eines Käufers (dem natürlich die Möglichkeit zur Beschaffung von Zahlungsmitteln gelassen werden muß) fortexistieren. Es ist ein Übergang... Hier ist: Ein großes *Enden*. Und wie immer in solchem Zustand eine unerträgliche Unehrlichkeit. Aber auch hier heißt es, gegen den Tod Europas so lange zu kämpfen, bis man eben versunken oder verschlachtet ist...»
Dies wurde vor über 60 Jahren geschrieben. Bisher hat sich die Vorhersage nicht bestätigt. Vielleicht war Schnabel seiner Zeit weiter voraus, als er selbst es damals glaubte.

Ein depressives Bild? Nein – wie immer bei Schnabel nur ein «Halb-Bild». Er war ein humorvoller Mann mit einem sprühenden Witz. In seiner Gegenwart gab es immer Stoff zu geistiger Anregung und häufig zum Lachen. Er liebte Wortspiele, zum Beispiel die Erfindung neuer «Berufe» wie etwa «Bettvorleger» oder «Donauwalzer». Er war berühmt für seine witzigen Schüttelreime, wie den am Anfang dieses Kapitels zitierten. Oder auch:

«Erst scherzt' ich mit dem dreisten Lieschen,
Dann schmerzten mich die Leistendrüschen.»

Und:

«Von jedem Schund e bissel,
ist eine Bunte Schüssel.»

Oder seine Antwort an den Dirigenten Heinz Unger, der sich bei ihm darüber beklagte, daß die Berliner Philharmoniker bei einer Probe mir nichts dir nichts ihre Instrumente weggepackt hätten, um zum Mittagessen zu gehen:

«Mein lieber Heinz Unger
Das Orchester hat um Eins Hunger.»

Einen recht verzwickten Reim erdachte er sich anläßlich der verschiedenen Währungsschwierigkeiten, unter denen damals jeder zu leiden hatte:

«Ob wohl der Papst, der weise Christ,
Den Ausweg aus der Krise weiß,
die, wie Ihr all' im Kreise wißt,
Um manches Land's Devise kreist?»

Der Musikologe Peter Stadlen erzählt, wie Schnabels Sohn, Karl Ulrich, einmal mit seinem Lehrer, dem Pianisten Leonid Kreutzer, in einen ernsthaften Streit geriet. Schnabel vermutete, die Schuld läge bei seinem etwas impulsiven Sohn und hielt es daher für seine Aufgabe, Frieden zu stiften. Als er zu diesem Zweck seine Wohnung verließ, sagte er seufzend: «Jetzt muß ich zu Kreutzer kriechen!»

Im Hause Schnabel war immer Betrieb. Für die Bewohner unter der Schnabelschen Etage sogar erheblich mehr, als ihnen recht war. Artur spielte Klavier, seine Frau Therese sang. Und wenn sie nicht selbst musizierten, dann unterrichteten sie. Der älteste Sohn Karl Ulrich war bekanntlich ebenfalls angehender Pianist. Alle waren über die Wohnung so verteilt, daß sie einander nicht störten, aber das nützte der Partei im unteren Stockwerk nichts – im Gegenteil, es beließ ihr kein friedliches Fleckchen, außer wenn ein Mitglied der Schnabel-Familie auf Konzertreise war oder außerhalb des Hauses unterrichtete. Sonntags spielten die Jungen gerne Tischtennis; dies gab mit Recht Anlaß zu Beschwerden der anderen Mieter, und die sportlichen Betätigungen mußten eingeschränkt werden.

Ich habe wenig Kenntnis von Schnabels Einstellung gegenüber Kollegen; ich glaube, sie war unterschiedlich. Einerseits spielte er bei Hauskonzerten harmonisch mit anderen Künstlern zusammen. Auch besitze ich einen Brief aus dem Jahre 1915, in dem er ein sachliches und objektives Urteil über verschiedene Musiker abgibt (zum Beispiel über Huberman, siehe Seite 126).

Andererseits konnte er sich über Kollegen – manche davon Freunde – lustig machen. Wie zum Beispiel bei einem Konzert für 4 Klaviere mit Orchester, bei dem die Solopartien von vier Pianisten – alle anerkannt gut, aber nicht auf der gleichen Stufe wie er selbst – bestritten wurden. Er bezeichnete sie als «cabinet des refusés» und schlug vor, beim Konzert an jedem Flügel eine rote Lampe anzubringen, die zur gegebenen Zeit aufleuchtete, damit man wisse, wer von den Vieren gerade spielte.

Aber man soll diese Dinge nicht allzu ernst nehmen, denn Musiker machen sich gern über einander lustig, wenn sie die Gelegenheit sehen, etwas Boshaftes geistreich auszudrücken. Auch Schnabel selbst war nicht selten die Zielscheibe solcher Witze. Da ein Komponist wie Chopin ihm nicht lag, bezeichneten manche Kollegen ihn als «Chopinhauer». Und seine Kriegsuntauglichkeit wurde von Moritz Rosenthal nicht mit seiner Hammerzehe, sondern in zwei Worten völlig anders erklärt: «Steifes Handgelenk».[1]

---

[1] Henri Temianka, «Facing the Music», David Melley & Co Inc., New York 1973.

Schnabel bediente sich seinerseits auch hier des Schüttelreimes. Er konnte dies sogar auf englisch wie zum Beispiel im Fall des Pianisten Jan Smeterlin, der anscheinend den Ruf eines Besserwissers hatte:
«What the men of letters mean,
Who to noble matters lean,
All that knows Jan Smeterlin.»
Am hübschesten ist wohl das, was er über einen anderen, hochberühmten Kollegen zu sagen hatte – vermutlich weniger um seiner wirklichen Ansicht als des drei-armigen Schüttelreims willen:
«Als ob's auf kalter Wiese ging,
So spielt der Walter Gieseking.»

Schnabel brachte allein und zusammen mit meinem Vater eine ganze Anzahl von Ausgaben klassischer Werke heraus. Auch hier war seine Einstellung ambivalent. Ich besitze einen langen Brief von ihm, nach dessen Lektüre ich nicht weiß, worauf er eigentlich hinaus will. Ich glaube mein Vater wußte es auch nicht, denn in einigen seiner Briefe ist eine Verstimmung deutlich erkennbar; nach Ansicht einiger boshafter Berufskollegen erweckt beispielsweise ihre Ausgabe der Brahms-Sonaten gelegentlich den Eindruck, als ob die beiden völlig unabhängig voneinander gearbeitet hätten. (Siehe Anhang S. 306 ff.)

Das Thema war offenbar für Schnabel recht emotionell: In einem anderen Brief schreibt er, wie er über die Einstellung eines Verlegers zu der erheblichen Arbeit, die er geleistet hatte, so erbost gewesen sei, daß er sie ihm «umsonst vor die Füße warf». Er machte sich selbst Vorwürfe über diese «Laune, die mir nachträglich selbstverständlich als der Gipfel der Tollheit und Torheit erscheint, der ich aber gelegentlich wehrlos ausgesetzt bin». Und das ist eine weitere Seite seines Charakters, die sich zuweilen unerwartet offenbarte.

So erinnere ich mich eines Furtwängler-Konzerts, in dem Rachmaninoff sein drittes Klavierkonzert gerade mit großem Erfolg gespielt hatte. Schnabel, den ich in der Pause traf, machte eine abfällige Bemerkung über sein Spiel, die, ob berechtigt oder nicht, an Schärfe und Bissigkeit weit über das vernünftige Maß hinausging. Oder seine Bemerkung in einem Brief an meinen Vater, in dem sie das Programm für eine italienische Tournee besprachen. Mein Vater hatte offenbar eine ihnen gewidmete Korngold-Sonate vorgeschlagen, die sie in früheren Jahren verschiedentlich öffentlich gespielt hatten. Aus

Briefen Korngolds an meinen Vater geht hervor, daß Schnabel mit ihm auf durchaus freundschaftlichem Fuß gestanden hatte. Das hindert ihn aber nicht zu schreiben: «Die Korngold-Sonate möchte ich keinesfalls spielen, überhaupt keine Stücke, deren Wert nur im jugendlichen Alter besteht, und die nur so neu sind wie frisch geprägte Pfennige.»

Offenbar konnte es zu solchen Ausbrüchen kommen, wenn irgendetwas plötzlich einen empfindlichen Nerv traf, der unerwartete Reaktionen auslöste. Zeitgenössische Kompositionen gehörten verständlicherweise in dieses Gebiet.

Schnabel als Komponist

Artur Schnabel, der sich als Pianist auf das überlieferte klassische Repertoire konzentrierte, war gleichzeitig ein für seine Zeit hypermoderner Komponist – ein weiteres Zeichen des Dualismus, der eine seiner hervorstechendsten Eigenschaften war. Als Komponist war er alles andere als anerkannt. Wie es der Berliner Musikkritiker Rudolf Kastner, in Anlehnung an den 2. Akt der «Meistersinger», nach der privaten Uraufführung seiner Solo-Violinsonate ebenso witzig wie unfreundlich ausdrückte: «Dem Schnabel der heut' sang, dem ist der Vogel hold gewachsen!»[1]

Man kann sich auch auf gutmütigere Art lustig machen. Der Pianist Ignaz Friedmann beschreibt in einem Dankbrief an meinen Vater für die Übersendung des zweiten Bandes seiner «Kunst des Violinspiels» (die im Anhang eine Analyse der Sonate enthält), wie er angefangen habe, das Buch mit großem Interesse bis in die frühen Morgenstunden zu lesen. «Gegen 4 Uhr morgens kam ich zur Solocomposition von Artur S. Da gestehe ich offen, da schlief ich ein. Ich bin noch jetzt über den Grund nicht ganz klar – ich glaube doch, es war die späte Stunde.»[2]

[1] Die Korrespondenz meines Vaters enthält eine ganze Anzahl von Entschuldigungsbriefen von Leuten, die der Aufführung leider nicht beiwohnen konnten.
[2] Pianisten scheinen im allgemeinen humvorvoller zu sein als Geiger; Friedmann war keine Ausnahme. In einem Brief über einen ihm zur Verfügung gestellten Flügel: «Mein Klavier scheint aus Stradivarius Zeiten – aber nicht Güte – zu sein». Sein Sinn für Humor wurde übrigens anscheinend von seiner Frau nicht geteilt. Nach Angabe meiner Mutter hatte sie am Ende einer seiner heiteren Anekdoten oft nichts besseres zu sagen, als ein vorwurfsvolles: «Aber Ignaz, das ist doch gar nicht wahr!»

Wie unbedeutend Schnabels kompositorischer Einfluß auf das damalige Musikleben auch gewesen sein mag, auf das Privatleben meiner Eltern war er erheblich. Das Studium der oben erwähnten Sonate verursachte meinem Vater akute Schlaflosigkeit. Dagegen war meine Mutter eine ausgezeichnete Schläferin. Resultat: getrennte Schlafzimmer. Ich habe keine Ursache anzunehmen, daß dieser Schritt andere Gründe als den offiziell angegebenen hatte. Ein Fall einer kompositorischen Auswirkung, der in der Musikgeschichte wohl einzig dasteht!

Inzwischen haben Schnabels Werke bei der Nachwelt größere Anerkennung gefunden, und soviel ich weiß, ist diese weiterhin im Steigen begriffen. Ich selbst bin in keiner Weise qualifiziert, über den Komponisten Schnabel ein sachverständiges Urteil abzugeben; oder höchstens ein rein subjektives: Auf Grund der Schwierigkeiten, die seine Solosonate meinem Vater verursacht hatte, wurden seine Kompositionen in unserer Familie nicht gerade hoch eingeschätzt, und ich wuchs mit der Vorstellung auf, sie seien ungenießbar. Aber viele Jahre später hörte ich in einem Fernsehprogramm, in dem Musikkenner die Werke verhältnismäßig unbekannter Komponisten zu identifizieren hatten, einige Takte aus einem modernen Stück, das mir auf Anhieb gefiel. Einer der Experten, der Schnabel-Schüler Clifford Curzon, erkannte es sofort: eine Komposition seines Lehrers. Ich bin überzeugt, daß wenn ich dies vorher gewußt hätte, meine Einstellung automatisch negativ gewesen wäre – ein weiterer Beweis dafür, daß man, um ein Stück unvoreingenommen beurteilen zu können, nicht vorher wissen sollte, wer der Komponist ist.

Wie dem auch sei, ich kann einiges über Schnabels Gedankengänge und Motivierungen – sozusagen «aus der Werkstatt» – berichten: Seine Briefe enthalten viel Material, das einen – ich glaube wichtigen – Beitrag zum Verständnis seiner künstlerischen Intentionen liefern kann. Er legte großen Wert auf das Urteil meines Vaters, obwohl er sich darüber klar war, daß ihre Ansichten in dieser Beziehung weit auseinandergingen.[1] So schrieb er ihm:

---

[1] Ich zitiere noch einmal Carl Fleschs «Erinnerungen»: «Vom Wiener Salonkomponisten macht er, die Zwischenstufen Brahms–Reger, Franck–Debussy überspringend, einen Salto mortale mitten in die Strawinsky–Hindemith–Schönberg-Richtung hinein, eine Entwicklung, welcher der organische Zusammenhang sowie die innere Notwendigkeit zu fehlen scheinen.»

27. Juli 1914: «Ich habe ... ein größeres Stück komponiert, für eine tiefe Frauenstimme und Klavier. Es brennt danach, Deinem Urteil unterbreitet zu werden, und hofft auf Gnade.»

16. Juli 1915: «Mein Quintett schreitet jetzt ... rüstig vorwärts. Gestern beendete ich das Adagio, dessen Skizze schon 41 Seiten beansprucht. Ich glaube, daß es so gelungen ist wie der erste Teil. Das Stück wird nur 3 Sätze haben. Der letzte, an dem die Arbeit jetzt beginnt, ist von mir als ein entspannendes Nachspiel gedacht, das unbeschwert und unbeschwerlich heitere und friedlich-frohe Bahnen wandeln soll. Ich werde das Werk mit mir auf die Reise nehmen und hoffentlich Gelegenheit finden, es Dir zu zeigen. Deine warme Anerkennung des 1. Satzes hat mir genug- und sehr wohlgetan.»[1]

28. Juli 1917: «Dank auch für Deine Bereitwilligkeit, die ich mit großer Freude annehme, mein Quintett zu spielen. Therese hat ein wahres Musterbeispiel von Stimme neu geschrieben, sicherlich in Gedanken an Deine prüfende Strenge.»

7. August 1919: «Ich bin ganz ohne Sorge, daß Du die technisch problematischen Stellen in meinen Stücken mit geringerer Mühe bewältigen wirst, als Du nach dem ersten Schreck vermeintest aufwenden zu müssen; ich habe übrigens das Bestreben gehabt, alles ausführ-

---

[1] Es besteht kein Zweifel, daß mein Vater Schnabels Kompositionen nicht schätzte. War seine «warme Anerkennung» eher Freundschaft und Taktgefühl zuzuschreiben? Eine Parallelsituation bestand mit Julius Röntgen, dessen Kompositionen er, wie er in der englischen Ausgabe seiner Memoiren schreibt, mit objektiver Freimütigkeit kritisierte und damit Röntgen einigen Kummer bereitete, ohne daß dies ihre enge Freundschaft beeinflußte. Ich fand es daher etwas überraschend, in einem Brief aus dem Jahre 1910 neben sachlicher Kritik einer Suite Ausdrücke der Bewunderung zu finden, die nicht mit der relativ negativen Meinung in den Memoiren übereinstimmen. Nachdem er das Werk als ganzes und viele Teile desselben in den höchsten Tönen gelobt hat, fährt er fort:
«... Ich weiß, daß Sie einer kleinen Kritik nicht abgeneigt sind... Das Adagio energico ist äußerst frisch, nur die Coda stört mich ein wenig. Die zwei Solotakte der Geige scheinen mir überflüssig und die organische Notwendigkeit derselben nicht vorhanden.. Evtl. könnte man die mit l'istesso tempo ⅜-Takt bezeichnete (Variation) streichen. Sie wirkt ein wenig monoton... Ich erlaube mir noch, Sie auf die Modulation ... am Schluß aufmerksam zu machen. Sie paßt nicht recht in die strenge Harmonik des Werkes.
Nachdem ich sozusagen meiner kritischen Ader freien Lauf gelassen habe, muß ich Ihnen meine ganz besondere Bewunderung für Ihr neues Werk aussprechen...»
Es wäre interessant, dies mit brieflichen Äußerungen über Schnabels Kompositionen zu vergleichen; leider sind diese nicht überliefert.

bar zu gestalten, und ich bin auch überzeugt, daß nach kurzer Beschäftigung manches seinen Stachel verlieren wird.»

Dies steht nicht ganz im Einklang mit dem Urteil meines Vaters über die Solosonate in seinen «Erinnerungen»: «In rührender Unkenntnis des Wesens der Geigentechnik verfaßt, schien sie beim ersten Anlauf unlösbare technische Probleme zu stellen.»

Am 23. August 1919 schrieb ihm Schnabel: «Für Deinen so ausführlichen, gründlichen und liebevollen Brief innigsten Dank. Die in ihm enthaltenen Einzelfragen (sachlicher Art) habe ich auf einem diesem Schreiben beigefügten Notenblatt beantwortet; ich bitte Dich, die dort auf Grund Deiner Bedenken, Anregungen und Ratschläge vorgenommenen Veränderungen auf ihre Zweckmäßigkeit zu begutachten, zu prüfen, ob sie die beabsichtigten Verbesserungen enthalten. Einige Stellen ließ ich, trotzdem Du sie durchaus treffsicher bemängelt hast, stehen wie sie waren, weil ich einfach nicht weiß, wie ich ihnen auch nur eine Note hinzufügen oder fortnehmen könnte, ohne daß Ausdruck, Sinn und Sauberkeit, wie ich sie empfinde, darunter leiden sollten. An einigen Stellen hingegen, die Du gar nicht besonders erwähntest, habe ich geringe Eingriffe gemacht, um meine ursprüngliche Absicht noch klarer auszudrücken; hoffentlich habe ich es auch erreicht.

Daß Du das fünfte Stück so abfällig beurteilst, schmerzt mich sehr; mir ist es (neben dem dritten) das liebste und wertvollste aus dem Werk, und *so* blind glaube ich meinen Geschöpfen gegenüber doch nicht zu sein, daß ich gerade die mißratenen für die gelungensten ansehe. Doch schöpfe ich einige Hoffnung für einen noch möglichen Sinneswechsel bei Dir aus Deinem freimütigen Bekenntnis, daß Du zunächst *alle* Stücke scheußlich gefunden hast, bei der näheren Betrachtung, die Du ihnen aber mit bewunderswerter Unverdrossenheit widmetest, doch Reize entdeckt hast, die Dich die Anknüpfung dieser Beziehung schließlich begrüßen, zumindest aber nicht bereuen lassen.»

24. Februar 1921: «Ich werde in der 2. Märzhälfte wieder zuhause sein, rechne bestimmt darauf, Dich zu treffen. Ich möchte Dir dann gern sowohl die Dir noch unbekannte Klaviersuite wie den ersten, hoffentlich auch den zweiten Satz eines neuen Streichquartetts vorweisen. Auf Dein Urteil bin ich sehr gespannt. Daß Du die Sonate in Königsberg vielleicht spielen wirst, freut mich sehr.»

Was hier auffällt, ist die mit Humor gemischte Bescheidenheit, die aus diesen Zeilen spricht, und die Anerkennung einer abweichenden Meinung, zumindest wenn sie von einem Freund kommt, dessen Zuneigung und Kompetenz man sich völlig sicher ist; gleichzeitig aber auch die Unbeirrbarkeit, die sich in ihnen äußert. Seine mehr allgemeinen Betrachtungen spiegeln diese Einstellung ebenfalls wider und enthalten außerdem eine beißende Kritik an der Einstellung des Publikums gegenüber Neuerungen – mit echt Schnabelschen Redewendungen.

16. Juli 1915: «Therese hat in erstaunlicher kurzer Zeit mein ‹Notturno› (das vorjährige Kind meiner Muse) sich zu eigen gemacht und trägt es jetzt gern und häufig vor, in bewunderswerter Weise.

Das Stück darf als schwer angesehen werden und findet verschiedentlichste Beurteilung, von gleichgültiger Ablehnung, über kalte Verständnislosigkeit, zu gutwilligem Interesse und bedingungsloser Anerkennung. Den Satten und Trägen allerdings, die aus ihrem musikalischen Gängelgeviert gar nicht herauswollen, nichts darüber hinaus zu brauchen meinen, den Besitzern von Fertigurteilen und konfektionierter Kunstanschauung, wird das Stück vermutlich nur wenig Lust bereiten können. Dann schon viel eher den Ungeschulten, Voraussetzungslosen, als den mit ihrer Halb-Bildung stolz Beglückten. Aber ich bin weit entfernt, zur Liebe zwingen zu wollen. Und auch die peinliche Verlegenheit mancher ‹taktvollen› Zuhörer beirrt mich gar nicht. Ich will meine Geheimnisse ja gar nicht mitteilen.»

Dieser letzte Satz, so einnehmend er auch klingt, scheint mir mit der Rolle des Komponisten nicht ganz vereinbar! Aber die Bemerkung über die «Verlegenheit der taktvollen Zuhörer» erinnert mich an eine Antwort, die er mir ungefähr 40 Jahre später gab – nach der Londoner Uraufführung einer seiner Orchestersuiten. Das Stück sagte mir nichts; ich konnte mich in das «Idiom» seiner Musik einfach nicht hineinversetzen. Aber ich hasse es, bei solchen Gelegenheiten etwas Unwahres vorzutäuschen. Als ich daher Schnabel nach dem Konzert begrüßte, versuchte ich mich aus der Affäre zu ziehen, indem ich sagte: «Weißt Du, dieses Stück muß ich mindestens sechsmal hören, bevor ich anfange, es zu verstehen», worauf Schnabel: «Und wer sagt Dir, daß Du es nach sechsmal Hören anfangen wirst zu verstehen?» «Da hast Du auch recht!» erwiderte ich wahrheitsgetreu.

Ich glaube, man wird mir Recht geben, wenn ich sage, daß Schnabels Beurteilung meiner Verständnislosigkeit für seine Musik treffender war als seine Vorschläge zur Programmgestaltung. Mein Vater hatte ihm offenbar geschrieben, daß er seine Geigensolosonate für zu lang halte. Schnabel:

7. August 1919: «Was nun die ‹Ausführlichkeit› betrifft, so bin ich überrascht, die Dauer des Werkes von Dir auf eine Stunde geschätzt zu hören. Es darf nach meiner Absicht, bei gemächlichsten Zeitmaßen, höchstens 45 Minuten beanspruchen.¹

Und diesen Umfang habe ich mit großem Bedacht gewählt. Ich wollte den Geigern eine Befreiung von dem Zwang, ihr Programm mit bearbeiteten Menuettchen u. dgl. zu füllen, verschaffen und sie von dem so oft störenden Begleiter lösen (sofern sie überhaupt bereit sind, an meine Arbeit heranzugehen); Gelegenheit bieten, endlich einwandfreie Zusammenstellungen zu finden, etwa: Sonate von Bach, meine Suite, Etüden von Paganini. Das fände ich vorbildlich.»

Befreiung von «bearbeiteten Menuettchen» – sehr löblich. Die konkreten Programmvorschläge sind dagegen – mit Verlaub! – alles andere als realistisch zu nennen und außerdem nicht gerade im Interesse derjenigen seiner Kollegen, die sich auf den Beruf eines Begleiters spezialisiert hatten. Tue ich ihm Unrecht und hatte er das alles gar nicht so ernst gemeint? Möglich in dem Augenblick, in dem er die Bemerkung machte; aber hätte ihm jemand widersprochen, so wäre er sicherlich bereit gewesen, seine Meinung bis aufs Letzte zu verteidigen.

Wenn man ihm nicht widersprach, so konnte er sich auch über sich selbst lustig machen: «In den Konzerten anderer Pianisten ist nur die erste Hälfte langweilig; in meinen Konzerten ist die zweite Hälfte auch langweilig.»

Schnabel liebte das Komponieren:

28. Juli 1917: «Ich will in den kommenden Wochen ganz ausspannen, vielleicht ein wenig komponieren, was für mich immer ein Vergnügen, weil es eine unbeeinflußte zweckfreie unbeauftragte und verschwiegene Tätigkeit ist.»

Aber am wichtigsten ist ein Brief, den ich als sein «Komponisti-

---

1 In seinen «Erinnerungen» schreibt mein Vater «fast eine Stunde». Möglicherweise war die Beurteilung beiderseits subjektiv!

sches Glaubensbekenntnis» bezeichnen möchte, und der einige Stellen enthält, die man nur restlos bewundern kann. Er sollte allen zeitgenössischen Komponisten, die bisher noch keine Anerkennung gefunden haben, neuen Mut und Enthusiasmus einflößen (1. Teil des Briefes Seite 244).

23. August 1919: «Ich gebe mich betreffend Verbreitung und Tageswirkung meiner Arbeiten durchaus keinen Selbsttäuschungen hin. Zunächst muß ich da bemerken, daß ich – abgesehen von meinen Jugendarbeiten – erst *vier* Stücke geschrieben habe, diese nach einer Pause von acht Jahren (während deren Dauer ich keine Note komponierte); von den Stücken ist *keines* gedruckt und 2 sind *einmal* aufgeführt. Ich habe mich also in vollkommener Heimlichkeit entwickelt, und niemand hatte Gelegenheit (wie das im Falle anderer Komponisten üblich ist) mit mir von Arbeit zu Arbeit weiterzuschreiten, unmerklich anzusteigen, das Ohr zu gewöhnen, durch die wiederholte Belästigung mit diesen Tonreihen. Die organischen Bindeglieder sind in meinem Fall nicht wahrnehmbar, aber werden erst 20 Werke von mir vorliegen, da und dort zu Gehör gebracht, beschimpft, umkämpft, verteidigt werden, so bin ich ganz unbesorgt, daß auch das Gefolge sich einfinden wird, wenn der Pfad nur etwas ausgetreten sein wird. (An Schönberg gehalten sind meine Arbeiten doch wirklich «Salonmusik».) Die Richtung, die ich wandle, *muß* ich eben gehen. Und was Schwierigkeiten und Schönheitsgrenzen anbetrifft, so weiß wohl jeder, daß nichts so wandelbar ist wie sie; der gestern noch für unersteigbar gehaltene Berg ist heute der meist-bekletterte. Andererseits sind Fertigkeiten verlorengegangen, die früher sehr verbreitet waren. Werke, die heute Vorbilder reinen edlen klaren Ausdrucks genannt werden, auch solche, die abgedroschendstes ohrenfälliges Gemeingut sind, waren gestern wüste, inhaltslose, trockene, papierene, rohe Lärmausschreitungen. Ich will beileibe nicht behaupten, daß alles, was sofort mißfällt, gut sei oder Zukunftsbedeutung in sich trüge (aber das Umgekehrte ist noch wahrer).

Und wenn Du sagtst, es werden sich höchstens (theoretisch) drei bis vier Geiger finden, die das Werk spielen können und wollen, und Vergnügen davon würden vielleicht nur Fachleute und einige besonders eingestellte Kenner haben, so muß ich Dir erwidern, daß mir dies vollauf genügen möchte, und ich etwas anderes weder erwarte noch wünsche, denn ich sehe, daß gerade die wertvollsten Werke nur von ganz Wenigen (auch wenn sie schon alt und überliefert sind, die Werke nämlich) dargestellt, und von ganz Wenigen in ihrem vollen Reichtum (wiederum die Werke) empfangen werden können. Und wer setzt fest, wie lange ein Stück dauern soll? Die Gewohnheit, die immer Trägheit ist? Der Verstand des Anspruchslosesten, wie in einem Geleitzug das langsamste Schiff das Zeitmaß angibt? Herrgott, wenn der selige Stamitz (er selbst übrigens der tollste Umstürzler) den Umfang der VIII. Bruckner oder einer Mahlersinfonie gekannt hätte, oder die Zeitgenossen des Dittersdorf die Phantastische von Berlioz? Es gibt eben solche, die den Tagesbedarf, das Tagesbedürfnis, befriedigen, nicht etwa vorsätzlich, sondern weil ihre Begabung sie dazu führt, und solche, die schöpferischer sind, und Bedürfnisse geistiger Art erst erwecken, verändern, veredeln, die die gnadenreiche Mühe der Mitarbeit verursachen.

Was willst Du aus dem Eindruck, den ein neues Musikstück bei erstmaligem Hören auf einen noch so geschulten Laien macht, schließen, da Du selbst doch erst nach eindringender Beschäftigung damit die Werte erkannt und genießen gelernt hast? Und sie werden nicht anerkannt, *bevor* sie erkannt sind. (Das ist auch ein Grund, weshalb am leichtesten und sichersten [und vergänglichsten] Anerkennung findet, was Erkenntnis *nicht* benötigt und voraussetzt.) Alles Neue bedingt ein Opfer des Alten. Das ist doch aber der einzige Lebensreiz, und wohl dem, der wenigstens im geistigen Unwirklichen sich zu entfesseln vermag, sich gelegentlich zu ‹verlieren›.»

Man mag Schnabels Ansichten teilen oder nicht, aber ich kann mir nicht vorstellen, daß man sie besser ausdrücken kann, als er es hier tut. Ich vermute, daß er beim Durchlesen dessen, was er geschrieben hatte, ähnlich dachte, denn er endet seinen Brief mit einem Satz, den man mit Koketterie oder einem – für Schnabel untypischen – «understatement» bezeichnen kann:

«Und nun entschuldige nur noch, wenn ich Gemeinplätze begangen habe, ich wollte versuchen, Dir meine grundsätzliche Anschauung von diesem Gebiet kundzutun.»

Schnabel/Flesch – der Bruch

Wenn wir in unserer Familie eine Neuigkeit auf die müheloseste Weise verbreiten wollten, dann pflegten wir sie einer für ihre Schwatzhaftigkeit bekannten Freundin unter dem Siegel der strengsten Verschwiegenheit anzuvertrauen. Wir konnten uns darauf verlassen, daß innerhalb weniger Stunden jeder davon wissen würde. Aber ihre unfehlbare Antwort auf das Schweigegebot war zunächst immer ein wegwerfendes «Wen interessiert das schon!» Ein Ausspruch, der bei uns zum geflügelten Wort wurde, aber ebenso eine Frage, die man sich bei einem Buch wie diesem unablässig stellen sollte.

Am 30. Dezember 1932 brach mein Vater seine persönlichen Beziehungen zu Artur Schnabel ab. Trennungen dieser Art kommen aus künstlerischen oder persönlichen Gründen oft vor und können für die Beteiligten höchst traumatisch sein. Aber das Publikum interessiert sich im allgemeinen mehr für neue Verbindungen als für die Auflösung alter. Und die Beteiligten haben aus naheliegenden Gründen meist wenig Verlangen, die Hintergründe an die Öffentlichkeit zu bringen. Lohnt es sich, das hier zu tun?

Ein Vorfall dieser Art kann aus zwei Gründen interessant sein: Der Stellung der Beteiligten oder der Tatsache wegen, daß es eine gute «story» ist. Das berühmteste Beispiel für den erstgenannten Grund war in unserem Jahrhundert sicherlich der englische König Edward VIII., der nachmalige Duke of Windsor – keine starke oder besonders ansprechende Persönlichkeit –, der im Jahre 1936 abdankte, um eine für Außenstehende nicht ungewöhnlich attraktive Frau, Wallis Simpson, zu heiraten, der er mit Haut und Haaren verfallen war.

Wenn es sich um den Fabrikanten Schmidt gehandelt hätte, der seine Sekretärin heiratete, und seinen Direktorsposten aufgeben mußte, weil die Fabrik seiner Frau gehörte, so würde kein Hahn danach gekräht haben. Aber die Bedeutung des englischen Königshauses machte die Angelegenheit damals zu einer Weltsensation. Wie wir jetzt wissen, waren die Folgen für die britische Monarchie minimal, aber die zum Teil kindischen, manchmal sogar leicht anwidernden Briefe des Königs sind nach wie vor «best sellers».

Für die zweite Kategorie gibt es natürlich unzählige Beispiele. Wiederum der Rücktritt des englischen Königs und ebenso die meisten Romane und Theaterstücke der guten und weniger guten Literatur.

Ja aber das sind doch meistens Liebesgeschichten! Was hat das mit Schnabel und Flesch zu tun? Nun, eines der fesselnden Merkmale des Briefwechsels zwischen den beiden ist, daß man sich beim Lesen fast versucht fühlt, eine Parallele zur Entwicklung eines Liebesverhältnisses zu ziehen: Die ursprüngliche bedingungslose – im platonischen

Sinne des Wortes! – «Hingabe»; die allmähliche Abkühlung, mehr geahnt als klar erkannt; die vorsichtige Anbahnung des Bruchs seitens eines der Partner; die Vermeidung einer offenen Aussprache; die «beleidigte Unschuld» – beinahe alle Elemente sind vorhanden.

Selbstverständlich wird man weder daran denken, die Wichtigkeit Schnabels und Fleschs mit der eines englischen Königs, noch die sie betreffenden Ereignisse mit etwas zu vergleichen, das von Goethe oder Schiller geschrieben worden ist. Aber andererseits war ihr Einfluß auf das Musikleben bedeutend und lebt auch heute noch fort; die Geschichte ist für die Beziehung zwischen zwei bedeutenden Musikern an sich interessant, und beide konnten ihre Gedanken und Gefühle höchst wirkungsvoll zu Papier bringen. Ich glaube daher, daß die Antwort auf die anfängliche Frage: «Wen interessiert das schon?» lauten kann: «Die Leser, für die dieses Buch gedacht ist.» Ich hoffe, ich habe recht.

Nur noch eines: Die Auslegung der Korrespondenz beruht ausschließlich auf meinen eigenen Ansichten. Ich lebte zur Zeit des Bruches nicht mehr im elterlichen Hause. Außerdem war es nicht die Gewohnheit meines Vaters, berufliche Entscheidungen ausführlich mit der Familie, außer manchmal mit meiner Mutter, zu diskutieren.

Es fing damit an, daß Schnabel im Jahre 1921 beschloß, mit Kammermusikkonzerten, insbesondere Trio-Abenden, zeitweise auszusetzen. Soweit ich weiß, dehnte sich dies auch auf Sonaten-Abende aus. Er muß dies mit meinem Vater mündlich besprochen haben, jedenfalls besitze ich darüber keine Korrespondenz bis zu seinem Brief vom 24. Februar 1921:

«Liebster Carl, Nimm herzlichsten Dank für Deinen sehr freundschaftlichen Brief; ich habe von Dir keine andere als die darin enthaltene wohlgesinnte Stellungnahme erwartet, und Du erleichterst mir derart die schwere Antwort, daß ich Dir für Deine auch hierbei so hilfreiche Hand ganz besonders verbunden bin. Damit habe ich nun wohl schon alles gesagt. Zu betonen, daß ich für den Fall kammermusikalischer Tätigkeit (diese) überhaupt nur mit Dir, mit Euch gemeinsam auszuüben wünschen würde, ist überflüssig; ebenso, daß ich dies lieb- und wertgewordene Musizieren mit Euch oft schmerzlich entbehre (von der sehr zu beklagenden Verringerung unserer Begegnungen, Gedankenwechsel, vertrauten Gespräche ganz zu schweigen). Aber da ich noch gar nicht ahne, wie ich es in der nächsten Spielzeit halten, was ich treiben werde, erschiene es mir unendlich leichtfertig, auch der Sache, der Kunst gegenüber, mich jetzt schon bindend zu Leistungen zu verpflichten, die ich etwa später, wenn sie erfüllt werden sollen, nur widerwillig lustlos gezwungen vollbringen könnte, also auch unzureichend. Ich verstehe sehr wohl, daß Verbindungen mit Stellen, die nur «freibleibende Offerten» machen, jede Ordnung und Planführung verhindern müssen. Auch weiß ich, daß mein Nachfolger nicht einer Regelung wird zustimmen wollen, die ihm nur einen Teil, eine Hälfte der Arbeit, mir die andere zuweisen würde, etwa Auslandsreisen (da ich durchaus beabsichtige, in meiner Entfernung vom deutschen Konzertpodium zu verharren). So muß ich mich mit der Hoffnung trösten, so oft wie angängig eine heimliche Gelegenheit zu finden, mit Dir zu musizieren, wonach ich wirklich häufig Sehnsucht trage. Ich wünschte sehr, daß auch Becker mit ebensoviel Nachgefühl wie Du meinen Weg – sei es auch ein Irrweg, *doch* der meine – betrachten würde, daß kein Bodensatz von Groll oder Unmut gegen mich zurückbleibe. Die Preisgabe des Genusses, den ich jahrelang in den vereinten Wanderungen empfand, ist mir, ich wiederhole es, ein Opfer, das ein Stück Herz darbringt –, ich muß aber versuchen, auch dem verführerischsten Stand zu halten. Ich werde dann gewiß oft unter Euren Zuhörern sitzen, voll Ungeduld und Begehren, oben mitzutun; und zum Schluß wird die Lösung vom alten Zustand für Euch weniger Kummer bedeuten, als für mich, denn *ich* bin *ganz* verändert.»

Also eine Trennung, schlüssig begründet, und in einer Form, die keinen bitteren Nachgeschmack hinterläßt; im Gegenteil, der «Liebhaber» macht geltend, daß er es ist, der eigentlich das Opfer bringt. Dies erstreckt sich auch auf praktische Dinge. Offenbar hatte mein Vater darauf hingewiesen, daß Schnabels Ausscheiden für die beiden anderen Partner einen finanziellen Verlust bedeuten würde. Schnabel: «Den Vorwurf, Euch wirtschaftlich geschädigt zu haben, kann ich als berechtigt nicht zugeben. Er ist durch keinen Beweis zu stützen, und ich könnte sogar behaupten, daß Ihr durch meine Handlung vor Schaden bewahrt worden seid...» (Die darauffolgende Begründung bezieht sich auf Devisenverhältnisse, die man heute nach so langer Zeit nicht mehr beurteilen kann.)

Schnabels Entschluß war übrigens kein plötzlicher gewesen. Schon ein Jahr zuvor war er an Carl Friedberg mit dem Vorschlag herangetreten, ihn zeitweise zu ersetzen; ob dies mit oder ohne Wissen der Partner geschehen war, ist mir nicht bekannt. Friedberg war nicht nur ein hervorragender Pianist – wahrscheinlich der bedeutendste Schüler Clara Schumanns –, sondern auch ein sehr bescheidener Mensch. Er antwortete am 7. Februar 1920:

«Sehr verehrter, lieber Herr Schnabel, Ihre Bitte ehrt und erfreut mich – ich bin mit größtem Vergnügen bereit, Sie ein Jahr im Trio zu vertreten – nicht zu ersetzen – vertreten – ersetzen kann ich Sie nicht. Aber ich will mir Mühe geben, den Verlust, den Sie dem Publikum ... zufügen müssen, so wenig wie möglich fühlbar zu machen... Becker und Flesch verspreche ich, das mir von Ihnen übergebene Gut bis zu Ihrer Rückkehr treu zu verwalten, so gut es mir möglich ist.»

Die abgeänderte Trio-Vereinigung war leider nicht von langer Dauer, weil die allgemein ungünstigen Verhältnisse in der 1922/23-Saison einen merklichen Verfall des deutschen Konzertlebens mit sich brachten, jedenfalls soweit es Solo- und Kammermusik betraf. Außerdem nahm mein Vater einen Ruf nach Amerika an, der ihn von 1923 bis 1928 für den Großteil der Saison von Europa fernhielt.

Im August 1927 schrieb mein Vater an Schnabel mit dem Angebot, einen Satz aus dessen Solosonate im Anhang zum 2. Band seiner «Kunst des Violinspiels», an dem er auf seinen amerikanischen Tourneen intensiv gearbeitet hatte, zu analysieren:

«Ich beabsichtige» (nach historisch aufgebauten Besprechungen klassischer Werke) «bei ... den Allerjüngsten zu landen. Zu diesen Letzteren rechne ich auch, trotz des sardonischen Lächelns, das in diesem Moment um Deine Mundwinkel spielt, Dich.»

Wenn man bedenkt wie abfällig mein Vater dieses Werk nach seiner Entstehung und auch später beurteilt hatte, so erscheint sein Vorhaben als überraschend. Ich kann mich des ketzerischen Gedankens nicht erwehren, daß dahinter eine (unbewußte?) Absicht steckte, die Verbindung mit Schnabel aufs neue zu festigen. Zweifellos muß diese Anerkennung Schnabel viel bedeutet haben, obwohl eine schriftliche Antwort nicht überliefert ist.

Wie dem auch sei, die kammermusikalische Zusammenarbeit wurde, wenn auch in kleinerem Umfang, nach der Rückkehr meines Vaters wieder aufgenommen. Ein Brief Schnabels vom 13. Februar 1928 nach Amerika zeugt von erneutem, möglicherweise durch die Trennung wiederbelebtem Interesse:

«Sei nicht ungehalten über meinen so lange gehaltenen Schnabel (den leider oft unhaltbaren); ich war ... dauernd von Zeiträubern eingekreist.. Ich freue mich aufrichtig auf unsere gemeinsame Reise und Tätigkeit.»

Gelegentliche Kammermusikabende gingen weiter, wie zum Beispiel ein Konzert, soweit ich sehen kann in Wien im Jahre 1930, das aber anscheinend von der Presse wenig beachtet wurde. Ein Brief Schnabels vom 24. Mai 1930 ist im Hinblick auf das, was folgte, bezeichnend:

«Liebster Carl, Auch ich habe nur sehr wenig über unser Konzert vernommen, das wenige allerdings von den anspruchsvollsten und unterscheidungsfähigsten Stellen; es war uneingeschränktes Lob. In meinem Gedächtnis hat der Abend und die Vorbereitung dazu einen besonders geschätzten Platz. Aber wie es nun heutzutage ist: Mittelmäßige öffentliche Darbietungen machen leicht überall von sich reden, wenn sie nur anreißerisch angekündigt werden, ungewöhnliche hochstehende Leistungen, obgleich als solche anerkannt, erregen nicht das geringste «Aufsehen», wenn sie nicht auch durch den üblichen Lärm anlocken. Wie ich nun fürchte, wird keiner für uns den Lärm schlagen (für mich wenigstens hat sich nie Einer dazu bereitgefunden, obzwar ich nichts dagegen einwenden würde), und vermutlich wird sich keiner finden, weil unsere Art nicht gerade größte Ausbeute verheißt. Also was mit der Zukunft unseres Trio? Ich spiele gern, das weißt Du. Aber Herr Milovitch, Piaty's Besitzer, etwa, der hat wohl gar kein Interesse an der Vereinigung und wird unseren jungen Freund herumhetzen und verleihen und möglicherweise auch erniedrigen. Er wird keine Muße zu Proben haben, und ohne sie, die das größte Vergnügen sind, habe ich wiederum keinen Spaß dran. Ich werde in den nächsten Tagen einmal ernsthaft mit Piaty sprechen und danach beurteilen, was möglich scheint.»

Die gemeinsamen Konzerte wurden seltener und seltener, aber der Korrespondenz war dies vorläufig noch nicht anzumerken. Im Gegenteil. Flesch schrieb an Therese und Artur Schnabel am 8. Juni 1930, anläßlich von deren silberner Hochzeit:

«Liebe Therese, lieber Artur,
Zu Eurer silbernen Hochzeit bringen wir Euch unsere allerherzlichsten Glückwünsche dar. Seit 22 Jahren sind wir, lieber Artur, in gemeinsamem Wirken miteinander verbunden, wir haben einander erst

schätzen – dann lieben gelernt – wir haben Vieles, Angenehmes und Unangenehmes, miteinander durchlebt – all dies hat ein festes Band zwischen uns gewoben, das – wie immer sich unser ferneres Leben gestalten möge – uns für immer geistig miteinander verbindet...»

Ich nehme an, daß der folgende, undatierte Brief Schnabels die Antwort auf diese Gratulation ist:

«Liebster Carl, Schmählicherweise habe ich Dir noch nicht gedankt für Deinen letzten Brief, der mir sehr wohlgetan, dessen Gesinnung, Ton und Inhalt mich bewegt hat. Auch ich fühle die Gewißheit unserer persönlichen und sachlichen Zusammengehörigkeit, ich bin deren froh, sie bedeutet mir reicheres Streben, besseres Erkennen: also Dasein, und dazu Ansport und Bestätigung. Und als besonders glückliches Merkmal unserer Beziehung schätze ich das gegenseitige Vertrauen in die Reinlichkeit unserer Wege, auch wenn sie einmal nicht miteinander laufen: nur die Verbindung von Zuneigung und Achtung ist echte Freundschaft, nur sie gestattet furchtlos auch den Schwächenraum, nur sie ist ungefährdetes Eigentum.»

Der ungewöhnlich überschwengliche Ton dieser Korrespondenz läßt die Deutung zu, daß beiden Parteien daran lag, vorzugeben, es sei noch alles beim alten. Aber Schnabels Hinweis auf die Wege die «nicht immer miteinander laufen» ist kaum zufällig.

Mein Vater drängte auf eine definitive Äußerung darüber, ob Schnabel an weiterem Triospielen noch interessiert sei. Am 9. September 1930 schreibt er:

«... Bezüglich unserer Triotätigkeit im Allgemeinen muß ich bemerken, daß Piati absolut in Abrede stellt, daß er sich dafür desinteressiert hätte und er behauptet, daß dieses Desinteressement auf Deiner Seite liege. Ich muß Dir offen gestehen, lieber Artur, daß Du mir in dieser Angelegenheit ein großes Enigma bist. Jedenfalls eines ist sicher, Du scheinst keine große Lust zu haben, mit uns weiter Trio zu spielen. Die Gründe, die dieser Deiner Mentalität zu Grunde liegen, sind natürlich Deine Sache. Ich muß Dir offen sagen, daß P. und ich auf einem anderen Standpunkte stehen. Für uns ist diese Art der Betätigung eine Notwendigkeit, und wir abstrahieren davon, ob sie mehr oder minder gewinnbringend ist. Du müßtest Dir endlich mal darüber klar werden, was Du diesbezüglich in der Zukunft zu tun gedenkst, denn siehst Du, ich konzertiere nur noch einige Jahre und möchte dann noch gern Kammermusik machen. Als ich Dich im

Frühling 1929 auf einem Spaziergange bat, Dich in dieser Frage zu entscheiden, hast Du mit einem ganz klaren ‹Ja› geantwortet und in der Folge auch die verschiedenen Daten der vergangenen Saison festgesetzt. Nun hast Du wieder ‹Nein› gesagt. Also, wie liegt die Sache? Ich brauche Dir natürlich nicht erst zu sagen, daß Du für mich eine einzigartige Persönlichkeit bedeutest und daß es für mich ein großer Schmerz wäre, mit Dir nicht mehr spielen zu können. Andererseits jedoch erkläre ich Dir ganz offen, daß ich auf das Triospielen für die nächsten Jahre nicht verzichten will. Ich hoffe, Du verstehst meinen Standpunkt; und ich wäre Dir sehr dankbar, wenn Du mir in dieser Hinsicht offen Deine Meinung sagen würdest.»

Schnabel gab offenbar eine negative Antwort, wie ein weiterer Brief meines Vaters vom 30. September 1930 zeigt:

«Von Deinem definitiven Refüs, mit Piati und mir zu spielen, habe ich mit allergrößtem Bedauern Kenntnis genommen. Damit scheidet für mich eine Art des Musizierens aus, die während vieler Jahre für mich ein Erlebnis bedeutete. Ich habe mir redliche Mühe gegeben, die Gründe, die Dich zu diesem Schritt bewegen, zu verstehen, ohne daß es mir gelungen ist. Du betrachtest rein verstandesgemäß, was für mich rein empfindungsgemäß ist. Der Unterschied zwischen uns ist nun eben der, daß für mich die kammermusikalische Betätigung eine innere Notwendigkeit bedeutet, während Du auch ohne sie existieren kannst. Entgegen Deiner Behauptung ist m.E. das Interesse gerade des besten Teiles des Publikums vorhanden. Daran werden auch noch trübere Zeiten nichts ändern. Unter den gegebenen Umständen stimme ich jedoch vollkommen mit Dir überein, denn das gemeinsame Musizieren sollte seine Berechtigung stets aus inneren Gründen ableiten. Sind diese nicht vorhanden, so kann nichts Gutes dabei herauskommen.»

Wiederum war es Carl Friedberg, der Schnabels Stelle einnahm, und das Trio Friedberg–Flesch–Piatigorsky gab einige sehr erfolgreiche Kammermusikzyklen.

Schnabels offizielle Begründung für seine Ablehnung des weiteren Triospielens ist mir nicht bekannt, jedoch habe ich keinen Zweifel, daß er Gründe allgemeiner Art anführte, statt des wahren – daß er offensichtlich nicht mehr mit meinem Vater musizieren wolle; dies geht klar daraus hervor, daß er zwei Jahre später ein Trio mit Huberman und Piatigorsky gründete.

Es muß für ihn ein recht peinliches Dilemma gewesen sein. Ein Brief von ihm, den er meinem Vater am 29. April 1932 geschrieben hat, muß als ein Versuch angesehen werden, aus dieser Situation herauszukommen:

«Unsere Übereinstimmung und gewiß organisch bestimmte Freundschaft bedeutet mir sehr viel. Wir beide gehören aber, so glaube ich, glücklicherweise auch zu Jenen, die gut vertragen können, vom Freunde Anschauungen vertreten und auch in Tun umgesetzt zu wissen, die den eigenen nicht entsprechen oder gar entgegengesetzt sind. Die Verschiedenheit, die Reiz, Anregung und Gewinn bietet, wird uns vielmehr nur noch zum besonderen Wert. (Berührungs- und Streitpunkte sind oft Zwillinge.) Es kommt eben auf die Grundlage an. Unsere gestattete uns eine Beziehung, die wohl glücklich und fruchtbar genannt werden darf, gebildet aus stets gleichbleibender Zuneigung und Achtung, aus unbedingtem Vertrauen sowohl wie auch aus dauernder geistiger Beweglichkeit. Für die 3 ersten beharrlichen Bestandteile brauchen wir nichts zu befürchten, möchte das letztgenannte Gut der Verwandlungsfähigkeit uns noch lange beschert sein!»

Im gleichen Brief lehnt er ein Pariser Sonaten Engagement ab, das meinem Vater offenbar angeboten worden war. Dieser hätte den Vorschlag bestimmt nicht weitergeleitet, wenn er die wahre Sachlage vermutet hätte; und Schnabel ließ sie auch bei dieser Gelegenheit nicht durchblicken:

«Es wäre mir selbstverständlich sehr willkommen gewesen, mit Dir dort aufzutreten, aber wie jedesmal vorher, wenn aus Paris Anfragen kamen, muß ich auch diesmal verneinend antworten.» Folgt eine ausführliche Begründung, die mit einer Randbemerkung endet, welche die ganze widerspruchsvolle Persönlichkeit Schnabels in einem kurzen Satz zusammenfaßt: «Schade, denn die Stadt lockt mich doch sehr (obzwar oder weil es mir in lateinischen Landen noch niemals gelang, Widerhall zu finden oder auch nur Zehe zu fassen.»

Für den Rest brauche ich nur die Korrespondenz selbst sprechen zu lassen.

7. Dezember 1932: «Lieber Carl, Du sagtest zu Piatigorsky, daß ich mich während der letzten Jahre Dir gegenüber unfreundschaftlich betragen hätte. Ich weiß nicht, welche meiner Handlungen oder Unterlassungen bei Dir solchen Eindruck auslösten.

Ich weiß aber, daß es mir ganz unmöglich wäre, mich bewußt in einer Weise zu verhalten, die unsere Beziehung, sei es auch nur mit einem flüchtigen Schatten, gefährden könnte. Denn unsere Verbundenheit bedeutet mir einen glücklichen und wertvollen Teil meines Daseins. Und auf meiner Seite jedenfalls sind Art und Grad unserer umfassenden Zusammengehörigkeit, die Gemüt, Gesinnung und Geist betrifft, durchaus unverändert, sind wohl auch unveränderbar.

Es wäre mir sehr schmerzlich, wenn auf Deiner Seite eine Lockerung begonnen hätte. Dies wollte ich Dir nur in wenigen Worten sagen, ehe wir ausführlich über die Verstimmung sprechen (sofern Du es wünschst.)

Nun für heute nur noch allerherzlichste Grüße und alle guten Wünsche. Ich bleibe immer Dein alter A. S.»

Angebot einer persönlichen Aussprache mit gleichzeitigem «Rückzieher»!

30. Dezember 1932:
«Lieber Artur!

Dein Brief, in dem Du mich der Umwandelbarkeit Deiner freundschaftlichen Gefühle versicherst, hat mich sehr überrascht. Sein Inhalt erscheint umso paradoxaler, je mehr man ihn mit den praktischen Folgerungen vergleicht, die Du aus unserer früheren künstlerischen und persönlichen Verbindung gezogen hast.

Piati machte mir neulich auch in Deinem Auftrage offiziell von Eurem Projekt eines Brahms-Cyclus mit Huberman im Frühjahr Mitteilung.

Da Du anscheinend eine persönliche Aussprache vermeiden wolltest, war ich meinerseits gezwungen, Deinen Abgesandten zu beauftragen, Dir meine Meinung hierüber zu übermitteln. Wie ich Deinem Briefe entnehme, hat er diese Mission in korrekter Weise erfüllt.

Vor allem lege ich Wert darauf festzustellen, daß es nicht die Tatsache selbst Deines kammermusikalischen Frontwechsels ist, die mich verstimmt. Als Du 1921 Dich von unserem Trio loslöstest, war die beiderseitige Handlungsfreiheit die notwendige Folge dieses Schrittes. Die Wahl Deines Partners wieder ist eine Angelegenheit, die bloß Dich selbst angeht, zumal meine angeborene Antipathy gegen H. mein Urteil über ihn als befangen erscheinen lassen mag. Trotzdem muß ich bemerken, daß ich mich in den letzten Jahren über Deine plötzlich erwachte Sympathy für ihn nicht genug wundern konnte, zumal wenn ich mich der Lauge Deines Spottes und Deiner Verachtung erinnerte, die Du in frühen Jahren unermüdlich über ihn auszugießen pflegtest. Einer von Euch beiden muß sich jedenfalls in letzter Zeit sehr verändert haben.

Wie Ihr künstlerisch zusammenpaßt, wird erst die Erfahrung zeigen. Dir selbst jedoch mache ich zum Vorwurf, daß Du es seit 1929 aus gänzlich unklaren Ursachen ablehntest, in Berlin resp. in Deutschland Kammermusik zu machen, daß Du hingegen – und zwar delikaterweise in meinem Abschiedsjahr – die erste Gelegenheit ergriffest, um mit einem anderen zusammen zu wirken. Ich glaube nicht, daß es Dir, trotz Deiner großen dialektischen Fertigkeit, gelingen dürfte, Dein Vorgehen mit dem Begriff der Freundschaftlichkeit zu verbinden. Zwar ist mir die offizielle Version Eurer Zusammenarbeit bekannt, derzufolge die Initiative hierzu von H. ausging, ich kenne Dich jedoch zur Genüge, um zu wissen, daß Deine Handlungen ausschließlich von Deinem eigenen Willen und Deinem eigenen Interesse bestimmt werden. Auch daß Du schon seit längerer Zeit Dich mit dem Projekt einer künstlerischen Verbindung mit H. befaßtest, ist mir nicht unbekannt, wie auch, daß Du schon vor 2 Jahren es versucht hast, Piati für diese Absicht zu gewinnen. Parallel mit dieser künstlerischen Entfremdung konnte ich in den letzten 2 Jahren genau Dein Bestreben verfolgen, auch unseren persönlichen Verkehr auf das konventionellste Minimum zu beschränken.

Dies sind die Tatsachen, die ich der Versicherung Deiner unwandelbaren Freundschaft gegenüber zu stellen habe.

Ohne weiter viel Worte zu machen, möchte ich nur noch, daß Du mich in dieser Trennungsstunde gut verstehst: Weder bin ich Dir ‹böse›, noch will ich mich mit Dir ‹verfeinden›. Was ich will, ist nichts weiter als den Abbruch unserer persönlichen Beziehungen. Ich habe kein Talent dazu, Gefühle zu heucheln, die ich nicht mehr empfinde. Ich kann mich nicht zu einem konventionellen Lächeln einem ehemaligen Freunde gegenüber zwingen, wenn mir nicht zum Lachen zumute ist. Ich habe in der letzten Zeit oft daran gedacht, wie unendlich peinlich es für Dich zuweilen gewesen sein mag, mir nochmals hie und da die Hand zu drücken. Ich finde es reinlicher und würdiger für uns beide, unsere Freundschaft endgültig zu begraben, als sie mit künstlichen und unnatürlichen Mitteln einzubalsamieren.

Wenngleich sich unsere Wege von nun an trennen, bleibe ich Dir künstlerisch ebenso nahe wie bisher, und es wird mir immer eine Freude sein, Dich, sei es im Konzertsaal, im Grammophon, oder im Radio zu hören. Auf diese Weise bleibt mir das Beste in Dir, Deine Kunst, erhalten. Dein Carl Flesch.»

7. Januar 1933: «Lieber Carl, Dein Brief hat mich sehr betrübt. Du kündigst; Du trittst aus der Freundschaft aus. Deine Bezogenheiten kannst Du ordnen; über meine hast Du keine Verfügung. *Mir* kannst Du den Laufpaß nicht geben. Wo ich Freund *war*, bin und bleibe ich Freund. Freund zu sein, ist eine Eigenschaft, ein Eigentum, ein Organ. Ob ich von der anderen Seite abgeschüttelt, verbannt, verstoßen, nicht benötigt, ja vergessen werde: Ich war und bleibe unbedingt Freund, als Teil von meinem Ich, dem Sondertod nicht freisteht. Wenn Du mich nicht wiedersehen magst: Ich werde mich nicht aufdrängen. Wenn Du mich sehen willst: Ich bin zur Stelle, und Du wirst einen Freund treffen. Dein alter AS.»

Gekränkte Unschuld sowie die stereotypen Abschiedsworte, die fast unvermeidlich von dem gesprochen werden, der den anderen verläßt: «Ich werde immer Dein Freund bleiben!»

Schnabel ließ es nicht darauf beruhen und machte eine persönliche Annäherung an meine Mutter. Darauf mein Vater am 25. Februar 1933:

«Lieber Artur,
Es hat mir wohl getan, daß Du das Bedürfnis gefühlt hast, mit meiner Frau über die jüngste Entwicklung unserer Beziehungen zu sprechen.

Es scheint doch, daß Freundschaft, die diesen Namen verdient, ein Gewächs ist, das zu tief im Lebensboden verwurzelt ist, um sich, wenn es einem hinderlich wird, wie Unkraut aus der Erde reißen zu lassen.

Für mich selbst hat die künstlerische Ursache unserer Entzweiung in der Zwischenzeit wesentlich an Bedeutung verloren, während ich noch nicht imstande war, deren menschlichen Hintergründe zu vergessen.

Ich fühle mich vorläufig noch außerstande, ehrlich und vorbehaltlos unsere früheren Beziehungen wieder aufzunehmen. Weil mir unsere Freundschaft als etwas Bleibendes im Wechsel der Ereignisse, ihre Dauer als selbstverständlich galt, habe ich mich lange Zeit ehrlich bemüht, Deine Handlungsweise mir gegenüber aus der Vielfältigkeit Deiner menschlichen Natur heraus (im Gegensatz zur Einheit Deiner künstlerischen Persönlichkeit) zu begreifen, und mich zu der Überzeugung durchzuringen, daß an markante und hervorragende Individualitäten, wie der Deinigen, bürgerliche Maßstäbe überhaupt nicht angelegt werden dürften.

Trotz der Fortschritte dieses inneren Klärungsprozesses, fühle ich mich jedoch zur Zeit Dir gegenüber noch nicht unbefangen genug, um Dir mit jenem reinen, vorbehaltlosen Empfinden gegenüber zu treten, das allein unserer alten Freundschaft würdig wäre.

Ich bitte Dich, mir hierfür noch ein wenig Zeit zu lassen.

Dein Carl Flesch»

Aber auf die Dauer waren die Bande und die Erinnerung an die vielen Jahre der Freundschaft doch zu stark. Flesch an Prof. Schünemann am 4. Januar 1935:

«Ich habe mich mit Schnabel ausgesöhnt in der Erkenntnis, daß man den Künstler zwar mit strengen Maßstäben, den Menschen im Künstler jedoch mit größter Nachsicht beurteilen soll.»

Worte, die großzügig klingen, aber ein hartes Urteil enthalten. Es lohnt sich, kurz darüber nachzudenken. Wenn man an die Parallele einer Liebesgeschichte zurückdenkt, so ist die Tatsache, daß sich zwei Menschen auseinandergelebt haben, nichts ungewöhnliches. Ebenso hat jeder Künstler das Recht, manchmal sogar die Pflicht, eine Verbindung zu lösen und gegebenenfalls eine andere einzugehen. Die Gründe, die Schnabel zu diesem Schritt veranlaßten, sind allerdings nicht völlig klar. Man darf als erwiesen annehmen, daß mein Vater technisch und künstlerisch nicht zurückgegangen war. Das zeigten seine unverminderten Erfolge auf dem Konzertpodium. Für mich ist es wahrscheinlicher, daß Schnabel, der in den letzten Jahren erheblich an «glamour» gewonnen hatte, zu der Überzeugung gekommen war – vermutlich nicht ohne Zutun Dritter –, daß er Partner brauche, die ihm, im Gegensatz zu Flesch, in dieser Beziehung nicht nachständen. Erwägungen mehr geschäftlicher als künstlerischer Natur, aber deswegen kein Grund, sich ihrer zu schämen. Jeder Künstler hat das

Recht, seine Talente dort einzusetzen, wo sie ihm die beste Aussicht auf finanziellen Gewinn bieten.

Was mir unverständlich bleibt, ist die Tatsache, daß seine Wahl ausgerechnet auf Huberman fiel. Künstlerisch konnten sie wirklich schwer zusammenpassen, aber – noch wichtiger – er kannte meines Vaters instinktive und beinahe übermächtige Abneigung gegen Huberman. Sein Verhalten war nicht nur im höchsten Grade taktlos, sondern ein Schlag ins Gesicht für einen seiner besten und ältesten Freunde.

Schnabel wurde anscheinend auch bald desillusioniert und versuchte, die Zusammenarbeit auf das Minimum zu beschränken. Huberman, so sagt Diamand, war ihm zu kommerziell und auf äußeren Erfolg bedacht. Eine heikle Situation entstand einmal, als das Publikum nach einem Sonatenabend geräuschvoll verlangte, Huberman solle als Zugabe das Schubertsche «Ave Maria» spielen – also ein Solostück, was für den Sonatenpartner entwürdigend ist. Schnabel soll zu ihm gesagt haben: «Spielen Sie's nur, ich folge schon», was er denn auch ohne Noten vorbildlich tat.

Daß die Einstellung meines Vaters keine «Über-Reaktion» darstellte, läßt sich aus seinem Verhältnis zu Casals nachweisen. In seinen Memoiren charakterisiert er ihn nicht nur als einen der bedeutendsten Künstler seiner Zeit, sondern auch als einen großen Reformator. Im Jahre 1907 hatte er mit ihm und Julius Röntgen einige Trio-Abende veranstaltet. «Bald darauf bildete er ein ständiges Trio mit Thibaud und Cortot, während ich mich mit Schnabel und Gerardy, später mit Hugo Becker verband. So blieben unsere holländischen Trio-Abende zu meinem Bedauern die einzige Gelegenheit, die uns zu gemeinsamem Musizieren vereinigte.»[1]

Also keinerlei Verstimmung, obwohl mein Vater Casals als Trio-Partner gewiß aufs freudigste begrüßt hätte, sondern eine einfache Anerkennung der Tatsache, daß dieser eine andere Kombination vorzog. Und ebensowenig ein Zeichen, daß Casals meinen Vater als Künstler unterschätzte. Am 31. Januar 1937, also lange nach der Schnabel-Episode, schreibt er – übrigens über die Rundfunk-Aufführung des Beethoven-Konzerts, welche einen Bestandteil der im Vor-

---

[1] Jedenfalls öffentlich. Ich besitze einen Brief späteren Datums von dem Pianisten Harold Bauer an meinen Vater, in dem dieser, auch im Namen von Casals, seiner Freude an einem kürzlichen privaten Musizieren Ausdruck gibt.

wort erwähnten «Historischen Plattenausgabe» bildet: «Je viens de vous entendre et il me faut vous dire que votre jeu a été su-per-be.» Schnabel war von der Richtigkeit seiner oft wechselnden Ansichten stets ehrlich überzeugt, und er muß daher eine Erklärung für seinen Schritt gehabt haben, die ihn befriedigte. Um so überraschender ist es, daß er keinerlei ernsthaften Versuch machte, diese der hauptsächlich betroffenen Person darzulegen. Es sieht aus, als ob dies einer der seltenen Fälle war, in denen sein sonst so gut ausgeprägter Angriffs- und Verteidigungsmechanismus versagte und er sich auf allgemeine Freundschaftsbeteuerungen beschränkte, statt wirkliche Argumente anzuführen. Natürlich will niemand einem alten Freund ins Gesicht sagen, daß er ihn nicht mehr als einen gleichwertigen Partner betrachte. Aber ich denke, daß es für einen Mann seiner dialektischen Fähigkeiten ein leichtes gewesen wäre, seine Entscheidung mit allgemeinmusikalischen Begründungen zu untermauern. Die Unterlassung dieses Auswegs ist untypisch und zeigt, wie wenig wohl er sich bei seinem Schritt gefühlt haben muß. Dies könnte auch die Erklärung für die eingangs erwähnte Tatsache sein, daß er die jahrzehntelange Freundschaft und Zusammenarbeit mit meinem Vater in seinen Erinnerungen praktisch «vergaß». Der ganze Vorfall ist und bleibt ein Enigma.

Immerhin: wie schwierig eine solche Situation für beide Teile sein kann, geht auch hier aus dem Verhältnis zwischen Röntgen und meinem Vater hervor. In der englischen Ausgabe seiner Memoiren beschreibt er, wie ihre gemeinsamen Sonatenabende allmählich einschliefen «als, mit zunehmendem Alter (Röntgen war fast 20 Jahre älter als er) die technische Diskrepanz zusehends merkbarer wurde, während gleichzeitig Artur Schnabel in (ihm) das Bedürfnis auf technische und künstlerische Vollendung erweckte, welches Röntgen nicht mehr befriedigen konnte». Er setzt hinzu: «Aber wir blieben lebenslängliche Freunde.» Dies mag an dem außergewöhnlich großmütigen Charakter Röntgens gelegen haben, aber teilweise sicherlich auch an der Handhabung seitens meines Vaters.

Die Nederlandse Muziek Archieven haben mir freundlicherweise einen Brief an Röntgen, datiert vom 15. Februar 1915, zur Verfügung gestellt; offensichtlich hatte dieser sich darüber beklagt, daß einige holländische Schnabel/Flesch-Konzerte angekündigt worden waren. Ich muß mich zu dem Eindruck bekennen, daß mein Vater es hier an

Offenheit hatte fehlen lassen, aber zumindest verhielt er sich dann nicht nur äusserst taktvoll, sondern gab eine Erklärung, die den Anschein wahrte und es allen Parteien ermöglichte, die Dinge ohne Kränkung auf sich beruhen zu lassen.

«Ich muss ihnen offen gestehen, dass ich, was den Sonaten-Abend in Holland betrifft, mich in einer Art Zwickmühle befinde. Als ich mich mit Schnabel associierte, versprachen wir uns gegenseitig, nur miteinander zu spielen, mit alleiniger Ausnahme etwaiger Sonaten-Abende mit Ihnen. Nun erhielten wir vor 3 Jahren ein Engagement nach Arnhem; ich war gezwungen, es anzunehmen, weil Schnabel nicht willens war, das Honorar infolge noch so ehrenwerter Gefühle meinerseits zu verlieren. Seit Jahren redet er mir fortwährend zu, mit ihm im Haag, Amsterdam und Rotterdam Sonaten-Abende auf eigene Rechnung zu geben, was ich immer refussiert habe; denn speziell in Amsterdam konnte ich es nicht über mich bringen, unseren Sonaten-Abenden auf diese Weise selbst Konkurrenz zu machen, wenngleich ja diese in Holland leider nach und nach der Vergangenheit angehören... Als Kompensation dafür musste ich ihm jedoch das Zugeständnis machen, evtl. eintreffende Engagements mit festen Honoraren zu akzeptieren. – Ich muss Ihnen sagen, dass ich selbst diesen Dualismus am allerunangenehmsten fühle; aber es sind die Verhältnisse, die es mit sich bringen. Denn es ist Tatsache, dass man uns beiden, d.h. Ihnen und mir, bedeutend niedrigere Honorare bietet, als wenn ich mit Schnabel spiele. Die Holländer sind eben immer daran gewöhnt gewesen, für ihre eigenen Künstler nur die Hälfte von dem Honorar zu bezahlen, was Fremde bekommen. Ich würde nichts sehnlicher wünschen, als wieder recht oft mit Ihnen zu spielen, wenn für mich nur halbwegs annehmliche Bedingungen dabei herauskämen. Glauben Sie mir, lieber Freund, dass mir selbst die Sache am allerunangenehmsten ist...»

Übrigens spielte das Duo Schnabel/Flesch doch noch einmal zusammen – nicht öffentlich, sondern in einem Londoner Hauskonzert bei Sir Robert Mayer (dem im Alter von 103 Jahren verstorbenen Gründer der berühmten Londoner «Kinderkonzerte»). Aber ich glaube, es machte keinem von ihnen Vergnügen. Der belebende Funke fehlte.

Schnabel verbrachte den Krieg in Amerika, mein Vater fand nach langen Irrwegen Zuflucht in der Schweiz. Von dort blieben sie in gelegentlicher Verbindung. Und als meine Frau und ich uns bei Kriegsanfang mit der Absicht trugen, unseren sechs Monate alten Sohn von England nach Amerika zu schicken, erklärte Schnabel sich sofort bereit, für seinen Unterhalt zu garantieren; wir kamen dann von der Idee wegen der U-Bootgefahr ab.

Das letztemal, daß ich Schnabel hörte, war im 2. Brahms-Klavier-Konzert in London. Man fühlte, daß es ein Abschiednehmen war. Ich werde diese Gelegenheit nie vergessen und kann mir nicht vorstellen, daß ich jemals wieder eine annähernd so schöne und ergreifende Aufführung dieses Werkes erleben werde. Sie beläßt die Erinnerung an alles, das an Schnabel gut, schön und groß war.

Einem Bericht Peter Diamands zufolge, drückte Richard Strauss dies kurz vor seinem Tode noch etwas kerniger aus. Er und Schnabel begegneten sich im Jahre 1946 in Zürich, und da sein Verhalten während der Hitlerzeit Anlaß zur Kritik hatte geben können, verhielt Schnabel sich ihm gegenüber betont reserviert. Strauss marschierte am nächsten Tag in sein Hotelzimmer mit den Worten: «Was Sie über mich charakterlich denken, ist mir scheißegal. Aber wie Sie gestern gespielt haben, das war großartig, da kann man in Ruhe sterben.»

34 Artur Schnabel und Carl Flesch

Anfeindungen, Mißverständnisse und Harmloseres

> Was man über mich sagt, ist mir gleichgültig – solange es nicht stimmt.»
>
> *Katharine Hepburn*

Wir alle sind ab und zu Angriffen oder unbeabsichtigten Verfälschungen unserer Motive und Handlungen ausgesetzt. Wie wirksam sie sind, hängt, weit mehr als man annehmen sollte, davon ab, in welcher Weise wir darauf reagieren. Beachten wir sie nicht, so sterben sie meist eines natürlichen Todes.[1]

Unternehmen wir etwas dagegen, so erreichen wir damit oft das genaue Gegenteil dessen, was wir beabsichtigt hatten: Wir machen mehr Leute auf etwas, das fälschlich über uns behauptet wurde, aufmerksam. Manchen Menschen, die im öffentlichen Leben stehen, macht dies nichts aus. Im Gegenteil: Für sie ist «Schlechte Publizität besser als gar keine». Aber für die meisten Leute – gleichgültig ob in

---

1 Ein Beispiel aus eigener Erfahrung: Während der Olympischen Spiele in London wurde eine russische Teilnehmerin wegen Ladendiebstahls verhaftet. Darauf brachen nicht nur die russische Mannschaft, sondern auch das russische Ballett, welches gleichzeitig in London gastierte, ihren Aufenthalt unvermittelt ab. Die «Sunday Times», eine der prominentesten englischen Sonntagszeitungen, befragte mich zum Thema Versicherung gegen Vorkommnisse dieser Art. Im Verlauf des Gesprächs bat mich der Journalist, der mich interviewte, ihm einige Fälle berühmter Künstler zu nennen, die ich versichert hätte. Selbstverständlich lehnte ich es ab, solch streng vertrauliche Informationen zu geben. Die einzige Ausnahme war ein Musiker, der vor einigen Jahren gestorben und selbst oft erwähnt hatte, daß er seine wichtigen Engagements versicherte. Als der Artikel erschien, stellte ich zu meiner großen Bestürzung fest, daß dieser – sehr geschickt – den Eindruck erweckte, ich hätte über meine gesamte Klientel «ausgepackt». Ich hielt mich für beruflich ruiniert und erwog ernsthaft, die Zeitung zu einer Berichtigung zu zwingen. Auf Rat erfahrener Freunde beschloß ich jedoch, zunächst nichts zu unternehmen, sondern abzuwarten. Und siehe da! Kein Hahn krähte danach, obwohl der Vorfall, welcher der Anlaß zu dem Interview gewesen war, damals so sensationell war, daß Tausende den Artikel gelesen haben mußten.

einer prominenten Stellung oder nicht – ist Nichtbeachtung solcher Falschheiten besser, es sei denn, daß es sich um etwas Fundamentales handelt, das man nicht unwidersprochen lassen darf.

Mein Vater, dessen Sinn für Reklame ohnedies nicht besonders ausgeprägt war, zog es im allgemeinen vor, solche Dinge auf sich beruhen zu lassen. Auf diese Weise haben sich in die musik-biographische Literatur einige Fehler eingeschlichen, die es wert sind, richtiggestellt zu werden.

Erheiternd ist zum Beispiel «Der Fall Marlene Dietrich»; oder vielleicht auch nicht, wie man's nimmt: Heutzutage, wo jeder unter dem kleinsten Vorwand zum Anwalt läuft, um eine Verleumdungsklage anzustrengen, hätte die Familie Flesch möglicherweise die Chance gehabt, in die Millionärsklasse aufzurücken; aber dieser Gedanke kam einem damals nicht, und ich mache meinem Vater keine Vorwürfe für die versäumte Gelegenheit.

Marlene Dietrich war ursprünglich Musikstudentin und wollte Geigerin werden. In ihren Memoiren erwähnte sie, daß sie Flesch-Schülerin gewesen sei, und schmückte dies mit einigen Einzelheiten aus: Carl Flesch sei als Lehrer so streng gewesen und habe so unvernünftige Übungen von ihr verlangt; daß sie schließlich wegen psychologischer und physiologischer Schädigungen das Geigen hätte aufgeben müssen.

Mein Vater war mit Recht davon überzeugt, daß ihm eine Schülerin wie Marlene Dietrich bestimmt in Erinnerung geblieben wäre. Er schrieb ihr daher mehrere Male mit der Bitte, ihm doch mitzuteilen, wann sie bei ihm studiert habe. Keine Antwort. Auch ich fragte einmal an, mit dem gleichen negativen Ergebnis.

Das Rätsel fand seine Lösung, als, viele Jahre später, Marlene Dietrich ein Pariser Restaurant betrat, in dem auch mein Vater mit meiner Schwester – der ich diesen Bericht verdanke – zu Mittag aß. Diese Gelegenheit wollte er sich nicht entgehen lassen. Durch einen Kellner schickte er ihr seine Karte und bat sie um ein kurzes Gespräch. Sie lud ihn an ihren Tisch ein und dabei wurde die Geschichte aufgeklärt.

Marlene Dietrich hatte versucht, als Geigenstudentin an die Berliner Hochschule für Musik zu kommen. Bei der Aufnahmeprüfung fiel sie jedoch leider durch. Anscheinend war mein Vater im Prüfungskomitee gewesen, welches die negative Entscheidung getroffen hatte. Es ist nicht unverständlich, daß sie dieses Debakel in ihren

Erinnerungen etwas beschönigen wollte und daher eine für sie schmeichelhaftere Fassung wählte. Wie dem auch sei, man könnte behaupten, daß sie und die Welt ihre Filmkarriere indirekt meinem Vater zu verdanken haben; es dürfte Menschen geben, die dies als sein größtes Verdienst ansehen.

Marlene Dietrich muß inzwischen die Pariser Begegnung – immerhin vor 50 Jahren – vergessen haben, denn sie wiederholt ihre Behauptung in ihren neuesten Memoiren, deren englische Übersetzung (Weidenfeld, London, 1989) ich durchgeblättert habe. Sie beschreibt die Flesch'schen Lehrmethoden so originell, wie ich sie bisher noch nie gehört habe: «Bach, Bach, immer nur Bach!» Zu seinem Glück scheint diese Untugend der Aufmerksamkeit aller anderen Musiksachverständigen entgangen zu sein! –

Erheblich schwerwiegender sind einige Anschuldigungen, die gegen ihn bezüglich eines seiner besten Schüler, Josef Wolfsthal, in einer Biographie über den Cellisten Emanuel Feuermann von S. W. Itzkoff[1] erhoben wurden, und die auch in zwei Biographien von A. Vered übernommen worden sind.[2]

Der Gerechtigkeit halber muß ich hinzufügen, daß die (spätere) Wolfsthal-Biographie die Richtigstellungen, die der Autor inzwischen von mir erfahren hatte, zitieren wird. Aber da er teilweise die beiden Versionen sozusagen als gleichberechtigt nebeneinanderstellt, überläßt er dem Leser die Entscheidung darüber, welche er annehmen will und welche nicht.

Wenn die Beschuldigungen stimmten, so würden sie Anspruch darauf erheben, ernsthafte Charakterfehler aufzudecken. In solchen Fällen erhebt sich immer die Frage, ob man Zeit und Platz damit verschwenden soll, sich mit offensichtlich skurrilen Behauptungen abzugeben, statt sie mit der Nichtbeachtung zu übergehen, die ihnen zukommt. Aber schließlich sind sie im vorliegenden Fall in Biographien enthalten, die Anspruch darauf erheben, ernst genommen zu werden. Es ist daher nicht unbillig, ihnen in einem ähnlichen Rahmen zu antworten. Gleichzeitig zeigt es, wie wichtig es für Autoren ist – soweit sie nicht Romanschriftsteller sind –, sich der Zuverlässigkeit

1 «Emanuel Feuermann, Virtuoso», Alabama University Press, 1979
2 «Jascha Heifetz», Robert Hale Ltd., 1986. Die Wolfsthal-Biographie ist in A. Vereds Buch «Songs Ephemeral», Robert Hale Ltd. enthalten, das in absehbarer Zeit erscheinen soll.

ihrer Informationsquellen zu vergewissern, soll nicht ihr Buch als Ganzes erheblich an Glaubwürdigkeit verlieren. Bekanntlich gibt es gegen unwahre Angriffe auf jemandem, der nicht mehr am Leben ist, keine Rechtsmittel; ich möchte bezweifeln, daß diese Verleumdungen zu Lebzeiten meines Vaters ausgesprochen worden wären.

Wolfsthal war zweifellos für viele Jahre der beste Flesch-Schüler. Wie sehr sein Lehrer um seine Ausbildung und finanzielle Unterstützung während seiner Studienzeit besorgt war, bezeugen verschiedene Dankesbriefe sowohl von Wolfsthal selbst wie von seiner Familie. Menschlich war er jedoch für meinen Vater später eine Enttäuschung. Inwiefern diese ungünstige Meinung begründet war, vermag ich nicht zu sagen; ich persönlich habe ihn in guter, wenn auch etwas blasser, Erinnerung. Dagegen beklagt mein Vater in einer bereits an anderer Stelle erwähnten Tagebuch-Eintragung die häufige Undankbarkeit von Schülern – etwas überraschend, wenn man die unzähligen Dankesbriefe liest, die an ihn gerichtet wurden und die beinahe ein ganzes Buch füllen könnten. Aber im Tagebuch steht es anders: «Ich habe diesbezüglich tolle Erfahrungen gemacht – insbesondere mit meinem verstorbenen Schüler Wolfsthal, der mich in den letzten Jahren seines Lebens in geradezu pathologischer Weise gehaßt hat, nachdem ich alles für ihn getan hatte, was man überhaupt für einen Mitmenschen tun kann.»

Daß Wolfsthal meinen Vater ursprünglich hoch verehrte, geht aus einer Anzahl seiner früheren Briefe hervor, zum Beispiel einem aus dem Jahre 1916: «... Sie sind ja der einzige, der mir mit Rat und Tat zur Seite steht...» Das eine in meinem Besitz befindliche Anzeichen, daß irgendwo etwas nicht ganz stimmte, ist in einem Schreiben vom 24. Oktober 1930 zu spüren:

«Lieber und sehr verehrter Herr Professor, Paul von Schlippenbach[1] ist durch Thibauds Berliner Aufenthalt und durch die Tatsache, daß ich, im Gegensatz zu ihm, Thibaud nicht für den größten lebenden Geiger halte, so aus dem Häuschen geraten, daß ich glaube, seinen Äußerungen entnehmen zu müssen, daß er irgend einmal in nächster Zukunft unzutreffende Behauptungen über mich vorbringen wird... Ich möchte Sie dahingehend informieren, daß ich nur einmal mit ihm über Sie

---

[1] Ein Maler und gemeinsamer Bekannter, der sehr musikinteressiert war (siehe auch Seite 77ff.).

gesprochen habe, und zwar auf seine Veranlassung hin... Ich konstatierte einen Unterschied zwischen Ihrer und meiner Bogenführung. Ich wäre Ihnen sehr dankbar für den Freundschaftsdienst, den Sie mir dadurch erwiesen, gegebenenfalls mich zu benachrichtigen, wenn sich jemand in einem Sinne an Sie wenden sollte, der dazu angetan ist, mein Verhältnis zu Ihnen zu trüben. Es würde mir sehr daran liegen, die Urheber solcher Nachrichten einmal zur Rechenschaft ziehen zu können. Mit herzlichen Empfehlungen, Ihr stets ganz ergebener Josef Wolfsthal.»

Das klingt nach allem anderem als nach «pathologischem Haß»! Und da Wolfsthal unerwartet bereits vier Monate später starb, blieb nicht viel Zeit dafür, diesen noch zu entwickeln. Ich möchte auch ausdrücklich betonen, daß in den mir nachgelassenen Papieren nichts enthalten ist, das auf Wolfsthals Haß oder Charakterdefekte schließen läßt. (Aus den oben erwähnten Gründen halte ich es für fruchtlos, auf die teilweise abweichenden Beurteilungen Wolfsthals in den Biographien einzugehen.) Es ist daher nicht von der Hand zu weisen, daß mein Vater über seine Einstellung zu ihm im Irrtum war und ihm generell mit der abfälligen Beurteilung seines Charakters Unrecht tat. Aber andererseits war es nicht seine Art, solche Behauptungen unüberlegt aufzustellen. Lassen sich andere Anzeichen für ihre Richtigkeit feststellen?

Diese könnten in erster Linie die Behauptungen selbst sein, die über meinen Vater gemacht worden sind und auf die ich gleich zu sprechen komme. Die Verfasser der beiden Biographien können sie aus eigener Anschauung nicht kennen; Wolfsthal selbst war nicht mehr am Leben, und schriftliche Aufzeichnungen scheint es darüber nicht zu geben. Sie müssen also von Leuten stammen, die Wolfsthal nahestanden und die – verständlicherweise – an einigen Äußerungen meines Vaters in seinen Erinnerungen Anstoß genommen haben. Da aber nicht anzunehmen ist, daß sie sich die Anschuldigungen gegen meinen Vater aus den Fingern gesogen hatten, muß Wolfsthal selbst eine Einstellung ihm gegenüber zur Schau getragen haben, welche die Tagebucheintragung glaubwürdiger macht. Man soll auch nicht vergessen, daß das Verhältnis Wolfsthals zu Flesch dem eines Sohnes zum Vater (Wolfsthal hatte den eigenen verhältnismäßig früh verloren) nicht unähnlich war. Und man weiß ja, wie heftig sich manchmal Söhne im späteren Leben gegen ihre Väter wenden können.

Aber auch wenn man zwischen den Zeilen von Wolfsthals oben zitiertem Brief liest, tauchen einige Zweifel an seiner dort ausgedrückten Gesinnung auf. Zum Beispiel dürfte Wolfsthal sich in seinem Gespräch mit von Schlippenbach bezüglich des Unterschieds in der Bogenführung etwas freimütiger geäußert haben, als er schreibt. Aber ich glaube nicht, daß dies ein Streitpunkt gewesen sein kann, schon deswegen, weil Flesch in seinen Erinnerungen ausdrücklich bemerkt, daß «namentlich (Wolfsthals) Bogenführung ans Vollkommene grenzte».

Dann der Satz im Brief: «... daß ich nur einmal über Sie gesprochen habe, und zwar auf seine Veranlassung hin»; aber warum sollte er *nicht* mehr als einmal zu einem gemeinsamen Bekannten über seinen langjährigen Lehrer und Mentor gesprochen haben? Und die merkwürdige Einleitung über Thibaud – was kann die wohl bedeuten? Wir wollen uns jedoch nicht in unnötigen Tüfteleien verlieren. Denn das wichtige ist, daß die verleumderischen Behauptungen, die in den Biographien stehen, offensichtlich ohne volle Prüfung ihrer Richtigkeit übernommen worden sind.

Wolfsthal war Assistent Carl Fleschs an der Berliner Hochschule. Es wird behauptet, daß, als er schwer erkrankte, mein Vater seine Schüler mir nichts dir nichts an Max Rostal übertrug – sozusagen Wolfsthal noch während seiner Lebzeiten «abschrieb». Daß er sie zu Rostal schickte, ist richtig, aber – wie mir übrigens Rostal selbst bestätigt hat – selbstverständlich nur deswegen, um sie während ihrer Studienzeit nicht unbeaufsichtigt zu lassen. Niemand dachte an die Möglichkeit, daß Wolfsthal plötzlich sterben könnte, sondern nur, daß seine Krankheit und Erholung längere Zeit in Anspruch nehmen würden. Die zeitweise anderweitige Unterbringung der Schüler war daher etwas, das jeder verantwortungsbewußte Lehrer in einer solchen Situation als selbstverständlich getan hätte. Abgesehen davon wäre es natürlich für meinen Vater ganz unmöglich gewesen, eine dauernde Übertragung ohne Zustimmung der Hochschulleitung vorzunehmen. Wenn er einen moralisch so verwerflichen Vorschlag gemacht hätte, würde diese ihm bestimmt nicht gefolgt sein.

Es wird weiter behauptet, daß Fritz Kreisler an Wolfsthal eine seiner wertvollen Geigen geliehen hatte, und daß meine Mutter, auf Veranlassung meines Vaters, Kreisler aufforderte, dieses Instrument zurückzuverlangen. Der Grund: Mein Vater war auf Wolfsthals Erfolge eifersüchtig, und hoffe, sie auf diese Weise zu unterbinden! Das ist nicht etwa als Witz gemeint, sondern wird allen Ernstes behauptet. Ich weiß über diese Geschichte nichts, außer daß sie unmöglich ist. Mir ist nicht einmal bekannt, ob Kreisler tatsächlich eines seiner Instrumente an Wolfsthal geliehen hatte, aber falls ja, dann vermutlich auf die Bitte meines Vaters. Die wahrscheinlichste Erklärung ist, daß Wolfsthal Kreisler die Geige auf dessen Verlangen nicht genügend rasch zurückgab und er dies gesprächsweise meiner Mutter sagte oder sich an meinen Vater mit der Bitte wandte, entsprechend zu intervenieren.

Mein Vater lieh oft eines seiner eigenen Instrumente an – auch nicht gerade erfolglose! – Schüler aus, wie eine Anzahl Dankesbriefe, zum Beispiel von Henryk Szeryng und Szymon Goldberg, bezeugen. Daß er sie zurückverlangte, wenn sie «ihm zu erfolgreich» wurden – statt auf ihren Erfolg stolz zu sein! –, wirft ein originelles Licht auf das, was sich manche Biographen über die Einstellung eines Lehrers vorstellen. Neuartig ist auch die Idee, daß das Fehlen eines erstklassigen Instruments die Karriere eines Künstlers entscheidend beeinflussen könnte. Ich hatte mir immer eingebildet, daß der Erfolg als erstes käme, und erst dann die Möglichkeit, sich ein gutes Instrument käuflich oder leihweise zu verschaffen. Schließlich hatte Wolfsthal jahrelang bewiesen, daß er auch ohne die Kreislerische Geige außerordentlich erfolgreich sein konnte.

Belustigend ist die Geschichte, daß bei einem gemeinsamen Quartett-Abend meinem Vater eine Passage mißlang, die Wolfsthal kurz darauf als 2. Geiger zu wiederholen hatte und mit großer Brillanz hinlegte. Hierüber äußerst verärgert – offenbar besteht nach Ansicht des Biographen ein ungeschriebenes Gesetz, daß, wenn dem Lehrer etwas mißlingt, der Schüler genügend taktvoll zu sein hat, es nicht besser zu machen – soll mein Vater ihm hinterher wütend zugezischt haben: «Na, Sie haben eben einen besseren Lehrer gehabt als ich!»

Schade, daß der Biograph nicht bei mir anfragte, bevor er diesen Unsinn schrieb. Ich hätte ihn dann darüber aufklären können, daß ich meinen Vater, der ab und zu gerne mit Schülern Quartett spielte, diese Redensart oft habe gebrauchen hören, wenn ihm etwas mißlang – lachend, sofort, und in keiner Weise «zischend». Etwas, das seinen Schülern fast am meisten imponierte, war seine spontane und souveräne Beherrschung des Repertoires, und er hatte es bei Leibe nicht nötig, sich über einen gelegentlichen «Patzer» aufzuregen. In der Art, wie er ihn machte, war der Ausspruch witzig, ernst gemeint verliert er jeden Sinn.

Die Gewohnheit meines Vaters, sich bei Gelegenheit über sich selbst lustig zu machen, wurde mir so selbstverständlich, daß ich sie manchmal sozusagen an seiner Statt fortsetzte. Ich entsinne mich einer Begegnung mit dem Cellisten Gaspar Cassadó, der mit einer sehr attraktiven Japanerin verheiratet war. Ich erwähnte ihr den Namen eines gut aussehenden japanischen Geigers, der bei meinem Vater studiert hatte. «Ach», sagte sie trocken, «den hätte ich beinahe geheiratet. Aber schließlich entschied ich mich dagegen – er spielte mir nicht genügend gut Geige.» «Da können Sie sehen», sagte ich zu Cassadó, «was für ein Glück Sie hatten, daß mein Vater kein besserer Lehrer war – sonst hätten Sie Ihre charmante Frau nicht bekommen.»

Aber auch in der Beschreibung von Fleschs Verhältnis zu Emanuel Feuermann, dem Gegenstand seiner Biographie, zeigt Itzkoff seine Unwissenheit. Er scheint sich vorzustellen, daß der Leiter der Geigenklassen die Anstellung eines Professors für die Celloklasse an der Berliner Hochschule entscheidend beeinflussen konnte. Feuermann bemühte sich um eine Lehrstelle dort, und kurz bevor die Entscheidung fallen sollte, hatten er und mein Vater ein Orchesterkonzert, in dem sie das Brahms-Doppelkonzert spielten. Bei dieser Gelegenheit, so schreibt Itzkoff, beschloß Feuermann besonders vorsichtig zu sein: «Flesch, dessen technische Mittel begrenzt waren (!), benötigte alle möglichen Konzessionen und Hilfestellungen seitens seines Partners. Feuermann entledigte sich dieser Aufgabe so unbemerkt, daß alles ganz natürlich klang; das Ensemble war fehlerlos. Zwei Wochen später erhielt Feuermann die Professur an der Berliner Hochschule.»

Das Doppelkonzert war zufällig ein Fleschsches Repertoirestück, das er häufig mit prominenten Cellisten spielte; ich selbst habe verschiedenen hervorragenden Aufführungen mit Piatigorsky beigewohnt. Und was immer man am Spiel Carl Fleschs aussetzen mochte, eine «begrenzte Technik» war bestimmt nicht darunter. Er brauchte gewiß keine «Nachsicht» seitens eines Duopartners. Feuermann schien ähnlicher Meinung zu sein. Jedenfalls schrieb er vor dem Konzert: «... Ich hoffe, daß es nicht nur für mich schön sein wird. Das Doppelkonzert habe ich zwar noch nie auswendig gespielt, werde Ihnen aber wenigstens darin nicht nachstehen« (Abbildung 35).

DER KAISERHOF
BADGASTEIN

21. Juli 1928

Sehr verehrter Herr Flesch,

Ich danke Ihnen für Ihre Zeilen, die mich bereuen lassen, daß ich meine Absicht, Ihnen meine Freude über unser geplantes gemeinsames Musizieren auszudrücken, nicht ausgeführt habe. Ich hoffe, daß es nicht nur für mich schön sein wird.

Das Doppelkonzert habe ich zwar noch nie auswendig gespielt, werde Ihnen aber wenigstens darin nicht nachstehen.

Leider komme ich nicht in

Sommer in die Nähe von B.-B.. Bin aber von Mitte Sept. ab in Berlin und ich denke, daß Sie dann auch schon dorthin zurückgekehrt sein werden.

Zu Ihrer Beruhigung, daß ich ziemlich fest, auch „Göttern" gegenüber, auf meinem Standpunkt beharre; und da auch ich dem Komponisten und dem Werke dienen möchte — ich stelle Brahms doch noch über den Schreiber dieses —, werden wir uns gewiß leicht verständigen.

Herr Direktor Rux freut sich, daß Sie sich noch an den Abend bei ihm

erinnern und läßt sie freundlichst grüssen.
Empfangen sie bitte auch die
Grüsse Ihres
Ihrer sehr ergebenen
Emanuel Feuermann

Schmeichelei? Nicht sehr wahrscheinlich, denn das war nicht Feuermanns Art. Außerdem war es ihm bekannt, daß mein Vater ihn hoch schätzte.

Eines muß man dem Biographen allerdings zugestehen: Das Konzert fand tatsächlich statt. Alles andere ist freie Phantasie. Sogar die Feststellung, daß Feuermann «unbemerkt» Hilfestellung gab und das Ensemble «fehlerlos» war: Denn zufällig berichtete mein Vater nach dem Konzert lachend, daß er versehentlich einen Einsatz versäumt habe. Feuermann, mit (wie er es ausdrückte) «lausbubenhaftem sang froid», spielte die Stelle für ihn!

Ein erfahrener Schriftsteller, mit dem ich einmal die Idee für mein Buch besprach, verriet mir, daß die beste Chance für den guten Verkauf einer Biographie darin liege, Abfälliges über möglichst viele Personen – unter Umständen auch das eigentliche Subjekt des Buches selbst – zu schreiben. Man könnte beinahe denken, daß der Autor der Feuermann-Biographie einen ähnlichen Rat mit zu großem Enthusiasmus angenommen habe. Aber ich halte die Fehler, wenn auch schwer verständlich, für gutgläubig. Hätte er böswillige Absichten gehabt, so hätte er sicherlich besser erfundene Geschichten verwendet.

Ist es kleinlich, wenn ich in diesem Zusammenhang ein abfälliges Urteil über Feuermann zitiere? Ich glaube nicht, denn es ist die private Äußerung im Brief (den ich im Original besitze) eines Altmeisters seines Instruments, Hugo Becker. Als solche ist sie interessant, weil sie unter anderem zeigt, daß die Meinungen auch über die bedeutendsten Künstler verschieden sein können, und nicht immer durchweg günstig sein müssen, selbst wenn das abfällige Urteil, wie, glaube ich, in diesem Falle, zu weit geht.

Becker vergleicht Feuermann mit Piatigorsky: «Die Begabung Piatigorskys liegt mehr auf dem Gebiet des Gefühls, jene Feuermanns mehr auf der Fixigkeit. Ich hörte von letzterem im vorigen Jahr in München das Schumann-Konzert, technisch ausgezeichnet, doch so unromantisch wie nur möglich. Schumann ist ohne Schwärmerei und Leidenschaft nicht denkbar. Ich habe dieses zum Teil sehr poetische Werk nie gefühlsärmer und geistloser gehört, und bedauerte, daß ein so ausgesprochener Könner nach den genannten beiden Richtungen hin so unentwickelt geblieben ist. Wäre er Pianist oder Geiger, würde ihm dies nicht verziehen werden. Wer versteht aber etwas von der Cello-Literatur?»

Es ist richtig, daß, soweit ich mich erinnern kann, Feuermann Sentimentalität fremd war. Aber ich entsinne mich keiner seiner Aufführungen, die mich jemals unbefriedigt ließ.

Ein anderes Kapitel sind die gelegentlichen Probleme bezüglich Copyright, geistigem Eigentum und ähnlichem, von denen bekanntlich auch die musikalische Welt nicht verschont bleibt. Ich wußte beispielsweise bis vor einigen Jahren nicht, daß der Name Flesch in Rußland bekannt sei – bis ich von einem Freund nach dem Londoner Konzert eines russischen Kammerorchesters ins Künstlerzimmer mitgenommen wurde. Die Wirkung, als ich den Orchestermitgliedern vorgestellt wurde, ließ klar erkennen, daß die Werke meines Vaters, einschließlich seiner Erinnerungen, auch in Sowjet-Rußland verbreitet sind. Da Rußland damals fremdes Copyright nicht anerkannte, war dies spurlos an mir vorübergegangen. Immerhin, nachdem ich der Verfasser des letzten Kapitels der Fleschschen Erinnerungen bin, habe ich zumindest die Genugtuung, ins Russische übersetzt worden zu sein.

Dann die sogenannten «Neuausgaben» wichtiger Violinschulen, mit denen manchmal verhältnismäßig unbekannte Pädagogen versuchen, ihren Namen populär zu machen. So besitze ich einen Brief des Sohnes Andreas Mosers, der im Jahre 1931 meinen Vater bat, als Sachverständiger in einem Prozeß aufzutreten, den er gegen den Verlag Simrock angestrengt hatte, um nicht-authorisierte Änderungen an der Violinschule Joachim Moser zu unterbinden. Diese waren von dem Geiger Ossip Schnirlin vorgenommen worden, der sich, soweit ich mich erinnere, bei einigen Kollegen nicht allzugroßer Beliebtheit erfreute. Im vorliegenden Fall beabsichtigte er unter anderem in den 2. Band der Violinschule, wie Moser schrieb: «seine Wiederherstellung eines Bachschen Klavierkonzerts als Geigenkonzert unter dem geschmackvollen Namen ‹von Bach-Schnirlin› einzufügen».

Eine andere, kulturell erheblich weniger wichtige, aber nichtsdestoweniger ärgerliche Art der Verfälschung erfuhr eine Geschichte, die ursprünglich von meinem Vater selbst stammte: Bei seiner Ankunft für ein Konzert in der amerikanischen Stadt Iowa wurde er viermal hintereinander für verschiedene Lokalzeitungen interviewt. Als er sein Erstaunen über das schmeichelhafte Interesse ausdrückte, das ihm gerade in dieser Stadt zuteil wurde, klärte ihn der vierte Journalist darüber auf, daß es in Iowa nur eine Zeitung, dafür aber eine Universität für Journalisten gebe, deren Studenten alle prominenten Besucher als Freiwild für ihr Interview-Training betrachteten. Mein Vater fand dieses Erlebnis genügend amüsant, um es in einem kurzen Artikel zu beschreiben, der im Feuilletonteil der Berliner Vossischen Zeitung veröffentlicht wurde. Ich halte ihn für so nett geschrieben, daß ich ihn im Anhang (siehe Seite 327 ff.) wiedergebe.

Zu meinem großen Erstaunen las ich einige Monate später in dem Berliner Witzblatt «Ulk» die gleiche Geschichte, ohne Namensnennung, aber unverkennbar über meinen Vater – auch Iowa war erwähnt. Der einzige Unterschied war, daß sich in dieser Version der Künstler auf einer Konzertreise befand, die völlig erfolglos war; als er so unerwartet oft interviewt wurde, glaubte er, das Blättchen habe sich endlich gewendet, bis er zu seiner großen Enttäuschung über die Wahrheit aufgeklärt wurde.

Auch dies ist wieder ein Fall, der, wenn er sich heute ereignen würde, die Zeitung eine Stange Geld kosten könnte. Aber wenn man an so etwas überhaupt gedacht hätte, hätte man gleichzeitig in Erwägung ziehen müssen, daß eine Verleumdungsklage beruflich schädlich sein könne: Möglicherweise hätte die Redaktion der Zeitung den Versuch gemacht, zu ihrer Verteidigung den Wahrheitsbeweis anzutreten, und obwohl ihr dieser bestimmt nicht gelungen wäre, hätte sie zu diesem Zweck zweifellos jede auch nur entfernt kritische Äußerung als Beweismaterial angeführt. Bekanntlich kann man für Reklamezwecke auch aus der schlechtesten Kritik eine gute machen, und genau so sollte das Umgekehrte möglich sein. Ein Schulbeispiel dafür, wieviel besser es meist ist, diese Dinge auf sich beruhen zu lassen und sie mit der Verachtung zu strafen, die sie verdienen.

Zuweilen kann allerdings ein in die Öffentlichkeit gebrachter Streitfall auch seine angenehmen Seiten haben – nämlich wenn der Künstler selbst das «Streitobjekt» ist. Ein Brief meines Vaters aus dem Jahre 1943 an den holländischen Geiger Joachim Roentgen: «Interessieren wird Sie als kleiner Klatsch, daß die Direktion des Genfer Konservatoriums die Zeitung ‹La Suisse› wegen Verleumdung verklagt hat, und zwar wegen meiner bescheidenen Persönlichkeit. Die Zeitung hatte nämlich das Konservatorium in verschiedenen Artikeln sehr temperamentvoll angegriffen, weil es mich nicht als Lehrer verpflichtet hatte, sondern sich den Bissen – das bin ich – von Luzern wegschnappen ließ. Darauf Zeitungskontroverse mit dem Konservatorium und am Schluß Klage mit mir als Kronzeuge.» Leider ist mir der Ausgang dieses Sturms im Wasserglas nicht bekannt – vermutlich wurde er durch den Tod meines Vaters im folgenden Jahr gegenstandslos.

Dagegen würde der bekannte Ausspruch, dessen Ursprung auf das außergewöhnlich erfolgreiche Auftreten eines ausländischen Musikers in Berlin zurückgeführt wird, heutzutage kaum zu einer erfolgreichen Klage auf Schadenersatz führen: «Um in Berlin Erfolg zu haben, muß man entweder Ausländer oder homosexuell sein – am besten ein homosexueller Ausländer.»

Ja – die Zeiten haben sich geändert. Was würde man heute über die Ansichten in einem Brief denken, den Felix von Kraus im Jahre 1913 schrieb, als der Pianist Gottfried Galston sich erfolglos um eine Stellung an der Münchener Musikakademie bewarb:

«... Übrigens wurde mir erzählt, ... daß Galston in der Musikalienhandlung Schmied seine Photographie in einem Phantasie-Costüm ausgestellt hat, worüber sich manche Menschen in München sehr wundern. Mir ad personam ist es ziemlich gleichgültig, ob sich jemand im Bademantel wie Hermann Bahr oder in einer Kammervirtuosen-Uniform wie Emil Sauer oder als Pascha oder als Haremstürke ausstellen läßt. Da ja eine Möglichkeit, Herrn Galston an die Akademie zu bringen ... nicht besteht, so ist die Sache praktisch ohne Belang, aber sonst wäre es jedenfalls eine bedeutende Erschwerung gewesen, nach dem wie ich darüber reden hörte.»

Ehrfurcht vor dem Alter gab es auch in der Musikwelt seit langem nicht mehr. Dies zeigt zum Beispiel eine boshafte Geschichte über Leopold Auer, der bei meines Vaters Weggang vom Curtis Institute zu seinem Nachfolger ernannt wurde. Er war, als er die Stellung am Institute antrat, bereits 82 Jahre alt, und einige Flesch-Schüler waren über den Wechsel alles andere als begeistert. Wie immer bedeutend sein Ruf – und bekanntlich waren viele weltberühmte Virtuosen, wie Heifetz, Elman, Milstein aus seiner Schule hervorgegangen –, so mußte man doch annehmen, daß er in seinem vorgerückten Alter nicht mehr ganz auf der Höhe sei. Daher der Witz: «Kennen Sie schon die neuste Auer-Sensation?» «Nein, was denn?» «Er ist neulich während einer seiner Unterrichtsstunden plötzlich aufgewacht.»

Unnötig zu erwähnen, daß diese Geschichte nicht von meinem Vater stammte. Im Gegenteil, Auer und er standen miteinander auf

Herrn Carl Flesch
Berlin. –

Vielen Dank, verehrter Kollege,
für die Zusendung Ihrer „Urstudien". – Endlich etwas Neues
in der Violintechnik! vielleicht
weil es „Urstudien" sind?
Jedenfalls haben Sie das was
vielleicht manche geahnt haben,
in glänzender Weise verwirklicht.
Ich habe das Büchlein meinen Schülern
nicht nur ans Herz sondern auch
in die Finger gelegt. –

In aufrichtiger Verehrung
St. Petersburg Prof. Leop. v. Auer
Mai, 1912

ausgezeichnetem Fuß; Auer besaß eine liebenswürdige Bescheidenheit:

22. Januar 1928: «Ihr Entschluß, Ihre erfolgreiche Tätigkeit in Philadelphia aufzugeben, wird gewiß von allen Musikern und Musikfreunden in den Vereinigten Staaten tief bedauert, von mir besonders, als ich erwählt wurde, Sie teilweise zu ersetzen, eine schwere Aufgabe in Anbetracht meines hohen Alters und meiner sonstigen Verpflichtungen. Ihrer freundlichen Aufforderung, Ihre Klasse zu besuchen, werde ich gerne Folge leisten...»

Auer konnte sich offenbar gut und humorvoll ausdrücken. 1912, als mein Vater ihm seine gerade veröffentlichten «Urstudien» übersandte, schrieb er ihm: «Endlich etwas Neues in der Violintechnik! Vielleicht weil es ‹Urstudien› sind? ... Ich habe das Büchlein meinen Schülern nicht nur ans Herz, sondern auch in die Finger gelegt» (Abbildung 36).

Nicht unbedingt geschmackvoll war dagegen die Bemerkung, die in Berlin nach der Geburtstagsfeier für den 80jährigen Musikologen Max Friedländer die Runde machte. Bei dieser Gelegenheit wurde ein Hauskonzert veranstaltet, dessen Programm die Mozartsche Kantate «Liebes Mandl, wo ist's Bandl» enthielt. Leute, die unfähig waren, sich zu höheren Dingen aufzuschwingen (und zu denen, um der Wahrheit die Ehre zu geben, auch ich gehörte), betrachteten die Wahl dieser Kantate – falls sie nicht auf Anregung der Gattin des ehrwürdigen Jubilars erfolgt war – als einen taktlosen Fauxpas der Programmgestalter.

Schließlich noch etwas über die Situation nach dem Ableben Ysayes. Die verschiedensten Geiger erhoben Anspruch auf seine «Nachfolge». Amerikanischer Situationsbericht des Geigers Robert Perutz: «Piastro[1] erzählte mir, daß Elman sich schwer beklagte über die enorme Verantwortung, die auf ihm lastet, seit Ysaye tot ist. Die ganze Welt schaut jetzt zu ihm erwartungsvoll empor!» Wozu Perutz trocken bemerkt: «Ja, es muß schrecklich sein, so eine Last auf den Schultern zu tragen!»

---

[1] Ein Schüler Leopold Auers.

Streiflichter

Max Dessoir

Prof. Dessoir (1867–1947) war Philosoph, Psychologe und Musikästhetiker. Außerdem war er ein nicht sehr talentierter, aber dafür um so enthusiastischerer Amateurgeiger. Mein Vater hatte ihm viel zu verdanken. Nicht nur gab er ihm die erste Anregung für sein Hauptwerk, «Die Kunst des Violinspiels», sondern er beriet ihn auch in großzügigster Weise in Fragen des Stils und der Anordnung des Materials für dieses Buch. Ich persönlich fand ihn etwas geschraubt und steif, aber ich tat ihm damit Unrecht; aus einigen seiner Briefe spricht gesunder Humor und echte Bescheidenheit.

Dankbrief für das Geschenk der «Urstudien»: «Meine Frau ist besonders von den stummen Übungen angetan (was ich ihr nicht verdenken kann). Übrigens finde ich es sehr drollig, daß der Verleger sich auch für diese das ‹Aufführungsrecht› vorbehalten hat.»[1]

Und später: «Da dachte ich nun einen Haufen Blätter, bemalt mit geheimnisvoller Schrift- und Wortzeichen, in die Ferien mitnehmen zu können, und nun haben Sie nur herumgesessen und nichts gearbeitet. Aber das sage ich Ihnen, wenn Sie mir nicht nach unserer Heimkehr am 15. September einen neuen Teil Ihres Buches vorlegen, dann komme ich jeden Tag zu Ihnen und spiele Ihnen eine Stunde lang etwas vor.» Ich vermute, diese Drohung wirkte.

Und im Jahre 1928, als der zweite Band erschienen war: «Nun liegt also das große Werk wirklich fertig da.. Seien Sie versichert, daß es mir eine ungetrübte Freude gewesen ist, ein wenig mitzuhelfen.»

Ich selbst habe noch einen persönlichen Grund, ihn in angenehmster Erinnerung zu halten: Seine Frau war eine Schwester des Staatsrechtlers Prof. Triepel. Als ich erfuhr, daß dieser ein Mitglied der Prüfungskommission für mein mündliches Referendarexamen sei und daher alle schriftlichen Arbeiten der Kandidaten vorher zu sehen bekäme, erbot sich Frau Prof. Dessoir freundlicherweise, sich bei ihm

[1] Meinem Vater war ein ähnlicher Gedanke offenbar schon früher gekommen, wie seine Eintragung in das Gästebuch des Verlegers Franz Ries zeigt (Abbildung 38).

37 Max Dessoir

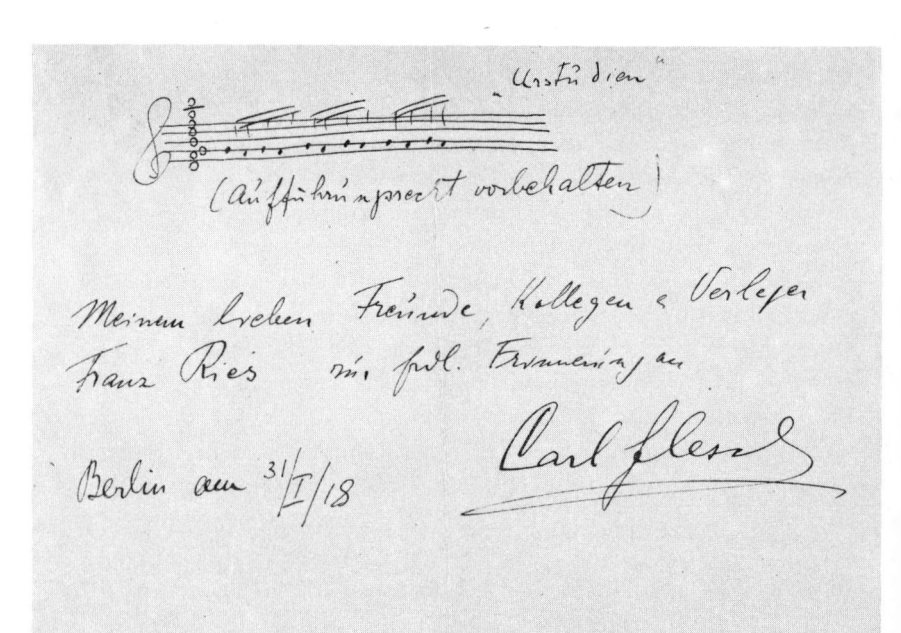

38 Eintragung ins Gästebuch von Franz Ries

zu erkundigen, wie die meinen ausgefallen seien. Die Antwort: Ich müßte schon großes Pech haben, um nach diesen Arbeiten noch durchzufallen. Es ist erstaunlich, wie erleichtert man mit einer solchen Information ins Examen geht!

Fritz Kreisler

Über Fritz Kreisler, zweifellos einen der größten Geiger seiner Generation, ist schon genügend geschrieben worden. Aber es gibt einiges, das in den offiziellen Biographien nicht immer voll zum Ausdruck gekommen sein mag. Mein Vater, ein lebenslanger Freund und Bewunderer Kreislers, hat seine Bedeutung in seinen «Erinnerungen» voll gewürdigt und unter anderem auch erwähnt, daß er in seiner Jugend ein ausgesprochener Bohemien war. Erst seine Heirat brachte hierin eine völlige Änderung. Es ist unterhaltend, die Darstellungen in den Memoiren meines Vaters und seinem in erheblich zwangloserem Stil geschriebenen Tagebuch einander gegenüberzustellen.

«Erinnerungen» (S. 85 ff.): «... 1902 endet Kreislers Bohemien-Periode... Die Frau, die er liebt und ehelicht, ... versteht es, seine Existenz in geregelte Bahnen zu lenken, das ihm eigentümliche sinnliche Element zu veredeln, die wilden und ungezügelten Bestandteile seines Temperaments abzuschleifen... Ohne seine verführerischen geigerischen Eigenschaften zu gefährden, sattelte er in die gesitteten Bahnen einer in erster Linie durch musikalische Erfordernisse bestimmten Spielweise um... Seine Tonqualität (bleibt) unverkennbar, unvergleichlich und unerreicht.»

Tagebucheintragung 1932: «... Um Kreisler zu verstehen, muß man ihn als ganz jungen Menschen gehört haben, bevor er von seiner Frau in geordnete Verhältnisse hineingezwängt wurde. Damals war er wohl das faszinierendste an Lasterhaftigkeit des Ausdrucks – die geigende Sünde – was man sich vorstellen kann. Er hatte nur seinen Lebenswandel zu übertragen. Einige Jahre später war er im Begriff, rettungslos zu versinken, als ihn seine Frau bei den Ohren aus dem Sumpf herauszog, und seither hat sie die Gewohnheit, ihn bei den Ohren zu nehmen immer noch nicht verloren.

Also eigentlich ist Kreisler, wie ihn das Publikum kennt, nicht mehr der echte. Wenn man den gesetzten, ruhigen, etwas starren Menschen, dem man stets einen gewissen Zwang anmerkt, heute sieht, so würde man nicht glauben, daß dieser Mann (einst) ein von zügelloser Impul-

RIVER HOUSE
435 EAST 52ND STREET
NEW YORK 22. N. Y.

February 8th 1955.

Dear friend Bertha.

Many thanks for your kind wishes to my 80th birthday, which brought back to us both sad memories of happier times, when my dear friend Karl was alive, and when the active exercise of our artistic profession brought us often together. But, alas, these are byegone times! Once more, many ~~this~~ sincerest thanks. With best wishes and much love from us both
always yours very cordially
Fritz Kreisler

39 Brief von Fritz Kreisler an Frau Flesch

sivität gepeitschtes Wesen, auf der Geige ein von geiler Sinnlichkeit triefender, phrynenhaft verführerischer, die sogenannten «schlechten» Instinkte im Menschen erweckender maßlos aufregender Künstler war. Auf die Dauer wäre er wohl, sowohl künstlerisch als auch menschlich, an dieser Hypertrophie des Sexuellen zugrundegegangen, und so ist es vielleicht gut, daß er seine Frau getroffen hat, auch wenn er es seitdem nicht mehr sehr bequem im Leben hat.»

Der Unterschied zwischen den beiden Aufzeichnungen besteht nicht so sehr in der Beschreibung von Kreislers Spiel in seinen jungen Jahren (über das auch in den «Erinnerungen» kein Zweifel gelassen wird), sondern im Verhältnis zu seiner Frau, obwohl sich das Tagebuch auch hier noch recht zurückhaltend ausdrückt. Es war ein offenes Geheimnis – nein, weniger als ein Geheimnis –, daß Kreisler von seiner Frau weitgehend dominiert wurde; sie hatte ihn unter scharfer Kontrolle – und wußte sicherlich warum.

Meine Mutter erzählte von dem Bericht einer gemeinsamen Bekannten, die Frau Kreisler Gesellschaft leistete, als sie wegen einer Unpäßlichkeit einem philharmonischen Konzert ihres Mannes nicht beiwohnen konnte. Sie rechnete es sich genau aus: «Er fängt um 11.20 an, also ist er um 11.55 fertig. Künstlerzimmer, Gratulationen etc. bis 12.30. Er braucht nach der Pause nicht dortzubleiben. Taxi um 12.35, er muß also um 12.55 hier sein. Es ist jetzt fünf nach Eins. *Warum ist er noch nicht da!*»

Das konnte zuweilen belustigende Formen annehmen. Wieder das Tagebuch: «Kreisler, von unverfälscht jüdischer Abstammung, jedoch schon ganz früh getauft... Seine Frau möchte alle Welt zu gerne glauben machen, er sei im Grunde genommen Arier. In größerer Gesellschaft äußerte sie sich über diesen Punkt einst folgendermaßen: ‹Eigentlich hat Fritz nur sehr wenig jüdisches Blut in seinen Adern.› Darauf Godowsky: ‹Ach, ich wußte gar nicht, daß Fritz so anämisch ist.›»

Sein Ruf und die Verehrung, die er allgemein genoß, werden auch in privaten Äußerungen bestätigt. Der amerikanische Dirigent und Arrangeur Sam Franco in einem Brief aus New York im Jahre 1920: «Mein Arrangement von Rimsky-Korsakovs ‹Hymne an die Sonne› hat einen solchen Erfolg gehabt, daß Kreisler auf Veranlassung von Carl Fischer auch ein Arrangement gemacht hat. Das ist mir ein größeres Compliment, als daß Mischa Elman meine Bearbeitung bereits die 2. Saison spielt und einen Record davon gemacht hat, der sich zu vielen Tausenden verkauft... Kreisler ist einer der wenigen deutschen Künstler, der sich während des Krieges consequent geblieben ist, und der sich durch sein nobles und mannhaftes Betragen die Achtung und Liebe aller Classen errungen hat. Darum steht er jetzt so einzig groß da und hat eine Anhängerschaft wie kein anderer.»[1]

Aber es gab auch andere nicht ganz so bewundernde Äußerungen. Wie weit diese von persönlicher Mißgunst weniger erfolgreicher Kollegen motiviert waren, kann ich nicht beurteilen. Aber da sie, abgesehen von Pressestimmen, privater Natur waren, und die Freundschaft meines Vaters mit Kreisler in Künstlerkreisen wohl bekannt war, sind sie nicht ohne Interesse. Wie zum Beispiel ein Brief aus dem Jahre 1915 von Sylvain Noach – der es immerhin zum Konzertmeister in Boston, St. Louis und Los Angeles gebracht hatte:

«Kreisler war (in der letzten Saison) der ‹Alleinherrschende› unter den Geigern, und da er dieses Jahr keine Concurrenz hatte, konnte er sich erlauben, noch unsauberer als sonst zu spielen; jedoch die sehr liberale Circulation seiner ‹Verwundung› hat ihm über alles hinweggeholfen![2] Vielleicht kennen Sie schon die famose Antwort, die Elman senior (Vater Mischà Elmans) jemandem auf die Frage gab, warum Mischa im letzten Winter gar nicht öffentlich gespielt habe? ‹Wo soll Mischa spielen? Er ist doch nicht verwundet?› Denken Sie sich dazu die hochgezogenen Schultern und die unbeschreibliche Handbewegung des alten Elman.»

Wohlgemerkt, dieser Brief ist mit 1915 datiert, also, von den Vereinigten Staaten aus gesehen, einem Vorkriegsjahr. Daß die amerikanischen Agenten ihr Bestes taten, Kreislers Verwundung zu Reklamezwecken auszumelken, kann man ihnen nicht übelnehmen. Aber Kreisler war kein Kriegsheld. Abgesehen von den offensichtlichen Befürchtungen, mußte er, wie alle anderen Künstler auch, sich dar-

1 Er diente in der Österreichischen Armee an der russischen Front, erlitt eine Verwundung am Fuß und wurde für weiteren Kriegsdienst untauglich erklärt. Er ging Ende 1914 wieder in das damals noch neutrale Amerika, zog sich jedoch nach dessen Kriegseintritt als «feindlicher Ausländer» vom Konzertleben zurück. Sein erstes Wiederauftreten in New Yorks Carnegie Hall im Oktober 1919 war ein persönlicher und künstlerischer Triumph. (Boris Schwarz, «Great Masters of the violin», Verlag Simon and Schuster, New York, 1983).
2 Aus irgendeinem Grunde ist mir ein Besuch Kreislers bei uns nach seiner Verwundung in Erinnerung geblieben; ich sehe ihn noch mit Pantoffel an einem Fuß vor mir.

über Sorgen machen, daß er seine Hände auf immer verderben könnte. Man kann den Ärger der Kollegen über die «unfaire» Reklame verstehen; daß die meisten von ihnen im gleichen Fall zweifellos ebenso gehandelt hätten, kam ihnen offenbar nicht zum Bewußtsein.

Aber auch nach dem Ersten Weltkrieg wurde Kreisler zuweilen angefeindet; dies mag zum Teil politische Gründe gehabt haben. Der Geiger Robert Perutz, ein Schüler meines Vaters, schreibt aus Amerika – vermutlich 1920, er hatte die damals nicht seltene Angewohnheit, seine Briefe nur mit Tag und Monat, aber nicht mit der Jahreszahl zu datieren: «Kreisler wurde in New York wieder angepöbelt. Eine der Zeitungen geht sogar so weit: ‹Kreisler soll das Geigen den jüngeren Virtuosen überlassen.› Die Säle sind natürlich ausverkauft.» Diese Kritik ist schon deswegen lächerlich, weil sie ihn – Mitte 40 – als alt und überholt bezeichnet.

Sie zeigt auch, daß selbst die Größten von gelegentlichen Anfeindungen und schlechten Rezensionen nicht verschont bleiben. In Kreislers Fall haben sie seine phänomenalen Welterfolge nicht beeinträchtigt. Seine Konzerte waren praktisch überall, nicht nur in USA, ausverkauft. Amüsant-bezeichnend hierfür ist einer seiner Aussprüche in den dreißiger Jahren gegenüber dem Vorwurf, daß er alljährlich ein Konzert in der Albert Hall gab; sie war Londons größter Saal, damals eher eine Sporthalle, in der auch Konzerte abgehalten wurden, bei denen man eine besonders große Zuschauerzahl erwartete – vergleichbar etwa mit dem Berliner Sportpalast vor dem Zweiten Weltkrieg. Die Albert Hall war für ihre ganz außergewöhnlich schlechte Akustik berüchtigt; der uralte Witz, daß man für den Preis einer Eintrittskarte auf manchen Plätzen das ganze Konzert zweimal hören könne, traf auf sie zu, wie ich aus eigener Erfahrung bestätigen kann. Dies hat sich übrigens seither grundlegend geändert: Als im Jahr 1940 die Londoner Queens Hall durch einen Bombenangriff zerstört wurde, mußte man notgedrungen die Albert Hall häufiger für Konzerte benutzen. Es gelang, die Akustik durch gewisse bauliche Veränderungen grundlegend zu verbessern, und heute finden dort viele Konzerte, einschließlich aller «Promenade Concerts» (siehe Seite 20) statt.

Aber damals war es schlimm. Man war vielfach der Meinung, es sei eines Künstlers von Kreislers musikalischer Bedeutung unwürdig, dort zu konzertieren. «Aber wieso denn», erwiderte er. «Warum soll ich dem englischen Volk jährlich 1000 Pfund schenken?» Ich kann die

Zahl – damals eine erhebliche Summe – bestätigen, denn eines dieser Konzerte war die allererste Veranstaltung, die ich in meinen Anfängen als Versicherungsmakler gegen Ausfall versicherte. Und auch mein erster Schaden auf diesem Gebiet: Das Konzert mußte wegen Staatstrauer anläßlich des Todes des englischen Königs George V. abgesagt werden. In diesem Fall gelang es, das Recital einige Wochen später stattfinden zu lassen. Kreisler entstanden zweifellos Unkosten daraus, aber er stellte keine Versicherungsansprüche – ob aus Rücksicht auf den jungen Sohn seines alten Freundes oder aus Vergeßlichkeit, weiß ich nicht.

Aber es beweist, daß sein oben zitierter Ausspruch als Scherz gemeint war und nicht das richtige Bild von ihm gab. Er war alles andere als geldgierig, und hatte dies als einer der bestbezahlten Künstler der Welt auch nicht nötig. Er war im Gegenteil dafür bekannt, daß er seine Kunst wohltätigen Zwecken oft kostenlos zur Verfügung stellte.

Ich besitze eine Anzahl Briefe von ihm an meinen Vater, jedoch keinen, der genügend interessant wäre, um hier zitiert zu werden. Aber ich will seinen letzten Brief an meine Mutter wiedergeben (Abbildung 39). Er legt beredtes Zeugnis von der Freundschaft zwischen den beiden Familien und der gegenseitigen Zuneigung der beiden Künstler ab.

Maler

In unserer Berliner Zeit waren meine Eltern mit einigen Malern befreundet, von denen ich hier drei erwähnen möchte.

Eugen Spiro war in erster Linie durch seine gesammelten Skizzen betitelt «Im Konzert» bekannt. Es gab kaum einen namhaften Musiker, den er nicht gezeichnet hatte. In Konzerten war er, mit Stift und Skizzenbuch auf den Knien, eine bekannte Erscheinung. Er verstand es, die wesentlichen Merkmale seiner Subjekte mit den einfachsten Mitteln zu charakterisieren. In einer Zeichnung des Sonaten-Duos ist zum Beispiel Artur Schnabel unverkennbar, obwohl man lediglich seinen Hinterkopf sieht.

Ein großes Ölgemälde meines Vaters, das er in dessen Auftrag malte, hängt jetzt in der Musikhochschule Luzern. Mir erschien es immer als zu formell, während ein kleines Bild meiner Mutter eine gleichzeitige kostenlose «Draufgabe», außerordentlich gut gelang. Spiro war offenbar am erfolgreichsten, wenn er frei und unbeauftragt schaffen konnte.

Max Oppenheimer («Mopp») hatte einen völlig anderen, höchst individuellen Stil. Wie wenig bewandert man auf dem Gebiet der bildenden Kunst auch sein mag, es gibt gewisse Maler, deren Werk man auf den ersten Blick erkennt. Ich pflege zu behaupten, daß zu diesen in erster Linie van Gogh, El Greco – und Mopp gehörten. Zugegeben – letzterer mit einigem Abstand, aber für mich mit einem großen «Plus»: Er war der einzige von den Dreien, den ich persönlich kannte.

Auch war er außerordentlich musikinteressiert; fast die Hälfte der Bilder in seinem Buch «Menschen finden ihren Maler»[1] sind von Musikern. Ich halte die Zeichnung meines Vaters (Abbildung 40) für besonders gut.

[1] Verlag Oprecht Zürich, 1938

40 Carl Flesch, gezeichnet von Mopp

Dem bewunderten Kameraden und lieben Freunde Carl Flesch herzlich zugeeignet.

Fritz Kreisler

Hamburg-Amerika Linie

Konzert

an Bord des Turbinen-Dampfers „Deutschland"
Donnerstag, den 24. April 1924, in der Halle abends 8 Uhr

Spielfolge:

1. Sonatensatz
   Carl Friedberg — Fritz Kreisler

2. a) Frühlingsglaube — Schubert-Liszt
   b) Spinnerlied — Mendelssohn
   c) Rhapsodie — Liszt
   Elly Ney

3. a) Gretchen am Spinnrad — Schubert
   b) Von ewiger Liebe — Brahms
   c) Der Schmied — „
   Elsa Alsen

—— Pause ——

4. a) Larghetto — Weber-Kreisler
   b) Wiener Volkslied — Kreisler
   c) Präludium und Allegro — Pugnani-Kreisler
   Carl Flesch

5. a) Des Abends — Schumann
   b) In der Nacht — „
   c) Walzer As-dur — Chopin
   Carl Friedberg

6. a) Rondo — Schubert-Friedberg
   b) Caprice Viennois — Kreisler
   Fritz Kreisler

Während der Pause wird eine Kollekte veranstaltet, deren Ertrag zu gleichen Teilen dem „Altersheim für Seeleute" und dem Verein „Mütterliche Hilfe" zufließen wird.

41 Konzertprogramm mit Orlik-Zeichnungen

Emil Orlik hatte nichts mit Musik zu tun, außer daß sich seine und unsere Etagenwohnungen im gleichen Gebäude befanden. Er mußte überall mit dabei sein, und Zeichnen fiel ihm so leicht wie schreiben. Amüsant ist das Programm eines Wohltätigkeitskonzertes auf einer Überfahrt nach Amerika. Er forderte meinen Vater auf, zwei Linien zu ziehen – er würde dann ein Bild daraus machen. Das Resultat – die verdickten Striche sind das «Werk» meines Vaters – ist hier wiedergegeben (Abbildung 41).

Willem Mengelberg

Interessante Briefe von Dirigenten – mit Ausnahme Furtwänglers – sind in der mir hinterlassenen Korrespondenz verhältnismäßig wenige enthalten. Auch von Mengelberg existieren nur einige belanglose Zeilen, obwohl er mit meinem Vater jahrzehntelang gut befreundet war und oft mit ihm konzertierte. Dagegen besitze ich einen Brief aus dem Jahre 1937 von einem Mitglied seines Orchesters, der so phantastische Dinge berichtet, daß ich anfänglich glaubte, sie seien erfunden. Aber einerseits war mir ihr Autor als durchaus zuverlässig bekannt und hatte außerdem keinen Grund, meinem Vater – von dessen jahrzehntelangen freundschaftlichen Beziehungen zu Mengelberg er wußte – etwas Falsches vorzuerzählen. Und andererseits zeigte sich ein holländischer Musikologe, dem ich den Brief zum Lesen gab, keineswegs so überrascht, wie ich erwartet hatte.

Es trägt auch ein wenig zum Verständnis bei, wenn man nachliest, was mein Vater in seinen «Erinnerungen» über ihn schreibt. Er betrachtete ihn als einen der führenden Dirigenten seiner Zeit, jedoch mit einer abnormalen Anzahl menschlicher Fehler und Schwächen. Auch benutzte er von jeher seine Orchesterproben mehr zum Reden als zum Musizieren. Wenn es stimmt, daß unsere schlechten Eigenschaften bei zunehmendem Alter immer spürbarer werden, so muß man offenbar Mengelberg dafür als ein – ins pathologische ausgeartetes – Schulbeispiel betrachten. Im erwähnten Brief aus Amsterdam steht unter anderem folgendes:

Amsterdam, 26. 1. 1937

«Was sich hier im ‹Gebouw› tut, ist mehr wie ein Witz. Die Proben sind morgens um 9 Uhr angesetzt; Herr M. kommt aber um halb zehn, dann läßt er einstimmen und während wir stimmen wollen, sagt er ‹so, fertig, Ruhe›. Die Saiten sind *völlig* verstimmt, und man sitzt verzweifelt am Pult. Dann hält er eine Rede von etwa 20 Minuten über ein voriges Konzert. Ich schreibe Ihnen ‹wörtlich› und *auf Ehrenwort,* genau, was folgt: ‹Na, ich hab es ja gewußt, daß Ihr 10ten Ranges seid, aber gestern? Das war 5%, eine Blamage! Das kommt von den

Gastdirigenten (Br. W. und v. Beinum). Das sind die sogenannten Durchspieldirigenten mit dem Lächeln!› (Im Orchester erfolgt ein Ohr-betäubendes Gejohle und Gepfeiffe.) Er: ‹Na, was sagt man dazu? Ich werde ausgepfiffen, weil ich diesen 20% Musikern mal die Wahrheit sage.› (Rufe: Abgehen, zu alt, Schwätzer) Er: ‹Hatte ich es nötig, nach Amsterdam zu gehen früher? Hier mußte ich landen, ha, ha, ha, damit ich mit einer solchen Bande musizieren muß!› (Gelächter) Der Trompeter Komst. ruft: ‹Hören Sie auf mit der Schweinerei, machen Sie Musik.› Er: ‹Vor 10 Jahren hätte ich gesagt, Sie oder ich, aber das kann ich nicht mehr heute, denn die Zeiten sind nicht mehr. Man tut ja auch in der Vorstandsversammlung nicht mehr, was *ich* will, darum kommt ja auch immer weniger Publikum. Ihr werdet bald kein Mensch mehr hier haben. Überhaupt: jetzt heißt es in den Programmen: Dirigenten: Walter, Mengelberg und v. Beinum! Ha, ha! Als ob es hier Dirig*enten* gäbe! Aber es gibt hier keine Ordnung mehr. Ihr spielt Tschaikowsky; was versteht Ihr Holländer davon. Ha, ha! Und die Damen hier! Wenn ich schon in solch ein Holländisches Damengesicht sehe (wörtlich), dann denke ich, es geht nicht weiter! Bah, bah, bah!›

Etwa 10 Uhr: Er hat 5–10 Takte geprobt und sagt etwa: ‹Wenn Ihr so spielen wollt, dann bitte ohne mich. Wenn ich schon sehe, wie Ihr in den Stühlen sitzt, *frißt* (vreet) mal Paprika u.s.w.›

10.15 Uhr: Er schlägt 10–20× mit dem Taktstock wahnsinnig auf dem Pult und brüllt: ‹Wo ist van Beinum? (Der 2. Dirigent) Kommen Sie her. Dirigieren Sie!› v. B.: ‹Aber Herr M., warum?›

Er: ‹Nicht reden, wenn Sie etwas zu sagen haben, dann später!› Er wirft sich in den Mantel und sagt: ‹Adieu, ich werde Dirigent in Den Haag. Dort nimmt man mich mit offenen Armen auf.› Herr Stips (der Vorstand): ‹Herr M., beruhigen Sie sich, es wird ja schon!› Er ruft: ‹Pause, aber mit der zehnten Minute muß alles wieder sitzen.›

Nach etwa 7–8 Minuten läutet er wie toll. Er schlägt wie wild mit dem Taktstock und schreit: ‹Wo bleibt Ihr denn, wir werden nicht fertig, los, los, los!› (Das Stimmen fängt wieder an mit genau demselben Effekt. Keiner stimmt, da er nicht 1 Minute Zeit gibt dazu.) Jetzt fängt er an zu proben und klopft in etwa 15 Minuten *unzählige* Male ab. Etwa 11 Uhr sitzt das *ganze* Orchester sich laut unterhaltend da, und er redet immer lauter über Achtel, Viertel u.s.w. Als er dann nach 10–15 Minuten aufhört, sagt er: ‹Na, es hat Niemand zugehört, aber ich habe meine Pflicht getan und habe alles erklärt.› Nun wird es 12 Uhr, da will das Orchester Schluß machen. Nun wird er wütend und behauptet, das Orchester hätte ihn den ganzen Morgen aufgehalten! (Wir haben nicht eine Seite gespielt.) Krach! Die Bläser laufen fort; er fragt, wo sie sind. Antwort: ‹Es ist 12 Uhr.› Er: ‹Ja; wenn die Herren nichts lernen wollen, dann machen wir eben Schluß.› Damit verschwinden alle, und er ruft *ganz* laut hinterher: ‹Saubande!›

Es sollte vor 2 Monaten eine Liszt-Feier sein. Programm: Graner Messe, Faustsymphonie. Er hatte 7 (!) Proben. Bei der 6ten Probe (die reine Wahrheit) hatte er *1* Satz der Symphonie durchgenommen. Wir fragten uns, wo soll das hin? In der letzten Probe nahm er den zweiten Satz durch und sagte um 12 Uhr (nach 21 Stunden Proben): ‹Mit Euch kann ich den dritten Satz nicht machen; Ihr seid zu schlecht. Wir werden heute abend 2 Sätze spielen, das sind 23 Minuten Musik, dann machen wir 35 Minuten Pause und das Publikum hat Zeit, Kaffee zu trinken. Schickt den Männerchor fort, die wochenlang den Schlußchor geübt hatten. Abends waren nun die ersten Stuhlreihen leer, und er geht zu den zweiten Geigen und macht 3× mit den Händen eine Verbeugung vor den vorderen *leeren* Reihen. In den Gängen stand ‹Wegen technischer Gründe werden bloß 2 Sätze a. d. Symphonie gespielt.› Tatsächlich 22 Minuten Musik, *40* Minuten Pause und dann die Messe.

(Nachdem er in den Proben die Damen des Chors ‹Alte ausgetrocknete Citronen› genannt hatte, was einen furchtbaren Krach gab, wollte er wieder aus der Probe fortgehen.) Die Presse kam am nächsten Tag. Der Telegraf: Man sollte die künstlerische Leitung hinauswerfen. M. war ein ‹sof› (jüdisches Wort für schlecht), das Ganze eine Blamage.

Handelsblad: Unerklärlich, wie man es wagt, solch eine Liszt-Feier zu machen. M. *tötet* Faustsymphonie.

Rotterdamische Courant: M. kann seinen Musikern sogar mit den Augen befehlen, miserabel zu spielen.

U.s.w., u.s.w.

Am nächsten Morgen sagte (M.) zum Riesengelächter des Orchesters: ‹Ich lasse mich und mein hervorragendes Orchester nicht beleidigen von diesen Snotneusen (Lausejungen). Ich habe mein Leben mit so vielen genialen Menschen verbracht, daß ich weiß, wie man Musik macht.› (Riesengelächer)

Gieseking spielte Liszt. Nun ist Begleiten tatsächlich nicht seine stärkste Seite. Er wollte Änderungen machen mit der Behauptung (wie stets), es sei von Liszt selber. Gieseking wollte nicht. Er spielte fabelhaft. Am nächsten Morgen kommt M.: ‹Es war ganz gut, aber Liszt kann man schöner spielen. Ein guter Pianist, aber kein guter Musiker.› Bei ihm ist niemand etwas. Abends kommt er plötzlich mit gelockten Haaren, geht *im Konzert* auf das Podium, zeigt dem ganzen Orchester mit seinem Finger seine Haare und nickt, ob es uns gefällt. Allgemeines Gelächter!

Vor etwa 5 Wochen erhielt Dr. R. M. für eine Widerrede *unter Zeugen* eine Ohrfeige von ihm, ohne darauf etwas zu sagen.

Nun haben Sie ein wenig erfahren, was sich bei uns tut.»

Mengelberg, der während des Zweiten Weltkriegs in Deutschland konzertiert hatte, mußte später Holland verlassen. Aber schon während des Krieges verbrachte seine Frau den letzten Teil ihres Lebens in der Schweiz. Sie starb im Oktober 1943, und meine Mutter wohnte ihrem Begräbnis bei und schrieb darauf holländischen Freunden:

«Ich komme gerade nach Hause, noch ganz unter dem Eindruck von Frau Mengelbergs Beisetzung... Es war mir ein Trost, daß es mir möglich war, ihr auf fremdem Boden die letzte Ehre zu erweisen, so daß schließlich zumindest doch noch eine Landsmännin mit dabei war. Ich hatte traurige und zugleich schöne Erinnerungen, denn wir hatten uns doch lange Jahre gut gekannt und in vielen Konzerten die gleichen Emotionen durchlebt. Für sie war es ein Segen, daß sie Ruhe fand, ohne noch die Leiden einer nutzlosen Operation durchmachen zu müssen.

Ich fühlte mich auch innig mit ihm verbunden. Obwohl viele Bekannte da waren, hatte ich doch das Gefühl großer Einsamkeit. Er hielt sich fabelhaft, aber mir kam es vor, als ob er noch völlig erstarrt sei... Es muß auch hart für ihn gewesen sein, daß keiner seiner holländischen Freunde hatte kommen können...»

Mengelberg endete als eine tragische Figur, aber mir scheint, daß die Tragik schon viel früher begonnen hatte.

Hermann Scherchen

Bezeichnend für Carl Fleschs Interesse an moderner Musik, auch wenn sie nichts mit der Geige zu tun hatte, ist sein Verhältnis zum Dirigenten Hermann Scherchen, der sich bekanntlich ganz besonders auf die Förderung zeitgenössischer Werke konzentrierte. Flesch hatte offenbar Gefallen an dem jungen – und charakterlich etwas komplizierten – Künstler gefunden und seine Beziehungen zu reichen Gönnern dazu benutzt, ihm die finanziellen Mittel zu verschaffen, die er für die Verwirklichung seiner Pläne benötigte. Scherchen machte von dieser Quelle ausgiebigen Gebrauch, erkannte aber die ihm geleistete Hilfe voll an: «... da Sie mir indirekt durch Ihre Intervention 1913 bei Franz von Mendelssohn meine Laufbahn eröffnet haben...» (1938)

Sein erster Brief vom 11. November 1913 ist erhalten geblieben:
«Hochverehrter Herr Flesch!

Nachdem Sie mir freundlich heute Abend am Telephon Gehör geschenkt haben, lassen Sie mich meine Sache bitte noch ein Mal kurz darstellen.

Die Aufführung der Kammersymphonie war zugleich mein Dirigentendebüt. So wie ich dieses Werk ohne jede Veranlassung von Schönbergs Seite herausgebracht hatte, nur dem Wunsch folgend, eines meiner stärksten künstlerischen Erlebnisse nachzugestalten, drängt es mich zur Wiedergabe seiner ‹Pellas und Melisande›-Tondichtung und der fünf unaufgeführten Orchesterstücke.

Ich selbst komme aus ärmlichen Verhältnissen, die mich zwangen, im Orchester oder Café des Lebensunterhalts wegen festzusitzen. Der praktische Zweck meines (nächsten) Konzerts ist zugleich durch diese Leitung mir die Möglichkeit eines Engagements oder doch des Beginns einer Karriere im Kapellmeisterberuf zu schaffen.

Das Konzert würde einen Kostenaufwand von ca. 4000 Mark verlangen, von denen ich selbst 2000 Mark zur Disposition hätte... Meine Bitte an Sie ist nun, falls Ihnen Leute bekannt sind, die ein ‹Mäzenentum› ausüben ... mich evtl. direkt zu empfehlen. Es handelt sich um die Restsumme von 2000 Mark und ein Stipendium, das mich vor

dem härtesten äußeren Druck diesen Winter hindurch freihält...
Herr Schönberg hat nichts weiter mit meinem Konzert zu tun, als daß es seine Werke sind, die mich mit tiefer starker Begeisterung erfüllt haben...
Alles in allem bitte ich, mir die ‹Inanspruchnahme› nicht zu verargen... Für mich ist dies ja eine Lebensfrage...»[1]

Man darf vermuten, daß sich Scherchen auch an Schönberg gewandt hatte, aber daß dieser eine Unterstützung abgelehnt hat, außer daß er großzügig «einer Aufführung (durch Scherchen) nichts in den Weg legte».

Die Briefe, die Scherchen im Laufe der Jahre an meinen Vater schrieb, scheinen alle ein Ansuchen um Hilfe in irgendeiner Form enthalten zu haben. So auch der letzte vom 11. Januar 1938, der jedoch aus anderen Gründen interessant ist:

«Mein Musica Viva Orchester ist eine weit größere Unternehmung, als das zunächst scheinen möchte. Dieses Orchester steht außerhalb aller heut überhalb hemmend einsetzenden nationalen rassischen und kunstpolitischen Bindungen. [...]

In (ihm) befinden sich aber 25% Juden (was das bedeuten will, zeigt am besten die Tatsache, daß in Wien seit 7 Jahren von Seiten der beiden großen Orchester – Philharmonie und Sinfoniker – kein einziger Jude mehr engagiert worden ist); meinem Orchester wurden sofort politische und rassische Hintergründe in Wien beigelegt (ein jüdisch-linkspolitisches Unternehmen, so hieß die Formel): Herr Professor Marx taufte es sogar ‹Musica Telaviva Orchester›, und im Parlament interpellierte Herr Rinaldini, man müsse uns Arbeitsbewilligungen verweigern.

Dennoch sind wir bis jetzt mit einem echten großen Erfolg über alle Erschwernisse hinweggekommen und haben sogar im dritten Konzert Schuschnigg und im Neapler Konzert die italienische Kron-

---

[1] Scherchen hat in einem Gespräch 1957 (abgedruckt in: Hermann Scherchen: Aus meinem Leben; Rußland in jenen Jahren, S. 36/37, Henschelverlag, DDR 1984) die Angelegenheit nicht richtig wiedergegeben, wenn er sagt, mein Vater habe ihn nach dem Telephonanruf gleich zu sich kommen lassen und in seiner Gegenwart Franz von Mendelssohn angerufen: «Hör mal, Franz, ich schicke jemanden zu Dir...» Mendelssohn und mein Vater haben sich auch weder geduzt noch beim Vornamen genannt! Aber entscheidend ist, daß Franz von Mendelssohn den damals 22jährigen Scherchen durch Vermittlung meines Vaters empfangen und ihm die notwendigen 3000 Mark gegeben hat.

prinzessin als Zuhörer gehabt. Aber die Schwierigkeiten werden immer neu noch eine Weile lang unsichtbar aufgebaut werden und müssen sofort einsetzen, so wie sich Komplizierungen durch geldliche Dinge ergeben sollten. [...]

Ich betone: der große Wert unserer Arbeit scheint mir darin gegeben, daß sie sich vollständig unabhängig vollzieht – ohne irgend ein Kommando von Staats- oder sonstiger unsichtbarer Seite erleiden zu müssen.

Ich glaube deshalb das Recht zu haben, von der großen moralischen Bedeutung dieses Orchesters sprechen zu dürfen und meine Freunde bitten zu können, alles ihnen mögliche zu tun, um zur Sicherung seiner Existenz beizutragen.

[...] deshalb bitte ich auch Sie, verehrtester Meister und Freund, mir auf diesem Wendepunkt nochmals, wie schon einmal im Anfange meiner Laufbahn, durch Ihre großen Beziehungen eine entscheidende Hilfe zukommen zu lassen.

Das Orchester hat debütiert am 28. November 1937; sein zweites Konzert in Wien fand am 6. November (Beginn eines Mahler-Zyklus, mit IX. und Kindertotenliedern), das dritte am 15. Dezember (III. Mahler) statt. Dazwischen waren (wir) vom 2.–8. Dezember in Italien. Am 18. Januar findet in Wien unsere offizielle Ravelfeier, unter dem Protektorat des französischen Gesandten Puyaux statt, und am 27. 1. spielen wir: VII. Mahler und Gesänge.

Bata (Zlin, in der Tschechoslowakei) hat uns zu Abonnementskonzerten bei sich engagiert, und nach Italien wurden wir gleich ein zweites Mal für den April eingeladen. Im Juni spielen wir unter hohem amerikanischen Protektorat während der Festwochen ein dreitägiges amerikanisches Musikfest.

Ferner veranstaltet das M.V.O. in jedem Monat ein Manuskript-Konzert [...]

Es würde mich glücklich machen, zu wissen, daß Sie beides billigen und durch Ihre Beziehungen zu unterstützen suchen werden.»

Da mein Vater damals schon in der Emigration lebte und die Mäzene, mit denen er bekannt war, meist jüdischer Abstammung waren, bin ich sicher, daß er diesmal nicht helfen konnte.

Unerklärliches

Daß es Dinge gibt, die wir uns mit unseren gegenwärtigen Kenntnissen nicht erklären können, wissen wir. Ob sie deswegen «übernatürlich» sind, ist eine andere Frage; ich habe weder die Absicht noch die Qualifikationen, ihre Beantwortung zu versuchen. Dagegen will ich einiges selbst erfahrene oder gehörte beschreiben, das in das musikalische Gebiet fällt und – zumindest mir – unerklärlich ist.

In seinen «Erinnerungen» beschäftigt sich mein Vater ausführlich mit seiner Tätigkeit in Bukarest (1897–1902) als «Königlich-Rumänischer Kammervirtuose» am Hofe der Königin Elisabeth, die als Dichterin unter dem Namen Carmen Sylva bekannt war. In der englischen Ausgabe (die deutsche ist etwas gekürzt) beschreibt er den privaten Konzertsaal der Königin, in dem häufig Musik gemacht wurde. Eines Tages sah ich die Photographie eines Raumes, in dem eine weißhaarige Dame mit einigen jungen Mädchen einem Pianisten zuhörte. Ohne mich auch nur einen Augenblick zu besinnen, rief ich aus: «Das ist der Saal, in dem mein Vater unzählige Male gespielt hat.» Es stellte sich heraus, daß ich recht hatte. Das Bemerkenswerte ist nicht der Zufall, daß ich ein solches Bild fand, sondern das sofortige unbeirrte «Wiedererkennen» einer Örtlichkeit, die ich nie gesehen hatte, aber in der mein Vater in fünf Jahren immer wieder musiziert hatte.

Eine andere Episode kann ich nur als «Wunder» bezeichnen. Mein Vater hatte zwei Karten für ein Londoner Toscanini-Konzert, und da meine Mutter krank war, lud er meine künftige Frau ein, ihn zu begleiten; ich brachte die beiden in meinem kleinen zweitürigen Auto ins Konzert. Beim Aussteigen warf meine Verlobte, die neben mir gesessen hatte, die Tür mit voller Wucht ins Schloß, ohne zu merken, daß mein Vater seine linke Hand im vorderen Türrahmen hatte, um sich von seinem Platz hochzuziehen. Er schrie vor Schmerz auf, wir öffneten die Tür sofort – und seine Hand war völlig unverletzt, wie auch eine spätere Röntgenaufnahme bestätigte.

Ich habe noch heute den Knall in den Ohren, mit dem die Tür zufiel; ich versuchte hinterher vorsichtig, sie zu schließen während ich meine eigene Hand im Rahmen hatte: Unmöglich – ich hätte sie völlig zerquetscht. Nach allen Naturgesetzen hätte dieser Unfall der geigerischen Laufbahn meines Vaters ein jähes Ende bereiten müssen, und es ist mir und ihm zeitlebens unerklärlich geblieben, was ihn vor dieser nach menschlichem Ermessen unvermeidlichen Katastrophe bewahrte.

Ein Fall, der mir von einem der Beteiligten – Peter Diamand, dem Gründer der Holländischen und langjährigen Direktor der Edinburgher Festspiele – berichtet wurde, und an dessen Glaubwürdigkeit keinerlei Zweifel besteht, betrifft keinen geringeren als Mozart. Nach einer Don Giovanni-Vorstellung, die in Edinburgh von Daniel Barenboim dirigiert wurde, behauptete eine der Mitwirkenden, sie sei ein Medium. Auf Verlangen Barenboims wurde Mozart heraufbeschworen, der sich – mittels der üblichen Klopfzeichen – mit der Vorstellung seiner Oper als im großen und ganzen zufrieden ausdrückte. Um die Echtheit des Phänomens zu prüfen, fragte Peter Diamand ihn, welche seiner Opern er als erste bei den Holländischen Festspielen aufgeführt habe.

«Zauberflöte», sagte Mozart. «Falsch, Figaro», erwiderte Peter. Keiner wollte nachgeben, bis Mozart den Dirigenten der Aufführung nannte: Josef Krips. Daraufhin erinnerte sich Peter Diamand, daß die erste Aufführung in der Tat die «Zauberflöte» gewesen sei. Er ist übrigens sicher, daß das Medium keine Kenntnis der Tatsachen, geschweige seiner früheren Stellung bei den Holländischen Festspielen, gehabt hatte.

Ein Fall, der die Herzen aller derjenigen erfreuen wird, die an Astrologie glauben, wurde mir vom Sohn eines deutschen Geigers erzählt, der einen großen Teil seiner Karriere in Südamerika zugebracht hat. Eines Tages besuchte er einen dortigen Konzertagenten, und als die beiden einander gegenüberstanden, stellten sie fest, daß sie sich ganz ungewöhnlich ähnlich sahen. Sie waren beide bärtig; hatten durch Operation an einem Gehirntumor die Sehkraft eines Auges verloren; beide befaßten sich beruflich mit Musik, wenn auch auf verschiedenen Gebieten; und – beide waren genau am gleichen Tage geboren.

Mein letzter Fall hat mit einem englischen Medium zu tun, einem Mann der in den fünfziger Jahren durch verschiedene Fernsehvorstellungen bekannt wurde, in denen er sich erstaunlich erfolgreich mit verstorbenen Angehörigen einiger Zuschauer in Verbindung setzte. Ich war so beeindruckt, daß ich ihn einige Monate später selbst aufsuchte, in der Hoffnung, einige mysteriöse Dinge aufzuklären, die sich nach dem Tode eines Verwandten herausgestellt hatten. Um es gleich vorwegzunehmen, dieser Zweck wurde nicht erfüllt.

Im Verlauf der Sitzung erklärte er jedoch, daß er meinen Vater zusammen mit einigen bärtigen Männern sähe und daß er den Namen «Joseph» höre. Mir leuchtete dies ein: Meine Mutter war eine geborene «Josephus-Jitta», und Bärte waren in ihrer Jugend bei Männern de rigueur. Jeder, der einmal einer solchen Sitzung beigewohnt hat, weiß, daß Medien so lange mit vagen Aussagen «angeln», bis sie von ihren leichtgläubigen Klienten eine Bestätigung erhalten. Aber nicht dieser Mann: «Nein, das stimmt nicht», sagte er. Ein ebenfalls anwesendes Familienmitglied stellte die scherzhafte Vermutung an, es könne sich um Joseph Joachim handeln. «Ja, das ist es!» war die erfreute Antwort. Ich bin überzeugt, daß dieser Mann weder den Namen Joachims noch den meines Vaters jemals gehört hatte. Aber selbstverständlich war mir der Gedanke, daß mein Vater im Himmel mit Joseph Joachim zusammen sein und möglicherweise musizieren könnte, so komisch, daß ich mit dieser Geschichte jahrelang große Heiterkeitserfolge erzielte; manche meiner Zuhörer sprachen die Vermutung aus, mein Vater müsse von der Geige zur Harfe umgesattelt haben.

Viele Jahre später machte ich die Bekanntschaft eines Enkels von Joachim – dem Sohn seiner Tochter, die auch Geigerin gewesen war. Im Verlauf unserer Unterhaltung brachte ich die Mediumgeschichte aufs Tapet. Aber anstatt zu lachen, wurde mein Gesprächspartner nachdenklich. «Das ist merkwürdig. Wir selbst sind verschiedentlich mit meiner verstorbenen Mutter in Verbindung gewesen, und sie hat uns ebenfalls erzählt, daß sie mit ihrem Vater musiziere. Sie hat auch verschiedene andere Mitwirkende genannt, darunter einen ‹Carl›. Wir haben bisher nie gewußt, wer das sein könnte.»

Ich wünschte, ich könnte hinzufügen, daß sich ein drittes Medium fand, das den Fall unabhängig – und unaufgefordert – bestätigte. Leider nicht! Aber wenn es stimmen sollte, daß sie zusammen Quartett spielen, kann ich nur hoffen, daß Joachim meinem Vater ab und zu erlaubt, die erste Geige zu übernehmen.

Anhang

I.
«Aus der Werkstatt» – Gedankenaustausch über technische und musikalische Fragen

*Korrespondenz Schnabel/Flesch
über die Herausgabe kammermusikalischer Werke.*

Herausgaben, wie bereits erwähnt, verliefen nicht immer reibungslos. Dies scheint insbesondere bei den in der Edition Peters erschienenen Brahms-Sonaten der Fall gewesen zu sein, welche deutliche Spuren eines mangelnden Einverständnisses zwischen den beiden Bearbeitern merken lassen. Nachstehend einiges über die Hintergründe.

Flesch am 26. Juli 1926 aus Berlin an Schnabel:
«Lieber Artur,
Mit gleicher Post sende ich Dir die von mir korrigierten Violinstimmen der 3 Brahmssonaten. An das erste Blatt einer jeden Sonate geklebt, befindet sich ein Umschlag, der meine auf die betreffende Sonate bezüglichen Bemerkungen enthält. Ich habe auch Deine Korrekturen durchgesehen, wenngleich flüchtig, um einen allgemeinen Eindruck davon zu erhalten, und um auf die Jagd nach Hinzufügungen zu gehen, die eventuell in meiner Stimme nicht verzeichnet sein könnten. Der allgemeine Eindruck ist ein guter gewesen. Ich für meinen Teil finde die von Dir angeführte Kenntlichmachung des periodischen Baues sehr interessant und lehrreich. Dem Studierenden wird in natürlicher Weise der konstruktive Teil des Werkes vor Augen geführt, ihn zwingend damit zu rechnen. Die Fingersätze, die Du angebracht hast, sind zwar etwas reichlich gesät, und vielleicht wirst Du Dich veranlaßt fühlen, etwas Überflüssiges zu streichen. Aber sie sind sicher ausgezeichnet und zweckdienlich. Somit bleibt als einzige Differenz die Metronomisierung übrig, über die ich mich ausführlich äußern muß.

Ich kann in dieser Hinsicht nicht umhin festzustellen, daß sowohl die Firma Peters als auch Du hier nicht ganz korrekt vorgegangen ist. Die zwischen uns getroffenen Vereinbarungen sind nicht eingehalten worden: Als ich im vergangenen Jahre mich damit nicht einverstanden erklärte, Metronomisierungen innerhalb eines Satzes anzubringen und keiner von uns beiden seinen Standpunkt aufgeben wollte, entschlossen wir uns, die Firma Peters als Schiedsrichter anzurufen. Dieselbe entschied sich für meinen Standpunkt, und somit schien die Sache erledigt. Ich finde nun zu meinem Erstaunen in der Klavierstimme genau die gleichen Metronomisierungen, die Du im Manuskript angebracht hast, was sowohl von der Firma Peters, als auch von Dir unkorrekt ist und unseren Abmachungen zuwiderläuft. Ich beabsichtige jedoch nicht aus dieser Sache eine Kabinettsfrage zu machen und derartige in der letzten Zeit zwischen Peters und Dir so häufig vorgekommenen Scherze noch um einen zu vermehren. Außerdem widerstrebt es mir, einen Versuch zu unternehmen, Deinen Überzeugungen Gewalt anzutun. Der einzige mögliche Ausweg ist nun der folgende: Ich beschränke in der Violinstimme die Metronomisierung auf die Grundtempi während Du sie in der Klavierstimme auch innerhalb des Satzes nach Gutdünken anbringen kannst. Mit diesem Modus wird deutlich genug ausgedrückt, daß ich die letzte Art nicht für notwendig halte. Sollte andererseits der ausführende Geiger sich mehr Deiner Ansicht nähern, so steht es ihm ja frei, die Klavierstimme zu consultieren. Somit glaube ich, daß auch dieser Punkt kein Hindernis für die Publikation bilden wird. Hingegen muß ich die ernste Bitte an Dich richten, die Metronomisierung der Grundtempi einer gründlichen Durchsicht zu unterziehen. Ich habe meine Bedenken gegen dieselben im Detail in den betreffenden Annexen niedergelegt und möchte nur folgendes hinzufügen: Während unseres langjährigen Wirkens auf dem Konzertpodium hatte ich oft genug Gelegenheit, festzustellen, daß Deine Tempi periodischen Veränderungen unterworfen waren. Es gab Zeiten, wo Du zu langsamen, andere wo Du zu raschen Tempi hinneigtest. Nun ist dies eine ganz natürliche Angelegenheit, die zweifellos bei jedem Künstler vorkommt und den Reflex von schwer definierbaren unterbewußten Anwandlungen darstellt. Andererseits ist jedoch die Feststellung der Grundtempi eine *gemeinsame* Angelegenheit und muß auch meinen Intentionen zumindest nahekommen. Im 3. Satz der d-Moll-Sonate beispielsweise bedeutet die allzu rasche Metronomisierung nicht bloß die Verleugnung unserer künstlerischen Praxis, sondern auch ein Vor-den-Kopf-Stoßen von allem, was als Brahms-Überlieferung mit der Zeit geheiligt worden ist.

Ich bitte Dich daher, lieber Artur, mir in dieser Hinsicht soweit entgegenzukommen, als Dein künstlerisches Gewissen es Dir gestattet. Die Festsetzung der Grundtempi hat bei divergierenden Ansichten einen Kompromiß darzustellen. Ich bitte Dich Deine Antworten in dem jeder Bemerkung folgenden freien Raum zu notieren. Ferner bitte ich Dich, meine Stimme flüchtig durchzusehen, um eventuelle fehlende Notierungen festzustellen. Es wäre mir sehr angenehm, wenn ich meine Sendung wieder in zirka 8 Tagen retour bekäme.»

Schnabels Antwort befindet sich nicht unter den nachgelassenen Papieren, ist jedoch aus einem weiteren Brief Fleschs vom 8. August 1926 ersichtlich:

«Lieber Artur,
    Herzlichen Dank für Dein Schreiben vom 7. August und für das künstlerische Entgegenkommen, das Du mir darin bewiesen hast. Gewiß, über die Temponahme läßt sich nicht streiten. Sie ist nicht eine Sache der Musikalität, sondern gewissern unterbewußter Gefühlsschwankungen, die sich in beschleunigte oder verminderte Bewegungsbedürfnisse umsetzen. Als wir zum ersten Mal die G-Dur-Sonate op. 96 von Brahms in einer Probe spielten, nahmst Du das Adagio ♪ = 88. Da ich für ♪ = 58 war, und die Wasser viel zu tief waren, um zueinander zu kommen, setzten wir die Sonate vom Programm ab. 1920 sprang ich in München für Rosé an einem Sonatenabend mit Walter ein. Du kannst Dir mein Erstaunen vorstellen, als Walter den gleichen Satz ♪ = 56 nahm. Also die Meinungsverschiedenheiten können bei 2 der bedeutendsten Musiker von ♪ = 176 bis ♪ = 56 gehen! Höher geht's nicht mehr. Wie dem auch sei, wir sind einander auf halbem Wege entgegengekommen. Wenn Du vielleicht in einer zu raschen Periode warst, war die meinige etwas träge, und ich glaube, wir haben den goldenen Mittelweg gefunden. Mittlerweile hatte ich an Peters geschrieben, daß ich eventuell auch damit einverstanden wäre, in der Violinstimme überhaupt keine Metronomisierungen anzubringen und dieselben ganz auf die Klavierstimme zu

beschränken. Nach unserer erfolgten Einigung besteht jedoch kein Grund für mich, diesen Vorschlag aufrecht zu erhalten, und ich erkläre mich daher mit der Metronomisierung der Anfangstempi einverstanden. Ich schreibe auch in diesem Sinne an Peters. Was nun Deinen Vorschlag betrifft, die Metronomisierung im Verlaufe der Sätze aufzugeben, so möchte ich um keinen Preis diesbezüglich irgend einen Zwang auf Dich ausüben, denn dazu habe ich zu viel Achtung vor Deinen künstlerischen Intentionen und Deiner Persönlichkeit, wenn ich auch nicht immer mit deren Tendenzen übereinstimmen sollte. Ich bitte Dich daher, die Frage der internen Metronomisierung der Klavierstimme zwischen Peters und Dir zu behandeln und zu lösen. Ich erkläre mich von vorne herein mit Eurem Entschluß einverstanden. Auch dies erwähne ich in meinem Brief an Peters. Im übrigen möchte ich mich noch zu verschiedenen Rubriken meiner Fragebögen äußern. (Ich lege dieselben zum näheren Verständnis bei.) Das Erledigte habe ich durchgestrichen.»

Aber diese Meinungsverschiedenheiten schienen symptomatisch für einen tieferliegenden Widerstand Schnabels zu sein, der aus einem Brief vom 16. August 1925 hervorgeht, den er ein Jahr früher geschrieben hatte und der interessant, aber schwer verständlich ist.

«Lieber Carl, Beim Sprechen wird man oft unterbrochen; darum, bevor ich bei Dir erscheine, schnell aufgeschrieben, was sich so glatt vielleicht nicht sagen ließe.

Eine neue Ausgabe der Brahmssonaten ist durchaus überflüssig, vom musikalischen Standpunkt aus. Beweis: die massenhafte Verbreitung dieser Stücke seit Jahrzehnten in der bestehenden (einzigen) Ausgabe. Auch die Ahnungs- und Kenntnislosesten haben sich ungehindert ihrer bedient. Die Sonaten wurden gut schlecht mittelmäßig, in allen Schattierungen zwischen Richtig und Falsch (wie es verstanden wird) gespielt. Begabte entwickeln sich; sie brauchen keine Kommentare, ja, man soll sie davor behüten. Talentlosigkeit läßt sich durch Ausgaben nicht beseitigen.

Ich wiederhole also: musikalisch ist eine neue Ausgabe, hier wie fast immer, vollkommen unnötig; sie kann allenfalls durch eine ganz *persönliche* Gestalt gerechtfertigt werden, ausschließlich dadurch. Ich weiß aber: eine neue Ausgabe, auf dem «Boden der Wirklichkeit» (also unmusikalisch) ist ein kapitalistischer Kniff; an Stelle des abgelaufenen muß ein neuer Profitschutz geschaffen werden. Diesen besser zu sichern, spannt man Namen vor und läßt sich das was kosten. Hier mache ich Ernst. Ich bin kein Name. Wer meinen Namen anruft, ruft meine Person an; ich antworte also mit meiner Person, wie verlangt; Vollkommenheit und Unfehlbarkeit sind ihr gewiß nicht zugetraut.

Ich versetze mich nicht auf einen fernen Betrachterstern, um dort dann nur ein Amt, aber keine Meinung zu haben. *Erst* meine Meinung ist mein Amt, und *just sie* wird gewünscht. (Einen anderen Sinn können ehrlicherweise solche Aufträge nicht haben.)

Mit der Erkenntnis und Gewissenhaftigkeit, die mir zu Gebote stehen, mit Sachdemut und Sachbesessenheit, mit der Verbindung von Müssen und Wissen im erreichbaren Grade, durch Gründe befreit (und nicht von Grundsätzen beengt) forme und bilde ich mir diese Meinung. Der Vorgang beglückt mich jedesmal, und das Ergebnis tut mir wohl, ob es wertvoll oder wertlos sei; es ist meine Höchstleistung im Augenblick. Die jeweilige Meinung ist selbstvertändlich (und hoffentlich) niemals meine überhaupt letzte. Ist sie heraus, *hatte* ich meine Freude daran, so verschlägt es gar nichts, wenn einmal, etwa dieses Mal, die «Welt» von meiner Leistung nun keine Kunde erhält. Mein Interesse an dem Marktschicksal meiner Arbeit ist sehr gering. Ich habe meine Pflicht der *Person* gegenüber erfüllt; das ist auch genug.

Meinetwegen kann also von meiner Arbeit irgend ein Teil fortgenommen werden, oder die Leute erscheinen genau so unberührt, wie sie bisher waren; nur auf dem Titelblatt wird mein Name hinzugefügt, wodurch der Verlag geschützt ist und ich bezahlt werde. Die Bezahlung, die ich erhalte, war ja ohnehin für mich der Anlaß zu dieser Arbeit. Aber!!! Arbeit verpflichtet. Jeden Vorschlag, der meine Person weiterträgt, nehme ich übrigens besonders gern und mit Vorausdank an.

Ein Exemplar meiner Arbeit, wie sie ist, möchte ich, zur Erinnerung, behalten.

Sonst, ich wiederhole, mag der Urzustand getrost wiederhergestellt werden. Etwaige Zutaten können wir ja beraten.

Wo beginnt Willkür, wo hört Achtung vor dem Heiligsten auf? Wer bestimmt die Grenzen? Nicht vielleicht doch wieder Willkür? Ein Metronom zu Beginn ist so sündhaft wie in der Mitte, und jeder atemwechselbefehlende Bogenstrich, jeder klangbestimmte Fingersatz gar ein aufdringliches Verbrechen.

Unsere Mozartausgabe ist vielleicht schlecht; sie ist nicht ganz unpersönlich und nicht mutlos.

Die Zumutung, meine Entwicklungsstufe, in Malmö damals, als meine letzte anzuerkennen, lehne ich ab. Wieso meine angebliche Vorliebe für schnelle Zeitmaße minder berechtigt sein soll, als Deine für langsamere, ist unerfindlich.

Auf Wiedersehn um 10 Uhr.

Nimm es nicht so tragisch!   Dein A. S.»

II.
Zwei Briefe über eine Herausgabe des Violinkonzerts von Schumann

Brief von Georg Schünemann, vom 23. November 1937: «Soeben habe ich Vertrag gemacht ... über Schumanns Violinkonzert. Ich gebe es im nächsten Jahr heraus, bitte aber, noch nichts davon bekannt zu geben, da ich erst Partitur und Klavierauszug zu machen habe. Es ist 3-sätzig – d-Moll –, 1853 geschrieben, sehr virtuos, es erfordert allerhand Technik. Kulenkampff soll und wird es wohl im Frühjahr oder Sommer uraufführen. Joachim hatte damals die Veröffentlichung nicht haben wollen, die Erben hatten es verboten, aber ich habe es nun freibekommen! Ich glaube, Sie werden sich sicher dafür interessieren. Ich schreibe Ihnen, sobald ich es fertig habe.»

Brief von Georg Kulenkampff vom 15. März 1938: «Das Schumann-Konzert hat viel, viel unsinniges Gerede ‹nach sich› und ‹mit sich› gezogen. Ich habe die Violinstimme geändert und Hindemith ebenfalls. Beides sehr ähnlich – ich spiele von beiden! Die Originalstimme ist meines Erachtens unverändert unmöglich! Wie glücklich wäre Schumann selbst über Änderungen gewesen, um die er Joachim des öfteren vergeblich gebeten hatte; außerdem vergißt man nur zu gerne, und die zähen alten Verwandten Schumanns vergessen es besonders betont, daß Schumann selbst *sehr viel* von seinem Violinkonzert gehalten hat (also noch vor seiner Erkrankung) und dieses sicherlich übertrieben eruptiv geschriebene Konzert (innerhalb 14 Tagen!) ihm sehr ans Herz gewachsen war. Gewiß ist es ein etwas sonderbares Zeichen der heutigen Zeit, daß das Paradoxon besteht: die kompositorische Auslese dieser Saison von *Neuheiten* ist die Aufführung eines *alten* mit Spielverbot belastet gewesenen Violinkonzertes eines Schumann!»

III.
Korrespondenz mit zeitgenössischen Komponisten

Wolfgang Korngold an Flesch über seine Sonate für Klavier und Geige (1913):
Lieber Herr Flesch!
  Vielen Dank für Ihre beiden lieben Briefe! Das «g» im 14. Takt des Finale nehmen Sie bitte so wie Sie es wollen, flageolett; ich habe die Note auch wirklich immer Falsett gesungen.
  Es genügt, wenn die Geige etwas mäßiger genommen wird (♩ = 88 – 92) und wenn erst ein accel. (accelerando) von dem D-dur an, wo das Scherzothema mit dem vergrößerten Geigenthema auftritt, bis zu dem Seitenthema des I. S. (Satzes) mit dem zu Achteln gewordenen Geigenthema in der Geige zu der Metronombezeichnung: = 100 führt. Betreffs der zu repetierenden Achteln folgendes: Das accel. beginnt im 11. Takt *vor* Tempo I. (♩ = 100 werden bis zu diesem Takt beibehalten). 4½ Takte aber vor Tempo I. beginnt ein großes ritardando, so daß das accel. nicht besonders groß ausfallen kann. Wenn die Achtel in einem Tempo von ♩ = 112,20 *nicht* gut zu repetieren sind, dann spielen Sie bitte *einfache* Achtel. Nur bitte ich Sie, mich davon zu benachrichtigen, damit ich den Druck danach einrichten kann. – Nach den ersten 4 Einsätzen der Fuge lautet die Violinstimme (ich glaube, es ist in Ihrem Exemplar verschrieben):

Zu Ihrem ersten Brief will ich nur bemerken, daß Sie im Adagio zwar wirklich den bewußten Aufstieg zum «hohen E» ohne Führer unternehmen müssen, daß Sie aber dafür an dieser gefährlichen Stelle *selber führend* sind!
  Jetzt muß ich aber *auch* Schluß machen, sonst versagen *Sie* mir noch die Ausführung der Sonate und das wäre noch schlimmer!
Wien, 15. Okt. 1913   Herzliche Grüße von Ihrem

Ernst von Dohnanyi über sein Violinkonzert:

4. Januar 1921: «Wünsche habe ich keine. Sie werden wohl in Wiesbaden schon die Erfahrung gemacht haben, daß die Geige gut durchklingt, wenn das Orchester fein begleitet und dies hoffe ich doch bei Nikisch. Harfe ist obligat und nicht leicht; besonders die Schluß-Stelle kommt nicht heraus, wenn der Harfenist nicht jeden Ton spielt. Vielleicht machen Sie bei der Probe darauf aufmerksam.»

Andererseits fragt er auch um Rat, am 7. Dezember 1926 aus Forest Hills (Abbildung 42).

42 Brief von Ernst von Dohnanyi

Vivace

Statt [notation] etc. im 3. Stück

so [notation] etc. zu spielen, ist mir nicht ganz
sympathisch, da nachher ohnehin ein piccato [notation] etc.
kommt. Wie wäre folgender Strichart: [notation] etc.

Wie finden Sie die Stücke sonst? Sind sie brillant
Denn das war die Absicht.
Hoffentlich sehen wir uns bald wieder in N.Y.
Mit vielen herzlichen Grüssen
Ihr
Ernst v. Dohnányi

Josef Suk über die bevorstehende Aufführung seiner «Fantasie» mit Nikisch (1911):
«Noch eine Bitte. Sagen Sie Nikisch, man soll die sämtlichen Pisattischläge weglassen, mit Ausnahme von dem pp-Schlag vor dem Schluß. Ich bitten Ihnen (sic) überigends um Verzeihung, ich hätte *jetzt* manches anders instrumentiert und auch vielleicht anders gemacht – es sind eben schon 10 Jahre.»

Ohne mir ein Urteil anmaßen zu wollen, frage ich mich, ob Suk, anstatt sich zu entschuldigen, nicht etwas an der Instrumentierung hätte ändern können, wenn es ihm nicht mehr gefiel? Schließlich gibt es hierfür prominente Präzedenzfälle!

IV.
Korrespondenz über bestehendes Repertoire

Aber Diskussionen beschränken sich keineswegs nur auf neue Werke. Karel Hoffmann, Mitglied des Böhmischen Streichquartetts (1916):

[handschriftliche Notiz: Ich spiele den letzten Satz des Dumky Trios Lento maestoso M.M. ♩ = 70 und das C moll Lento (♩ = ♩) ♩ = 54]

Antwort auf eine Anfrage Carl Fleschs, vermutlich bezüglich Bindebögen im 3. Satz des Beethoven-Violinkonzerts:

K.K.Gesellschaft der Musikfreunde
in Wien   Wien 3. Mai 1915

Sehr geehrter Herr!
    Die Handschrift von Beethovens Violinkonzert ist leider nicht in unserem Besitz, sondern in dem der K.K.Hofbibliothek. Da ich sie aber gern wieder einmal in die Hand nehmen wollte, war ich dort und habe zu Anfang des letzten Satzes deutlich gesehen:

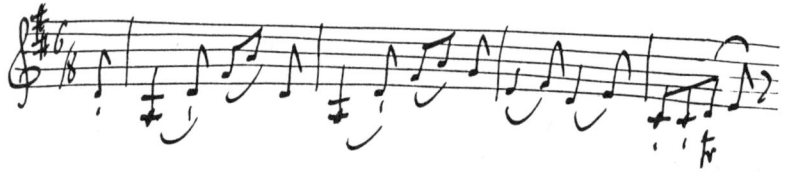

und einige Punkte später:

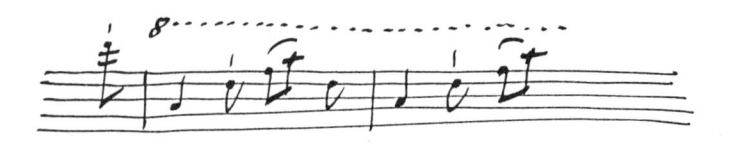

Ihre Zeilen vom 22. IV. habe ich erst am 30. erhalten, bitte daher die Verspätung zu entschuldigen.

Mit den besten, heute nur sehr eiligen Grüßen

Ihr ergebener
Dr. E. Mandyczewski

Carl Flesch an Ricardo Odonoposoff (1933):
«Was nun Mozart D-dur-Konzert betrifft, so ist eine Kadenz darin nicht nur nicht notwendig, sondern zumeist recht störend, da stimmungsschädlich. Spielt man keine Kadenz, so muß man die paar Takte vor der Fermate weglassen. Ich selbst spiele dann meistens den darauffolgenden Abschluß, zuerst eine Oktave tiefer auf der G-Saite und dann das zweite Mal im Original.»

V.
Einiges über Edouard Lalos Symphonie espagnole

Die ehemalige Hubay- und Flesch-Schülerin Frau Mili Lups hat mir freundlicherweise einen Brief zur Verfügung gestellt, in dem Carl Flesch ihr Ratschläge für einen Artikel über Lalos bekanntestes Werk gibt. Das Original des Schreibens befindet sich in einem holländischen Musikarchiv und trägt die Randbemerkung «Zeer belangryk! voor alle violisten!» (Sehr wichtig für alle Geiger!»)

«Edouard Lalo war ursprünglich Geiger, respektive Violaspieler... Wirklich populär ist er nur mit seiner ‹Symphonie espagnole› geworden. Er hatte sie ursprünglich für Sarasate komponiert, zu dessen eisernem Repertoire sie gehörte. Es ist ein Stück, das die spanischen Rhythmen äußerst effektvoll verwertet. Allerdings hat sich Lalo merkwürdigerweise auch von den ungarischen Rhythmen beeinflussen lassen. Im vierten Satz findet man häufig die für die ungarische Musik typische vorschlagähnliche kurze Note auf dem starken Taktteil,

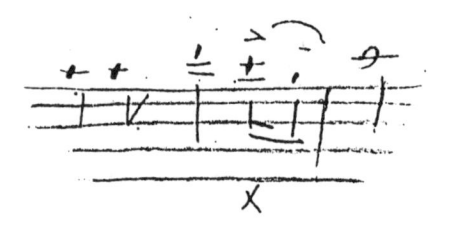

die eigentlich mit der spanischen Musik nichts zu tun hat. Ältere Geiger haben mir erzählt, daß die ‹Symphonie espagnole› zur Zeit ihrer Entstehung als sehr modern galt. Dieses sehr leidenschaftliche Stück war eigentlich für die glatte Spielweise Sarasates nicht ganz geeignet, und es ist erst später durch Ysaye zu seinem Recht gekommen. Kein Wunder, daß Hubay als Ungar sich durch dieses Werk besonders angezogen fühlte, und daß er darin eine Verwandtschaft mit der ungarischen Art zu fühlen, entdeckte.

Nun liebe Mili, müssen Sie Ihre Erinnerungen über die Auffassung von Hubay auspacken. Zum Beispiel über den Schwung im ersten Satz, die Elégance des zweiten Satzes. Wurde bei ihm der dritte Satz auch gespielt oder wurde er ausgelassen? Die Leidenschaftlichkeit des vierten Satzes. Der fortreißende Rhythmus des letzten Satzes mit dem einschmeichelnden Mittelsatz, bei dem man am ehesten den spanischen Habanera-Rhythmus nachweisen kann. Erinnern Sie sich einiger Details, wie er den schweren Abschluß des letzten Satzes unterrichtet hat? Erinnern Sie sich auch, ob er im Mittelteil des letzten Satzes darauf gedrungen hat, daß die Triole egal gespielt wird? Also:

und

nicht

Kurz, Sie müssen da ein bißchen aus Ihren eigenen Beständen herumschwefeln. Es ist nicht sehr wichtig, ob es exakt ist, aber dies ist der allgemeine Plan von so einer Analyse. Es ist wichtig, daß so etwas Nichtgeiger interessiert, so daß grade die allgemeinen Bemerkungen über Lalo wichtig sind.»

VI.
Les six sonates pour violon seul de J. S. Bach
par Carl Flesch

Les *six sonates pour violon seul* marquent un des points essentiels de l'œuvre du grand compositeur. Elles sont peut-être l'expression la plus parfaite du génie de Bach; bien que limitées dans leur exécution par l'instrument, elles sont l'expression d'un monde musical gigantesque. Par la richesse d'expression, par la variété et surtout la richesse d'inspiration, elles restent pour nous un des grands mystères de la musique, devant lesquels l'admiration ne connaît plus de bornes. Ne sont-elles pas d'ailleurs parmi les œuvres dont on ne peut se lasser? Le problème se pose à nous de savoir comment Bach a conçu cette œuvre gigantesque, alors que de son temps le violon n'offrait que des possibilités techniques très réduites, et en tous cas loin de permettre l'exécution d'une œuvre si compliquée. C'est d'ailleurs une des raisons pour lesquelles elles ne furent jamais jouées à l'époque et tombèrent momentanément dans l'oubli. Cet oubli se prolonge jusqu'au milieu du XIXe siècle. A notre connaissance, c'est *Lipinsky* qui le premier fut en mesure de les exécuter. *Viotti, Spohr* et plusieurs autres violonistes s'y arrêtèrent, sans cependant trouver dans cette œuvre un terrain assez sûr pour l'application d'une technique encore insuffisante.

Joachim apparaît enfin, découvre la valeur inestimable de ce chef-d'œuvre et le révèle au public. C'est à lui que l'on doit, pour la première fois, d'avoir exécuté intégralement les 3 sonates et les 3 partitas en public.

Depuis lors l'œuvre a fait tant de chemin qu'il serait trop long de vouloir le décrire. Ces sonates font partie désormais du répertoire de tout violoniste parvenu à un degré de technique suffisant. Le tendance a malheureusement été ces dernières décades de traiter ces merveilleuses sonates comme des pièces de virtuosité et de bravoure, dépourvues d'expression, ce qui fait qu'*elles sont jouées en général trop rapidement, perdant par là leur caractère expressif*.

On divise les six pièces pour violon seul communément appelées sous le nom de «sonates» en 2 parties:

    1) les 3 sonates:
        I) en sol mineur
        II) en la mineur
        III) en do majeur
    2) les 3 partitas:
        I) en si mineur
        II) en ré mineur
        III) en mi majeur

qui diffèrent essentiellement de par leur schéma et leur conception.

Les sonates se présentent sous la forme classique de la sonate:
    adagio, fugue, pièce lente, finale,
alors que *les partitas* se présentent sous la forme d'une suite de danses rappelant la suite française classique:
    allemande, gigue, courante, gavotte, menuet etc.
Leur caractère plutôt frivole les différent essentiellement des sonates, mais elles représentent cela d'intéressant qu'elles nous révèlent un Bach tout différent qui n'a pas craint d'évoquer le caractère populaire et payson d'une série de danses de l'époque.

Sonate I (sol mineur)
débute par un *adagio* d'une richesse d'expression incroyable. Il convient d'interpréter ce mouvement bien lentement afin de conserver aux triples et quadruples croches un caractère posé.
    La *fugue* qui suit est un allegro. Suit un *siciliano* plutôt lent et un finale *presto* (pas trop rapide!)

Sonate II (la mineur)
grave fugue, andante et allegro.

Sonate III (do majeur)
un des plus grands chefs-d'œuvre de Bach, débute par un adagio très simple où le tempo lent, très lent doit est absolument *imperturbable!*
fugue: une des plus difficiles parties à exécuter où le problème des accords entre en question. (Voir plus loin dans la façon d'interpréter).

Partita I (si mineur)

Allemande	très difficile à interpréter par la complication des mouvements et des parties qui s'enchevêtrent.
Double	
Courante	
Double	Alternance d'un morceau plutôt lent avec un double de forme spéciale.
Sarabande	
Double	
Tempo di Bourrée	
Double	

Partita II (ré mineur)

Allemande	On a l'impression très nette que le compositeur s'est ménagé pour la chaconne qui représente la principale pièce des 6 sonates de par sa longueur, son amplitude et son expression.
Courante	
Sarabande	
Gigue	
Chaconne	

Partita III (mi majeur)

Prélude	Débute par un prélude plein de nouveautés et de forme plaisante, caractérisée par les notes de passage répétées (qui remplacent la pédale dont nous parlerons plus loin)
Lourré	
Gavotte	
Menuet I et II	
Bourrée	
Gigue	

La question de l'interprétation reste le plus grand problème à résoudre, Bach n'ayant pas donné (comme le font en général les compositeurs) d'indications concernant le phrasé et les doigtés. Seules quelques nuances, ces «forte», «piano», pour la plupart très sommaires nous parviennent du compositeur. Bien que le problème ait occupé la plupart des violonistes éminents de notre époque, aucun d'eux n'est parvenu à imposer complètement ses idées. Le problème est compliqué encore par la question des accords à 3 et 4 voix. Du temps de J. S. Bach ces accords, grâce à un archet spécial (que l'on pouvait tendre à volonté et selon les besoins du moment) pouvaient être exécutés simultanément, car l'archet plaquait parfaitement les 4 cordes à la fois. Les avantages évidents de cet archet, sa faiblesse d'expression dans ces mélodies à une voix ont conduit peu à peu l'abandon de celui-ci.

Certains violonistes ont cherché d'autres solutions encore, tel le violoniste norvégien *Ole Bull* qui construisit un chevalet très bas avec lequel les cordes ont sensiblement le même niveau (fig. 2).

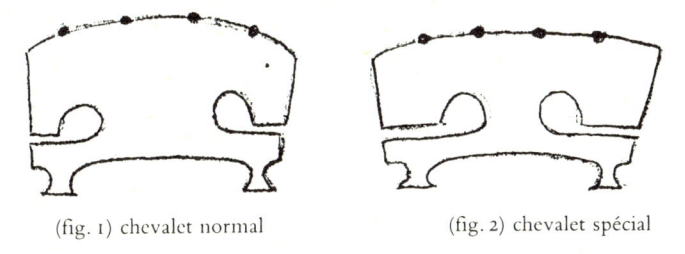

(fig. 1) chevalet normal   (fig. 2) chevalet spécial

Malgré les avantages de ce dernier chevalet, évidents en ce qui concerne l'exécution des accords à 3 et 4 voix, ils ne furent pas suffisants dans l'exécution d'une mélodie monophone et conduisirent à son abandon.

Actuellement le problème a été résolu grâce aux *accords brisés*. L'accord doit être prononcé de telle façon que la note du thème soit mise en évidende (c'est à dire qu'elle doit être tenue la dernière) ce qui conduit parfois aux accords renversés par le haut, par le bas etc. ... (fugue en do maj). D'autres problèmes se posent à nous; entre autres celui des notes de passage qui remplacent la pédale de l'orgue (mi maj.) et des notes répétées plusieurs fois comme si Bach voulait nous les enfoncer à coups de marteau dans la tête (chaconne en ré mineur). Quant à la question de l'exécution pure elle est difficile à résoudre en ce qui concerne les différentes figures (sautillé-staccato, spiccato...) non existantes du temps de Bach. Il faut avant tout s'efforcer de comprendre ce que l'auteur a voulu exprimer et, si les moyens d'expression sont là pour faciliter et *améliorer le caractère expressif de l'exécution,* pourquoi ne pas les employer?

Au XVIIIe siècle encore, certaines figures étaient considérées comme «indécentes» selon l'expression de Léopold Mozart qui parle de certains coups d'archet exigés par l'exécution elle-même.

La question du style est difficile à résoudre, celui-ci étant naturellement l'expression d'une époque appelée à changer. Ce qu'il y a de certain, c'est que J.S. Bach n'a probablement jamais entendu exécuter son œuvre telle qu'il la concevait (en raison des difficultés techniques) et cet argument facilitera peut-être la tâche de ceux qui recherchent l'expression voulue par l'auteur lui-même.

VII.
Hugo Heermann über das Violinkonzert von Brahms

Und schließlich, als eine Art Kuriosum, ein Brief Hugo Heermanns über das Brahms-Violinkonzert:

«... Weniger (wird Ihnen) vielleicht bekannt sein, daß die Geiger mir das vor Veröffentlichung getroffene Nichtändern der ursprünglichen Version im Brahms'schen Violinkonzert zu verdanken haben und daß später Sarasate und Huberman bei mir in Frankfurt das Konzert studierten. Auch einige nachträgliche kleine Änderungen, die Brahms beim Hören gar nicht einmal auffielen, aber doch schließlich geigenmäßig sind, würden Sie ... interessieren...»

Fest steht, daß Heermann das Brahmskonzert im Jahre 1893 in den Lamoureux-Konzerten aufführte, als es, wie mein Vater in seinen Erinnerungen schreibt, «in Paris beinahe unbekannt» war.

VIII.
Flucht aus Iowa
Feuilleton von Carl Flesch

Meine Konzertreise in den Vereinigten Staaten führte mich in diesem Jahre auch nach Iova City. Dieses Städtchen ist trotz seiner 20000 Einwohner Sitz einer Universität, die von nicht weniger als 8000 Hörern besucht wird, also eine richtige «University-town». An einer solchen amerikanischen Hochschule wird einfach alles gelehrt, was der menschliche Geist verdauen kann – angefangen von Medizin, Jurisprudenz über Journalistik hinweg bis zu den freien Berufen – Musik und bildende Kunst.

Am Tage des Konzerts kam ich nach einer 36stündigen Reise früh morgens an meinem Bestimmungsorte an. Im Hotel erwarteten mich bereits zwei Jünglinge, die sich mir als Reporter des «Daily Iowan» vorstellten und eine außerordentliche Neugierde nach Dingen, die eigentlich niemanden etwas angehen, an den Tag legten. Nachdem ich ihren Wissensdurst nach Möglichkeit befriedigt hatte, begab ich mich in den Frühstücksraum, um mich dort in aller Ruhe mit Hilfe der deliziösen Gerichte, die ein amerikanisches Frühstück bilden, zu regenerieren.

Es war mir jedoch nicht vergönnt, mich dieser angenehmen Beschäftigung längere Zeit hinzugeben, denn zwei Damen von der Redaktion des «Iowan Telegraph» wünschten mich dringend zu sprechen. Von der Befürchtung geleitet, daß bei längerem Zaudern meine Popularität in Iowa City empfindlichen Schaden erleiden könne, unterließ ich es ausnahmsweise, den Saft der «grape-fruit» in höchst unschicklicher Art in den Löffel zu pressen, wie ich es sonst immer rücksichtslos tue. Die beiden Girls – blond und brünett – fragten mich, welche Geige ich spielte, wann Stradivarius geboren, wann er gestorben und ob er verheiratet gewesen sei. Nachdem ich mich mit einigen falschen Daten aus der Affäre gezogen hatte, packte ich meinen Arbeitskittel – den Frack – aus und versuchte, die nachdenklichen Falten, die er durch die lange Dauer der Reise bekommen hatte, zu glätten.

Während ich dieser Beschäftigung oblag, erschienen zwei Abgesandte des «Iowan Expreß» mit der Bitte, ihnen Näheres aus meinem Familienleben mitzuteilen, desgleichen, ob ich ein Anhänger der Jazzmusik sei. Das anhaltende Interesse der Iowapresse für meine Person ließ in mir jene gewisse, aus künstlerischem Verantwortungsgefühl und dem Bedürfnis nach Stärkung des Selbstvertrauens gemengte Unruhe entstehen, die bloß durch den unmittelbaren Kontakt mit dem Instrument beseitigt werden kann. Ich beschloß daher, mit meinem Pianisten eine kurze Probe abzuhalten. Gleichzeitig konnte ich nicht umhin, mit einem Gefühl der Bewunderung für die Bedeutung der amerikanischen Journalistik, die für eine kleine Stadt so unverhältnismäßig große Zahl von Zeitungen zu registrieren.

Als ich jedoch das Hotel mit meiner Geige im Arm verlassen wollte, verstellten mir zwei Damen den Weg, um mir nach Feststellung meiner Personalien dringend ans Herz zu legen, den Lesern der «Iowan Dispatch» meine Ansichten von dem Unterschiede zwischen dem amerikanischen und europäischen Konzertleben nicht vorzuenthalten.

«Dies ist bereits das vierte Interview seit einer Stunde», bemerkte ich mit stolzem Selbstbewußtsein, «mehr Zeitungen dürfte es wohl in Iowa nicht geben.»

«Wo denken Sie hin», entgegnete der weibliche Reporter, «hier gibt es ja bloß ein einziges Blatt.»

«Ja, aber zum Donnerwetter», entfuhr es mir, «was sind denn das dann für Leute, die mich seit meiner Ankunft über alles, was gut und teuer ist, ausfragen?» «Well», sagte die Kleine mit ruhiger Selbstzufriedenheit, «wir alle sind Schüler des journalistischen Seminars, und wenn ein berühmter Mann nach Iowa City kommt, so interviewt ihn die ganze Klasse, um sich einzuüben.»

«Und wieviele Schüler zählt die journalistische Abteilung», fragte ich mit erkünstelter Ruhe.

«235», war die Antwort.

Ich erkannte, daß nur schleunige Flucht mich vor dem journalistischen Nachwuchs retten konnte, ermittelte die Adresse des nächstgelegenen Dampfbades, und verließ dessen schützenden Nebel erst vor Beginn des Konzerts.

IX.
Brief aus dem Felde (1915)

Ziemeany, 24. 7. 15

Liebe Mutti!

Du beklagst Dich immer, daß ich wenig schreibe, dabei sind in letzter Zeit eine Reihe von Briefen von mir abgegangen. Du scheinst übrigens und Ihr alle dort eine falsche Vorstellung vom Kriege und seiner Gefährlichkeit zu haben. Armin ist an der Loretto-Höhe natürlich kolossal gefährdet, weil sie eine der am meist umstrittenen Punkte der Westfront ist, der natürlich dauernd unter Artilleriefeuer steht. Ich habe kürzlich davon gelesen, es muß dort so aussehen, daß Dir und Onkel und Tante die Haare sich sträuben würden. Die Leichen noch in der Stellung, in der sie beim Sturm gefallen, zu Hunderten, wüst durcheinander, mit gekrampften Händen, geblähten Leibern, verfaulter Haut, daß sie schwarz sind, wie die Neger. Ein Gestank ist um ein solch Schlachtfeld, daß mein Pferd schnaubt und vor Entsetzen und Grausen nicht weiter will! So empfindet ein Tier, und Ihr streitet Euch drum, wo es am gefährlichsten ist.

Bei uns hier fehlen die ausgearbeiteten Unterstände und überlegt angelegten Schützengräben für die Deutschen, während die Russen sich in die seit Monaten vorbereiteten Stellungen, die wie Festungen anmuten, zurückziehen können, die mit Scheinstellungen und allem möglichen Raffinement angelegt sind. Und doch wird alles, meist mit sehr schweren Verlusten, gestürmt. Der Stürmende ist immer im Nachteil, tags große Märsche, und immer wieder Sturmlaufen gegen diese Stelle für Stelle mit Maschinengewehren besetzten Schießscharten. Und dann Kampf bis zum Abend, immer wieder d'rauf bis die Russen weichen oder, wie es jetzt hier ist, die deutsche Infanterie sich in ihre mit Hast und in feindlichem Feuer schnell gegrabenen Löcher zurückzieht. Dabei regnet es, nein, strömte es 48 Stunden lang vom Himmel erbarmungslos nieder auf unsere Infanteristen, die nach solchen Tagen, ohne etwas zu essen oder zu trinken, in voller Rüstung sich ungedeckt in die schlammige Erde, in ihre Regenlöcher hineindrücken müssen, und sicher sind, binnen wenigen Stunden wieder aufgeschreckt zu werden durch den regelmäßigen Nachtangriff der Russen, der mit fürchterlicher Zähigkeit ausgeführt wird. Um 1 oder 2 Uhr nachts fahren dann die Feldküchen in irgendeine gedeckte Schlucht durch Regen, Feuer und Sturm, dann kommen sie an, von jeder Gruppe einer mit den vielen Kochgeschirren, die Kompagnien nacheinander: «Schnell, schnell, die passen furchtbar auf, damit wir ungesehen zurückkommen, es wird schon hell!» Das ist das erste, was die Leute dann zu essen bekommen seit letztem Morgen.

Ich stand selber dabei, für zwei Nächte zum Regimentsstab eines Infanterieregiments kommentiert, mit dauernd gesatteltem Pferde, in unmittelbarer Nähe hämmerte ein Maschinengewehr, durch die Äste der Bäume pfiffen zischend und singend Gewehrkugeln, oder es explodierte mit dem Krach eines Abschusses ein russisches Gewehrexplosivgeschoß, hart aufschlagend an einer Tanne – ich war in Sicherheit in der engen Schlucht, aber unsere Infanterie! – Da kam auch schon einer, nur durch die Hand geschossen, aber er weinte: «Gar nichts zu machen, die Hunde liegen in Deckung, und wir kommen über so 'ne weite Ebene, nichts zu machen, ach! –» Und *weinend* zog er weiter. – Bis hinein in den Tag zog sich der Kampf, jetzt kommen die Russen vor, unsere Infanterie weicht und weicht immer mehr – – Auf dem Gefechtsstand der Division ist große Erregung, man sieht durchs Scherenfernrohr, was ist denn das?! «Exzellenz, die Infanterie geht zurück, die Feldartillerie hat aufgehört zu schießen!» Der Gefechtsstand steht auf einer Höhe mit weitem Ausblick, man steht hinter Bäumen in Deckung und übersieht das Schlachtfeld, leicht gewellte Hügel, mit Kornfeldern besetzt.

Da kommt die Meldung von der Nachbardivision: «Die Garde geht jetzt wieder vor, der russische Angriff ist jedoch erst vor unserer Artillerie unter äußerster Anstrengung unserer Truppen zum Stehen gebracht.» – Da tritt Exzellenz vom Scherenfernrohr zurück! «Major von Willich, ein Meldereiter.» Die Kavallerieabteilung stand am Hange der Höhe in Deckung, Vizewachtmeister Babbel, ein Ostpreuße, wird zu Exzellenz befohlen: «Sie reiten jetzt herunter und überbringen der Infanterie den Befehl von mir: *Die augenblickliche Linie wird unter allen Umständen gehalten.*» «Zu Befehl Exzellenz!» Er sitzt auf und in Carriere gehts hinein ins Feuer. Als er zur Artillerie kam, lagen die Geschützebediener unter ihren Geschützen, die Karabiner in der

Hand, in der Luft ein dauerndes Sausen und auf dem Boden die Staubflaggen der einschlagenden Kugeln, wie wenn einer am Ufer des Meeres die Hand mit Steinchen füllt und mit Schwung den Inhalt in den Sand wirft, so streuen die Maschinengewehre. Ein Ruck an seiner Uniform, an seiner Brust hat eine Kugel den Rock, doch nur den Rock, durchschlagen. Hundert Meter nur weiter sind unsere Schützen, er muß herauf auf die Blöße, die Russen sehen ihn, den Reiter, auf sie zukommen, ins Schützengefecht; das Feuer verstärkt sich, das Sausen schwillt an, jetzt hat er die Infanterie erreicht – dort – ein Offizier – er schreit's ihm zu: «Unter allen Umständen halten, die 16. Jäger kommen zu Hilfe!!» Der nickt nur und ruft's liegend weiter. Das Wunder geschieht, die Infanterie hält sich – und das größere, der Reiter, das schäumende, zitternde Pferd an der Hand, meldet sich unversehrt bei Exzellenz zurück.

Ja, sieh mal, da fragt und streitet Ihr wegen der Gefährlichkeit? Stell Dir mal vor, zu Pferde im Schützengefecht, wo alles liegt, versteckt, jede Erdscholle jede noch so geringe Erhöhung als Deckung benutzend, 100 Meter vor den feindlichen Gewehren?! Es ist kaum glaublich, daß man da kaum getroffen wieder herauskommt. Buschak, mein Bursche, bekam seinen Bauchschuß schräg hinter mir, als die Patrouille gerade von der Abteilung, die in einem Walde lag, losritt; ein andermal halten wir, 6 Reiter, hinter einem Schuppen, auf Rufweite vor den feindlichen Schützen, wir können fürs erste nicht weg, da der Schuppen ganz frei gegen den Feind lag, unsere Feldartillerie nagelt die Russen, Gott sei Dank, auf ihrer Linie fest, wir können nicht vor und zurück; die deutsche Infanterie erscheint in der Ferne, das Gefecht beginnt, ein Batteriechef fällt mit einem Kopfschuß in seiner Deckung, wir müssen fort, im Sturm geht's zwischen der Schützenlinie in einen Hohlweg, nur einer ist an der Lanze getroffen, wir sind fast in Sicherheit, da stürzt einer mit Streifschuß am Hinterkopf!?

Die Gefährlichkeit ist da am größten, wo man sie nicht vermutet; Ihr alle dort in Berlin ahnt nicht, was dieser Vormarsch kostet, was unsere Truppen hier leisten und was sie verlieren. Die Regimenter unserer Division stehen auf Bataillonsstärke, 2 russische Kompagnien sind gleich einem unsrer Regimenter! Und da dringt heute Nacht infolge des Versagens einer Infanterie-Verbindungspatrouille ein russisches Bataillon, Garde, Bombenkerls, in unsere Linie, überfällt Bataillon im Rücken, treibt es, schon entwaffnet, vor sich her, da wacht alles auf, die Artillerie muß schweigen, ein fürchterlicher Nahkampf beginnt, die Pioniere, die beim Bau von Drahtverhauen auch in vorderster Linie sich befanden, kommen dazu, sie schlagen mit Äxten drein, man schießt nicht, mit Bajonett und Kolben, in fürchterlichem Schweigen entscheidet sich der Kampf – der Durchbruch ist mißglückt, von den Russen kommt keiner zurück. In die weichenden Massen feuern die Maschinengewehre der 16. Jäger, zwei allein häufen gegen 400 Russen vor sich auf, sie schossen dann bis sie wegen des Leichenwalls nichts mehr sehen konnten!

Das sind alles Tatsachen, das ist die Wirklichkeit hier, obgleich man in Berlin *apathisch* geworden ist und wohl in der Hauptsache nichts von alledem hier erfährt, sondern von einem Spaziergang unserer 11. Armee im russischen Lande reden mag! So, nun erzähle der Tante Cläre, daß der Krieg manchmal direkt lebensgefährlich ist.

So, nun noch einiges andere. Mein eisernes Kreuz ist noch nicht da, statt der angeforderten 6 kamen nur drei zurück, doch ich stehe auf der Liste und bei nächster Gelegenheit – in einigen Wochen – komme ich dann wohl sicher dran. Gehe bitte zu Frau von Willich – einmal bist Du hoffentlich schon dagewesen – und frage sie nach der Rechnung vom Offiziersverein –, auch für die zweite Bestellung; außerdem sind noch 10 Mk. für den Kompaß, den sie für mich mitgeschickt, zu zahlen. Hoffentlich sind die anderen bestellten Sachen schon abgeschickt, die Gummischüssel ist sehr gut, und wir beide bitten Dich nur, gleich und genau so, wie wir's beschreiben, einzukaufen. Also auf Wiedersehen, grüß' alle, auch Tucko und schreibe auch mal was Lena macht. Sehr herzliche Grüße von Deinem dankbaren Sohn

Leo.

Namenregister

Amadeus Quartet 17, 61, 207
Ansermet, Ernest 48f., 51, 178
Auer, Leopold 60, 280ff.

Bach, Johann Sebastian 322ff.
Bahr, Hermann 280
Barenboim, Daniel 40, 304
Bartók, Béla 147, 156
Bauer, Harold 167, 261
Baumgartner, Rudolf 138
BBC 64
Bechstein 20
Becker, Hugo 11f., 237, 251f., 261, 277
Beinum, Eduard van 297
Bekker, Paul 170
Bene, Dr. 226
Benoist, A. 87
Berber, Felix 135
Berg, Maurits van den 39
Berlin, Irving 50
Bernhard, Fritze 175
Bernhard, Georg 174f., 188
Bodmer, Daniel 10
Böhmisches Streichquartett 167
Bohnke, Emil und Lily 184f.
Bolshoi Ballett 40
Boulanger, Nadja 77
Boult, Sir Adrian 222f.
Brahms, Johannes 141, 306ff., 326
Brainin, Norbert 207
Brecht, Bertold 146
Briselli, Iso 100
Brown, Rosemary 109
Bruch, Max 142
Bülow, Hans von 141
Burmester, Willy 181
Busch, Adolf 89, 135, 158, 167
Busch, Wilhelm 60, 73
Busoni, Ferruccio 68, 74, 147, 156, 181

Carmen Sylva 303
Casals, Pablo 48f., 140, 160, 261
Cassadó, Gaspar 273
Cortot, Alfred 261
Cosman, Milein 30, 124
Coué, Emile 31
Coward, Noel 38, 44

Cundell, Edric 104
Curtis Institute of Music 177, 186, 226, 280
Curzon, Clifford 242

Damrosch, Walter 64f.
Dessau, Bernhard 135, 136
Dessoir, Max 75, 181, 283ff.
Diamand, Peter 230, 261, 264, 303
Dietrich, Marlene 267f.
Dohnanyi, Ernst von 136f., 145, 178, 181, 314ff.
Dopper, Cornelius 134

Edition Peters 307ff.
Edward, Herzog von Windsor 249
Eger, Paul 180
Eisner, Bruno 129f.
Eldering, Bram 18, 25
Elinson, Iso 167
Elisabeth, Königin von Belgien 178
Elkan, Benno 104
Elman, Mischa 54f., 128, 166, 280, 282, 288
Elman sen. 87, 289
Enesco, Georges 82, 89, 181, 207
Enright, D. J. 191
Erdmann, Eduard 20, 150, 153f., 156, 158
ESTA (European String Teachers Association) 61f., 140

Fairchild, Blair 159
Fauré, Gabriel 106
Feuermann, Emanuel 18, 268, 273ff., 277
Fischer, Carl (Verlag) 288
Fitelberg, Jerzy 153
Flesch, Berta 17, 31f., 116, 170, 190, 193, 202, 213, 218, 236, 272, 288, 292, 299
Flesch, Fritz 33, 193, 206
Flesch, Hanni, siehe Hartfield, Joan
Flesch, Ruth 110, 207, 209, 303
Franco, Sam 207, 288
Friedberg, Carl 252, 255
Friedlaender, Max 282
Friedmann, Ignaz 140, 241
Frost, Albert 105f.

333

Furtwängler, Elisabeth *220*
Furtwängler, Wilhelm *17 ff., 32, 146, 148, 160, 167, 170, 173, 178, 206, 219 ff., 236, 240*

Galston, Gottfried *280*
Geissmar, Berta *223*
George V., König von England *292*
George VI., König von England *41*
Gerardy, Jean *261*
Gieseking, Walter *240, 229*
Gimpel, Bronislaw *61, 63, 109*
Godowsky, Leopold *64, 288*
Goldberg, Szymon *35, 70, 223*
Goldschmidt, Berthold *168*
Gorlinsky, S. A. *11*
Graudan, Nicolai *223*
Groves, Sir Charles *52, 112*
Grün, Jakob *90 ff., 97*
Grünberg, R. *135*
Grünfeld, Heinrich *14 f.*

Hába, Karel *153*
Half, Robert *101*
Haendel, Ida *12, 22, 61, 63, 82*
Haendel, N. (sen.) *82*
Hartfield, Joan, geb. Flesch *13, 193, 199, 204, 267*
Hartmann, Artur *135*
Hartnack, Joachim *212 f., 217*
Hassid, Josef *81, 100*
Havemann, Gustav *168 ff., 170*
Heermann, Hugo *140, 326*
Heifetz, Jascha *13 f., 54 f., 61, 86 f., 100, 167, 207, 280*
Heifetz sen. *87*
Hellmesberger, Josef *90, 94 ff.*
Hepburn, Katharine *266*
Herriot, Edouard *145*
Hertling, Graf von *162, 164*
Heuberger, Richard *136*
Hindemith, Paul *133*
Hochhauser, Victor *40 f.*
Hoeffer, Paul *170*
Hoffmann, Karel *167, 318*
Hollman, Josef *77*
Holt, Harold *41, 81*
Hubay, Jenö *136, 320*
Huberman, Bronislaw *30 f., 118, 120 ff., 167 f., 181, 256 ff., 261, 326*

Ibbekken, Ida *30, 127*
d'Indy, Vincent *51, 54*
Itzkoff, S. W. *268, 273*
Ivogün, Maria *167*

Jarnach, Philip *156*
Joachim, Josef *11, 19, 37, 74, 121, 135, 278, 305, 312*

Kastner, Rudolf *241*
Kaun, Hugo *139*
Keller, Hans *30, 115 ff.*
Kern, Adele *167*
Kleiber, Erich *85*
Klemperer, Otto *158 f., 167*
Kneisel, Franz *199*
Konzertdirektion de Koos *70*
Korngold, Erich *137, 145, 240 f., 313*
Kraus, Felix von *280*
Kreisler, Fritz *100, 157, 181, 206, 235, 271, 286 ff.*
Kreisler, Harriet *214, 286 ff.*
Krenek, Ernst *150*
Kresz, Geza *178*
Kreutzer, Leonid *167, 171, 232, 238 f.*
Krips, Josef *304*
Kubelik, Jan *120, 199*
Kulenkampff, Georg *70 ff., 176, 312*
Kunwald, Erich *188*

Lalo, Edouard *320 f.*
Larkin, Philip *191*
«Leo» *164, 329 ff.*
Leonard, Hubert *135*
Levin, Bernard *192*
Liszt, Franz *74*
Lups, Mili *320 f.*

Mahler, Gustav *30, 156*
Majorossi, Aladair *140 f.*
Mann, Thomas *51*
Marsick, M. P. *77, 97*
Marteau, Blanche *128, 214, 217*
Marteau, Henri *121, 128, 135, 137, 139, 181, 212 ff.*
Massart, J. L. *134*
Mayer, Sir Robert *22, 263*
Mendelssohn, Franz von *184 f., 301*
Mengelberg, Willem *32, 140, 181, 296 ff.*
Menuhin, Hepzibah *222*

Menuhin, Sir Yehudi   61, 63, 89f., 107, 142, 147
Milstein, Nathan   158f., 280
Minghetti, Lisa   77ff.
Monteux, Pierre   181
Moodie, Alma   20, 49, 74, 80, 85, 100, 138, 145, 149ff.
Moor, Emanuel   139f.
Mopp   293
Morley, Christopher   149
Moser, Andreas   140, 278
Moser, H. G.   140, 231
Mottl, Felix   170
Mussolini, Benito   173

Nachez, Tivadar   135
Neaman, Yfrah   10, 62
Nedbal, Oskar   234f.
Neitzel, Otto   135
Neveu, Ginette   67, 70, 100, 113f.
Nikisch, Artur   32, 34, 64, 138, 149, 151, 314, 317
Noach, Silvain   289
Noren, Heinrich   134
Norman, Jessye   56

Odnoposoff, Ricardo   69f., 112, 319
Oistrakh, David   112
Oistrakh, Igor   192, 200
Orlik, Emil   103f., 291, 294
Osborn, Franz   167

Paganini, Niccolò   22f., 109
Patzak, Julius   167
Perlman, Itzhak   17
Persinger, Louis   89, 181
Perutz, Robert   59, 126, 166f., 217, 282, 290
Petri, Egon   147
Pfitzner, Hans   24f., 150, 154f., 170
Piastro, Josef   282
Piatigorsky, Gregor   20, 52, 167, 207, 253, 255f., 277ff.
Pugno, Raoul   21, 77

Rachmaninoff, Sergey   240
Reger, Max   25ff., 145
Reizenstein, Franz   133
Remarque, Erich-Maria   164
Richter, Swatoslaw   19

Ries, Franz   283f.
Roentgen, Joachim   279
Roentgen, Julius   140, 198, 243, 261ff.
Rosé, Anna   184
Rosé, Arnold   129, 167, 181ff., 308
Rosé Quartett   58
Rosenthal, Moritz   137, 140, 202, 239
Rostal, Max   22, 61, 63, 74, 101, 104, 138, 190, 271
Rostropovitch, Msistlav   61
Roswaenge, Helge   167

Salmond, Felix   167
Sarasate, Pablo de   326
Sauer, Emil von   280
Sauzay, Eugene   97
Schalk, Franz   138
Scherchen, Hermann   143, 300ff.
Schillings, Max von   25, 170
Schlippenbach, Paul von   77f., 269, 271
Schlusnus, Heinrich   167
Schmidt, Leopold   140
Schmuller, Alexander   22
Schnabel, Artur   30, 35, 74, 85, 126f., 127, 132, 137ff., 145, 147, 163, 177, 184f., 186, 206, 228ff., 253, 254, 306ff.
Schnabel, Therese   239, 243, 245, 253, 254, 258
Schnabel, Karl-Ulrich   201, 238f.
Schnabel, Stefan   33
Schnirlin, Ossip   278
Scholz, Bernard   141
Schönberg, Arnold   156, 247, 301
Schreker, Franz   153, 169ff.
Schumann, Clara   252
Schumann, Georg   170
Schumann, Robert   312
Schünemann, Georg   114, 116, 120, 146f., 228, 260, 312
Schwamberger, Carl Maria   158
Schwarz, Boris   211, 289
Schwers, Paul   171f.
Sevčik, Otakar   78ff., 156
Shaw, Bernard   115
Simpson, Wallis   249
Smeterlin, Jan   240
Spiro, Eugen   229, 293
Stadlen, Peter   59, 238
Stargard-Wolf, Edith   36
Stein, Fritz   173

Stojanovic, Peter 136
Stolberg und Wernigerode, Fürst zu 149
Strauss, Richard 170, 264
Strawinsky, Igor 159f.
Stresemann, Gustav 146
Stresemann, Wolfgang 36, 200f.
Strub, Max 176
Suk, Josef 39, 138, 154, 317
Suter, Robert 156
Szell, Georg 68f.
Szeryng, Henryk 62f., 74, 99, 225
Szigeti, Josef 20, 126, 130, 136, 154
Szymanowski, Karel 150, 153f., 155f.

Tauber Richard 41ff., 167
Temianka, Henri 20, 68f., 78, 126
Tertis, Lionel 167
Thatcher, Margaret 205
Thibaud, Jacques 76, 89, 139f., 199, 217, 261, 269, 271
Tooley, Sir John 105
Toscanini, Arturo 220, 222, 303
Totenberg, Roman 16, 70
Trau, Sely 207
Triepel, Heinrich 283
Truman, Harry 205

Unger, Heinz 238

Vecsey, Franz 167
Vered, Artur 268
Vieuxtemps, Henry 134, 140

Walter, Bruno 35, 167, 207, 308 ???
Weingartner, Felix 136, 145
Weismann, Diez 176
Weissmann, Adolf 85
Wellesz, Egon 156
Wieniawski, Henryk 135
Wildt, Karsten 10
Wilhelmina I., Königin von Holland 52
Willner, Artur 138
Wilson, Harold 205
Wittrisch, Marcel 167
Wolf, Louise 36
Wolfsthal, Josef 69, 81, 89, 268ff.
Wood, Sir Henry 82

Ysaye, Eugene 21, 64, 74, 77, 82, 89, 126, 139ff., 282, 318 ???

Zweig, Stefan 37

Verzeichnis der Abbildungen

Carl F. Flesch *Frontispiz*

1 Tagebuchblatt von Niccolò Paganini 23
2 Brief von Hans Pfitzner 24
3 Brief von Max Reger 26
4 Brief von Stefan Zweig 26
5 Konzert zum 100. Geburtstag von Carl Flesch mit Yehudi Menuhin (Dirigent) und als Solisten (von links nach rechts): Ida Haendel, Henryk Szeryng, Bronislav Gimpel, Max Rostal 63
6 Brief von Georg Kulenkampff 71
7 Lisa Minghetti 79
8 Brief an Jakob Grün 91
9 Tagebucheintragung über Josef Hellmesberger 94
10 Carl Flesch mit dem jungen Henryk Szeryng 99
11 Carl Flesch-Medaille 102
12 Carl Flesch, gezeichnet von Emil Orlik 103
13 Einladung von Gabriel Fauré 106
14 Ginette Neveu 113
15 Hans Keller 119
16 Konzertprogramm vom 1. Dezember 1905 144
17 Briefkarte von Arthur Nikisch 151
18 Schluß eines Briefes von Alma Moodie 152
19 Carl Flesch mit Alma Moodie 161
20 Brief des Grafen von Hertling 162
21 Bestätigung des ungarischen Konsulats in Brüssel 178
22 Brief von Arnold Rosé 183
23 Der junge Carl Flesch 189
24 Familie Flesch 193
25 Die Zwillinge 193
26 Tagebucheintragung Carl Fleschs 197
27 Ruth Flesch 209
28 Bertha Flesch 213
29 Brief von Henri Marteau 215
30 Carl Flesch mit Wilhelm Furtwängler 221
31 Brief von Wilhelm Furtwängler 225
32 Artur Schnabel, gezeichnet von Eugen Spiro 229
33 Trio Flesch / Schnabel / Becker 237
34 Artur Schnabel und Carl Flesch 265
35 Brief von Emanuel Feuermann 274
36 Brief von Leopold Auer 281
37 Max Dessoir 284
38 Eintragung ins Gästebuch von Franz Ries 284
39 Brief von Fritz Kreisler an Frau Flesch 287
40 Carl Flesch, gezeichnet von Mopp 293
41 Konzertprogramm mit Orlik-Zeichnungen 294
42 Brief von Ernst von Dohnanyi 315